本研究得到国家社会科学基金青年项目"基于事件整合及自组织理论的现代汉语连动式的句法地位研究"（项目编号：16CYY051）的资助，并于2022年2月通过结项鉴定，成果鉴定等级：优秀。

汉语国际教育与语言学研究丛书
总主编　胡培安

现代汉语连动式句法地位研究

On the Syntactic Status of Serial Verb Constructions in Modern Chinese

赵　旭　著

社会科学文献出版社
SOCIAL SCIENCES ACADEMIC PRESS (CHINA)

目　录

第一章　绪论 ··· 1
  1.1　说不清的连动式 ··· 1
  1.2　绕不开的连动式 ··· 15
  1.3　一个关键的问题 ··· 18

第二章　现代汉语连动式句法地位问题及其解决思路 ········· 22
  2.0　前言 ·· 22
  2.1　艰苦的探索 ·· 22
  2.2　勉强的共识 ·· 65
  2.3　必要的反思 ·· 72
  2.4　前进的方向 ·· 73
  2.5　具体的步骤 ·· 75

第三章　从并列性动作到方式性修饰 ································ 77
  3.0　前言 ·· 77
  3.1　事件整合理论及其相关启示 ································ 77
  3.2　视点转移与事件、结构类型过渡 ·························· 85
  3.3　三类连动结构及其中心认定 ································ 91
  3.4　三类连动结构的整合程度及其语法表现 ··············· 106
  3.5　状语化连续统 ··· 119

3.6 小结 122

第四章 从目的性补充到结果性补充 124
4.0 前言 124
4.1 两类连动结构及其中心认定 125
4.2 视点反转与补充性背景 152
4.3 几类结构的整合程度及其语法表现 159
4.4 补语化连续统 164
4.5 小结 172

第五章 从篇章性结构到句法性结构（上） 173
5.0 前言 173
5.1 连动句与复句的区分 174
5.2 整合视角下连动句与复句的系统性差异 182
5.3 连动句与复句的纠葛及其理论蕴含 240
5.4 小结 249

第六章 从篇章性结构到句法性结构（下） 251
6.0 前言 251
6.1 汉语连动结构的历时来源 251
6.2 其他语言连动结构的来源 260
6.3 从篇章到句法 264
6.4 小结 267

第七章 现代汉语连动式的句法地位 268
7.0 前言 268
7.1 现代汉语句法结构势力地图 269
7.2 汉语句法系统的自组织 285
7.3 小结 303

第八章 结语 ································ 305
  8.1 主要观点和成果 ························ 305
  8.2 有待进一步研究的问题 ···················· 309

参考文献 ···································· 311

致　谢 ····································· 338

第一章 绪论

1.1 说不清的连动式

对于汉语语法研究来说,连动式是一个不容忽视的话题。就其在汉语语法系统中的重要性而言,它不仅是"汉语里'三句话'离不了的形式"(陆志韦1961),而且从历时上看也是汉语里一系列重要语法现象的"起点"(张敏、李予湘2009)和"温床"(高增霞2006:45),也就是说,这一结构形式在汉语里极富活力,且在很大程度上参与塑造了汉语语法系统的面貌和格局。就其对汉语特点的彰显而言,这一结构形式虽然在汉语中俯拾皆是,却几乎绝迹于印欧语,因此很能够体现汉语语法之特点,反映汉语有别于印欧语的结构特色。正因如此,自赵元任(1952)正式提出"连动式"的概念以来,汉语学界便几乎没有中止过对这一现象的探讨,相关研究不计其数。然而,时至今日,连动式依然是汉语学界最具争议性的话题之一,关于它的方方面面似乎都很难取得比较一致的意见,甚至就连这一结构是否真的存在也一再引起商讨和质疑。

如果我们将视野从汉语学界拓展到国际语言学界的话,那么不难发现,连动式(Serial Verb Construction,简称SVC)同样是近些年来国际语言学界最具争议性的话题之一。国际语言学界对连动式的重视始于20世纪60年代,此后20年的探讨主要是在生成语法背景下进行的,其讨论的对象集中于西非地区的一些语言,如Yoruba语、Twi语、Akan语、Ewe语、Edo语、Kwa语、Fon语、Igbo语等,其讨论的目的主要是在生成语法框架下对这一现象做出分析和解释,连动式究竟是词汇现象还是句法现象?

如果是句法现象的话，那么其结构性质又如何？是属于一个小句，还是包含多个小句？是并列结构还是主从结构？是补足型主从结构还是附加型主从结构？是前附加型主从结构还是后附加型主从结构？对于这些问题，早期生成语法学者就进行过多种多样的设想和阐释，① 不过时至今日，连动式的结构性质问题依然难说有了相对一致的认识。② 20世纪80年代后，随着生成语法理论的更新以及认知语法、语法化、语言类型学等其他理论的介入，连动式的研究视角大为拓展。然而与之相伴的是，连动式所引发的问题和争议也越来越多，比如，连动式的生成机制是怎样的？③ 决定一种语言是否采用连动式的参数（parameter）何在？④ 连动式的使用与否是否反映了不同民族和族群在认知方式上的差异？⑤ 从历时的视角看，连动式如何产生，又将如何发展？⑥ 与连动式相关的类型学参项有哪些？⑦ 连动式存在的价值和作用是什么？⑧ 如此等等。这些有关连动式的问题在国际语言学界引起的讨论不可谓不充分，然而意见却也是极其分歧的。即便抛

---

① 关于20世纪60~80年代在生成语法理论背景下对连动式做出的种种结构分析，可参阅 Sebba（1987：7-35）以及 Schiller（1990）的详细介绍。
② 参看 Durie（1997）、Bril（2004）、Veenstra and Muysken（2017）对此的介绍和评论。
③ Bodomo（1993：65）将生成语法理论背景下对连动式的生成机制所做出的阐释概括为六种模式，可作参考。
④ Lefebvre（1991）、Baker（1991）、Larson（1991）载于同一论文集，不过他们对"连动参数"的看法各不相同，Lefebvre 认为连动操作发生于词汇层面，相应地，连动参数的不同也在于不同语言动词词汇概念结构的不同；Baker 认为 VP 能否看作一个以上核心（head）的投射决定了一种语言是否允许连动式；Larson 则认为所谓的连动式相当于英语中的次级谓语（secondary predicate）结构，不同之处在于，非连动语言允许的是非动词性成分充当次级谓语，而连动语言允许的是非名词性成分充当次级谓语。
⑤ Pawley（1980、1987）对此持肯定态度，而 Givón（1991a、1991b）则认为是否采用连动式只反映不同语言"语法包装"（grammatical packaging）上的差异，而非"认知包装"（cognitive packaging）上的差异。
⑥ Foley and Olson（1985）认为连动式和相应的多小句结构存在语义上的差异，因此前者不可能来源于后者，Bril（2004）等对此提出质疑；Aikhenvald（2006）认为非对称连动式（asymmetrical svc）容易发生语法化，Bisang（2009）则提出相反意见，认为非对称连动式是语法化的结果。
⑦ 国际语言学界曾先后出现过多种说法，试图在连动式与形态的缺乏、基本语序、缺少介词、缺少双及物动词、核心或从属标注等参项之间建立起关联，然而这些推测最后都被证明是不可靠的。如 Aikhenvald（1999）所言，"是否存在与连动有关的类型特征依然是一个开放性话题"，更多讨论可参看 Aikhenvald（2006、2018）。
⑧ Winford（1990）对这方面的争论有过简要回顾，指出在"连动式的典型功能"问题上学界缺少共识。

开上述较为复杂的问题不谈,国际语言学界在连动式问题上的分歧和争议还体现在一些更为基本的问题上:到底什么是连动式?它究竟具有什么样的性质,又涵盖哪些现象?不同语言中的连动式是同一种语法现象吗?这些基本问题直到今天依然无法达成相对一致的意见。在此背景下,国际语言学界同汉语学界一样出现了不少否定连动式的声音,Paul(2008)认为连动式是一个"万能标签"(a passepartout label),无所不包却又没有什么实际作用,应当被"放弃使用"(abandon the term SVC);Shibatani(2009)认为连动式和其他复杂谓语结构,如伴随动词结构(converbal construction)没有什么本质的差别,当中都只允许一个限定动词(finite verb)存在,因此连动式的研究应该"去神秘化"(demystifying serial verbs);此外,有些学派在整体上也开始对连动式采取"回避策略"(刘丹青2015),早期生成语法学者曾围绕连动式的结构性质、论元结构、生成机制等问题进行过相当热烈的探讨(参阅Stewart 1963;Stahlke 1970;Awobuluyi 1973;Bamgbose 1974;Schachter 1974;Baker 1989、1991;Larson 1991;Collins 1997;Newmeyer 2004等),不过最近一二十年来这种争论和探讨逐渐有了偃旗息鼓的迹象,刘丹青(2017)指出的"总体上很少见到形式学者的句法理论探讨提及连动式"的现象以及"形式语法忽视连动式的态度"实际上所反映的正是历经旷日持久的讨论后,不少生成语法学者已经对连动式失去兴趣或者感到无可奈何。

总体而言,汉语学界和国际语言学界对连动式的关注都有着较长的历史,但几十年的热烈讨论似乎并未使问题趋向明朗,反而带来一种云山雾罩、盲人摸象之感。有关连动式的争论、困惑、质疑不仅存在于汉语学界,同时也存在于国际语言学界;不仅存在于过去,同时也存在于现在;不仅存在于不同的理论学派之间,同时也存在于一种理论学派内部。关于连动式,我们似乎很难明白无误地说清楚些什么。由于本书以现代汉语连动式为研究对象,所以接下来我们将首先简要介绍在现代汉语语法学中,哪些有关连动式的问题是目前还说不清的。共时研究和历时研究不能割裂,了解古代汉语中的连动式对于理解现代汉语中的连动式具有重要意义,但我们也将看到连动式在古代汉语语法学中同样不是容易说清楚的;目前国际语言学界对连动式的探讨基本集中在语言类型学的角度,跨语言视域下的连动式研究成果同样值得我们吸收借鉴，但是我们也将看到，目前跨语言视野下的连动式研究似乎同样处于困惑之中，很多问题也难以说清。

1.1.1 现代汉语语法学中的连动式

在现代汉语语法研究之中，连动式身上始终存在以下四方面难以解决的问题。①定义不清。比如，认为"连动短语是两个或两个以上的动词或动词性短语连用的格式，这种格式简称'连动式'"（吴启主 1990：4）。按照这样的定义，现代汉语中能被称作"连动式"的格式有很多。②性质不明。比如，认为"连动式前后两部分之间的关系不是主谓关系，也不是述宾、述补、偏正等关系，归不到已有的任何一种句法结构类型里去"（朱德熙 1985：55），这种否定性的阐释只说明了连动式不是什么，并没有从正面说明连动式究竟是什么，反映不出其句法性质和地位。③范围不定。连动式的范围有多大？不同论著对此的意见是极其相左的，"少则几种，多则十几种，多少不一"（高增霞 2003）；张静（1977）曾把各家所说的连动式搜罗在一起，共得到 18 种类型之多，因而批评其是个"大杂烩"。④存废未知。"自从连动式出现在语法著作中以来，一直有人要取消它，也一直没取消得了"（吕叔湘 1979：83），这种否定和质疑连动式的声音，自 20 世纪 50 年代开始便一直存在（胡附、文炼 1955；傅子东 1957；史振晔 1960；张静 1977；吕冀平 1979；史存直 1986；邹韶华 1996；孙德金 2000；邓思颖 2010；冯胜利 2017 等）。以上问题在 2.1 节都会再做详细的梳理和介绍，这里想强调的是，现代汉语语法学界对连动式的认识实际上是比较模糊的。

1.1.2 古代汉语语法学中的连动式

古代汉语语法学中的很多概念来自现代汉语语法学，"连动式"也是其中之一。在现代汉语语法学中，连动式身上说不清的问题，在古代汉语语法学中同样说不清楚，甚至更加难以说得清楚。这里简要列举几个比较突出的问题。①定义不清。这从一些通行的古代汉语语法论著中就可以看出。在不同著作中，对连动式的定义往往各有偏重：太田辰夫（1987：62）认为"一个主语有两个以上述语的叫连述句"；王力（1989：

255）认为"连动式是两个以上的动词连用，中间没有停顿的一种语法结构形式"；杨伯峻、何乐士（1992：574）认为"连动结构是指动词或动词结构连用。前后有时间先后或主次之分，都为同一施事主语发出的动作。一个连动结构形成一个句读"；李佐丰（2004：62）认为"连谓短语又叫'连动短语'，是有序的多中心谓词性短语"。②识别困难。是不是所有按照时间顺序排列的动词串都可以称为连动式？在现代汉语中，我们可以通过一些句法手段予以分辨、测试，但在古代汉语中这一点很难做到，因此，一个连用的动词串是叫连动式还是别的名称往往带有随意性。张敏、李予湘（2009）指出，"提到动补式语法化的输入端时，'动词并列''并列结构''并列复合词''动词等立''连动式'之类说法基本上是可以互换的"，这句话所反映的问题也正是在古代汉语中想要准确识别连动式非常困难、手段相当有限。另外，在古代汉语中，想要准确识别连动式还要遭遇一个无法回避的问题，即标点符号的问题。如高增霞（2020：267）所言，"这些文献以前并没有标点，几乎全部是经过现代人加工的，即进行了点断。而当初是断开的，还是连续的，对于连动式的研究非常重要"。该问题的存在更增加了在古代汉语中辨别连动式的困难，不同语感的人往往会做出截然不同的判断。③标准不一。这里的"标准不一"有两层意思：一是古代汉语研究者确定连动式的标准和现代汉语研究者确定连动式的标准不统一；二是在古代汉语研究者内部确立连动式的标准也不统一。这两方面都集中表现在连动式能否带连词的问题上。在现代汉语语法论著中，动词性成分之间如果出现了连词，那么一般会将这种情况排除在连动式之外，古代汉语语法论著也有采取这一标准的，如周法高（1982：56）认为所谓的"谓语连用"应是"中间不用联词，用联词者另外讨论"，王力（1989：255-256）对先秦汉语连动式的举例也全都是不带连词的。不过，这种意见在古代汉语学界并不占据主流，多数古代汉语语法论著（杨伯峻、何乐士1992；管燮初1994；李佐丰2004；何乐士2005；蒲立本2006；向熹2010；等等）都把这种带有连词的情形算作连动式。总之，如袁本良（2016）所指出的那样，"连词连接的动词结构式是不是连动式，是复句还是单句，学界有不同的意见"。④产生年代不详。连动式是何时开始出现的？这也是一个不好说清的问题，王力（1989：255）认为"大概在原始汉语里就有了这种结构形式,不过后来这种形式越来越广泛应用了,越来越多样化了"。管燮初(1953、1981)在对甲骨文和金文的语法系统进行描写时也使用了"连动式"的概念,向熹(2010:220)也认为"甲骨卜辞已有连动式和兼语式"。Peyraube(1991)则推测:"连动式实际上直到战国末期甚至汉代初期才可以见到",梅广(2018:187)也主张"卜辞祭祀词常数个连用,但必须假定中间有停顿(如'酒、勺、岁于丁')",按照梅广先生的这种判断,甲骨文、金文中的动词连用恐怕都不能算作真正的连动式。总之,在古代汉语语法学中,连动式的问题也不是容易说得清楚的。Paul(2008)批评道:"事实表明,连动式这个术语在历时句法学中,被当作了一个通用标签,它涵盖了任何由多个动词所组成的序列"(servers as a cover term for any multi-verb sequence),应该说,这一意见是反映了一部分事实的。

1.1.3　跨语言比较视域下的连动式

如果说在一种语言内部研究连动式难以得窥全豹,那么跨语言视角下的连动式研究是否能够从整体上把握住这种现象呢? 20 世纪 80 年代后,连动式开始引起语言类型学家的浓厚兴趣(Crowley 2002:8),世界上究竟有多少语言采用连动式? 连动语言为何会表现出高度的区域聚集性?① 与连动式有关的类型学参项有哪些? 这些问题不断引发探讨,然而意见分歧很大,通常情况下,一种意见甫一提出,随即便会遭到否定。比如,Sebba(1987:213)认为"连动式绝不是一种普遍性的语法现象,事实上只有相当一小部分语言才具有连动式";Aikhenvald(2006)则认为世界上 1/3 的语言都有连动式;Ross et al.(2015)的大规模考察表明超过 40% 的语言都采用了连动式;Aikhenvald(2018)则又进一步扩大了这一比例,认为"连动式是世界上超过四分之三的语言的显著特征"。同样的困惑和矛盾也存在于汉语研究者之中,张伯江(2009)在为 *Radical Construction Grammar: Syntactic Theory in Typological Perspective* 所作的中文导读中介绍道:"Croft 把构式在这方面的解释力展现得淋漓

---

① 连动式具有很强的区域聚集性,多分布在西非、东亚、东南亚、南美洲、大洋洲、新几内亚等区域的语言中,参阅 Aikhenvald(2006)的介绍。

尽致，像汉语学界熟悉的'连动式'，其实绝大多数语言里都存在，但任何语言里也都不是一个稳定的格式。"不过，刘丹青（2013、2015）则一再强调"连动是仅见于一小部分语言的句法结构""连动式只是部分语言的类型特征……是具有某种特异性（peculiarity）的句法结构"。再比如，有些类型学者试图将连动式的出现与缺少形态变化、动词的单音节性、属于有声调语言、没有纯介词、VO 或 OV 的基本语序或缺少双及物动词等问题联系起来（Bickerton 1981；Foley and Olson 1985；Sebba 1987；Seuren 1990 等），不过这些判断也随即遭到了否定（Nylander 1997；Aikhenvald 1999；Crowley 2002：255 - 258；Bril 2004 等）。Aikhenvald（1999）认为"是否存在与连动有关的类型特征依然是一个开放性话题"，Aikhenvald（2018：185 - 191）对以往提出的各种与连动有关的类型参项进行了细致分析，根据她的分析，这些参项也大都不是可靠和绝对的。

从类型学角度研究连动式，之所以遭遇到不少的困难和分歧，很大程度上是因为，不同学者对于什么是连动式有着不同的理解，在这方面始终无法达成相对一致的意见。为了进行跨语言比较，类型学者往往通过一组句法语义上的属性或特征来限制连动式的范围。不过，这些属性或特征的给定，具有一定的主观性，不同学者所给定的属性或特征常常有较大的差异。比如，Jansen, Koopman and Muysken（1978）通过七个特征给连动式下了一个"粗糙的工作定义"（a rough working definition）；Sebba（1987：86 - 87）概括了连动式的六种属性；Bodomo（1993：35 - 51）通过五个方面的"限制"界定连动式；Muysken and Veenstra（1994）、Veenstra and Muysken（2017）从七个角度为连动式给出了"一个初步的定义"；Comrie（1995）总结了连动式的三种属性；Kroeger（2004）列举了连动式的八个典型属性；Aikhenvald（2006）通过六种句法语义属性的组合来界定"原型连动式"（protypical SVC）；Haspelmath（2016）对连动式所下的定义中包含着五项"关键成分"。无须列举更多，仅上述文献就足以看出，在如何定义连动式这个基本的问题上语言类型学者间存在相当大的分歧，为直观起见，将上述学者所给出的连动式定义整理为表 1 - 1。

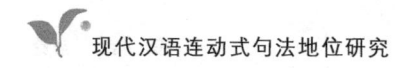

表1-1 连动式的不同类型学定义

学者	连动式的定义性特征/属性
Jansen, Koopman and Muysken (1978)	1) 只包含一个显性主语,不少于一个动词; 2) 不带显性的连接词或标补词; 3) 其中一个动词不能是情态助动词; 4) 其中一个动词不能是另一个动词的不定式补足语; 5) 通常情况下,其中一个动词具有更强的词汇性,来自开放类,另一个动词具有更强的语法性,来自封闭类; 6) V NP V NP 这样的型式是其标志; 7) 在 $V_1 V_2 \cdots V_{n-1} V_n$ 这样的型式中,只有 V_1 可以是词汇性动词,只有 V_n 可以被看作出现在不定式补足语或情态助动词结构中。
Sebba (1987)	1) 只有一个显性表达的(句法)主语; 2) 两个或多个动词之间没有显性的并列或主从标记; 3) 动词所表达的动作或者是同时发生的,或者是相继发生的,所有动词具有相同的时; 4) 否定标记不管是出现一次还是出现多次,都作用于整个动词串; 5) 时、体、语气、极性(或者一种语言中所具有的这些语法范畴中的任何一个),或者在这个动词串中只标记一次,或者所有动词都被标记了和 V_1 一样的时、体、语气、极性; 6) V_i 的语义主语也是 V_{i+1} 的语义主语,或者 V_i 的宾语是 V_{i+1} 的语义主语。
Bodomo (1993)	1) 同主限制:当且仅当一个结构式 C 中的所有动词共享结构主语,它才满足这一限制; 2) TAMP(时、体、语气、极性)限制:任何能被算作连动式的结构,其中的所有动词都必须处于一个 TAMP 节点的辖域之内; 3) 连接词限制:如果一个结构式 C 是一个完好的连动式,那么 C 中的动词没有连接词 y 插于其间; 4) 共享宾语限制:对于一个完好的连动式,如果它当中的两个或多个动词是多价动词,那么这些动词必须共享直接内论元; 5) 两个或多个不同的限定动词以单小句的形式出现,它们互相选择并共同表达一个单一事件。
Muysken and Veenstra (1994)	1) 只有一个显性主语; 2) 至多有一个显性直接宾语; 3) 只能指定一个时/体; ——通常只标记在第一个动词之上 ——有时标记在两个动词之上,但语义上只指定了一次 ——有时标记在第二个动词之上 4) 只可能出现一个否定词; 5) 没有并列连词插于其间; 6) 没有从属连词插于其间; 7) 不能插入停顿。

续表

学者	连动式的定义性特征/属性
Comrie（1995）	1）连动式中的动词出现在一个小句之中； 2）大部分动词范畴（人称、数、时、体、语气、极性等）或者只标记于主要动词之上，或者所有其他动词都和主要动词标记相同的范畴； 3）连动式被当作一个单一事件来理解，除此之外，它还有两种功能：a. 增加谓语的论元，b. 创造新词项。
Kroeger（2004）	1）一个典型的连动式包含两个或多个形态上相互独立而又处于同一小句中的动词，任何一个动词都不能是助动词； 2）两个动词之间不能有连接词或者其他从属、并列标记； 3）连动式处于一个语调曲拱之内，动词之间没有停顿； 4）整个连动式指称一个单一（也许复杂）的事件； 5）一个真正的连动式，其时、体、情态、否定等只能被指定一次，尽管这些特征有时候被标记于所有动词； 6）连动式中的两个动词至少共享一个语义论元； 7）强制非同指：一个真正的连动式不允许出现两个所指相同的NP论元； 8）一个典型的连动式只有一个语法主语。
Aikhenvald（2006）	1）连动式具有单谓语性； 2）连动式具有单小句性，其组成成分之间不存在句法依附标记； 3）连动式具有和单动词小句一样的语调特征，其组成成分之间不能出现语音停顿； 4）所有动词共享时、体、语气、情态、语力、极性值； 5）连动式表达单一事件； 6）典型连动式至少共享一个论元。
Haspelmath（2016）	1）连动式是一种能产的图式性结构； 2）连动式具有单小句性； 3）连动式中的动词必须是独立动词； 4）动词之间没有连接成分； 5）动词之间没有谓词—论元关系。

从表1-1可以看出，在进行跨语言比较时，不同学者用来界定连动式的标准并不完全一致，甚至存在相当大的差别，这种情况就使得许多进一步的研究无法顺利展开，因为不同学者所说的连动式可能本身就不是一种统一的语言现象。在汉语语法研究中，想要给连动式下一个准确的定义不是易事。在其他语言研究中，尤其是在跨语言的研究中更是如此。什么是

连动式？它具有哪些基本属性？这些问题在汉语学界固然存在不小的争议，但几十年的讨论使得这些问题渐趋明朗，大家还是能在大体上有一个相对一致的看法。但这样的问题放在其他语言的研究中，尤其是放在跨语言研究中，所造成的困惑则要大得多：

Sebba（1987：1）：

我们并不清楚不同的作者在使用"连动式"时，所指的是不是同样的东西。很少有学者在使用这一术语时明确地说明它到底指什么。通常的情形是，只要一个结构式呈现出 V NP V NP 或者 V NP V 这样的序列，而且当中的 V 不是明显的不定式的时候，就会不加区分地把这一术语运用在这些结构式之上。

Zwicky（1990）：

当我们在谈论连动式时，我们究竟在谈论些什么？……"连动式"有时包括主从结构，有时包括并列结构，有时指短语，有时指单词，它把那些已经建立好的范畴统统打乱。

Seuren（1990）：

语言学界存在这样一种奇怪现象：一些术语仅仅是提供了一个模糊的和直觉的印象，并不能显示它们到底覆盖哪些现象，但是有时候，这样的术语却能广泛流传，一个典型的例子就是"连动式"。

Lord（1993：1）：

为一种语言中的动词短语序列所做的概括不一定适用于别的语言中那些表面上看起来极为相似的结构。在单个语言中，一类连动式也不一定拥有其他类型连动式的属性……界定连动式是一件极其困难的事情。

Pawley and Lane（1998）：

我们在使用连动式这个术语时，我们和讨论这一话题的其他作者所指的是同样的东西吗？……用来定义连动式的标准，有些过于宽松，有些则过于严格。

Sebba（1999）：

如何定义连动式并没有一致的看法。它一般用来指这样一种结构：一个单句中有两个或者更多的动词（不能是助动词），而且动词之间没有明显的并列标记。

Crowley（2002：10）：

目前存在着大量的讨论连动式的文献，但正如有些学者所指出的，连动式的各个定义之间缺乏一致性。这就意味着，我们在进行跨语言比较时，可能不是在拿苹果和苹果做比较。

Senft（2004）：

关于南岛语和巴布亚语中的连动式，我们到底知道些什么？

Newmeyer（2004）：

什么是连动式？它是不是代表一个统一的现象？这些问题存在严重分歧。

Anderson（2005：11-12）：

根据传统，实际上任何动词和动词的组合都有可能被看作连动式。

Van Staden and Reesink（2008）：

尽管目前为止已有大量关于连动式的文献，但令人奇怪的是，在如何定义连动式上却鲜有共识，甚至连一个大致的充分必要条件都未能取得一致见解。当我们看那些连动式的跨语言描写著作时，我们看到的却是外表上很不相同的结构（即有着不同的形式属性或特征）。

Bisang（2009）：

如果定义太严格的话，这将不可避免地排除掉过去一些语言学家所讨论的连动式，如果我们采取宽泛的认知定义，比如表达单一事件，则要冒着缺乏严密性的风险……给连动式下一个准确的跨语言定义绝不是一件容易的事。

Foley（2010）：

定义连动式时存在普遍适用的标准或属性吗？很可能没有，尽管这一术语作为一个方便描写的标签依然被证明是有用的。

Haspelmath（2016）：

之前的比较性的文献，最大的问题在于没有界定清楚连动式这个概念，并且/或者把它当作一个宽泛的术语，结果是一些语言学家对寻找跨语言连贯的连动式概念感到失望。

总之，尽管连动式的跨语言研究从20世纪80年代便已开始，直到今天仍在如火如荼地进行着，甚至代表了目前国际语言学界研究连动式的主流范式，但是，当我们回过头来想一想，历经这么多年的研究，我们真的能够确凿无疑地说出些连动式的特性吗？我们似乎能够说出些什么，但又似乎都不是十分肯定。

跨语言视角下的连动式研究之所以举步维艰，在我们看来，主要是受到三个因素的影响。其一，连动式明显的跨语言变异性。连动式在一种语言（比如汉语）之中尚有可能包含不同的类型、分别具有不同的句法语义特征，何况将其置于世界语言的范围之内！因此，想通过某些特征的有无或多少来界定连动式，为其给出普适的跨语言定义必然十分困难。有些语言中的连动式可能具备 A 特征而不具备 B 特征，有些语言中的连动式可能具备 B 特征而不具备 A 特征。比如，按照 Aikhenvald（2006）提出的"所有动词共享时、体、语气、情态、语力、极性值"的标准，连动式中的动词应该共享体范畴；可是，汉语连动式的动词就显然不共享体范畴（"骑着马上了山"），汉语连动式"对体的单一性限制基本不存在"（刘丹青 2015）。同样的问题也可能出现在别的语言之中。比如，Lord（1993：2）指出，我们可以规定连动式的动词之间不能有显性的连接成分，这样做可以把 Igbo 语、Fe'fe' 语、Twi 语中的序列事件句排除在连动式之外，但这些语言中的序列事件句与它们亲属语言中不带连接成分的连动式在意义上是可比的，这就说明"不能有显性的连接成分"这一标准的设立有武断之处。此外，Muysken and Veenstra（1994）提出连动式是一个谓语还是两个谓语的问题；Bril（2004）指出语调特征也不足以识别连动式，在 Teop 语、Pileni 语中，无连接词的多小句并列句和主从句同样具有单一语调，否定词的辖域以及共享 TAM 也都是难以捉摸的标准；Post（2004）的考察表明连动式中的动词在多大程度上具有相同的极性值也是因语言而异的；Ameka（2005）对非洲西海岸地区语言的考察表明，连动式在体和情态的表达上不拘一格，不少语言中的连动式并不存在体和情态的限制，只要语义相容，连动式中的动词完全可以有不同的体和情态；Foley（2010）也列举多种语言中的例子，证明连动式不必共享体和否定范畴。凡此种种情形一方面说明连动式的跨语言变异性可能被远远低估了，另一方面也说明为判别连动式而设立的各个标准都具有一定的主观性，哪个标准重要？哪个标准不重要？哪个标准是必须满足的？哪个标准不是必须满足的？在不同学者看来往往会有不同的答案。另外，当一种语言中的连动式与某个学者给出的连动式的某条跨语言定义特征相冲突时，又该如何抉择？比如，我们固然可以说汉语中的连动式不符合 Aikhenvald（2006）对连动式在"体"上的要求，所以，Aikhenvald 应该修改她的定义；但其他学者也完全可以说，汉语中那些所谓的"连动式"因为不符合连动式在"体"上的要求，所以根本就不是真正的连动式。这就成了死结。更麻烦的是，正如刚才所介绍的，汉语连动式不满足"体"上的限制，其他语言中的连动式则可能不满足"连接成分""极性""语调""情态"等方面的限制。Aikhenvald（1999）在早期研究中就已经注意到了这方面的问题，她认为在她所给出的连动式的诸多定义性特征中，任何一个特征都不足以凭借自身来识别连动式，因为任何一个特征都有例外，所以她不得不采用"原型连动式"来解决这个矛盾：她主张一个结构式满足的定义性特征越多，就越是典型的连动式。这种处理方式是一种无奈之举，也难以被所有学者接受。Pawley and Lane（1998）认为使用特征丛的方式界定连动式将模糊连动式与其他结构之间的边界；Newmeyer（2004）也指出用连续统或原型范畴来定义连动式，实际上什么也解释不了，至多只是把一组零散的数据规则化了。

其二，不同区域的语言学传统。西方语言学者对连动式的重视肇始于 20 世纪 60 年代对西非地区的语言研究。这些早期的西方语言学者研究的精细度是值得怀疑的。Creissels（2000）这样评价道："不幸的是，在很多对非洲语言的描写中，任何或多或少有些'异域风情'的动词序列（即任何没有表现出欧洲语言动词序列全部特性的动词序列）都被宽泛地叫作'连动式'。"更不幸的是，这种早期粗疏的见解很可能作为当地语言研究的传统而被延续下来，这也导致了不同区域的语言学者所说的"连动式"名同而实异。Sebba（1987）、Newmeyer（2004）、Paul（2008）都提到所谓的"副动词"（coverb）问题，他们认为如何看待"副动词"反映了中国语言学传统和非洲语言学传统的差异。Sebba（1987：1）说道："有些作者依据功能把'连动式'分为一些语义类型，分别表示'方向''受益''给予''工具''完成'等义。Li 和 Thompson 却把汉语中的那些形似动词而实际起语法作用的功能词叫作'副动词'，他们把'连动式'界定为动词和动词之间有时间关系的类型，而不包括一个对另一个在某种意义上起语法性修饰作用的类型。这部分是因为在过去很长时间内中国语言学文献与非洲语言学文献对动词相关现象的研究是相对独立发展的。"类似的问题不仅表现在"副动词"身上,也不只体现在中国语言学传统和非洲语言学传统之间,其他被认为广泛采用连动式的区域,如南美洲、大洋洲、东南亚也大多在历史上形成了各自的语言学传统,这种长期延续下来而又各自相异的语言学传统对连动式的跨语言比较研究显然也是一个不容忽视的不利因素。

其三,不同语言的研究深度。刘丹青(2015)说:"连动式的跨语言比较,例如 Aikhenvald(2006),更是为我们提供了单一语言研究所看不到的众多特点和连动型语言的类型共性,但这类比较受制于某些材料来源的简略性,对句法细节的揭示时或不够充分,概括也可能因此受限。"刘丹青(2017)又注意到,汉语中的动结式已从连动式中"裂变"出去,而跨语言的连动式研究基本上都把动结式包含在了连动式之内。之所以如此,刘丹青(2017)认为是因为"对于那些取自陌生小语种的例句,人们无法测试其中相当于汉语补语的词是否具有独立动词和谓语资格。调查描写深度的欠缺,可能正是类型学无法排除其连动式属性的原因之一,表层结构只看到有几个动词在连用"。刘丹青先生的上述观察是敏锐且符合事实的。事实上,很多时候我们只看到有学者说某种语言具有连动式,然后附带上一两个例子,但是,我们也应该留心这些语言本身是否得到了充分的研究?这样的结论是否可靠?须知,在很多非洲或是大洋洲、南美洲的土著语言中,甚至难觅基本的参考语法。即便一些学者在其所研究的连动语言中能找到一些零星的参考语法,但情况或许也不容乐观。Seuren(1990)、Aikhenvald(2011)等都曾提到过获取资料的困难,Seuren(1990)曾说"西方语言学家在获取正确并且系统的语言数据时困难重重"。Bodomo 是一名非洲裔语言学者,他曾对西非地区的数种米比亚语(Mabia Lauguages)中的连动式进行研究(Bodomo 1993),其中就包括了他的母语 Daggare 语以及米比亚地区的一些其他语言,如 Dabane 语、Gurenne 语、Kusaal 语、Mampruli 语、Moore 语。这种以自己母语及其亲属语言中的连动式为研究对象的情况在国外相当罕见,不过即便如此,Bodomo 就能充分了解这些语言的语法系统吗?在获取相关资料的过程中就能得到足够的参考吗?事实上,Bodomo(1993:3–5)自己也承认,"关于这些语言句法的资料非常稀少"。可见，不同语言的研究深度也制约着连动式的跨语言比较研究。

总之，跨语言视角下的连动式研究虽然可以为具体语言（比如汉语）的连动式研究提供重要启示，但受制于多种因素，目前的跨语言连动式研究举步维艰，很多有关连动式的问题依然处于说不清楚的状态。可以说，连动式的跨语言研究始终是充满争议的，直到今天依然如此。最近的一场引人瞩目的争论发生在 Aikhenvald、Dixon 与 Haspelmath 之间，Haspelmath（2016）主张连动式是一个"比较概念"（comparative concept），而非一个"自然类别"（natural kind），基于这种认识，他给连动式重新下了定义（见表 1-1），并根据这种定义得出了十条有关连动式的跨语言特征。Haspelmath（2016）的研究受到了 Aikhenvald & Dixon 的批评，Aikhenvald & Dixon 在写给 *Language and Linguistics* 编辑部的信件中，① 对 Haspelmath（2016）进行了多维度的批评，认为 Haspelmath 的定义是有问题的（problematic），其所得出的十条跨语言特征有六条都是错误的，进而呼吁语言学者在阅读 Haspelmath（2016）的文章时应当谨慎。可见，即便在世界著名的语言类型学家之间，连动式的问题也很难达成共识。

1.2　绕不开的连动式

在上一节我们看到，不管是在现代汉语语法学中还是在古代汉语语法学中，抑或是在跨语言比较中，连动式都是一个极富争议的难题。那么，我们可以不谈连动式吗？或者说我们为什么还要继续研究连动式？由于本书主要以现代汉语中的连动式为研究对象，所以接下来我们将主要结合现代汉语以及现代汉语语法学的情况，简要谈一谈这个问题。

1.2.1　连动式与语言个性的发掘

世界上究竟有多少语言采用连动式？这是个不好回答的问题，但显然

---

① 这封邮件并没有在 *Language and Linguistics* 上发表，Haspelmath 将其转发在 2019 年 1 月 23 日的个人学术播客之中，以供展开学术讨论，详参 https://dlc.hypotheses.org/1683#more-1683。

不是所有语言都具有连动式。另外，即便都是具备连动式的语言，其连动式的使用频率和在语法系统中的地位也是不同的，有的语言非常依赖连动式，很多表达必须借助连动式，其连动式的类别也丰富多样；而有些语言只是零星地采用连动式，连动式在其语法系统中似乎是可有可无的。如果我们想要从更宏观的角度揭示语言间的共性和个性，那么连动式便是一个绕不开的问题。

以汉语的情况来看，过去我们常常认为"连动式是汉语语法所特有的句法范畴"（杨成凯2000），这主要是拿汉语和印欧语比较的结果。今天我们当然知道，连动式并非汉语所独有，但是，为什么有些语言会大量采用连动式（如汉语）而有些语言（如英语）却很少采用或者基本不用连动式呢？汉语和其他连动语言（如越南语、泰语、印尼语）之间存在什么样的共性？汉语和英语这样的非连动语言的差别到底在哪里？对这些问题的思考和探索，显然会推进我们对汉语的真正个性以及其与其他语言共性的认识。连动式可以作为揭示汉语个性的一个窗口，如王力（1943）以"表彰中国语法的特征"为目的提出的"递系式""紧缩式"许多都属于今天所说的连动式；赵元任（1952：21）也早就说过"动词结构连用式是汉语很特别的结构"；著名翻译学家林同济也曾说："偏重动词着眼，动用大量的动词结集，根据时间顺序，一一予以安排，甚至尽量省略关系词，以达到动词集中、动词突出的效果——这是汉语造句手法的基本倾向。"他认为"要谈汉语的特点，特点就在这里，要找汉语语法的窍门，窍门也就在这里"。① 如前辈学者所述，连动式与汉语语法的特点是联系在一起的，但究竟是什么样的特点造就了连动式？这还应做更进一步的讨论。

1.2.2　连动式与语言学理论建设

汉语连动式的研究和其他语言连动式的研究，长期以来走的是两条相对独立的道路，但这两条相对独立的道路最后实现了交会。我们认为这绝不是一种偶然现象，其背后所反映的可能是现有的（以印欧语法为基础建立的）语法体系对世界范围内其他语言进行描写时遭遇到的困难：以印欧

---

① 林同济先生的这两段话转引自申小龙（1996：238-239），申著未标注这两段话的具体出处。

语语法的眼光难以对其进行分析。由此带来更深层的问题：印欧语法的分析理论和框架是否适用于所有语言？或者它是否完全适用于汉语？过去汉语学界否定连动式的声音实际上有两种：一种是"真否定"，主张将连动式纳入其他语法结构，如状中结构、动补结构、并列结构等，这种主张是想把连动式这个难题"消化"掉，其结论客观上维护了印欧语法的普遍性；另一种则是"假否定"，即肯定汉语连动式现象的存在，甚至承认这种提法摆脱了部分印欧语的眼光，但在这些学者看来，这种摆脱依然是不彻底的，换言之，连动式本来不是问题，属于汉语中非常正常的现象，但因为没有彻底摆脱印欧语的眼光，所以才成为问题。后一种主张的论著往往带有强烈的中国语言学学术主体意识，主张建立具有中国或汉语特色的语言学理论（郭绍虞1979；申小龙1996；徐通锵1997、2008；沈家煊2019、2020等）。这个问题我们无意过多涉及，我们想说的是，不管是维护印欧语法的分析理论和框架，还是在印欧语法框架下做些修补工作，抑或是彻底推翻旧的框架、建立起具有中国特色的语言学理论和分析模式，都有必要对连动式问题做出回应，连动式问题始终是绕不开的。

1.2.3 连动式的计算机处理

从应用的角度来看，连动式也是一个绕不开的话题。我们知道，连动式的主要或中心动词问题一直是理论探讨的对象，这一问题也一直制约着连动式的计算机处理。如周国光（1998）所言："连谓结构中的主要动词问题是计算语言学家们非常关心的问题。"直到如今，这个问题依然困扰着计算语言学家，给句法树库的构建以及相关应用研究带来了不小的难度。陈波（2014：139）指出："当前的中文信息处理中，针对连动句，目前采取的方法是，人为地规定，连续出现的若干个动词 V_1、V_2 等，第一个动词 V_1 被默认为中心词，后面的动词 V_2 等都依存于它。"事实也的确如此，不管是美国宾夕法尼亚大学的中文树库，还是北京大学的语言知识库、清华大学的清华汉语树库，以及哈尔滨工业大学的汉语依存树库，基本都做如此处理。这样做很难说有足够的道理，只是一种无奈和暂时的选择。将来的句法树库建设以及连用动词串的计算机处理必不会满足于此，我们总还是要想办法认识连动式的真正结构及其中心动词（参阅 Lin et al. 2012；陈波 2014：138-141）。因此，从计算机处理的需求来说，连动

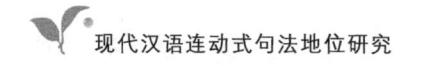

式也不可能绕得开。

1.2.4 连动式的第二语言教学

从第二语言教学的角度来看，连动式也是一个绕不开的话题。对于母语是非连动语言的学习者来说，想要准确地掌握连动式的形式和语义并非一件易事。

作为汉藏语系研究专家的 Matisoff 很早就注意到汉藏语中存在"动词联结"（verb concatenation）现象（Matisoff 1969、1974），Matisoff（1969）在对拉祜语（Lahu）中的"动词联结"做了细致描写之后坦言："对于动词联结的理解，尤其是对于 vCv 式动词联结的理解是一项非常精细的工作，在这方面，非母语研究者会发现自己处于明显不利的位置……对于边缘（marginal）、反常（aberrant）或是歧义性（ambiguous）动词联结的阐释是一个缓慢且痛苦的过程。"

Pawley 从 20 世纪 60 年代开始便对新几内亚地区的 Kalam 语进行系统研究，甚至编撰过 Kalam 语的参考语法书和词典。不过，他发现自己所说的 Kalam 语连动式总是不够地道，总要被旁观者重新编辑、补充信息。可以看出，连动式通常是非连动语言母语者学习的难点，从实际的二语教学需求出发，连动式也是不容回避的问题。

1.3 一个关键的问题

目前连动式研究的困境很大程度上源于一个根本性的问题：连动式的句法地位问题。如果我们能对连动式在某种典型的连动语言中所占据的句法地位有个较为准确的认识，那么很多有关连动式的问题都可以迎刃而解。

前文说过，目前连动式的跨语言研究，通常是拿若干种语言中的连动式进行比较、概括，进而得出某种结论。这种做法本身恰恰是存在很大弊病的——因为它不能反映连动式在句法系统中所占据的地位。也就是说，我们只看到了某种语言中存在连动式，却忽略了这种语言中的其他句法结构。要知道，任何句法结构的存在都不会是孤立的，而是处于一个特定的句法系统之中，离开了具体的句法系统，离开了同样处于该系统中的其他结构，连动式的本质不可能得到清晰的认识。已有学者意识到了这一问题，Lawal（1993）在一篇研究 Yoruba 语连动式的文章中是这样说的：

> 很少有话题能像连动式那样，引起那么多的关注和争论。这个话题已经谈论得如此之多，以至于有人可能会怀疑，在这个话题之下还有哪方面是没有被谈论过的。不过，我们从最近的一些研究中可以看出，相关争论远没有停止。这是因为连动式在许多语言的语法系统中占据重要地位……连动式将继续引发争论，这不足为怪……有人认为连动式是单小句结构，有人主张连动式是多小句结构，然而这两种研究都是在孤立地研究连动式，没有把它和其所在语言的其他句子类型做对比。我们认为这是一个严重的缺陷……

近些年来一些从事类型学研究的学者也开始意识到了问题的所在。Senft（2004）对南岛语和巴布亚语的连动式研究感到沮丧："关于南岛语和巴布亚语中的连动式，我们到底知道些什么？"Senft（2008）进一步指出要加强对这一地区个体语言的研究。

> 只有建立在对一个个具体语言的研究之上，我们才能克服类型学强加在南岛语和巴布亚语连动式身上的偏见。现在存在着明显而强烈的需求，呼吁这样的研究！

可见，弄清连动式在某个具体语言中的句法地位，对于我们理解连动式现象，对于我们今后的跨语言比较和归纳，都具有重要参照意义。

另外，有些学者拿连动式和非连动语言中的相关结构进行对比，从而间接地认识连动式。比如 Payne（1997：306）在"小句合并"的框架下，对连动式以及多种其他小句结合体进行对比，但他所做的对比没有立足某一具体的句法系统；Croft（2001：320-361）拿连动式和英语等语言中的状语从句、并列小句、补足语从句、关系小句等进行对比，从而对连动式进行句法定位。这些做法当然都是有意义的，但并不是完全合理的。因为在我们看来，只有立足某一具体语言的句法系统，才能准确了解连动式所占据的句法位置。脱离了具体的句法系统，把连动式和其所属系统之外的其他结构进行对比,其作用有限。这就如同下棋,中国象棋中有"马",国际象棋中也有"马",拿国际象棋中的"马"来对照中国象棋中的"马"虽然可以起到便于理解的作用,但二者显然不是一回事儿,二者所处棋盘上的其他棋子不同,二者走动的规则也不相同。因此,我们认为,要了解连动式的句法地位,有必要把它放在其原属的棋盘之上。这一问题在过去的连动式研究中也有学者意识到。Aboh(2009)注意到不少学者将连动式和非连动语言中的近似结构(如英语中的次级谓语结构等)进行对比,但他认为更应该在某一语言内部将连动式和与其相近的结构进行对比。

如果说要立足某一具体连动语言,来了解连动式的句法地位,那么最好的选择莫过于现代汉语。因为其他任何连动语言在研究的深度和广度上都远不及现代汉语。从这个角度来说,对现代汉语连动式句法地位的研究,将为我们从整体上把握连动式这种广泛存在的语言现象提供一个可靠的参照,具有类型学上的启示意义。

就现代汉语来说,明确连动式的句法地位也极具意义。至少表现在以下三个方面。

第一,能够推动解决有关连动式的其他问题。前文简要介绍过,在现代汉语语法学中,连动式身上存在诸多争议,如定义、范围、性质、存废等问题,所有这些问题都最终指向其句法地位问题。如果连动式的句法地位能够得以明确,那无疑会推动上述问题的解决。当然,从理论上来说,只有在严格的定义下、在确定的范围之内才能准确认识连动式的句法地位。不过,我们认为这两方面是相辅相成的。连动式的句法地位问题是一个总体性、综合性的问题,它的解决和明确能够反过来推动更为基础性问题的解决。这个认识过程类似在搭积木前先看一下完整的模型图。我们在搭建积木时,固然可以一块一块地不断试错叠加,但如果在搭建之前,事先看过图纸,对其有个总体印象,那搞清楚每一块积木应该怎么搭就会容易很多。连动式的句法地位其实就是那个模型总图。

第二,实现现代汉语句法系统布局的有序化。传统认识中,汉语的句法结构首先包括五种基本类型,其次还包括连动式和兼语式两种特殊类型。但这种列举式的做法不能反映句法结构之间的亲疏远近。实际上,连动式和状中、动补、并列等基本句法结构都有牵连,和兼语式以及复句结构之间也存在或远或近的关系。那么，以连动式为中心，明确其句法地位，实际上就可以构建出一幅句法结构的"势力"分布图，上述所有结构包括连动式的各个小类都将处于同一幅图上，结构之间的亲疏远近在这幅图上就可以得到直观的反映。换言之，以连动式的句法地位为切入点，可以实现现代汉语句法系统布局的有序化。

第三，解决连动式的句法地位问题，必然涉及连动式与其他句法结构之间的区别和联系，所得结论可以应用于汉语句法结构的教学，以及连用动词串的计算机处理。这些问题前文已经做过说明，不再赘言。

总之，不论是以汉语研究的视角来看，还是从当前跨语言研究的需求来看，抑或从实际应用的角度来看，明确现代汉语连动式的句法地位，都具有重要的理论和现实意义。

第二章　现代汉语连动式句法地位问题及其解决思路

2.0　前言

连动式这一语法术语的提出不是偶然的，曾被认为是汉语语法研究更加重视汉语特点的一种表现，也使得汉语语法研究更加符合汉语实际。不过，汉语学界对连动式的研究持续了半个多世纪却依然对它琢磨不透。连动式究竟是一种什么性质的句法结构？和其他句法结构之间的关系如何？在汉语句法系统中占据着什么样的位置？这些问题始终没有得到较为清晰的认识。与此相伴的是，对于连动式的怀疑之声也开始不绝于耳，甚至到了主张取消它的地步。本章的目的在于对连动式的句法地位问题做出全面梳理，从以往的研究中发现线索、理出脉络、找到症结、明确我们的方向和着力点。本章的主体包括五个部分：2.1 节回顾汉语学界对连动式句法地位问题的相关认识；2.2 节指出学界关于现代汉语连动式所达成的一些初步共识，本研究正建立在这些初步共识之上；2.3 节对以往研究的不足做出反思；2.4 节简要交代本研究对连动式的分类、具体的研究对象以及所要采用的理论方法；2.5 节简要指出本书将要采取的研究步骤。

2.1　艰苦的探索

2.1.1　连动式特殊结构身份的确立

连动式作为汉语中的一种特殊结构，其特殊身份的确立与学界对限定性问题的认识是分不开的。在早期汉语语法著作中，这一结构并未引起特别注意，甚至被认为和印欧语中的动词连用无异，存在"限定"（finite）和"非限定"（infinite）之分。马建忠（1898）在论述"动字相承"时，认为存在"坐动"和"散动"之别[①]；黎锦熙（1924）认为一个句子只能有一个"述语动词"，其他不作述语的动词都是"散动词"。[②] 这些主张并未提供实质性的根据，因而带有很强的模仿印记。随着学界对于汉语个性的重视，因袭自印欧语法的限定性观念也开始弱化，在20世纪三四十年代的文法革新讨论时期，已有学者意识到在汉语句子中强行区分"限定动词"与"非限定动词"不切实际。金兆梓（1938）曾指出"我国文字的习惯不必定要定式动词"，那"只是西文的习惯，和国文法不相干"。王力（1943）则更加注重联系汉语实际，放弃了以往区分"坐动"和"散动"的思维，转而通过"谓语形式""品"上的差别来看待动词连用现象，[③]并创造性地提出了"能愿式""使成式""递系式""紧缩式""处置式""被动式"等具有汉语特色的语法概念，其中的"递系式"和"紧缩式"实际上已经涵盖了不少后来学者所谓的"连动式"。[④] 赵元任在1948年出版的《国语入门》中首次将"连动式"的概念引入汉语语法研究，原文称作"verbal expressions in series"。李荣先生在《北京口语语法》中将其译作"动词结构连用式"，简称"连动式"。该书对"连动式"的特殊身份

---

① 马建忠（1898/1983：208）："而一句一读之内有二三动字连书者，其首先者乃记起词之行，名之曰坐动；其后动字所以承坐动之行者，谓之散动。散动者云，以其行非直承自起词也。"
② 黎锦熙（1924/1992：65）："凡句子，语意只叙述一件事的，不怕动词多，实际上只能有一个是述语（主要动词），其余的都是不作述语的动词，就叫做'动词的散动式'，简称散动词。"
③ 王力（1943/1985：38-39）："末品谓语形式最值得咱们注意，因为它是中国语法的大特色。同一个谓语形式，在某一个句子里它是真正的谓语，在另一个句子里它只是一个末品。"例如，在"贾母倚栏坐下""哥哥拿笔写字""我忍着痛说话""他伏在桌子上写字"等句子中，下加着重号的词语都属于末品谓语形式。
④ 王力（1943/1985：34-35）提出"凡两个以上的实词相联结，能陈说一件事情者，叫做连系式"，"如果一次连系还未能把意思充分地表达，可以再加另一次的连系在后面，这叫做递系式"。注意：王力（1943）所说的"递系式"范围甚广，既包括后世所谓的"连动式"，又包括后世所谓的"兼语式"，只不过更侧重后者。另外，王力（1943）所言的"积累式紧缩"（如"平儿忙进来服侍"）和"目的式紧缩"（如"宝玉因和他借香炉烧香"）实际上已经包括了现在所说的连动式的部分类型。

予以了充分肯定，指出"动词结构连用式是汉语很特别的结构"（赵元任1952：21）。这一主张很快引起了国内学者的兴趣，随后，一系列在当时具有重要影响的语法论著，如张志公（1953）、中国科学院语言研究所语法小组（1953）、吕叔湘（1953）纷纷采纳了"连动式"的说法。这进一步推广了"连动式"的影响力和使用范围，使其正式登上了汉语语法研究的历史舞台。

应该看到，连动式的提出与采用是汉语学者积极探索汉语个性、避免落入单纯模仿之窠臼的重要举措和表现。印欧语富于形态变化，只有限定动词才会承担一致关系（在人称和数上与主语保持一致），也只有限定动词才能表现出时态上的变化，这些在印欧语中都是有明确的形式标识可供参照的。而汉语缺少形态变化，从形式上难以确凿无疑地说哪一个是限定动词，哪一个是起辅助作用的非限定动词。正是认识到汉语不同于印欧语的这一特点，连动式的说法才应运而生，并被看作汉语有别于印欧语的一种特殊结构。

2.1.2　与连动式句法地位有关的主要争论

连动式进入汉语语法学之后，其句法地位从来都是不稳固的，这主要有两个原因：一是"一直有人要取消它"（吕叔湘1979：71），这种怀疑和否定的声音，从20世纪50年代一直持续到今天（胡附、文炼1955；傅子东1957；史振晔1960；张静1977；吕冀平1979；史存直1986；邹韶华1996；孙德金2000；邓思颖2010；冯胜利2017等）；二是连动式的肯定者对其认识也是分歧极大的。比如说，到底什么是连动式？连动式的范围究竟有多大？连动式具体包括哪些不同类别？连动式是否具有统一的结构性质？连动式该做何结构分析？连动式内部各个动词的地位真的相当吗？对于这些基本问题，不同的连动式采用者往往具有不同的认识，甚至同一学者在不同时期的著作中也常常给出截然相反的答案。对连动式的种种不同理解客观上也导致了它难以获得稳固的句法地位。本节主要从三个方面回顾汉语连动式研究史上的主要争论，这些争论或多或少都与其句法地位相关联，反映了对其句法地位的不同认识。

2.1.2.1　名称之争

名称问题不是实质问题，但名称问题可以折射出实质问题。不同学者对"连动式"的不同称呼,也或明或暗地反映出他们对"连动式"性质和地位的不同认识。

赵元任(1952)最先采用连动式的说法,这也是后来流传最广、最被普遍接受的一种说法。赵元任(1952)总共论述了汉语中的五种造句法,分别是"主谓结构""并列结构""主从结构""动词宾语结构""动词结构连用式"("连动式")。不难看出,"主谓结构"和"动词宾语结构"的命名主要是着眼于句法成分的性质,"并列结构"和"主从结构"的命名主要是着眼于句法成分之间的关系,而"连动式"的命名则完全是着眼于这一结构构成成分的词类属性。换言之,"连动式"的称呼并未揭示出实质性的语法关系,这也是后来学者对"连动式"这一名称不满的主要原因。杨成凯(1984)认为连动式的前后两个直接成分之间是"一种未定名的特殊关系""不是动宾、动补、状动、复句等现有的语法关系";张伯江(2000)认为"由此我们得到一个教训,如果只看一个组合形式的成员都是动词性的,就简单归之为'连动式',可能不利于发现实质性的语法关系。"这些意见都反映出"连动式"名称的局限。除了"连动式"以外,"连动词组""连动短语""连动结构"等名称也多为学者所采用,这些名称暴露出与"连动式"相同的问题。

张志公主编的《暂拟汉语教学语法系统》以及根据它的基本内容而编写的中学《汉语》课本语法部分、《语法和语法教学——介绍"暂拟汉语教学语法系统"》(张志公 1956)、《汉语知识》(张志公 1959)均采用"复杂的谓语"这一称呼。《暂拟汉语教学语法系统》认为:"复杂的谓语就是动词的连用格式,或者动词、形容词的连用格式。""复杂的谓语"这一名称虽然准确地抓住了连动结构经常作谓语这一特点,却存在更多的问题:一方面,这一名称涵盖太广,不仅包括今天所谓的"连动式"和"兼语式",而且还包括谓语部分的紧缩结构和并列结构,① 涵盖范围过广限制了这一术语作用的发挥。事实上,在后来的论著(张志公 1959:151)中作者还继续区分了不同类型的"复杂的谓语"——"谓语的连续"和

---

① 《暂拟汉语教学语法系统》认为"复句紧缩成的单句,谓语可以看作复杂的谓语""联合结构做谓语,也可以认为是一种复杂的谓语"。另可参看具体章节(张志公 1956:32-33)。

"谓语的延伸"。另一方面,"复杂的谓语"的名称不能顾全非谓语位置上的连动结构,谓语位置上的连动结构可以叫作"复杂的谓语",那么非谓语位置上的连动结构又该叫什么呢?采用"复杂的谓语"这一说法的著作对于这个问题全部避而不谈,在它们的体系中,离开了谓语位置,"连动式"(连动词组、连动结构)是没有任何地位的。①

除了"复杂的谓语"这一名称,也有学者使用"复杂谓语"的说法(吕冀平 1958/1985),两个术语本质上没有差别。不过,相对于前者,后者有三点变化值得注意:一是"复杂谓语"在"复杂的谓语"基础上大大缩小了所指范围,比如,联合结构、紧缩结构作谓语不再看作"复杂谓语";二是明确提出"复杂谓语"里有不止一个谓语,②这是张志公于1956年和1959年主编的著作中所未明确表态的;三是"复杂谓语"与"复谓结构"相补充。吕冀平(1958)又引入了"复谓结构"这一术语来指称那些不处于谓语位置上的"复杂谓语",二者根据所处的句法位置作区分,"复谓结构是指复杂谓语作了其他成分而言的。当然在它作谓语的时候就不能再叫作复谓结构"(吕冀平 1958:75)。关于"复杂谓语"的名称,朱德熙(1985:69-70)曾有过精辟的评论:"名不正则言不顺,名称有时也会影响实质。管连动式、兼语式叫复杂谓语显然不妥当,因为这些结构并不是只在谓语位置上出现……明明是一种东西,为什么要两样对待呢?这个矛盾分明是自己找来的。要是一开始不把连动式、兼语式钉死在谓语上头,就是说不把谓语位置上和其他位置上的连动式、兼语式看成不同的东西,不是什么问题也没有吗?"朱先生的这段话揭示了句本位语法体系的弱点,直指问题的核心。不管是"复杂的谓语"还是"复杂谓语",抑或是别的什么名称,只要停留在句本位的体系之中,那么想要为作为词组的"连动式"安排合适的位置是十分困难的。

---

① 张志公(1956:26)认为:"词组里词和词中间的关系有四种:联合关系(书籍文具,又说又笑)、偏正关系(玻璃茶杯,慢慢说,说清楚)、动宾关系(改进农具)、主谓关系(你说的话不明白)。"可见,在这样的体系中,虽然存在"复杂的谓语",但在词组平面不存在所谓的"连动式"(连动词组)。

② 吕冀平(1958:4-5)认为:"一个句子里可以有不止一个谓语,那么谓语部便复杂起来了。为了方便,我们管它叫作'复杂谓语'。复杂谓语是汉语的特点之一,而且是汉语里很值得重视的一种语言形式。不论在口头语言里,还是在书面语言里,我们听到的,看到的,几乎大部分都是含有复杂谓语的句子。"

王福庭（1960）最早采用了"连谓式"的说法，他所说的"谓"指的是"谓语"，认为"连谓式"中连用的两段或几段成分（不一定是谓词性的①）能够分别连着主语单说，它们之间是"谓语跟谓语的关系"。王福庭"连谓式"的提法，比"连动式"能够照顾到动词性成分和形容词性成分的连用。不过局限也是很明显的，他仍然只把"连谓式""钉死在谓语上头"。值得注意的是，王福庭（1960）在批评连动式时指出："'动词'、'形容词'这种词类概念，只反映一个词本身的语法性质。在句法研究上，特别是象在'连动式'那样的形式上，单只说明词本身的语法性质是不够的，我们要着重说明词和词之间的某种造句关系……单说动词和动词的或是动词和形容词的连用，并不接触到语法结构的本质。"这一认识无疑是非常敏锐的，但"谓语跟谓语的关系"并不见得就比"连动关系"更为合适，后者只是让问题悬而不决，前者却是得不偿失，离开了谓语位置便谈不上"谓语和谓语的关系"。王福庭（1960）一方面认为连谓式"句子的形式仍然是单句"，另一方面又指出它有几个谓语，这种看法本身也是值得商榷的。赵元任（1979：167）专门就王福庭（1960）对连谓式的看法提出了商讨，认为连谓式没有考虑到连动式作其他句法成分的情况（如"脱了鞋进去才行"中的连动式是作主语），而且更为关键的是，连谓式当中并非一定就有"两个谓语"。②"两个谓语"的提法尽管面临一些质疑，不过仍然对后来的学者产生了不小的影响。③

朱德熙（1982）使用的是"连谓结构"这一术语。朱德熙（1982：160）认为"连谓结构是谓词或谓词结构连用的格式"，并在脚注中特别说明他所说的"谓""是指谓词说的，不是指谓语说的"。从"连动"到"连谓"，显然可以照顾到动形连用的情形，无疑更为准确全面，不过"连谓结构"的提法依然没有明确说明连用的谓词之间究竟是何种关系，关键

---

① 像"我一只手打不过你"这类句子，王福庭（1960）认为也是"连谓式"。
② 赵元任（1979：167）通过助动词的管辖范围，反驳了"两个谓语"的说法，论述如下："'不能光着头出去'，'不能'是管整个儿的，因为既没有说'不能光着头'，也没有说'不能出去'。"
③ 不少学者虽然采用了各式各样的称呼，但都认为构成"连动式"的成分之间是谓语和谓语的关系。如周法高（1982：55）直接使用"谓语连用"的称呼；陈建民（1986：229）虽然继续使用"连动式"，不过认为"连动式"属于"一主多谓句""连用的各段谓语可以分别连着主语单说"。

的问题还是被遗留了下来。① 尽管如此，必须承认的是，朱德熙（1982）提出"连谓结构"，并将其作为一种词组类型与主谓结构、述宾结构、述补结构等其他结构相并列，② 这对把连动式现象从谓语的位置上解放出来贡献很大。

除了上述术语之外，也有学者采用别的名称来指代连动式，比如范晓（1991）采用"顺递短语"的说法，具体指"由两个或两个以上的谓词性词语连用在一起，直接成分间具有顺递关系的短语"（范晓 1991：123），比如"披衣开门出去"就是由"披衣""开门""出去"三个谓词性的"顺递语"组成的。"顺递短语"的名称意在强调谓词性成分之间的关系，这固然十分必要，但这种"顺递"关系毕竟只是一种时间或逻辑上的关系，而非句法关系。所以，"顺递语"和"顺递语"之间的句法关系依然不甚明了。

可以看出，名称问题虽然不是实质问题，但名称之争的背后实际上牵涉到了许多基本的理论性乃至体系性的问题，比如，在所谓的"连谓式"里究竟是只有一个谓语还是有多个谓语？不同学者往往有不同的认识，甚至有的学者一方面认为"连谓式"是"共主语的几个动词或动词和形容词连用作谓语"，另一方面又宣称其中的每一个动词或形容词"都应该看作谓语"（邓福南 1980：89），这种自相矛盾实际上正是难以取舍、踟蹰犹疑的一种表现。再比如，从"复杂的谓语""复杂谓语"到"连谓结构"的变化，实际上反映了汉语语法学由句本位体系向词组本位体系的重大转移。在句本位体系里，非谓语位置上的"连谓结构"是没有任何句法地位的，即便使用"复谓结构"来弥合，也是相当勉强的。在词组本位的体系内，"连谓结构"（"连动式""连动词组""连动短语""顺递短语"）固然有其存在的根据，但由于反映不出（或者说不清）这种词组内部的句法关系，其句法地位也是很不稳固的，难免受人指责。

2.1.2.2 定义与范围之争

前一小节的介绍说明，"连动式"的不同名称在一定程度上反映了对

---

① 朱德熙（1982：19）认为"连谓结构和上边讲的述宾结构、述补结构、联合结构等都不同，是另外一种句法结构"，这"另外一种句法结构"究竟具有什么样的内部结构性质呢？朱先生并未明确说明。

② 朱德熙（1982：14–19）根据"词组内部组成成分之间的语法关系"，把词组分为六种类型：偏正结构、述宾结构、述补结构、主谓结构、联合结构、连谓结构。

其句法地位的不同认识。须知,即便大家采用了相同或相近的名称,由于内涵和外延的不同,"连动式"的句法地位依然是摇摆不定的。具体来说,不同的定义或内涵决定了"连动式"的不同性质,而这直接影响到对其句法地位的认识;不同的范围或外延实际上就是给"连动式"不同的职权,给它的职权越大,它在句法系统中的地位就越显赫;相反,给它的职权越小,其在句法系统中的地位也就越不显赫。

先来看一些语法著作对"连动式"所下的定义。[①]

张志公《汉语语法常识》(1953:212):

> 前一个动词代表先作的动作,后一个代表随后作的动作……这样几个动词组合成的结构叫作"连动式"。

吕叔湘《语法学习》(1953:73):

> 连动式——两个或更多的动词属于同一个主语……那里面的两个动词既没有联合的关系,也不容易分别主要和次要。这就是连动式。

丁声树等《现代汉语语法讲话》(1961:112):

> 连动式就是动词结构连用的格式。

赵元任《汉语口语语法》(1979:166):

> 兼语式是第一个动词的宾语兼做第二个动词的主语,连动式则两个动词同属一个主语。

吕叔湘《现代汉语八百词》(1980:18、32):

[①] 下文所引的各种定义中,有些针对的是作为词组的"连动式",有些针对的是作为句式的"连动式",由于未牵涉实质性的问题,所以这里不做严格区分,一概引介。下文对前人观点的介绍也做同样处理。

连动句。这个类型的句子里的谓语动词不是一个而是几个，但是这几个动词之间不是并列关系而是连续关系……这是一种构造复杂的句式，共同的特点是：动1和动2联系同一个施动者，中间不能停顿。

Li and Thompson, *Mandarin Chinese*: *A Functional Reference Grammar* (1981: 594):

连动式指的是一个句子中含有两个或者更多的动词或者是几个小句并列在一起，没有任何表明它们之间关系的标记的一种结构。

朱德熙《语法讲义》(1982: 160):

连谓结构是谓词或谓词结构连用的格式。

宋玉柱《现代汉语语法十讲》(1986: 79):

两个或两个以上的谓词（包括动词和形容词）连用（包括它们的附加成分和连带成分），它们之间没有并列、偏正、动宾、动补、主谓等关系，中间没有语音停顿，没有关联词语，也没有复句中分句之间的各种逻辑关系：这样的词组，叫做连谓词组。

北大现代汉语教研室《语法修辞》(1986: 28 - 29):

连动结构就是几个动词或动词性结构（述宾结构、述补结构、以动词为中心语的偏正结构等）连用，所表示的动作是同一个施事发出的。……连动结构是一种特殊的动词性结构，和以前讲的述宾结构、述补结构、联合结构完全不同。我们要注意划清连动结构和其他各类结构的界限，不要看见几个动词连在一起，就认为是连动结构。

张静《汉语语法问题》(1987: 381):

两个或两个以上的实词按时间先后或事情发生的顺序依次相承，这样的词组叫承接结构或叫连动结构。能构成承接结构的主要是动词或动词性词组，有时也可以是一个动词和一个形容词。在承接结构里可以不用连词，有的也可以用"一……就……"。

高更生《复杂单句》（1990：67）：

连动短语有相连的两个或两个以上的动词或动词短语，它们之间有先后、方式、目的等关系，但没有并列、偏正、动宾等关系，没有语音停顿，没有关联词语。

吴启主《连动句·兼语句》（1990：4）：

连动短语是两个或两个以上的动词或动词短语连用的格式，这种格式简称"连动式"。

范晓《汉语的句子类型》（1998：68－69）：

连动短语由两个或两个以上的动词和动词性短语连用……连动句中几个动词（或动词性短语）之间的结构关系既非状心结构、并列结构，也非动宾结构、动补结构，而是连用在一起具有顺递关系的一种结构。

吕冀平《汉语语法基础》（2000：322）：

一个主语有不止一个谓语，而这些谓语既没有联合关系，也没有偏正关系。这种格式可以叫作谓语的连续——连动式。

以上只是选择了50~90年代的十几种语法著作，不难看出，关于什么是"连动式"各家的理解差异很大，仔细推究下来，甚至没有完全相同的两种说法。如果将考察范围扩大至更多论著，那么在什么是"连动式"的问题上就更见分歧了。各家对"连动式"的不同理解,直接导致了"连动式"范围的不确定性,其在汉语语法系统中所占据的位置自然也会模糊不清。综观以往各家对"连动式"定义和范围的不同理解,可以将分歧概括为九个主要方面。

Ⅰ."动"上的分歧

多数学者所说的"连动"强调的是"动词的连续",而有些学者所说的"连动"更强调的是"动作的连续",张志公(1953)可以看作是后一种意见的代表。张志公(1953)对"连动式"的判断完全根据意义而不考虑形式,只要在意义上表示"一前一后,连续进行"的动作,那么就都可以算作"连动式"。以下是张志公(1953:191-192)对"连动式"的举例,加点的词语都代表行为主体的"连续动作"。

1) 车夫毫不理会……却放下车子,扶那老女人慢慢起来,掺着臂膊立定,向伊说:"你怎么啦?"(鲁迅《鲁迅选集》)

2) 车上的人都跳下地来,绕到车后,帮忙推车。(周立波《暴风骤雨》)

3) 程浩明说完,见大家不吭气,便干擤了几下鼻子,做出找东西的样子到处看。(欧阳山《高干大》)

4) 李元元摇了摇头说:"没要紧!"(马烽、西戎《吕梁英雄传》)

5) 周铁汉叫不要惊动他,抓紧他脖领子提他起来问……(徐光耀《平原烈火》)

6) 武震脱了鞋走进屋去。(杨朔《万古青春》)

7) 他心中一跳,扔下粪筐就往回跑。(马烽、西戎《吕梁英雄传》)

从张志公先生的举例可以看出,他所说的"连动式"绝大多数可以归入复句的范畴,这样的话,再谈"连动式"实际上已经没有了必要。除了张志公(1953),殷焕先(1954)对"连动式"的理解也偏重于动作的连续,而且他的偏重较之于张志公(1953)更为彻底,在殷焕先(1954)看来,"连动式里后一动词所表示的动作出现时,前一动词所表示的另一动作(动作本身)已不存在,即是已成过去"。也就是说,只有后一动作出现时前一动作已经消失的动词连用才能称为"连动式"。按照这种理解，前文张志公（1953）所举例句"抓紧他脖领子提他起来问"也不应该算作"连动式"，因为"问"的时候，"抓"和"提"两个动作并没有结束。①

Ⅱ．"施"上的分歧

"连动式"中的两个（或者多个）动词是否一定要联系着同一个施事？有些著作对此予以肯定和强调。吕叔湘（1980：32）认为"连动句""共同的特点是动1和动2联系同一个施动者"，北大现代汉语教研室（1986：35）认为"连动结构""所表示的动作是同一个施事发出的"，李临定（1986：118）认为"连动句型的特点是多个动词短语（常见的是两个）连用，结构紧凑，并连系同一个名$_{施}$"。按照这样的看法，下文的例子都不应该有资格算作"连动式"。

（1）

有可能下雨	朱德熙（1982：168）
混在人质中被一起押到这里来	孙 云（1979）
我们把他请到山里来住几天	周国光（1985）
他叫人拉去喝酒去了	吴启主（1990：46）
尹老师和张老师同时分配到光明中学任教	杨月蓉（1992）

上引诸例中的动词显然不联系着同一个施事，可是它们所在的论著均把它们当作"连动式"（连谓结构、连动句）来处理，可见，要求"连动式"中的动词要联系同一个施事的主张未被普遍接受。

Ⅲ．"着"上的分歧

"V_1着V_2"类结构算不算"连动式"？这个问题向来存在争论。张志公（1953）、史振晔（1960）、张静（1980）、蔺璜（1983）、宋玉柱（1991a）等均主张将此类结构归入状中结构，理由主要是着眼于语义。不过由于缺少形式上的证据，多数学者还是不承认它是状中结构。蒋平（1982）说："把这类格式算作'状语+谓语'的格式，理由是'V_1着（M）'表示'V_2'的方式，这显然只考虑了词语间的意义关系，在对问题的处理上，在方法论上，都值得商榷"，这里的评论应该可以代表多数学者的看法。

---

① 殷焕先（1954）还根据后一动作发生时，前一动作是否消失和成为过去，而认为"蒙着头睡"不是"连动式"，"蒙了头睡"是"连动式"。

一些持状中结构说的学者试图在"着"字身上下功夫，认为它就是动词作状语的形式标志（郑崇仁1991等），不过，这一直未得到学界主流声音的承认，王福庭（1960）即有"凭什么？看来得凭别的形式标志，不能凭'着'本身"的说法。

Ⅳ."停顿"上的分歧

前后谓词性成分之间有语音停顿的情况能否看作连动式？多数学者对此持否定态度，认为一出现语音停顿（书面上表现为逗号），就应该归入复句的范畴（吕叔湘1953；蔺璜1983；宋玉柱1984；冈田文之助1989；宋卫华1994等），这也是目前学界较为普遍的认识。不过，也一直有学者将前后谓词性成分间出现了明显语音停顿的句子算作连动式，张志公（1953）、惠湛源（1954）、史振晔（1960）、宋真喜（2000）等都是这后一种意见的代表。显然，问题的关键在于如何看待语音停顿的作用，正是对于语音停顿的作用认识不同，才导致了分歧的出现。蔺璜（1983）指出："我们认为一个人的连续动作是可以无限多的。比如'他从被窝里爬起来，揉了揉眼睛，穿好了衣服，跳下床来，洗了脸，刷过牙，背上书包，推着车子，走出家门……'如果把这样的的句子也叫作连动式，恐怕是令人难以接受的。因此把几个动词之间有无语音停顿作为区别连动式与复句的一个标准，是很有必要的。"杨成凯（2000）也认为："如果忽视停顿，那么一个复句甚至一段话跟连动式怎么划界就有麻烦"；怀疑语音停顿作用的人同样不少，史振晔（1960）就曾指出："现在很多人把其中没有逗号的叫复杂谓语，有逗号的就算复句，这未免夸大了语音停顿对于区分单复句的作用……这样，逗号的有无在这种格式中既是比较随便的，而逗号又不能根本改变这种格式的语法特点，分析这种格式时自然不能过分强调语音停顿的作用了。"宋真喜（2000）通过下文两组例句的对比，说明语音停顿的作用不应该受到过分强调。

(2)　　　　　　　　　　　　　　　　　　宋真喜（2000：42）

  a. 他气愤地说着，<u>一抬眼看见姚太太簌簌地流泪</u>，不及找手绢，用右手背抹去脸上的泪水，又抖抖索索地抬起不灵便的左手去抹挂在左腮的泪。

  b. <u>一抬头</u>，瞥见前排的几个女生正凑到一起咬耳朵，一面偷偷举起眼睫，睨着他微笑。

(3)　　　　　　　　　　　　　　　　　　　　　宋真喜（2000：43）

a. 大　妈：丁四，你就别为难巡长了吧！当这份差事，不容易！

　　　　［程疯子与小妞<u>抬着水桶</u>，<u>进来</u>。］

b. 黄胖子：您赏脸！您赏脸！

　　　　［乡妇<u>端着空碗进来</u>，往柜上放，小妞跟进来。］

宋真喜（2000：42）认为上述两组例句里的 a 句和 b 句，"两个句子的结构是相通的，而且意思没有多大变化，只是语气和表达效果有点儿不同"，都应该看作连动句。

Ⅴ．"单说"上的分歧

有些论著认为"连动式"中的谓词性成分要能够分别连着主语单说，比如，王福庭（1960）给出的判断"连谓式"的两条标准，其中第一条就是"连用的两段（或几段）能够连着主语单说（主语没出现的句子，可以独自单说）。连用的两段是谓语跟谓语的关系"，这条标准决定了"连谓式""在语法系统里占有相当重要的地位"；龚千炎（1982：17）认为"'连动式'，它的特点是几个动词都能连着主语单说"，如"我出去打电话"可以分别说成"我出去"和"我打电话"；陈建民（1986：229）认为"连用各段有时候不能分别连着主语单说，这就不是'连动句'了"，如"这些东西看了不舒服"；邢福义（1996：134）也非常看重这一标准，指出："所有连动项在语义上针对同一主语，每个连动项都可以连着主语单说"，并特别强调："这是检验是否连动式的基本标准"。对于这一标准，吴启主（1990：44）提出过明确的反对意见，认为在有些连动式中，"V_1 和 V_2 并不能都'陈述'S"，比如，"家里寄来的钱都买鸡蛋吃了""你，你同志的票进站剪过了吧""芋头要熟了吃"，这些句子中的主语并不都与 V_1 和 V_2 构成陈述关系，吴启主（1990：45）据此进一步否定了连动式中存在"两个谓语"的说法，"'V_1+V_2'结合成连动短语，在句中只是一个谓语，它们是一个整体对 S 起陈述作用"。可见，尽管连动式中的谓词性成分能分别连着主语单说，是长期以来语法学界所流行的一种看法（吴启主1990：44），但无论在语法理论上还是在语法事实上，都尚存在可以继续讨论的空间。

Ⅵ．"关联词"上的分歧

关联词语被多数学者看作是区分连动式与复句（包括紧缩复句）的一

项重要指标，比如，宋玉柱（1984）认为："连谓式和紧缩句之间的区别，重要的在于有无关联词语：有关联词的是紧缩句，否则是连谓式"。吴启主（1990：23）认为："辨认连动式和紧缩式，我们更要注重关联词语的有无：连用的两个动词结构没有使用关联词语连接的格式，可一律分析为连动式"。李子云（1981）、陈建民（1986）、高更生（1990）等也持同样看法。不过，有些学者并不特别强调关联词语的作用，认为连动式中可以出现关联词语，尤其是关联副词，比如，下组例句中的语例都被不同作者看作连动式：

(4)

他**越**睡**越**困　　　　　　　　　　　　　赵元任（1952：22）

说干**就**干，不能大干**就**小干，能干多少**就**干多少　　丁声树等（1961：116）

我们走**也**走到北京　　　　　　　　　　　吕叔湘（1980：32）

不见棺材**不**落泪　　　　　　　　　　　　李临定（1986：129）

话还没说出来**又**咽了下去　　　　　　　　范晓（1998：72）

(4)组诸例虽然含有关联词语，却被认作是"连动式"，可见，这些著作并不特别看重关联词语的作用。丁声树等（1961：112）只说"连动式的动词结构之间可以没有连接成分"，并未排除有连接成分的情况；吕叔湘先生在这个问题上前后态度有所松动，吕叔湘（1953/2006：67）认为："甚至有些句子，虽然中间没有停顿，也似乎作为复合句比作为简单句妥当些。例如'他端起碗来就喝'，'他散了会才走的'。"而吕叔湘（1980：33）在论述"连动式"的特点时却又指出："动1和动2重复，动1含有'即使、如果、无论、要讲'等意思，动2之前总有'也、都、就'等关联副词"。可见，对于关联词语在鉴别"连动式"时的作用不同学者有不同的把握，即便同一学者在前后不同的著作中态度也可能发生变化。更为棘手的是，即便以关联词语为绝对标准，有些情况可能还是不太容易处理，例如：

(5)　　　　　　　　　　　　　　　　李临定（1986：119-120）

你不去幼儿园不去幼儿园吧，哭什么！

去香山去香山吧，就这样定了！

她爱上哪儿上哪儿

你不要这个要哪个？

你检查箱子检查吧！

例（5）中虽然没有出现关联词，不过似乎更宜看作紧缩复句，而非李临定（1986）所言的"连动句"。也就是说，关联词语的有无难以把"连动式"和紧缩复句绝对区分开来，不用关联词语的紧缩复句也有可能存在，这更加增添了识别"连动式"的难度。关于"连动式"中能否出现关联词语的问题，杨成凯（2000）有过精到的总结："V_1和V_2中间有关联词语的格式一般归入复句（包括紧缩复句），不算连动式。这样处理不是没有道理的，因为既然有紧缩复句这个句式，连动式就不能不跟它划界。然而问题在于关联词语可以省略，是不是能绝对以表层形式为准。"杨成凯（2000）更是指出，"绝对以表层形式为标准，把有关联词语的句子归入复句，把没有关联词语的句子归入连动式"，"这样做并没有涉及问题的本质"。

Ⅶ. "兼语式"上的分歧

"连动式"是否应该包括"兼语式"？或者说，"兼语式"是否可以纳入"连动式"之中？不同学者对此也有不同认识。按照学界的一般看法，"连动式"中的谓词性成分共有同一个主语，而"兼语式"中后一谓词性成分的主语是前一谓词性成分的宾语，这也是"兼语"名称的由来（丁声树等1961）。吕叔湘（1953/2006：66-67）把"复杂的谓语"分为"连动式"和"递谓式"，认为在前者中"两个或更多的动词属于同一个主语"，而在后者中"两个动词不属于同一主语，第二个动词的主语就是第一个动词的宾语"；丁声树等（1961：112）认为"连动式的特点，就是前后的动词结构同属于一个主语"，而兼语式的特点在于"宾语兼主语"；赵元任（1979：166）也明确指出"兼语式是第一个动词的宾语兼做第二个动词的主语，连动式则是两个动词同属于一个主语"。这些意见都是主张将"连动式"和"兼语式"严格区分开的。不过，也有学者对此持有异议，最具代表性的就是朱德熙（1982、1985）。朱德熙（1982：162）认为就结构而言，所谓的"兼语""只能看成V_1的宾语，不能看成V_2的主语"，"连谓结构""V_1+N+V_2"中，N和V_2的语义关系是多种多样的，不应把N是V_2施事的情况单列出来叫作所谓的"兼语式"。朱德熙（1985：57）再次表达了同样的看法，认为"把兼语式看成是跟连动式对立的结构是不妥当的。连动式可以按照其中N和V_2之间的不同关系分成若干小类，兼语式只是其中的一类"。朱先生的看法很有影响力，后来的学者也大多承认所谓的"兼语"只是 V_1 的宾语,如范晓(1998:81)也明确指出:"根据兼语句的层次构造可知,谓语部分的'名'(兼语)其实只是动1的宾语,它与其后的动2并没有直接的结构关系"。不过,从结构上否定"兼语"的存在并不意味着"兼语式"就可以纳入"连动式"之中,二者还是有不少显著的区别,比如,"兼语式"的前一动词是个封闭类,整个结构也常表达致使义,这些都不是典型"连动式"所具备的特征。正是在这个意义上,杨月蓉(1992)强调:"连动式与兼语式的区分表面上是决定于结构关系,但其内在依据主要是语义关系,这对缺乏形态变化的汉语来说,是必要的……分析句子应兼顾意义,如果纯粹从形式出发,为分析而分析,那么这种分析是没有实用价值的……连动式与兼语式的区分有助于人们对句意的理解"。范晓(1998:82)也没有把"兼语式"归入"连动式",而是主张"兼语短语其实是一种特殊的动补短语""动2是补充说明'动1+宾'的"。

Ⅷ. "介动连用"上的分歧

介词与动词连用而形成的结构算不算"连动式"？在"连动式"研究初期,不少著作对此持肯定的态度,主要原因在于汉语中的介词基本都是从动词虚化而来,而且至今还不同程度地保留了动词的一些特点。丁声树等(1961)把介词叫作"次动词",赵元任(1979)把介词叫作"副动词"(coverb),都是注意到了介词与动词之间的密切联系,因此,在这两部著作中,介动连用的情形是纳入"连动式"讨论的。对于汉语中"介词"身份的怀疑学界早已有之,王力(1943)不设"介词"而设"联结词"①、高名凯(1948)不设"介词"而设"引导词",都是这种思想的反映。高名凯(1948/1986:357)说得很清楚:"汉语的所谓'介词'却都是从具有动词功能的词变来的,而且还没有完全损失其原来的意义。汉语的所谓'介词'和西洋语的'介词'确不相同,这是我们所以不叫它做介词的原因。我在《汉语介词之真价值》里认为汉语的所谓'介词'实在只是一些半动词或准动词

---

① 朱自清在为《中国现代语法》所作序言中说:"本书没有介词和连词,只有'联结词';这是一个语法成分。印欧语里有介词一类。为的介词下面必是受格,而在受格的词都有形态变化。中国语可以说是没有形态变化的,情形自然不同。象'在家里坐着'的'在'字,'为他忙'或'为了他忙'的'为'字,只是动词;不过'在家里','为他'或'为了他'这几个谓语形式是限制'次品'的'坐着'与'忙'的'末品'罢了。"

(quasi-verb)。"王力（1957）继续坚持之前（1943）的意见，而且表达得更为直接。王力（1957：137）认为："总之，'从''打''往''当''在''朝''向''靠''用''拿''依''替''为''对''到''比'等字，无论在任何情形之下，都该认为动词。""一般汉语语法学家把我们所谓末品谓语形式里的'从''在''用''比'等字认为'介词'，这是呆板地抄袭西洋语法，是我们所不能赞同的。"尽管介词与动词之间有着千丝万缕的联系，不过，介词毕竟在虚化过程中损失了动词的一部分特性，因此很难看作完全的动词（full verb），后来学界还是把它从动词中独立了出来，而成为一个单独的词类。介词的独立实际上已经动摇了把介动连用看作"连动式"的根基，而且，更为关键的是，即便是主张介动连用属于"连动式"的著作，也都承认当中的"介"在句法上处于从属地位，比如，丁声树等（1961：118）认为："用次动词造成的动宾结构，大多数用在连动式里。这类动宾结构在前的时候，可以认为是另一动词的修饰语……在后的时候，可以认为是另一动词的补语。"赵元任（1979：166）认为"'在扬州住家'，'住家'是中心。'住在扬州'，'住'是中心，'在扬州'是结果补语"。这种处理方式与设立"连动式"的初衷是相违背的，①在分析程序上也不够简便，难免引起商榷（惠湛源 1954；胡附、文练 1955；史存直 1986 等）。胡附、文炼（1955：134）指出："根据《语法讲话》的体系，副动词及其宾语放在动词前面，是修饰动词的，它们共同构成'向心结构'，在分析句子的时候，遇到这种情况，只须指出谓语是一个怎样的'向心结构'就很够了，用不着再叫它们什么连动式，如果要叫它连动式，析句时仍旧要指出它们的修饰语和中心词来，这样的处理，岂不是十分支蔓！"胡附、文炼（1955）的这种主张多为后来学者所采用，即尽量将介动连用的情形排除在"连动式"之外，用史存直（1986：147）的话来说就是，"把'连动式'的范围缩小些，我看是有好处的"。

Ⅸ. "逻辑关系"上的分歧

不少语法论著强调连动式的谓词性成分之间不能存在逻辑关系（宋玉柱 1978、1984、1986、1991a 等），宋玉柱（1978）就开始强调连动式"中

---

① 按照吕叔湘（1953/2006：66）的看法，只有"两个动词既没有联合的关系，也不容易分别主要和次要"的结构式才有必要称之为"连动式"。

间没有语音停顿，没有关联词语，也没有复句中各分句间的那种种逻辑关系"，这一说法较有影响，后来的一些现代汉语教材与语法论著也多有采用此说者，如张斌（2002：354）认为连动短语"中间没有语音停顿，没有关联词语，也没有复句中分句之间的各种逻辑关系"，高增霞（2006：108）也认为："与复句不同，连动式的几个动词结构之间的语义关系类型排除逻辑关系"。不过，从以往学者对于"连动式"的分类和举例来看，真正能够坚持这一主张的人不多，以下略举几例。①

（6）

有话慢慢说/有事出去了/闹着要回家　　　　　朱德熙（1982）
冲上桥去救火/他疏忽忘记了/说谎话要吃大亏　李临定（1986）
这东西留着招待客人/爷爷听了消息很高兴/我有办法修理　李子云（1991）
我们来向您道歉/他骑马跌伤了腿　　　　　　范晓（1998）

（6）中诸例，朱德熙先生用作"连谓结构"的例子中包含有"条件关系""因果关系""目的关系"；李临定先生用作"连动句型"的例子中包含有"目的关系""因果关系""假设关系"……很显然，这些所谓的"条件关系""因果关系""目的关系""假设关系"无不属于复句可能具有的"逻辑关系"。上引例（6）中，除了个别例子的身份可能存在争议，大多数例子都是学界普遍承认的"连动式"，然而它们的前后谓词性成分之间都存在所谓的"逻辑关系"。换句话说，要求"连动式"的谓词性成分之间"排除逻辑关系"的做法杀伤性太强，会把一些典型的公认的"连动式"也给排除在外。事实上，即便主张"连动式"中不能存在逻辑关系的论著，也很难将他们的标准贯彻到底，如宋玉柱（1978）对"连动式"的分类中就有一个小类是"后一动作表示前一动作目的的"，这里的"目的"当然不能说不是逻辑关系。

强调"连动式"中不存在逻辑关系，显然是为了将"连动式"与紧缩复句，尤其是那些不带关联词语的紧缩复句区分开来，这一要求不能说完全没有道理，但如何把握确是一件非常难以拿捏尺度的事情。比如，《中学教学语法系统提要》（以下简称《提要》）以关联词语和逻辑语义关系两条标准来界定紧缩句，认为："紧缩句的谓语是一个用关联词语构成的固定格式，所关联的两部分常常隐含着假设、条件等关系，是两层意思紧缩

---

① 由于语例较为分散，所以下文在引用时只标注出处，不一一标明页码。

在一起的",而在给连动句下定义时又说:"相邻的两个或两个以上的动词短语(单个动词较少)之间有目的、方式、先后等关系"。这里的问题是:为什么要把"假设、条件等关系"与"目的、方式、先后等关系"对立起来?至少,"目的"和"先后"都可看作逻辑关系;那些不使用关联词语却又表示"假设、条件等关系"的句子该如何处理?那些使用了关联词语却又表示"目的、方式、先后等关系"的句子又该如何处理?对于这些问题,《提要》并未交代,实际上这也说明,"连动句"和"紧缩句"之间的界限不是那么清晰,存在一个模糊地带。在这个模糊地带上,不同学者往往又会有不同的把握。

以上从九个方面梳理了有关连动式定义和范围的主要争论,事实上,有关连动式定义和范围的争论远不止于此,而且随着汉语语法研究的深入和精细化,旧的争论未能解决,新的争论又开始出现,这些后文必要之时再做介绍。总之,不难理解,在诸多方面均存在分歧的情况下,很难出现对连动式完全相同的看法,也就是说,大家实际上往往是在各说各的"连动式"。[①] 这样,连动式的句法地位自然也就难以确定下来。

2.1.2.3 中心与存废之争

"连动式"这一语法术语在印欧语语法中是不存在的,在早期的一些带有模仿色彩的汉语语法著作中也是不存在的,"连动式"之所以能被提出,关键还是在于汉语中的有些结构不能归入印欧语的句法范畴之中,也就是说它们不能按照印欧语语法的分析框架进行分析,基于这种认识,"连动式"作为汉语中的一种特殊结构类型就被提出来了,它的出现也被认为是汉语语法研究摆脱印欧语眼光、尊重汉语事实的一个典型例证,这在前文 2.1.1 节已做过说明,这里不妨再引用宋玉柱(1978)的一段话来强调一下:

> "连动式""兼语式"这些语法术语的提出,不是偶然的。它是汉语语法研究更加重视汉语特点的一种表现。它的出现使汉语语法研究更加符合汉语的实际。

[①] 宋卫华(1994)认为:"连动式的特点是什么,范围有多大?即使在采纳连动式这一术语的著作中,意见也是极其相左的。"高增霞(2003)也指出:"定义和标准上的不一致,形成了连动式大大小小各不相同的范围,少则几种,多则十几种,多少不一。"

然而，上一小节的介绍说明，连动式进入汉语语法学之后，并未获得稳固的句法地位，它的性质如何？范围多大？与其他句法结构的关系又是怎样？这些问题虽然历经讨论，却依然见仁见智。与此同时，否定和取消连动式的声音也开始出现，甚至越来越大，这使得连动式的句法地位更加岌岌可危，随时都有可能被排除在汉语语法学之外。

之所以主张取消连动式，归纳起来，无非源自两点：一是认为连动式的提法不能揭示出实质性的语法关系，使用这个概念对汉语语法体系的构建来说没有什么作用，甚至还会起到反面作用，使得语法体系更为繁杂；二是认为所谓的连动式其实也能分得出主从，即同样可以找得到"中心"，既然如此，就应该归入偏正、动补等句法结构之中，无须再谈什么"连动式"，让人懵懵懂懂、一头雾水。当然，以上两点实质上是相通的，"连动式"本质上只是一个模糊、方便的说法，找不到中心、分不出主从的时候，只好着眼于表面的词类序列，称之为"连动式"，是一种无奈之举，一旦确定了中心，"连动式"自然面临着被取消的可能。

需要明确的是，任何对于"连动式""中心"问题的论证，背后都可能隐含着一层意思，即连动式中的动词性成分也能分得出主从，并非"地位相当"，"中心"问题实际上也就成了取消连动式的一个突破口。一些最早采用连动式的语法著作，如吕叔湘（1953），只承认"不容易分别主要和次要"的结构才是连动式，这里不妨先来细致看一下吕叔湘（1953/2006：66）对连动式所做的说明：

> 连动式——两个或更多的动词属于同一个主语，这里有好几种情况，比如"躺着看书"、"蒙着头睡"，这里的第一个动词是次要的，是附加语，我们前一回已经讲过，又比如"吃饭穿衣"、"大吃大喝"，这里的两个动词是联立的，它们是联合成分，底下要讲，除这些以外，还有一种，那里面的两个动词既没有联合的关系，也不容易分别主要和次要，这就是连动式。①

吕叔湘（1953）的这段话实际上已经透漏出"连动式"的剩余类属

---

① 着重号为笔者所加，下引语句中的着重号如无特殊说明，均为笔者所加。

性，就是因为找不到中心，"不容易分别主要和次要"，同时又不是联合结构，所以才只好称它们为"连动式"。连动式的否定者所做的一切，实际上就是想通过各种各样的手段来证明"不容易分别主要和次要"的连动式也能找得到中心，也能"分别主要和次要"。胡附、文炼（1955：137-139）已经把这个意思表达得很清楚了：

> 但在句法上有没有必要把它们归为一种"式"，尤其是把它看作和联合谓语并列的一种"式"，这是值得研究的……
>
> 吕先生只说"不容易分别主要和次要"，并没有说"分不出主要和次要"，这就意味着还有可能找出主从关系的，不过比较困难一点就是了……
>
> 我们觉得，关于动作与动作之间的各种关系，在我们语言里，都可以用主从结构或联合结构表达出来。我们不能设想在这两种组织之外，还有一种既非主从又非联合的组织，我们更难理解这种既非主从又非联合的组织到底为表达哪种意思而服务……
>
> 如果说，它们分得出主要和次要，那么摆在主从短语里谈谈也就够了。因此，我们以为，在语言规律的说明上，连动式起不了什么作用，把它们列为一种"式"，还是值得考虑的。

相形之下，连动式的肯定者是不大乐意讨论"中心"问题的，即便讨论也是通常坚持认为它有多个中心：

邢欣（1987）：

> 连动式的表面结构形式有两个（或两个以上的）谓语部分……谓语部分形成了多中心。

宋卫华（1994）：

> 连动式结构比较特殊，谓语部分形成了多个中心。

范晓（1998：69）：

连动句虽然只有一个谓语，但谓语的结构中心可以有两个或两个以上，这是它在形式方面的一大特点。

正是看到了讨论"中心"问题最终会把矛头引向对连动式的否定，所以，有些肯定者对连动式的中心问题讳莫如深，比如，夏婧（2007：29）认为：

不管是句法中心还是语义中心，其结果都会导致将研究引入对连谓结构存在的一种否定……以时间和逻辑顺序存在的动词之间是没有主次之分的，所以也不应该有"中心"之说。

与肯定者的态度不同，连动式的否定者却十分乐意讨论"中心"问题，并借此否定连动式存在的合理性。

萧璋（1956）主张凭借意义和借助重音来判定连动式的中心：

句子重音是有规律的……但有一个规律是比较普通的，就是主从词组，一般说来其从属部分往往比主要部分说得重一点。

例如，萧璋先生认为，"打电话叫车"这类难辨中心的连动式可以通过重音来找出中心，在具体的语言环境中，如果重音落在"打电话"上，那么整个结构就是附加关系，如果重音落在"叫车"上，那么整个结构就是补足关系。表附加关系时，意在强调方式；表补足关系时，意在强调目的。

对于"张木匠吃过晚饭丢下碗就出去玩去了"这类带有顺承意味儿的"连动式"，萧璋先生认为仍然能够通过意义来辨别中心。

表面上虽然有三个动作，"吃过晚饭"、"丢下碗"、"出去玩去"，并且也有先后。但这句话的语义是说张木匠"出去玩去"这个动作是紧接着"吃过晚饭"和"丢下碗"这几个动作之后作的。它的基本意思是"出去玩去"……因此，这句话还是有主次之分。"出去玩去"既表示全句的基本意思，当然是主要动作，也就是主体部分……用连动兼语的理论去分析，则使人感到纠缠，不太切合语言实际，很难解决问题。因此，这两种理论及其名称，我们主张可以不采用。

傅子东（1957）对赵元任的"连动式"说和王力的"紧缩句"说进行了批判，他虽然没有明确提出判断中心的标准，不过从其论述来看，主要依据的也是语境和意义，试看傅子东（1957：90-91）对下文两个"连动式"的分析：

> "速成识字班第一期毕业的工人已经能够写数百字的长信向毛主席报喜了"……他们认为"写数百字的长信"、"向毛主席"、"报喜"，是三个动词结构相连，当中没有连接成分。这是在一定的对话环境中说的一句话，当然有着重点的；除主词"工人"外，这个重点，我们可以说是述词"写"，"数百字的长信"，系它的宾词，"向毛主席报喜"只是述性付词语，修饰"写"，表"写"的目的，"向毛主席"的"向"系介词，"毛主席"系被介绍的名词，合起来构成着表动作范围的付词语，修饰述性付词"报"，"喜"系"报"的宾词。
>
> "等一会儿进去"……在一种对话环境中"进"是述词，"等一会儿"可以是述性付词语，修饰"进"，如同说"慢慢地"；在另一种对话环境中"等"是述词，"进去"可以是述性付词语，表示"等"的目的；在又一种对话环境中"等一会儿"可以是时间付词句，修饰"进去"，如同说"等一会儿之后"；在又一种对话环境中"等一会儿"跟"进去"可以同是分句。

王福庭（1960）虽然主张"连谓式"的存在，不过又认为："'连动式'的第二个动词就相当于俄语的'原形动词'或是英语的'不定式动词'。"按照这种看法，"连动式"应当是前中心。

李临定、范方莲（1961）和陆志韦（1961）就"形式与意义相结合"的问题展开了讨论，其论述都牵涉到了"连动式"的问题。李临定、范方莲（1961）认为一些有关"连动式"的文章虽然也声称要"形式与意义相结合"，但并未真正做到，如王福庭（1960）用以确定"连谓式"的标准就只考虑形式，而未考虑意义。李范文认为王福庭所列举的"连谓式"相当一部分属于"前状型"或"后补型"，如在"他笑着说"一句里，"笑着"和"说"并非"谓语跟谓语的关系","笑着"是附加在"说"之上表示状态的;在"他说话说得不清楚"一句里,"说话"也并非说明主语的动作的,而只是"提示方面的一个附加成分",应采用赵荣普(1958)的分析,将"说话"分析为状语;在"我帮着他干活"一句里,当"干活"表示目的意义时,"它只能是一个补充成分"。从李临定、范方莲(1961)的阐述来看,他们认为相当一部分"连动式"可以找得到中心,所强调者在于,他们认为前人讨论"连动式"时只偏重形式而忽略了意义。陆志韦(1961)则指出情况没有那么简单:

"连动式"是什么?它的语法意义又是什么?假若不能指出它的语法意义,能不能把它当作一个语法形式呢?……我认为语法学者有权利问一问,这样消极地指出来的动词序列代表什么语法意义。回答是不肯定的,有时象代表这种意义,有时象那种,并且根本说不出在什么条件下是这,在什么条件下是那。即便是说清楚了,仍然免不了承认一个形式(这里是两个动词的词序)本身可以结合两个(或是两个以上的)语法意义……更有人认为不必那样争论,只须等着把上文所谓"条件"说清楚了,词序加上"条件"就变成了一个扩大的形式。譬如"骑着马上山",至少有三种说法,就是除了用"中性语调"说,又可以说成"骑着马上山",重音在"马"上,或是"骑着马上山",重音在"山"上。重音在前时整个结构代表动作方式这语法意义(怎么上山),重音在后,代表动作目的(为什么上山)。附加的条件是简单的。可是同样会引起争论,加上去的重音是西洋语法学上所谓的"逻辑重音",语法分析上不能援引。我倒愿意大家争辩一下:"逻辑重音"在汉语能不能标志语法意义。但是问题的中心不在于此。用那"中性语调"的说法代表什么语法意义呢?①

显然,陆志韦(1961)认为从"语法意义"和"逻辑重音"上来说明"连动式"是不容易做到的,至少也是不全面的,这实际上就是对保留"连动式"的一种肯定。

---

① "马""山"二字上的着重号为原文所带,其余着重号为本书所加。

从张静（1955）到张静（1977）的态度变化很有意思，也很有代表性，反映了经过了多年的使用和实践后，人们对"连动式"这一概念的合理性和必要性的一次反思。

张静（1955：60-62）虽然主张限制"连动式"的范围，不过还是对这一概念的必要性进行了充分肯定：

> "连动式"这一名称提出之后，的确能解释我们语言中某些不好解释的现象，因此说它有用。但我们不能因为它有用，而到处滥用。就是说，不能用它来解释任何具有两个以上动词（包括副动词）的句子。因为汉语里有两个以上动词的句子太多了，如果都用"连动式"来解释，就失去了"连动式"的真正意义。
>
> ……
>
> 这种结构，既不能说成主从短语做谓语的"主从式"，又不能说成并列短语做谓语的"并列式"，也就是两个动词之间没有主从之分，又没有并列关系，不用"连动式"就很难把它说清楚。

时隔20年，张静（1977）又转而对"连动式"采取了异常坚决的否定态度：

> "连动式"和"兼语式"，在汉语语法学里都是作为专门术语提出来的。它们出世以后，许多人觉得新鲜，把它们当作"新生事物"，倍加呵护。它们的"职权"越来越大，它们的范围越来越广。但也有人觉得那是唬人的，不是什么新玩艺儿，老想从语法学里把它们撵走。可它们有恃无恐，硬是赖着不走……今天，经过再三思考，我态度更加坚决——它们是"肿瘤"，应该动手术割掉！

张静（1977）把各家所说的"连动式"搜罗在一起，列举出18种类型，并对这18种类型的"连动式"逐一批驳：

1. 我往东走。
2. 他用笔写字。
10. 大家都走进来。
11. 她爱做针线活。

3. 他笑着说。
4. 我看了不舒服。
5. 我一只手打不过你。
6. 我有力量完成这个任务。
7. 他开门出去。
8. 他站起来就走。
9. 他说话说得不清楚。
12. 你见一见他吗？
13. 他不敢再看了，茫然地低下头去。
14. 他说了又说。
15. 我身体好不休息了。
16. 颜色太杂不好看。
17. 我倒杯茶喝。
18. 打得赢就打，打不赢就走。

张静（1977）批评连动式"是一个包罗万象的大杂烩""对语法分析有害无益"，主张取消"连动式"，把它名下的结构全部归入其他结构之中，如归入联合结构、偏正结构、复句、动词重叠式等。不得不承认，张静（1977）所列举的18种"连动式"相当一部分可作别种分析，把它们称作"连动式"是没有什么好处的。不过，想彻底把"连动式"给否定掉，并不容易办到，比如说，如果取消"连动式"，那么上文的例3~7、例9、例15~17该归入何种结构呢？张静（1977）认为例3~7以及例9的谓语部分都是偏正结构；例15~16要么归入复句，要么归入偏正结构作谓语的句子；例17应该归入紧缩复句，这样的处理很难讲有足够的道理，引起争论和批评也在所难免（宋玉柱1978；陈慧英1978）。

在"连动式"问题上，态度发生动摇、从肯定转向否定的不只有张静先生，吕冀平先生的态度变化也值得注意。吕冀平（1958：3-4）以汉语句子和俄语句子的区别为例，论证了在汉语语法学中设立"复杂谓语"的必要性：

> 在印欧系的语言里，一个句子只有一个动词随着主语的人称和动作的时态变化，因此判断一个句子里哪个是谓语，哪个是谓语的连带成分，标志十分明显，凭借这些标志，分析起来毫不困难。
>
> ……
>
> 我们汉语里名词没有格变，动词又不随着主语的人称表示变化，尽管在时态方面借时态助词可以表示一些变化，但是……也还是难以确定究竟哪个动词是谓语，哪个是它的连带成分。不论就结构上还是意义上看，都不宜于十分肯定地把它们分析为"状→谓"或者"谓→

第二章 现代汉语连动式句法地位问题及其解决思路

补"。因此，近年来有些语法工作者注意到汉语的这个特点。不再按照西洋语法来分析这样的句子，而把这样的几个动词（包括形容词）都看做是谓语。

20年之后，吕冀平先生的态度也发生了明显变化。吕冀平（1979）认为有些连动式实际上是"前限定后"（如"淋着雨干活"）；有些连动式实际上是"后补充前"（如"待人很宽厚"）；有些连动式"既不是前限定后，又不是后补充前，从语法分析的角度看可以归入联合关系"（如"开门走出去"）。总之，在吕冀平（1979）看来，以上三类连动式都是容易处理的（归入别种结构），真正难处理的连动式是"前后关系因环境而异"的那类（如"上街买菜"），吕冀平（1979）这样主张：[1]

> 似乎不便硬性地称为限定式或补充式词组。应该算什么？笔者过去正是以此为根据极力为"复杂谓语"（连动式是其中的一种）的立名辩护，举的例子是：
>
> 我曾在深沉的夏夜里，坐在礁石上看碧绿的海底。（端木蕻良，节日）
>
> 那时认为，既可以说"坐在礁石上"是修饰"看"的，表示怎样"看"；又可以说"看碧绿的海底"是补充"坐"的，表示"坐"在那里干什么。因此不能肯定是前限定后，还是后补充前。现在看来，辩护的理由不够充足。如前所述，一个独立的词组，当它还没有被包含在更大的词组当中的时候，是可能具有两种甚至更多的关系的。但是只要具备了一定的语言环境，它就只能是几种关系中的一种，所以不需要因此而单立名目……词组内部的分析，主要是说明词和词之间的关系，而连动式这个名称说明不了这一点，因为它既包括动作的连续，又包括动词的连用。其实，动词的连用可以产生上述各种关系，即使用连动式这个名称加以概括，在进一步分析的时候也还是免不了要说明几个动词之间产生哪些具体关系的。如此云云，我们觉得这个名称没有建立的必要。

---

[1] "坐""看"下的着重号为原文所带，其余着重号为笔者所加。

吕冀平（1979）的上述表态有两点值得格外注意：一是从作为孤立的词组的连动式到作为处于一定语言环境中的句子的连动式，其性质可能发生变化，应是"两个平面，两种性质"；二是无论是作为词组的连动式，还是作为句子的连动式都没有存在的必要，作为词组的连动式不揭示实质性的语法关系，作为句子的连动式在一定的语言环境中只能实现为一种关系，因此也没有"单立名目"的必要。

又是 20 年后，吕冀平先生的观点再次发生变化，又回到了最初的意见。吕冀平（2000）重拾吕冀平（1979）所抛弃了的"复杂谓语""连动式"等概念，看待问题的角度，乃至所用例句又回到了吕冀平（1958）。试看吕冀平（2000：322－323）的论述：①

> 我曾在深沉的夏夜里，坐在礁石上看碧绿的海底。（端木蕻良，节日）
>
> 我们可以说"坐在礁石上"是"看"的方式，但也可以说"看碧绿的海底"是"坐在礁石上"的目的，因此很难说哪个是状语，哪个是补语。
>
> 上面讲过的这种谓语的复杂化有一个共同点，就是几个谓语共戴一个主语，也就是说，一个主语有不止一个谓语，而这些谓语既没有联合关系，也没有偏正关系。这种格式可以叫作谓语的连续——连动式。
>
> ……
>
> 连动式和兼语式是谓语复杂化的主要形式，也是汉语的主要特点之一，为了方便，我们把这两种格式统称为复杂谓语。

从吕冀平（1958）到吕冀平（1979）再到吕冀平（2000），吕冀平先生对待连动式的先抛后捡，也说明了这一术语尽管难以令人满意，但还是不得不暂时保留。换句话说，麻烦之处不在于连动式的存在，而恰恰在于取消之后又该怎么办。

"连动式"这一术语是由赵元任（1952）正式引入汉语语法学的。赵元任（1979：165－166）曾对"连动式"的句法性质再次做了思考和更为

---

① 下引吕冀平（2000）中的内容，着重号均为原文所带。

明确的交代：

> 连动式是介乎并列结构和主从结构之间的一种结构，但更接近后者……连动式类似主从结构在于第二部分大体上同整个结构的功能相同，因而是中心，而第一部分是修饰它的（翻译成外语往往是一个介词短语）。"拿笔写字"、"在屋里睡觉"。但连动式不在第一部分之后加"的"，在这一点上不同于一般的副词性词语……动补结构的中心在前一部分，连动式的中心在后一部分。

刘特如（1983）认为："连谓结构应该根据不同的句子的组合情况，分别作为偏正结构或正补结构来处理"。

> 如此看来，连谓句里谓语与谓语之间的关系，并不是平等并列的。它们总是以某一个为主，以另一个为从，以一个谓语说明另一个谓语。
> "连谓"这个语法术语也不符合语言实际，我们知道，一个简单的句子除掉联合结构作主语或谓语外，主语部分只可能有一个主语中心语，谓语部分只可能有一个谓语中心语。因为我们说话是有目的的，在一个单句里，只可能有一个表达主要目的的词语，也就是句法中心。其余的词语都是一种从属性质，不可能既表达这个目的，又表达那个目的，也不可能两个或两个以上表示陈述关系的成分，都处于同等重要的地位（联合结构例外）。

史存直（1986：32）认为："所谓'连动式'有两种情况，一种是两个动词构成并列的关系，一种是两个动词构成主从的关系。"也就是说，连动式没有存在的必要，应纳入并列结构和主从结构里谈。史存直（1986：150-151）主张：

> 不谈"连动式"不但可以省麻烦，反而可以更快的抓住谓语中心，那么我们又何苦要谈"连动式"呢！……"连动式"这一说法的产生也并不是毫无原因的，原因就在于人们感到两个动词连用的时候主次难分……黎锦熙先生套用西洋语法，把动词分为"定动"和"散动"，大

为他人所不满，因此就搞出所谓"连动式"来了。依我看，不谈"定动"、"散动"是对的，但一定认为两个动词连用主次难分却又未必。

沈开木（1986）认为："连动词组表示的意思略有侧重。语法固有的情形是：侧重于最后一个直接成分所表示的意思。"不过，沈开木（1986）同时强调连动关系"不一定是一种特殊的语法关系，可以考虑把它看作联合关系"，因为二者有诸多相似之处。

李临定（1986）设计了一套介词框架和连词框架，并认为连动句型中可以放入介词框架的动词短语都处于从属地位，相应的另一个动词短语则处于主要地位，可以放入连词框架的连动句型则可以看作是复句句型的紧缩。

（7） 李临定（1986）

用＿＿＿方式	他摇晃着头唱着
为了＿＿＿	他学习忘了休息；前边栽了一排排的树挡风
在＿＿＿状态下	他穿着一件大衣走进来
在＿＿＿的时候	你讲话要注意些
用＿＿＿为讯号	咱们以后打铃起床
在＿＿＿的地方	火花紧贴着炸药冒起来
＿＿＿以后	他说完，就转过身走进去
靠＿＿＿	我挣钱养活你
在＿＿＿上（方面）	你买这个吃亏了
因为＿＿＿所以＿＿＿	他疏忽忘记了
如果＿＿＿要（就）＿＿＿	你买这种衣料要到王府井去

从李临定（1986）设计的介词框架和连词框架来看，绝大部分"连动式"当是后中心。

邹韶华（1996）通过对语料的定量分析，指出连动式语义中心在后是"大势"，"既然这样，'连动式'的名目就可以取消，它不能反映几个动词之间的关系，'连动式'以纳入到偏正式中去较为合适"。邹韶华（1996）认为：

动词连用，虽然在结构上难以确定主次，但在语义上可以确定。实际语言表明，语义中心绝大多数落在后一动词上面……正因为在语言运用中动词连用的语义中心绝大多数情况下落在后头,所以上下文略去的时候,人们的语感仍然是中心在后。

郭锐(1996、1997)不再单纯从语义角度来看待连动式的中心问题,而主要是从连动式中两个动词的时间参照(内部参照还是外部参照)这个新颖的角度来看待中心问题,是一个创见,郭锐(1996)指出:

如果多个谓词性成分连用,只有一个谓词性成分的时间参照是外部参照。连谓结构中,只有最后一个谓词性成分有外部参照。

郭锐(1997)进一步指出:

连谓结构表面上看起来各部分地位相当,但实际上意义重点都在最后的成分上;在时间参照上也是最后的成分与会话活动发生联系……因此连谓的最后成分应看作中心。

周国光(1998)分析了儿童语言中的连谓结构,最后得出结论:从句法上讲,除了表状态的 V_1(通常带"着"),连谓结构中的前一动词是主要动词。周国光明确指出,他所说的中心是"句法中心",不是"语义中心"或"语用中心",他判定句法中心的具体标准有三项。①动词在特定句法结构中的地位,是处于较高层次,还是处于较低层次。例如在"我喜欢吃苹果"这个序列中,动词"喜欢"处于较高层次,因而是主要的谓语动词。②动词对于特定句法结构在构成上的作用,即一个动词对于它所在的句法结构,在结构的稳定性、合格性方面起多大的作用。例如"大蛋给我吃""给我大蛋吃"中的"给"缺少后,就会导致结构性质的改变或变得不合法,因而"给"是主要动词。③一个动词对句法结构中名词性成分的格的影响。在连谓结构中,名词性成分往往具有双重性质,如"拿刀杀大灰狼"中的"刀"具有受事、工具双重性质,但"刀"作为受事是直接的,作为工具是间接的,因此"拿"是主要动词。

以上介绍的主要是20世纪后半叶学界对于连动式中心和存废问题的讨论,可以看出,不少学者之所以讨论连动式的中心,根本目的是以此来达到对连动式合理性的否定。进入21世纪后,取消连动式的声音并未烟消云散,其地位依然岌岌可危。

孙德金(2000)主要考察现代汉语中动词直接作状语的情况。作者同时注意到,两个动词连用时,可能产生五种关系:典型的"连动式""动词带谓词性宾语""并列式的动词短语""动词做动词的状语""动词做动词的补语"。想找出明确的标准把它们区分开来"这个工作前人没有做过,要想划清楚也不容易",孙德金所讨论的动词作状语的现象,被以往有些学者归入连动式之中,他不同意这样处理,而是支持史存直(1986)对连动式的处理意见,即取消连动式。

> 此结构与彼结构之间的界限有时很难划得那么清。不管怎样,对于汉语中的动词连用问题用一个"连动式"加以处理是很难令人满意的……
>
> 如何在各种结构类型的连用动词串之间确定明确的形式界限,不是容易说得清的,特别是要确定若干可以帮助计算机自动识别连用动词串的结构类型的规则,目前所做的工作远远不够……

赵安民(2001)对"连动式"这一概念的必要性进行了反思:

> 名称、定义、范畴上的混乱,是连动式存在的严重问题之一。
>
> 将动词结构连用的几种情况分别划归复句和联合短语、偏正短语里,取消连动式这一概念,目的是消除语法分析的混乱局面,避免语法分析的复杂化、繁琐化。

Paul(2008)对连动式(serial verb construction)这一概念的混乱性和合理性进行发难,认为汉语语法学中的连动式包含了众多实质不同的结构类型,连动式没有成为一种"结构式"(construction)的资格,Paul(2008)主张对连动式这个烫手山芋采取快刀斩乱麻的策略:取消连动式(abandon SVC)!

不加区分地把这些情况都叫作"连动式",除了能说明这些结构中含有两个或者更多动词这一琐碎的细节外，什么作用也没有。连动式尽管被认为是一种结构式（construction），但也仅仅是个表面的标签（surface label），它不能为我们说明动词之间的层级关系（hierarchical relationship），更不能用来说明具体的句法结构（syntactic structure）性质。

和一般的认识不同，我们认为连动式在现代汉语语法体系之中是没有其理论地位（theoretical status）的，即它不是一个特殊的结构，也不能进行精确的结构分析，更不具备一套可预测（predictable）的句法和语义属性（syntactic and semantic properties）……连动式这个术语应该在汉语语法学中放弃使用。

邓思颖（2010）从生成语法学的角度对传统认识中的汉语特殊句式进行了全面反思，认为"连动句""兼语句""被动句""处置句""存在句"都没有独立的句法地位，都没有成为独立句式的资格：

"连动结构"事实上是不存在的，形式上也没有任何的特点，而连动句的一些功能也都可以从偏正结构或述补结构推导出来。取消"连动结构"的独立地位，不仅没有对汉语语法的分析产生什么障碍，而且可以简化语法学理论，让我们对汉语的句法结构能够有更深刻的认识。

上文所引只是一些代表性的意见，这说明"连动式"这一概念的稳固性还远没有达到安然自在、悠闲自得的程度，21 世纪以来，仍积累了大量对于它的否定和不满情绪。然而，光有否定和不满至多只是一种情绪上的抒发，并不能实际解决问题，要想真正撵走连动式还是必须得找到对策。与 20 世纪后 50 年的策略相同，21 世纪以来，否定连动式时还是把连动式的中心问题当作主要突破口，只不过判断中心的方法更加多样。

张伯江（2000）从及物性关系和篇章功能角度入手，根据一系列及物性特征，指出许多连动式的前后两部分都有及物性高低的不同：活动＜事件（如"他跳舞不好看"）；状态＜动作（如"躺着看书"）；现实＞非现实（如"有饭吃""留着喂狗"）；肯定＞否定（如"丢下活儿不干"）；宾语高度个体化＞宾语非个体化（如"叫了一辆车送他""护送他回家"）。

而根据及物性假说，高及物性的成分形成叙述的主线，低及物性的成分功能上总是伴随性的，句法语义地位相对也较低。所以"连动式"中高及物性的成分就是语义中心，也就是句法结构的中心。此外，张伯江先生还特别指出，"有机会见面"和"去/来 VP"格式都是单动结构，而"我上街买菜"是相当于几个独立小句连用的结构。

邹韶华、张俊萍（2000）延续了邹韶华（1996）的思路和观点，该文在具体的语境中考察"连动式"的中心，通过对100万字的实际语言材料的分析，发现"连动式"中以 VP_1 为语义中心的只占4%，VP_2 为语义中心的占85%，还有11%的"连动式"难以判断其语义中心。最后邹韶华、张俊萍（2000）得出结论："假如我们从语言应用的整体来考虑，即从成百上千甚至更多的这类用例来考察，就会发现，动词连用，语义中心在后占了绝对的优势"；"既然语义中心在后，几个动词之间的关系基本上不是后补充前，而是前修饰限定后，那末从整体上将它归入到偏正关系中去应该说是更符合语言的本来面目，因而也是更合理的了。"

杨成凯（2000）指出"连动式"的中心取决于三种因素。一是说话人的意图。如说话人意在把"骑着马"和"上山"这两个信息平行地告诉对方时，"他骑着马上山"就是双中心。二是语境的限制。如眼前有一个人骑在马上，这时说"他骑着马上山"，十之八九是中心在前；相反，在回答问题"他怎么上山"时说"他骑着马上山"，就是中心在后。三是词语结构的限制。词语自身的结构决定着它们能不能成为独立的表述，如"他拿笔写了一封信"，"拿笔"很难被理解为一个独立的表述，此时就是后中心。

Paul（2008）认为体标记"了"具有标示主要动词的作用，连动式中带"了"的动词是中心。在 Paul（2008）看来，"我们开会讨论了那个问题"中的前一个动词性成分实际上是一个附加小句，"我们开了三次会讨论那个问题"中的后一个动词性成分实际上是一个补足语小句。邓思颖（2010）赞同这种处理方式，并认为"开会讨论问题"这类结构要么可以处理为偏正结构，要么可以处理为动补结构，总之，就是不要处理为"连动式"。

尚新（2009）也通过体标记来判断连动式的中心，他认为当连动式中的动词一个带体标记一个不带体标记时，带体标记的动词是中心；当前一个动词带"着"，后一个动词带"了"时，带"了"的动词是中心。

Yin（2010：59）似乎没有取消连动式的念头，甚至有把连动式扩大化的思想倾向，不过，他同样对"了"的作用予以了充分肯定，认为"了"所依附的动词就是主要动词。

客观而言，体标记的作用近年来有被放大的趋势。以上依据体标记来判断中心的论著，只是我们选取的一些个别的、有代表性的情形。实际上，依据体标记来确认中心的观点相当流行，采用者比比皆是，后文必要时再做详细介绍。不过，有必要认识到的是，体标记所依附的动词并不一定是主要动词，关键还是要看该体标记是内部时间参照用法还是外部时间参照用法（郭锐2015）。

除上述主张以外，也有学者在生成语法框架下比较笼统地讨论连动式的中心问题，杨永忠（2009）、朱冬生（2011）持前中心说：杨永忠（2009）认为"连动结构可以被视为一个以 V_1 为核心的动补结构，V_2 充其量只是 V_1 或 VP_1 的补足语"；朱冬生（2011）认为"连动式的 VP_2 相当于一个不定式小句；这个不定式小句的主语为PRO，其所指是由控制理论来确定"。孙文统（2013）持后中心说，认为"在现代汉语的连动结构中，第一个动词性结构是有缺陷性的附加小句，第二个动词性结构是主句"。

从本节的介评中不难看出，学界围绕着"连动式"的中心和存废问题进行过相当热烈的讨论，不少学者更是把中心问题当作取消"连动式"的突破口，不过，客观来说，对"连动式"的否定和指责并未到把它撵走的地步，"连动式"最终还是"有恃无恐"（张静1977）、"赖着不走了"（吕叔湘1979：72）。"连动式"能够"赖"下来，实际上也说明了否定者对它的否定是不成功的。至于不成功的原因，背后的因素比较复杂，在我们看来，在下列问题达成相对共识之前，很难通过中心问题而否定"连动式"。

首先，所谓的"中心"是句法中心还是语义中心？尽管很多论著都在讨论"连动式"的中心问题，但是很少有学者明确交代他们所说的中心究竟是什么意义上的中心？是句法中心还是语义中心？实际上，大家对"中心"的理解可能并不一致。比如，周国光（1998）判断的是"连动式"的句法中心，而张伯江（2000）判断的是"连动式"的语义中心。我们知道，句法中心和语义中心并不一定完全重合，那么，当二者相冲突时，究竟是以句法中心为准还是以语义中心为准呢？这是一个缺乏深入讨论的问题。一般而言，大家所言的"中心"更偏向于强调结构上的中心，即句法中心，不过，这一点在国内外都并非没有异议。张伯江（2000）认为"只有准确找出语义重心,才能正确判断结构的中心",Croft(2001:241-280)专辟一章讨论中心问题,他认为"中心"只能从语义角度来考虑,任何通过形态、句法手段来确定"中心"的做法都难以坚持到底,在一种语言内部无法坚持到底,在跨语言研究中更无法坚持到底。可见,有些学者更加重视语义中心(重心)的作用。

其次,根据什么样的标准来判断"连动式"的中心?上文提到,句法中心和语义中心不是完全相同的概念,那么它们相对应的判断标准也自然会有所不同。即便是只讨论句法中心或语义中心,不同学者用以判断它们的标准可能还会有所不同,也就是说某些学者提出的判断句法或语义中心的标准未必能得到普遍承认,比如,周国光(1998)用以判断句法中心的三条标准似乎就有值得再商榷之处。此外,即便是笼统地讨论中心问题,那么具体要采用什么样的标准呢?这又是一个比较棘手的问题。我们知道,汉语缺乏形态变化,在判断连用的两个动词谁为主谁为从时,先天性地就缺少一个最为直观的标准(形态),而句法上的证据又不太容易找到,"连动式"中的两个动词总是处于相同的语法位置。因此,很多学者只能诉诸语义或者重音等其他手段。比如,胡附和文炼(1955)、李临定和范方莲(1961)、张静(1977)等在判断"连动式"的中心时主要依靠的就是语义,萧璋(1956)则通过重音说明"连动式"中的主从关系,不过,这两种方式都难以获得普遍认同。重音作为标准并不可靠,在不同语境中重音即有变化的可能,而且如陆志韦(1961)所说,确实存在平均重读的情况;通过语义来判断中心更是容易引起争论,至少很多人对"语义中心"是不太认可的,王福庭(1960)就曾指出:"问题是凭意义来认定动词的主要和次要,往往只是个人的看法……凭意义来说明'连动式'是说不清楚的。"宋玉柱(1978)对张静(1977)在判断"连动式"的中心时过于依赖语义的做法也提出质疑,认为这是在"以逻辑代替语法"。客观来说,汉语为缺乏形态的"意合"型语言,在找中心时需要甚至不得不参照语义标准,但绝不可把意义作为唯一标准或者主要标准。汉语语法研究有注重形式与意义相结合的优良传统,讲究形式与意义的相互验证,单讲意义而忽略形式,如同一只腿长一只腿短的走路方式,这样得出来的"中心"是不可能把"连动式"否定掉的。

再次,确定"连动式"的中心应不应该考虑语境因素?有些学者主张在语境中为"连动式"找中心，这显然是看到了孤立的"连动式"难以确定中心。邹韶华（1996）说得很清楚："我们认为，孤立地讨论这类句子，永远也得不出何为主何为次的结果。"不过，一旦考虑语境因素（包括上下文、说话人的意图、听话人的背景知识、交际场合等），情况就变得异常复杂，同一个句子在不同语境中，其中心动词就有可能发生变化（傅子东 1957；杨成凯 2000），而且即便是处于某一固定上下文的句子，不同的人仍有可能感知出不同的中心。也就是说，如果真正全面考虑语境因素，那么"连动式"的中心仍然要面临着"因人而异"的可能。此外，更为关键的问题是，我们在判断其他结构类型（比如，偏正结构、动宾结构等）的中心时，并不考虑它们所处的语境，为什么到了"连动式"上就要加入语境这一因素呢？在语境中判断"连动式"的中心，在脱离语境的情况下判断其他结构的中心，这是否意味着判断中心时标准的暗换和不统一？话又说回来，如果真的要在语境中判断中心，那么，偏正结构、动宾结构这些我们本可以说得清楚中心的结构类型，到时恐怕也会变得难以说清。

最后，有中心的结构就一定不能是"连动式"吗？前文说过，很多学者之所以乐于讨论"连动式"的中心，目的就在于借此而否认"连动式"的存在，将所谓的"连动式"归入其他结构类型（如偏正结构、动补结构）之中。不过，也有学者并不这样认为，在他们看来，可以在承认"连动式"的前提下讨论其中心问题。比如，王福庭（1960）一方面竭力主张"连谓式"的存在，另一方面又承认"'连动式'的第二个动词就相当于俄语的'原形动词'或是英语的'不定式动词'"。马忠（1961）意识到"复杂谓语"内部虽然可能存在附加关系和补充关系，不过他同时也主张"把复杂谓语分为前一个动词对后一个动词是附加关系的，并不等于说前一个动词是状语；把复杂谓语分为后一个动词（或形容词）对前一个动词是补充关系的，并不等于说后一个动词（或形容词）是补语"。赵元任（1979：166）虽然就"连动式"的中心问题多次做过明确表态，认为"连动式类似主从结构在于第二部分大体上跟整个结构的功能相同，因而是中心""动补结构的中心在前一部分，连动式的中心在后一部分"，不过他也并没有因此取消"连动式"，反而是将"连动式"与主谓结构、主从结构、并列结构、动补结构、动宾结构一起看作汉语里的"基本结构"。吕叔湘（1979：72）在谈及"连动式"的划界问题时也指出："凡是能从形式上划成别的结构的,就给划出去。留下来的,尽管有的能从意义上分别两部分的主次,还是不妨称为连动式,同时说明意义上的主次。"可见,在吕叔湘先生看来,即便能为"连动式"找到中心(尤其是意义上的中心),也不妨碍"连动式"的继续存在。以上观点,概而言之,就是即便能为"连动式"中的前后两个直接成分分出主从,也不能因此而轻易否定"连动式"。在我们看来,这种观点是有道理的:一方面,所谓的中心有可能存在程度上的问题;另一方面,取消"连动式"后,把它们归入别种结构,可是别种结构能不能收留"连动式"也是一个问题。

总之,尽管学界针对"连动式"的中心问题进行过相当热烈的讨论,但由于不同学者对中心的理解并不一致,对于确定中心的标准也有分歧,因此,即便同样是声称"连动式"可以分出主从、找得到中心的学者,其所看到的中心也是极不一致的。比如,有"前主后从"之说(王福庭1960;周国光1998;等等);有"前从后主"之说(赵元任1979;邹韶华1996;邹韶华、张俊萍2000;郭锐1996、1997、2015;等等);也有"归入并列结构"之说(沈开木1986;等等);更有"不是并列就是主从"之说(胡附、文炼1955;刘特如1983;史存直1986;等等)。在意见如此分歧的情况下,很难通过证明中心的存在而否定"连动式",更何况,即便能够确凿无疑地证明"连动式"的中心,恐怕也不能奈它如何,因为真正的麻烦不在于保留"连动式",而在于取消"连动式"后,相应的结构应该归到何处。这牵涉到我们对其他句法结构的定义和理解,也牵涉到对汉语句法系统的整体布局。一言以蔽之,"连动式"牵一发而动全身,否定它是有代价的,而且恐怕要付出不小的代价。

2.1.3 理论方法的革新与近年来的新认识

上一小节介绍了与汉语连动式句法地位有关的主要争论,涉及连动式的"名称之争""定义与范围之争""中心与存废之争"。客观来说,这些争论旷日持久,但最后基本都陷入了谁也无法说服谁的局面。这种情况的出现实际上也暴露出我们过去在处理连动式时理论方法的单一与贫乏。近些年来,越来越多的学者意识到,连动式的研究不能再单纯依靠传统的分析路子,否则很难取得突破。高增霞(2006:42)认为:"连动式研究问题上的突破,首要的是要进行理论的创新与方法论的突破";胡建刚(2007:

7）主张："从形式出发的对连动式的研究，不管是立足于创建还是立足于系统定位，都存在削足适履的嫌疑，难以自圆其说……光从形式出发，仅仅就形式本身来讨论汉语连动式，将永远跳不出业已存在的谁也说不服谁的问题……连动式的研究必须突破原有的就形式来找形式、确定类型这一习惯性思路"；陈忠（2007）也指出："学术界在连动式问题上的纠缠，与该领域的研究缺乏一个成熟的理论框架有着直接的关系"。正是在这种普遍的反思心态之下，近年来的研究开始格外重视新理论、新方法的引入，努力跳出旧有的争论，纷纷尝试从新的视角看待连动式问题。本节依据理论视角的不同对近年来学界在连动式问题上取得的新认识做个梳理，所介绍的内容都关涉到如何看待汉语连动式的句法地位。

2.1.3.1 语法化理论的介入

连动式是语法化现象的频发地带，很多语法化现象都发生在动词连用的环境之下，这一点早为汉语史研究者所注意，比如动补结构形成、介词和体标记的产生，其实都脱胎于动词连用，这是公认的。不过真正系统地论述连动式中的语法化现象的是高增霞（2006），她不仅对连动式中的某些实词虚化（如体标记的形成、"在"的虚化）以及与连动式有关的词汇化现象进行了分析，而且把连动式本身看作是语法化的结果，这也是该文的创新之处。高增霞（2006）指出，连动式是一种句法化现象，表现为两点：一是连动式的语序是视角的语法化，是汉语使用者把采用序列模式反映序列事件这种认知倾向性的认知方式凝固化的结果；二是连动式是小句整合的结果，与其他简单谓语句、动词拷贝句相比，它处于语法化链条更高、更初始的环节，是篇章话语组织和句法组织的中间环节，这一点也决定了它进一步语法化的倾向。高增霞（2006）的上述两个基本观点可以说是汉语连动式研究的一个重要突破，把汉语连动式的研究从静态推向了动态。

齐沪扬、张琬（2013）也从小句整合的角度看待连动式的形成与地位，他们认为："连动式一方面与复句紧密相连，另一方面与其他更为紧密的句法结构相连，如动补式、状中式等。"也就是说连动式同时具有话语结构的松散性和向其他句法结构演化的可能。

2.1.3.2 跨语言眼光的运用

连动式并非汉语所独有的一种结构形式，它在西非、东亚、东南亚、南美洲、大洋洲、南太平洋诸岛等区域的语言之中均有广泛的分布（Aikhenvald 2006、2011、2018）。真正意义上的连动式的跨语言研究始于20世纪80年代，并迅速成为类型学研究中的热点（Crowley 2002：8）。汉语的连动式研究长期以来举步维艰，因此跳出汉语本身、看看连动式在其他语言中的状况似乎是摆脱困境的一条新路子。

易朝辉（2003）、沈双胜（2003）、余东涛（2004）、陈滔（2011）等通过对比的方法探讨汉语连动式的特点，或将汉语连动式与其他连动语言中的连动式进行比较，或用汉语的连动式与非连动语言（主要是英语）中的相应结构进行对比。

易朝辉（2003）比较了汉语和泰语中的连动式，发现汉语连动式普遍具有有界化的需求并且汉语也能提供丰富的有界化语法手段，这是汉语和泰语中连动式的主要差异。

余东涛（2004）从汉语连动句的英译来探讨汉英句子结构的差异，作者认为，汉语句子的组织遵循时间顺序原则，而英语的语序相对自由；连动式是汉语中的一种特殊句式，能够比较充分地反映汉语句子的特点。

张敏、李予湘（2009）主要探讨先秦两汉汉语趋向动词结构的类型学地位及其变迁，文章同样涉及了连动式，认为"由非（典型）连动型语言转变为连动型语言，这是上古至中古汉语时期汉语语法发生的一系列重大的类型演变中极为重要的一条"，连动式由并列式发展而来，而动趋式又是由连动式发展而来。此外，文章对汉语发展为连动型语言的类型学背景做了探讨，如汉语缺乏形态、缺乏纯介词、不是从属标注型语言等。跨语言的研究显示，这些特征都是与连动特征相关的倾向性特征。

刘丹青（2011、2012、2013、2015、2017）从语言库藏类型学（Linguistic Inventory Typology）的角度对汉语连动式的地位予以充分肯定。刘丹青（2011、2012、2013）指出，中古以后的汉语应以连动为特征，连动结构才是汉语句法系统中真正的显赫范畴，它不但用于古代汉语或其他语言中以并列连词连接的短语，而且用于其他语言中以主从结构（状中关系）表达的短语；汉语史上真正的类型学演变是并列式由盛而衰、连动式由弱而强。刘丹青（2015）更是明确指出连动式"是汉语语法库藏中具有独立句法地位和类型特异性的结构或称构式……连动将向心结构由并列和主从二分扩展为并列、连动、主从三分。英语等印欧语言都属于向心二分型，而有连动的汉语等语言则属于向心三分型……语义上,连动式也使向心结构可以表现为区别于二分法的三分法类型,它占据的主要语义域是并列和主从中间的那一块",也就是说不管是从句法上看还是从语义上来看,连动式都应该是处于并列和主从①之间。

彭国珍(2019)在语言类型学的基本框架之内,比较了连动结构的不同跨语言定义,从中做出取舍,并对汉语连动结构的界定标准、句法语义特征、分类方案提出了新的看法。彭国珍(2019:87-127)把汉语中的符合国际跨语言对比定义标准的连动结构称为"狭义连动结构",不符合国际跨语言对比定义标准的连动结构称为"广义连动结构"。其中前者的句法共性特征包括:两个动词拥有相同的"时值""体值""共享一个时间或地点修饰成分""没有停顿""一个否定标记""至少共享一个论元"等。从语义类型上来看,彭国珍(2019)将汉语中的"狭义连动结构"概括为"方式类""受益类""帮衬协同类""工具类""动结式""动趋式"等类型。后者的句法共性特征包括:两个动词"不一定共享一个瞬时的时间状语""可以有不同的体值""可以有单独的地点修饰成分""可以有语音停顿或者副词性的连接成分""可以分别有自己的体标记,每个动词可以独立被否定"等。彭国珍(2019)认为"狭义连动结构"中的两个动词处于一个从句内,而"广义连动结构""是隐含目的从句或并列从句的结构",这是两者之间"根本性、定义性差别"(彭国珍2019:110)。需要注意的是,连动结构的跨语言定义存在相当多的分歧,彭国珍(2019)根据自己的判断做出了一些取舍,但取舍之后,连动结构的外延依然十分宽泛,按照她的认识,"狭义连动结构"还包括"动结式"和"动趋式",这实际上是扩大了汉语学界通常所接受的"连动式"的范围。

高增霞(2020)在类型学视野下,对汉语连动式的句法性质和句法地位进行了再思考,她认为连动式由一系列句法语义特征所决定,在汉语句法系统中是一种独立且基本的句法结构类型,她将连动式重新定义为:"连动式是由两个或两个以上句法上相对独立、语义上相互关联的动词或动词短语构成的结构,是与并列结构、偏正结构、述宾结构、述补结构、

---

① 刘丹青(2015):"谓词性的主从结构在汉语里主要表现为传统所说的状中结构和中补结构"。

主谓结构相并列的一种基本结构类型"（高增霞 2020：37），并认为"连动式其实非常接近并列结构，是处于并列与主从（状中、中补、述宾）之间的一种结构类型"。不过，她只是举例性的说明，并未做出全面论证。

2.1.3.3 韵律与意合看连动

近年来也有学者从韵律或意合的角度来看待连动式的句法地位问题，这些角度是以往研究中较少涉及的。冯胜利（2017）从韵律角度出发，提出了一系列不同于以往的看法。冯胜利（2017）认为连动式存在的基础在于韵律而不在于句法，连动式的韵律特征（"一个单一句调""可以在句调之外，允许语调短语"）是其区别于连谓式和流水句、并列句的关键特征。冯先生所说的"连谓式"指的是"那辆车价钱太贵，颜色也不好，我不喜欢，也不想买"这样的句子，他认为英语中只有连谓没有连动，"连谓和连动是两种结构"。以下是冯先生对流水句、连动句、并列句所做的韵律分析：

(8)　　　　　　　　　　　　　　　　　　　　　冯胜利（2017）

a. 大家都上桥看热闹　——流水句（VP 之间没有停顿）

b. 大家都到桥上→看热闹　——连动句（VP 之间有待续调，用"→"表示）

c. 八戒推门进屋→看见一个妖怪　——连动句（VP 之间有一个待续调）

d. 八戒推门→进屋→看见一个妖怪　——连动句（VP 之间有两个待续调）

e. 八戒推开门。进了屋子。看见一个妖怪。　——并列句（每句有一个止句调）

冯胜利（2017）进而认为："如果连动式果真存在，它存在的根据不是句法而是韵律：因为 VP 只是连动式句法组织的构件，而其'[VP$_1$ + VP$_2$ … VP$_n$]'组合的语义要求，均可在句法结构上得到充分而详细的示解……所以连动式在句法上很难说有自己的独立的地位和范畴，然而，连动式的韵律结构 [VP$_{(语调)}$ + VP$_{(语调)}$ … VP$_{(语调)/句调}$] 不仅是独立的，而且是派生性的"。

张黎（2017）在"意合语法"的框架下看待连动式，他认为"连动式是汉语句法的基式和常态"（张黎 2017：71），而且自古如此，这是由汉语

"一音一意"的原则决定的。张黎（2017：72）认为："由'一音一意'体所构成的字符串同汉语的以连动式为基式的各种句法现象是有着千丝万缕的联系的。因此，以'一音一意'为基点，通过1+1+n的意合方式的考察，既可以重构汉语句法发展演化的历时过程，也可以描写共时平面上的汉语的句法系统。"他将汉语句法的演变过程表示为"一音一意→连动式→动补式/动虚结构/时态虚词"（张黎2017：74），并根据泰语、越南语这样的连动语言（同时也是"一音一意"型语言）推测，连动式是"一音一意"型语言的句法类型学特征。

2.2 勉强的共识

上节介绍了汉语学界围绕着连动式的句法地位问题所做过的艰苦的探索，可以看出，问题至今仍然没有得到解决，分歧不仅发生在不同学者之间，甚至常常发生在同一学者前后不同的论著之中。不过从总体上看，连动式的支持和采用者勉强达成了一个共识，即连动式是句法结构分类时的剩余类，这在一些学者的论著中表达得很明显：

宋玉柱（1984）：

> 两个或两个以上的谓词（包括动词和形容词）连用（包括它们的附加成分和连带成分），它们之间没有并列、偏正、动宾、动补等关系，中间没有语音停顿，没有关联词语，也没有复句中分句的各种逻辑关系：这样的词组叫做连谓词组。

朱德熙（1985：55）：

> 连动式前后两部分之间的关系不是主谓关系，也不是述宾、述补、偏正等等关系，归不到已有的任何一种句法结构类型里去。

另外，语法教材应该最能反映学界的共识，基本上所有的语法教材也都保留了连动式，这说明学界总体上还是承认连动式的存在的。连动式的范围问题也直接影响其句法地位，从这方面来看，尽管汉语研究史上被称作连动式的格式种类繁多,但各个语法教材对连动式的举例基本上具有一致性(尽管不是完全相同),这也说明学界就典型连动式的范围大致形成了初步的共识。

表2-1是15家现代汉语教材对连动式的处理,从中也可以看出学界就连动式问题所达成的勉强的共识。我们后文对连动式的考察和研究也建立在这有限的共识之上,即我们不试图去界定连动式,而是选择那些典型的、公认的连动式小类进行研究,把那些典型的、公认的连动式的小类说清楚了,那连动式的整体句法地位也随之变得清晰。

表2-1 15家现代汉语教材对连动式的处理

版本	年份	名称	结构地位	结构条件	内部小类	特殊处理
张静(主编)	1986	连动结构(又名承接结构)	属于联合词组	两个以上的实词按时间先后或事情发生的顺序依次相承	只举例,未分类,举例如下:开门出去;去报报;找报纸看;花钱买东西;留着不用;装在兜里不往外拿;一看就懂;一表扬就骄傲;学学就会;先听听再发言;到车站就买了一张票;站起身来轻轻地拉开门出去看电影	1."骑着马上山"归入状中结构;2.结构中包含关联词,如"一……就……"的同样归入连动结构
黄伯荣廖序东(主编)	1991	连谓短语	五种基本句法结构之外	1.由不止一个谓词性成分连用;2.谓词性成分之间没有语音停顿;3.没有上述五种结构关系;4.也不用任何关联词语;5.各谓词性成分陈述同一主语	1.先后发生的动作(取了笔记本走了);2.前后表方式和目的(表扬先进树榜样);3.前一动作表方式(低着头沉思方式);4.从正反两方面说一件事(站着不动);5.后一性状表前一动作的结果(听了很高兴);6.前后两件事表因果关系(看书看累了);7.前后有条件和行为的关系(有资格谈恋爱)	包括重动句

第二章　现代汉语连动式句法地位问题及其解决思路

续表

版本	年份	名称	结构地位	结构条件	内部小类	特殊处理
邢公畹（主编）	1992	连谓词组	五种基本句法结构之外	1. 两个或两个以上的谓词或谓词性成分连用；2. 彼此间没有偏正、述宾、述补、主谓、联合等语法关系；3. 中间没有语音停顿或关联词语；4. 连用的谓词或谓词性词组都能和同一主语形成主谓关系	1. V_1、V_2、V_3……表示先后发生的动作（转过身走进去） 2. V_1表示V_2的方式、情态；V_2表示目的（写信向中央反映情况；眯着眼睛笑） 3. V_1表处所、位置、方向（在家里做饭；朝南开；到操场作操） 4. V_1表原因、假设；V_2表结果（听了这消息很高兴；得了病要吃药） 5. V_1是"有/没有"组成的动词词组，表示可能、必要或存在，V_2表示相关的陈述（有可能出国；没有条件上大学；有饭吃；没有书看） 6. V_1和V_2从正反两方面陈述（关在屋里不出来） 7. V_1和V_2中的动词相同，V_1带宾语，V_2带补语或数量宾语（看书看得眼睛都近视了；去上海去了十天）	包括重动句
邢福义（主编）	1993	连动短语	五种基本句法结构之外	1. 由两个或几个部分组成，一般是每个部分都用动词，或者以动词为中心；2. 表示同一人物连发性或并发性的不同行为动作；3. 每个连动项都可单独跟主语构成主谓关系；4. 中间没有停顿	1. 既有先后关系，又表"方式—目的"（站在门口看热闹） 2. 偏重于表示先后关系（站起来看了我一眼） 3. 偏重于前项表方式（流着泪上了车） 4. 偏重于后项表目的（买份报看）	两动词联系着同一个施事

67

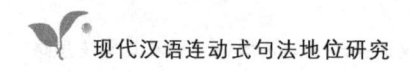

续表

版本	年份	名称	结构地位	结构条件	内部小类	特殊处理
胡裕树（主编）	1995	连动词组	五种基本句法结构之外	1. 两个以上的动词连用；2. 它们之间没有主谓、联合、动宾、偏正、补充等关系	1. 先后动作（站起身来轻轻地拉开门走了出去） 2. 方式——目的，同时有时间上的先后（站起来迎接他们；倒杯茶喝；炒着吃） 3. 方式——动作，同时没有时间上的先后（扛着锄头跑来了） 4. 动作——方式（过冬不穿棉衣） 5. 从正反两面说明主语（揣在口袋里没交出来）	
邵敬敏（主编）	2001	连谓词组	五种基本句法结构之外	1. 表示连续的几个动作；2. 所有的动作都是由主语所代表的主体发出来的，而且动作都具有前后的顺序	1. 表示前后动作，后者是前者的目的（上街买菜；进城看戏；坐下来学习） 2. 肯定与否定两方面说明一个动作（拉着手不放；站着不走） 3. 由动词"来""去"跟其他动词构成（来骑马；游泳去） 4. 由动词"给"跟其他动词构成（送一本书给他；买了辆车给我） 5. 由动词"有""没有"跟其他动词构成（有希望去日本；有话慢慢说） 6. 前面动词的受事宾语也是后面动词的受事（倒杯茶喝；买本书看）	两动作联系着同一个施事
钱乃荣（主编）	2001	连动短语	五种基本句法结构之外	两个或两个以上的动词表示有先后的行为，各个动词都可以带或不带宾语	1. 后一动作发生时，前一个动作已结束（听完广播吃饭） 2. 后一动作表示前一动作的目的（到机场接待外宾） 3. 前一动作表示后一动作进行的方式（拿毛笔写字） 4. 两动作从两面说明一个事实（坐着不动） 5. 两动词共带有一个宾语（买瓶汽水喝）	包括兼语短语（"兼语短语实际上是连动短语的一种"）

续表

版本	年份	名称	结构地位	结构条件	内部小类	特殊处理
周建设（主编）	2001	连动短语	五种基本句法结构之外	1. 有两个或两个以上的谓词（其中按语序第一个谓词必须是动词）；2. 两个谓词不存在联合、偏正之类的基本结构关系；3. 两个谓词之间没有语音停顿、没有关联语；4. 两个动词（或有一个形容词）有共同的施事者（即共同的主语）	1. 前后两谓词有行为与目的的关系（上街买菜、去打电话、上书店买书）2. 前后两谓词有先后关系并有同一受事者（倒杯茶喝；抓住不放）3. 前后两谓词有存在、凭借与其引申的结果、可能性的关系（有能力完成任务、吃了健康）4. 前后两谓词有动作与其结果、情态的关系（听了很高兴）	两动作联系同一个施事
张斌（主编）	2002	连动短语	五种基本句法结构之外	1. 由两个或两个以上的动词性词语连用；2. 它们之间没有联合、偏正、述宾、述补、主谓等关系；3. 中间没有语音停顿，没有关联语；4. 也没有复句中分句间的各种逻辑关系	1. VP_1 和 VP_2 有动作的先后关系（去菜市场买了不少菜）2. VP_1 说明 VP_2 的动作方式，VP_1 后往往有"着"（顶着烈日执勤；乘地铁上班）3. VP_1 表示动作，VP_2 是该动作的目的（出去打电话；去浦东参观浦东国际机场）4. VP_1 和 VP_2 间有因果关系（病了躺在床上；熬夜熬红了眼）5. VP_1 和 VP_2 互相补充、互相说明（站着不动；闭着嘴一句话也不说）6. V_1 是"有"，前后两动词间有条件、能力和动作的关系（有能力做好这件事）	包括重动句；动词性成分间无各种逻辑关系

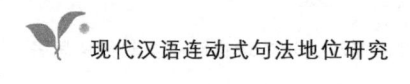

续表

版本	年份	名称	结构地位	结构条件	内部小类	特殊处理
北大现代汉语教研室	2004	连谓结构	五种基本句法结构之外		1. 前一个谓词性结构表示动作的方式（开着窗户睡觉；坐在门外拉胡琴） 2. 两个谓词性结构表示时间上先后发生的两件事（进去喂喂他吧；住一两天再回去） 3. 后一个谓词性结构表示目的（进去取个暖；想法子解决这个问题） 4. 后一个谓词性结构表示结果（拿着怪累的；中弹牺牲了） 5. 前一个谓词性结构表示原因或假设（有事不能来；有什么事好好地说） 6. 从正反两方面说明同一事实（板着脸不笑；拽住我们不放）	"买饭吃"类归入"递系结构"
兰宾汉 邢向东（主编）	2006	连动短语	五种基本句法结构之外	1. 两个或两个以上的动词性词语连用并且隐含同一个主语的短语是连动短语； 2. 其中动词性词语之间无语音停顿，无关联词语； 3. 也没有联合、偏正、述宾、中补、主谓关系	1. 前后两动作存在行为与目的的关系（去长江游泳） 2. 前后两动作存在原因与结果的关系（劝老爷子劝出了一身汗） 3. 前一动作表后一动作的伴随状态（摇晃着身子走了进来） 4. 前后动作存在解说关系（没资格和我这样说话）	包括重动句
马庆株（主编）	2010	连谓词组	五种基本句法结构之外	1. 不存在并列或选择关系的两个或更多的谓词性成分连用； 2. 都能和同一主语形成主谓关系	1. V_1、V_2、V_3……表示先后发生的动作（坐在电脑前打盹儿） 2. V_1 表示方式、情态，V_2 表示目的（弯着腰走出走进 用手机通知太太） 3. V_1 表示处所、位置、方向（在家里请客；到商场买东西）	1. 结构中可以含有关联词； 2. 包括重动句

第二章 现代汉语连动式句法地位问题及其解决思路

续表

版本	年份	名称	结构地位	结构条件	内部小类	特殊处理
马庆株（主编）					4. V_1表示原因、假设，V_2表示结果（被叛徒出卖被俘；失足掉进河里） 5. V_1是"有/没有"组成的动词词组，表示可能、必要或存在，V_2表示相关的陈述（有义务接送孩子；没有东西吃） 6. V_1和V_2从正反两方面陈述（待在家里不出门） 7. V_1和V_2中的动词相同，V_1带宾语，V_2带补语或数量宾语（读书读傻了；戴耳机戴的耳朵疼）	
杨文全（主编）	2010	连动短语	五种基本句法结构之外	1. 共用一个主语的两个或两个以上动词性成分连用；2. 其间没有语音停顿，不用任何关联词；3. 也没有联合、偏正、动宾、补充和主谓等关系；4. 连续发生的动作具有时间上的先后顺序，都由主语所代表的主体发出	谓词性词语间的关系归为三大类： 1. 顺承关系（打开电脑玩游戏） 2. 修饰关系（躺着看书） 3. 补充关系（吃火锅吃坏了肚子）	1. 两动作由同一施事发出；2. 包含重动句；3. 小类语义关系的进一步抽象
黄伯荣 李炜（主编）	2012	连谓短语	五种基本句法结构之外	1. 两个或两个以上的谓词性成分连用；2. 一般有时间和事理上的先后关系；3. 中间不能用关联词或标点符号	1. 动作行为间存在客观上的时间先后关系（回宿舍睡觉） 2. 前者表具体动作，后者解说前者（鼓掌表示欢迎；站着别动） 3. 前者是后者的陪衬（挂着拐棍过马路；有能力打进决赛）	

续表

版本	年份	名称	结构地位	结构条件	内部小类	特殊处理
陆俭明（主编）	2012	连动词组	五种基本句法结构之外	1. 几个动词性词语连用而不形成主谓、述宾、述补、偏正或联合关系；2. 连动词组中所表示的动作行为是由同一主体发出的	只列举例子，未分小类，举例如下： 1.（我们）下了课打篮球 2.（他）低着头想问题 3.（他们）去上课 4.（他们）看电影去 5.（他）有事儿没去 6. 一看就明白 7. 不问不知道 8. 越学越有兴趣	1. 两个动作联系着同一施事，由同一主体发出；2. 认为含有关联词语的"连锁词组"也可归入连动词组

2.3　必要的反思

从前文的介绍中可以看出，尽管汉语学界对连动式进行了长达几十年的研究，但其句法性质和地位问题至今依然不够明朗。连动式研究所面临的困境有其客观原因，汉语缺乏形态变化，当谓语部分出现多个动词时，没有形态标识可资凭借，无论是在句法分析上还是在语义理解上都是如此。句法分析上，动词没有形态变化，看不出哪个是主要动词。语义理解上，有些连动式具有多种理解的可能性，搞不清到底侧重于哪一个意思。比如，英语中的"take a bus to go to school"和"go to school by taking a bus"，采用了两个形式来表达两种意思，汉语中的"搭公车上学"则不管那一套，同一个结构形式既可以侧重于表方式，又可以侧重于表目的，搞不清究竟是以前限定后，还是以后补充前。

当然，连动式研究所面临的困境也不能简单地归咎于汉语缺乏形态变化或属所谓的意合性语言，实际上在连动式的研究过程中，我们一些认识上或方法上的不足才是研究停滞不前的主要原因。我们认为，以往对于连动式认识的模糊主要是由以下几种方法上的偏差所造成的。第一，缺乏对连动式逐个小类的研究。连动式的不同小类其性质并不一定完全相同，因此只是笼统地说连动式怎么样，或者只研究连动式的某一两个小类，必然不能照顾到全部,对于连动式的研究必须逐个小类地进行,而在这方面以往做得并不够,以往的研究多只分出小类而未深入下去对这些小类逐一研究,似乎列出几个小类也就万事大吉了。对连动式的研究必须摆脱这种分分小类、举举例子的思维,否则连动式的研究将永远停留在这个局面。第二,对于连动式不同小类之间的关联缺乏必要的研究和说明。给连动式划分小类并不是研究的最终目的,分出小类之后还需要对这些小类之间的关联予以说明。以往的研究少则给连动式划出三四个小类,多则给连动式划出七八个、十多个小类,然而,这些小类和小类之间的关联从未得到过说明,列出的小类就如同一盘散沙,以往有些研究极其热衷于给连动式分小类,却从未说明这些小类之间有何关联。岂不知这样做下去连动式的小类越多那么连动式整体上就表现得越涣散,根本让人无从把握。如果想要把连动式留在汉语句法体系之中的话(事实上也不得不留),那么就必须打破连动式的内部小类是一盘散沙的状态,注重这些小类之间的关联与联系,否则连动式作为一个整体,其在汉语句法系统中的地位必然岌岌可危。第三,系统观念不强。一种句法结构存在的价值在于它和其他句法结构之间的关系,只有摒弃就研究连动式而研究连动式的路子,把它放入整个句法体系之中,探讨它和其他句法结构之间的关联,才能在整体句法布局中把握住连动式。另外,不仅要具备共时的系统观,还应该具备历时的系统观,现代汉语连动式的句法地位是汉语句法系统历时演化所造成的结果,如果只着眼于现代汉语共时平面,缺乏历时的句法系统观,那么很多共时平面上的问题也会难以解释。第四,缺少可靠的、新颖的理论作为依托。事实已经证明,如果只是依靠一些传统的研究方法和理论,那连动式的句法地位问题将永远不会得到解决。

2.4　前进的方向

如2.2节所述,本书的研究立足于那些学界普遍承认的、典型的连动式小类。把那些公认的、典型的连动式小类的句法性质说清楚了,那连动式整体的句法地位也就清楚了。

在参考前文所列的15家现代汉语教材对连动式的分类的基础上,本书对连动式形成了自己的类别设置,我们对连动式的小类划分和小类命名主

要依据的是前后动词性成分之间的语义关系,共分为10个小类:

①"先后动作"类

在这类连动式中,VP_1 与 VP_2 分别表示一前一后接连发生的两个动作行为,例如"穿上鞋走出房间"。

②"时间限定"类

在这类连动式中,VP_1 主要对 VP_2 起时间限定的作用,形式上 V_1 之后带有"了"字,例如"吃了饭看电影"。

③"方式动作"类

在这类连动式中,VP_1 表示施事进行 VP_2 时所采取的方式或所处的状态,例如"笑着说""坐在沙发上看电影"。

④"动作目的"类

在这类连动式中,VP_2 表示 VP_1 的目的,例如"买把刀切菜"。

⑤"规约目的"类

在这类连动式中,VP_2 表示 VP_1 的规约性目的,例如"做饭吃"。

⑥"时间范围"类

在这类连动式中,VP_1 表示 VP_2 所发生的时间范围,例如"上课睡觉"。

⑦"条件性状"类

在这类连动式中,VP_1 表示 VP_2 的条件,例如"闻着挺香"。

⑧"转折"类

在这类连动式中,VP_1 与 VP_2 之间有逻辑上的转折关系,例如"去了没找着"。

⑨"正反说明"类

在这类连动式中,VP_1 和 VP_2 分别从正反两个方面说明同一情况,例如"站着不动"。

⑩"原因结果"类

在这类连动式中,VP_1 表 VP_2 的原因,VP_2 表 VP_1 的结果,例如"骑马摔断了腿""打球扭了腰"。

这10类连动式各自的具体句法、语义特点将在以后的章节中逐步介绍,这里先不做过多的论述。

在理论背景的选择上,本书除了采用一些基本的语言学理论,还将依托两种理论:事件整合理论和自组织理论。我们认为,事件整合理论与自组织理论可以比较有效地弥补以往研究的理论不足。事件整合理论是近些年新兴的一种针对多动结构和复杂谓语结构进行分析的理论，该理论认为不同类型的多动结构在句法层面上的差异可以在其所表达事件的整合过程中寻找到根据。直接运用这一理论对连动式进行的研究尚不多见，吸收这一理论的精髓，并尝试将其运用到汉语连动式的研究中，可以从整合的角度揭示出连动式内部各小类间以及连动式与基本句法结构间的区别与联系。另外，整合也能反映出连动式的历时发展过程，连动式的语法化过程实际上也是一个不断整合的过程。自组织理论主要研究一个复杂的系统如何通过内部调整而从混沌走向清晰、从无序走向有序。无论是自然界还是人类社会中，自组织现象都广泛存在。通过自组织理论可以对连动式的历时演化脉络以及其在现代汉语句法系统中的地位予以较为周全的解释。关于这两种理论的详细介绍，我们将随着章节的进行而展开，这里不多做说明。

2.5 具体的步骤

本书的研究将按照以下步骤展开：

第一章：绪论。对国内外连动式研究的总体状况做出述评，指出研究现代汉语连动式句法地位问题的重要意义。

第二章：现代汉语连动式句法地位问题及其解决思路。梳理与现代汉语连动式句法地位问题相关的研究成果，指出以往研究中可能存在的问题，以及本书将采取的做法。

第三章：从并列性动作到方式性修饰。立足于事件整合将一部分连动式定位在并列结构与状中结构之间，构建出状语化连续统。

第四章：从目的性补充到结果性补充。立足于事件整合将一部分连动式定位在补语化连续统之上。

第五章：从篇章性结构到句法性结构（上）。立足于事件整合对连动式和复句进行系统性的对比。

第六章：从篇章性结构到句法性结构（下）。基于对汉语史的考察以及其他语言的相关研究，尝试说明连动式可能来源于复句结构的整合压缩。

第七章：现代汉语连动式的句法地位。在前几章的基础上，对现代汉语连动式的句法地位予以总结说明；运用自组织理论，对连动式的历时发展以及共时面貌做出尝试性的解释。

第八章：结语。总结全书主要观点和成果，指出本书不足之处以及有待进一步研究的问题。

第三章 从并列性动作到方式性修饰

3.0 前言

从本章开始，我们将正式探讨现代汉语连动式的句法地位问题。本章主要涉及三大类、四小类的连动结构。内容主要包括五个部分：3.1 节介绍事件整合理论以及这种理论所带给我们的启示，吸收这种理论的精髓，将之合理地运用到现代汉语连动式的句法地位研究之中，这是本书的基本理论立场，对此后的章节也具有重要的指导意义；3.2 节提出视点转移模型，指出事件整合与结构类型过渡可看作视点转移的结果，部分连动结构可能处于代表双事件的并列结构和代表单事件的状中结构之间；3.3 节对三大类、四小类连动结构做出描写分析，论证它们也能分得出中心，只不过它们的中心不是十分显豁，需要通过一些更为隐秘的句法手段才能鉴别；3.4 节对三大类连动结构的整合程度予以考察，我们相信这三大类连动结构和并列结构、状中结构应该处于一个事件整合的连续统之上，并分别占据着连续统上的不同位置，对此予以多角度的证明；3.5 节在前面小节的基础上进一步指出，这个事件整合的连续统对应于从并列结构到状中结构的结构类型转化的连续统，以此来达到对部分连动结构进行初步句法定位的目的。

3.1 事件整合理论及其相关启示

3.1.1 事件整合理论

所谓事件整合（event integration），反映的是两个或者更多事件整合为一个事件的语义过程。一个单动结构典型地表达了一个事件，但是当一个句法结构中出现多个动词时，整个结构却不一定表达多个事件。简单来说，如果多个事件的表达权重（weight）相同或接近，那么整个结构就可以平等地表达这多个事件，相反，如果多个事件之间的表达权重相差较大，那么整个结构就难以平等地表达这多个事件，此时往往以其中一个事件为主体，其他事件则表现为一种背景事件（backgrounded event）或附加事件（additional event），也即存在所谓的对称事件（symmetric event）与非对称事件（asymmetric event）之别（Barbara 2007）。对称事件拥有相同的权重，获得平等的表达机会，不发生整合；非对称事件拥有不同的权重，往往形成以其中一个事件为表达主体的局面，这时就出现了事件整合。当然，整合也存在程度上的差别，不同类型的多动结构（multi-verb construction）乃至同一类型的多动结构内部，都可能在事件整合的程度上表现出松紧差异。

外文文献中经常讨论的事件整合的一个典型例子就是主从结构（subordinate constructure），主从结构和并列结构在事件类型（event type）以及认知图式（cognitive schema）上的差异常常被拿来讨论对比。

Tomlin（1985）认为在主从复杂句中，背景事件通常被编码为从句，而前景事件（foregrounded event）被编码为主句。Croft（2001：328–338）也持类似的观点，他比较了并列小句和状语从句（adverbial subordination），认为并列小句中的两个事件都是图形（figure），而在状语从句中，只有主句中的事件是图形，从句中的事件只是一种背景（ground），负责为主句中的事件提供参照点（reference point）。Langacker（1991）与上述两位学者所用术语不同，不过其意相通，认为并列结构的各并列肢（conjunct）分别接受"独立但平等的侧写"（separate but equal profiles），而主从结构中从句的侧写被主句所压制（overriden），整个结构的侧写由主句来提供（Langacker 1991：436），试看例（1）：

(1)　　　　　　　　　　　　　　　　　　　（Langacker 1991：417）

关系从句

a. The person **who picked out that tie** must be color blind.

补足语从句

b. We all expected **that Jerry would eventually finish college**.

状语从句

c. Put those magazines away **before your mother gets home**!

例（1）中由从句所表达的事件均为背景事件，整个句子的事件表达由主句所决定，比如，（1a）是在说那个人是色盲，而不是在说那个人挑选了一条领带；（1b）是在说我们曾经做出过期待的行为，而不是在说 Jerry 最终会大学毕业；（1c）是在说把杂志收起来，而不是在说妈妈会回家。

从事件整合的角度来看，并列结构中的两个事件地位平等，互不为背景，整个结构表达两个事件；主从结构中两个事件地位不平等，其中一个事件沦为另一个事件的背景，整个结构只表达主句中的事件（Yin 2010：63）。并列结构和主从结构这种事件类型上的差别，可以表示为图 3-1。

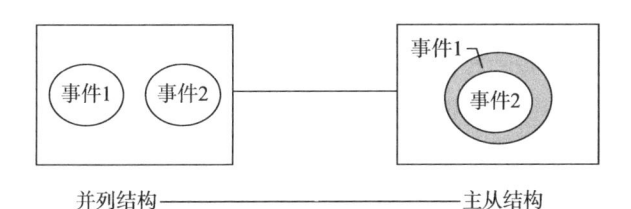

图 3-1 并列结构和主从结构的事件类型差异

需要注意的是，并列和主从的界限往往并非泾渭分明，在并列和主从之间存在多种类型的多动结构，这些结构处于并列和主从之间的过渡、模糊地带，它们或偏向并列或偏向主从，形成多动结构的连续统或概念空间（Langacker 1991；Croft 2001）。另外，即使是在并列结构或主从结构内部，事件之间的地位也不完全相同，上文说并列结构内部各事件之间地位平等只是一种粗略、方便的说法。通过更细致的观察我们会发现，并列结构内部也存在地位不完全相等的情况（Newman and Rice 2007）；主从结构内部也表现出事件整合程度不一的情况，比如补足语从句的整合程度要高于状语从句（Givón 2001：43），前者中的背景事件实际上是以另一个事件的参与者身份出现（Langacker 1991：417）。即使是在补足语从句内部，不同小类的补足语从句也会出现事件整合程度不一的情况（Givón 2001）。试看例（2）。

(2)　　　　　　　　　　　　　　　　　　　　　　（Givón 2001：45）

a. She made him shave.

b. She asked him to shave.

Givón（2001）认为（2a）中两个事件的整合程度高于（2b）。前者中的两个事件之间拥有共时（co-temporality）以及成功致使（successful causation）的关系，而后者不具备这些关系，因此，（3a）中出现两个时间状语后句子便不再合法，而（3b）仍然合法；（3c）不允许追补否定，（3d）则允许追补否定。

(3) （Givón 2001：45）

a. *Yesterday she made him shave today.

b. Yesterday she asked him to shave today.

c. *She made him shave but he refused.

d. She asked him shave but he refused.

可以看出，上述关于事件整合连续统的思想最早脱胎于对英语主从复合句的分析，过往的研究，一方面显示英语中的并列复合句以及各种类型的主从复合句在事件整合程度上存在差异，另一方面也显示这种差异的变化往往是连续和渐进的，其间的界限往往并不明晰。

事件整合不仅可以用来探索和厘清共时平面上多动结构之间错综复杂、千丝万缕的联系，而且也可以为观察和解释多动结构的历时演化提供新颖的角度。道理很简单，因为共时与历时难以彻底割裂，"从本体论而言，规则的复杂性以及共时平面上的杂乱现象几乎都是历时变化的脚印"（Givón 1995：219）。历时视角下的事件整合，在外文文献中经常被用来解释主从复杂句的产生与发展，而且经常以"小句整合"（clause integration / clause union / clause fusion / clause linkage / clause combination / clause aggregation）的形式出现。从小句整合对应的上述种种英文名称可以看出，外文文献对此并没有统一而固定的说法，有些学者不加区分地使用这几个术语，而有些学者对不同术语进行区分，暗示或明示了它们程度上的差别。比如，Harris and Campbell（1995：172）明确指出，"clause fusion"专指"从一个表面上的双小句结构演变为一个表面上包含助动词和主要动词的单小句结构的历时过程"，按照这种界定，相对于语篇中前后相继的两个独立小句整合为具有句法关联性的双小句结构（一般称作"clause combination"）而言，"clause fusion"是一种更深程度的整合，这种深度整合的结果就是在形式上已经成为一个小句。然而，不管叫什么名称、是否有区别性的使用，这些术语至多具有程度上的差别，它们的核心内涵是高度一致的。

小句整合在外文文献中通常被视作主从复杂句产生和发展的一项重要机制，Hopper and Traugott（1993：chapter7）讨论了跨小句的语法化现象，他们认为每种语言都存在把小句组合成复杂句（complex sentence）的手段，复杂句可以依据［±依存］（dependent）和［±内嵌］（embedded）两个特征区分为并列句、主次句、主从句三大类型。并列句具有［－依存］［－内嵌］的特征，主次句具有［+依存］［－内嵌］的特征，主从句具有［+依存］［+内嵌］的特征。Hopper and Traugott（1993：170）进一步指出，这三种句子共同组成了一个"小句结合斜坡"（a cline of clause combining），可以表示为"并列 > 主次 > 主从"，这个斜坡从左到右代表了小句结合程度的提升，同时这也是一个从话语到句法、由低语法化到高语法化的历时过程。Heine and Kuteva（2007：214）认为，主从复杂句产生的一个重要途径就是"小句整合"，即"原本独立的两个句子整合为一个句子"，他们把这一过程表示为"$S_1 + S_2 > S_1 [S_2]$"。Hopper and Traugott（1993）以及 Heine and Kuteva（2007）都提到的一个小句逐渐失去独立性而增加依附性乃至最终丢失动词身上的一系列形态的过程，实际上也就是有些学者所说的"级降"（deranking）（Stassen 1985；Cristofaro 1998）、"去句化"（desententialization）（Lehmann 1988）、"去动词化"（deverbalization）（Croft 1991）的过程。Givón（1995、1997、2001、2009a、2009b、2015）对"小句融合"（clause union）进行了详细的阐释，他把"小句融合"定义为这样一个历时过程："原本各自具有一套语法关系的两个小句融合为单一小句，这个单一小句中所有的论元共同承担起一套语法关系。"（Givón 1997）

需要注意的是，外文文献中对于小句整合的讨论，背后离不开事件整合。一方面，这二者互为表里，小句整合只是事件整合的外在表现形式，Haboud（1997）认为："句法上的小句融合只是把原先两个不同的事件重新识解为一个整体的单一事件的过程的形式表现"，Givón（2001：39－40）也指出小句整合和事件整合具有"系统的同构性"，"两个事件之间的语义联系越强，那么相应的两个小句在句法上整合为一个复杂小句的程度也就越高"；另一方面，事件整合是小句整合背后的原动力，它不仅决定着两个小句能否整合，而且也决定着这两个小句最终可能达到的整合程度

(Ohori 1992；Hansell 1993；Givón 2001；Ameka 2005；Bril 2007)。

3.1.2 相关启示

事件整合或小句整合理论尚有许多不够完善的地方，比如，促使事件整合的语义因素有哪些？衡量两个小句整合程度的具体句法指标包括哪些？事件整合的背后有何认知凭据？对于这些问题，国外文献或多或少都曾有过涉及，但是意见也相当不一，称不上共识，更谈不上具有一套能被广泛接受的操作标准。[①] 另外，在一些国外文献中，事件整合和小句整合虽然被看作问题的一体两面，但具体的研究常常更偏重后者，这种做法对于形态丰富的印欧语来说也许是合适的，但对于缺少形态变化的语言来说，往往很难顺利施行。连动语言一般缺少形态变化，Givón（2001：78－87）在对比嵌入型语言（embedding languages）和连动型语言（serial-verb languages）中的小句整合时发现，嵌入型语言用来标示小句整合程度的四种常用形态句法手段，在连动语言中通常只有一种可用，格关系标记、限定性形态等在连动型语言中往往不会出现，因而也难以凭借。从小句整合的角度对连动结构进行的研究，国内外都有过一些，但所持看法往往相左。比如 Givón（2001：86）认为连动结构中的小句整合程度相当松散，Payne（1997：307）则认为连动结构中的小句整合达到了相当高的程度，已经接近一个小句。这种观点上的对立，既反映了衡量小句整合程度缺少一套客观标准，也说明使用形态丰富的语言中的小句整合程度标准来判断形态缺乏的语言中的小句整合程度可能会存在一些问题。许立群（2018：132－140）已敏锐地指出这一问题，她认为国外学者对于小句整合或非句化问题的讨论自身尚存在许多不明晰之处，如"Payne（1997）这一等级序列除了首尾两段，中间类型的序列地位几乎处处都存在争议"（许立群 2018：139）；国内学者对于小句整合或者去句化程度参数的借鉴，或也不可避免地面临着与汉语事实不相适宜的情形，"更值得推敲的问题是，高增霞（2003）、朱庆祥（2012）所列参数涉及的诸多句法现象在汉语中并

[①] 对于第一个问题的讨论，可参阅 Croft（2001）、Givón（2001、2009a、2009b、2015）、Heine and Kuteva（2007）；对于第二个问题的讨论可参阅 Haiman and Thompson（1984）、Lehmann（1988）、Ohori（1992）、Van Valin and Lapolla（2002）、Givón（2001、2009a、2009b、2015）；对于第三个问题的讨论，可参阅 Croft（2001）。这里不再展开。

第三章 从并列性动作到方式性修饰

不普遍，也较为模糊"（许立群 2018：138）。我们赞同许立群的上述认识，相较之下，我们认为，对于汉语这样的语义型语言来说，从事件整合的角度出发才是抓住了问题的根本，因为所谓的小句整合也只是事件整合的一种外在表现形式而已，我们可以吸收事件整合思想的精髓，并将其运用在汉语连动结构及相关语言现象的研究之中，至于汉语中事件整合程度的句法表现，我们则完全可以根据汉语的实际情况去发现和找寻，不必跟着印欧语法中小句整合的标准亦步亦趋。

从事件整合的角度来研究连动结构，也更容易抓住连动结构身上的一个根本性的特点。近年来，跨语言的研究显示，连动结构在事件类型上具有特殊性，它表达一个复杂的单一事件（a single overall event），或者说，它是由若干子事件（sub-event）组成的宏事件（macro-event），这已得到跨语言研究的广泛证实和承认（Lord 1974、1993；Pawley 1980、1987、1993；Noonan 1985；Sebba 1987；Comrie 1995；Durie 1997；Payne 1997；Stewart 2001；Jarkey 2010；Dixon 2011a；Croft 2012；Cleary-Kemp 2015；Aikhenvald 1999、2006、2011、2018）。以往研究显示，复杂事件是连动结构身上的关键特征，几乎所有版本的连动结构的类型学定义中，都不约而同地包含一条：代表一个复杂事件。Bisang（2009）更是认为表达单一事件是判定连动结构的唯一重要特征，连动结构身上的其他特征都是这一根本特征的表现，都可以从它身上推导出来。[①] 而所谓的复杂事件或宏事件，这种提法本身就暗示了连动结构是事件整合的结果，因此，从事件整合的角度来审视连动结构，可以自然而然地契合或者抓住连动结构身上最为关键的特征。

事件整合理论最早脱胎于对英语主从复杂句的研究，这一理论在细节上虽然尚有许多不够完备之处，但是仍然为我们提供了不少启发。比如，首先，一种多动结构在事件整合的程度上往往有别于其他多动结构，在一

---

① 重视连动结构在事件类型上的特殊性，或许与从形式角度对连动结构研究的举步维艰有关，因为近年来越来越多的类型学者注意到，连动结构在形式上具有巨大的跨语言变异性（Aikhenvald 2006；Dixon 2011a），即使在一种语言内部，其形式也会表现出很大的差异性（Lord 1993：1；Crowley 2002：8），因此，纯句法的分析难以把握连动结构的本质和共性，甚至可能会把问题引入死胡同（Durie 1997），正如 Lord（1993：239）所言，"对连动结构的分析绝不能是纯句法的，基于语义和语用的分析应该而且必须放在首要位置"。

种多动结构内部的不同小类之间，也可能存在事件整合程度上的不同，总的来看，事件类型和结构类型的转变都呈现出渐变性。其次，事件整合往往与背景化相关，一个事件被背景化的过程，也就是这个事件与其他事件发生整合的过程。整合与背景化之间具有协调性和一致性。最后，事件整合也是多动结构演化的重要动力和机制，多动结构在不同历时阶段上所表现出的差异，往往可以从事件整合的角度找到根据。总之，我们吸收这一理论的精髓，并尝试将其运用到汉语连动结构的研究之中，至于该理论自身的薄弱之处，其实也正给我们提供了理论探索和理论建设的机会。

事实上，事件整合或小句整合这样的提法也许比较新鲜，但在汉语语法研究的历史上并不缺少类似的思想，比如：王力（1943/1985：101）提出"紧缩式"的概念，认为它的特点在于不用关联词和停顿，"只把两个意思粘在一起"；吕叔湘、朱德熙（1952/1979：25）认为复合句中的分句必须具备意义上的关联，"关系有深有浅，可是无论怎么浅，总得是有关系"，否则的话，"这两件事情毫无关系，应该分成两句"，这实际上强调了事件整合过程中的意义关联；陆志韦（1961）注意到汉语中存在大量"综合式"，"可以代替那些具有明显的语法意义的分析式在社会里使用"；李临定（1987：16）明确指出"语句采用综合形式和紧缩形式是现代汉语语法的另一种特点"；李临定（1995）又认为汉语中存在"挤压综合式造句方式"；邢福义（2002：17-18）指出"汉语语法结构在语义容量上常用加法和在形式选用上常用减法的倾向"。以上汉语学界前辈的观点实际上都蕴含了一种整合的思想，对于向来重视语义分析的汉语语法研究来说，这种思维甚至可以说是自然而然、无所不在的，比如过去在对兼语式和动结式的分析上，汉语学界的前辈学者也早就意识到它们是事件整合的结果，只不过过去一贯所采取的说法是，这些结构的底层存在两个表述。陆俭明（1992）认为述补结构具有"缩略型性质""实际上是由两重主谓结构缩略而成的"；赵金铭（1994）认为述补结构"从语义层面上分析，它都包含两个表述"；辛永芬（2003）认为"动结式底层由两个表述构成"；施春宏（2008：64）更是明确指出"动结式表示的是由两个具有致使关系的前后相继的事件整合而成的复合事件结构"。兼语式的情况也一样，历来也被认为是由两个底层表述构成的一个表述，以往研究中经常采取的一些说法，如认为兼语式是"由一个动宾结构和一个主谓结构套合而成"

（丁声树等 1961；吕叔湘 1979；赵元任 1979；吴竞存、梁伯枢 1992；范晓 1998），实际上所反映的也正是兼语式的复合事件性质；范晓（1998：80）认为"兼语句实质上是由两个表述套接在一起构成的句子"，也正是体现了整合的思想。可见，汉语语法研究传统中从来不缺少整合的思想，国外学者所言的事件整合倒十分接汉语语法研究的地气。汉语语法研究有自己的传统，在句子类型的划分上也和英语这样的语言有很大差异，难以系统性地对应起来，但在汉语中同样存在不同层面的和不同程度的事件整合。从两个完全独立的句子到复句是一种整合，从复句到紧缩句也是一种整合，从紧缩句到连动式、兼语式这些性质难以说清的结构类型还是一种整合，整合还存在于汉语的基本句法结构层，汉语语法系统中的五种基本句法结构也都可以全部由动词构成，它们也存在整合的问题。

总之，从事件整合的角度出发，可以看到一条贯通汉语语法系统各个层面的线索，为我们深入理解不同结构类型之间的区别和联系提供了独特的视角，在这个视角之下，连动式的句法地位问题有可能得到更为清晰的认识。当然，从这个角度开展的研究还有很多问题需要摸索，比如，不同事件之间是如何实现整合的？其背后受何认知规律的支配？怎么确定不同多动结构的事件性质、衡量其整合程度？同样是复合事件，它们内部有无差别？这些差别有哪些句法上的表征？整合有没有一定的限制？为什么有些事件可以在整合的道路上走得更远，而有些事件只能达到低度的整合？类似这样的问题，国外学者总是语焉不详，而汉语学界的传统研究又非常零散、缺少系统的思考。我们将吸收国外学者事件整合思想的精髓，并从汉语学界以往的研究中汲取营养，在这些基础之上开展探索。我们的思考将在后续章节中陆续展开。

3.2 视点转移与事件、结构类型过渡

3.2.1 视点转移

宋诗有云："横看成岭侧成峰，远近高低各不同。"其意为：从不同角度观察同一物体会产生不同的视觉印象。实际上，不仅观察某一事物时是如此，观察多个事物之间的关系时也是如此，从不同角度进行观察，即选

用不同的视点（perspective），也会留下不同的视觉印象以及心理表征。比如，图3-2有1号和2号两个杯子，从不同的视点观察，那么它们之间的关系就会发生变化。

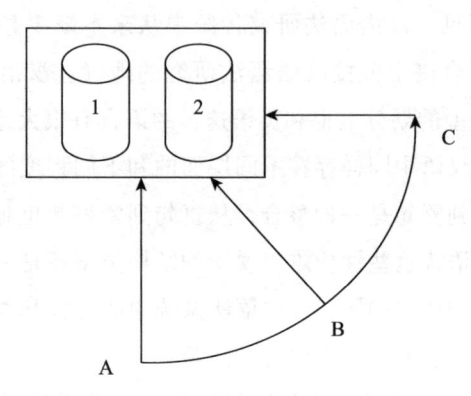

图3-2 观察事物关系的不同视点

从图3-2中的A、B、C三个视点来观察两个杯子，所形成的视觉图像分别如图3-3所示。

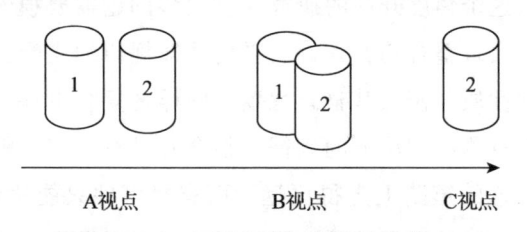

图3-3 不同视点下的视觉图像

采用A视点时，两个杯子保持一定的距离，互不为背景；采用B视点时，两个杯子之间的距离大大淡化，如同黏在一起合并为一个整体，此时，只能观察到1号杯子的一部分，1号杯子的另一部分因充当2号杯子的背景而被遮盖；采用C视点时，只能观察到2号杯子，1号杯子全部被遮盖。当然，在视点由A向C转移的过程中，杯子之间的亲疏远近无时无刻不在发生变化，A、B、C只是我们选择的最有代表性的视点，在视点由A向C转移的过程中，杯子之间关系的变化同样也是连续和渐进的。

设想图3-2中的两个杯子分别代表两个事件，那么，我们采用不同视点观察这两个事件，自然也就会看到不同的事件关系，或者两个事件完全独立而对等；或者一个事件部分地充当另一事件的背景，自身只得到部分表述；或者一个事件全部充当另一事件的背景，自身完全得不到表述。这种视点转移的过程，可以用来很好地解释英语中由并列小句到主从复杂句的连续变化过程。Langacker（1991）、Croft（2001）等国外学者所提到的并列和主从之间的过渡现象，在我们看来，本质上就是视点转移的结果。随着视点的转移，两个事件之间的关系也相应地发生变化，其中一个事件不断被背景化的过程，也就是整个句法结构朝向主从结构发展的过程，相反，两个事件越趋向独立、背景化程度越浅，则整个句法结构也就越偏向于并列。那么，视点转移能否解释汉语里的相关现象呢？我们认为这也完全可行。汉语语法结构一样有并列和主从之别，只不过汉语语法学中所使用的"主从"概念不是指主从复杂句，而通常是指向心结构中的偏正关系，即定中关系与状中关系，如赵元任（1979）[①]对于这一概念的使用。我们可以设想汉语中的并列结构与状中结构之间同样存在一个连续变化的过程。根据向心结构理论，并列结构是一种双中心的结构（布龙菲尔德1980：240-241），那么从双中心并列结构到单中心状中结构的变化过程，也就正好契合了我们前文所说的因视点转移而导致的由"双图形"（两个杯子）到"单图形"（一个杯子）的过渡过程。以往的经验告诉我们，这种设想很可能是成立的，因为汉语中的确存在一些难辨中心的句法结构。比如连动结构，它之所以难辨中心，很可能正是由于处在双中心和单中心之间的过渡地带上，或许结构中的一方比另一方重要，但那也只是稍微重要而已，而且这种重要性上的差别没有明显的句法表征，一般只能依靠语义或者语境来判断，只有当其中的某一部分或者某一小类靠近单中心的一侧时，这种差别才开始逐渐显豁起来。下文就以部分连动结构为例说明这种从双中心到单中心的过渡情形。

3.2.2 双事件与单事件间的过渡

从事件类型上来看，并列结构、状中结构以及连动结构分别代表不同

[①] 赵元任（1979：142）认为："主从结构就等于修饰结构""如果 XY 是一个内中心结构，它的中心是 Y 而不是 X，我们就说是 X 修饰 Y"。

的事件类型。并列结构是一种"双事件"结构,当中存在两个独立事件,动词词组并列、小句并列都是如此,这一点已得到跨语言研究的广泛承认(Pawley 1980、1987;Noonan 1985;Durie 1997;Bowden 2001;Stewart 2001;Aikhenvald 2006;Yin 2010;Jarkey 2010;Croft 2012)。状中结构中通常只会出现一个动词,[①] 因此也只能表达一个事件。

  关于连动结构的事件类型,国外学者也已有较为统一的看法(Lord 1974、1993;Pawley 1980、1987、1993;Noonan 1985;Sebba 1987;Comrie 1995;Durie 1997;Payne 1997;Stewart 2001;Jarkey 2010;Dixon 2011a;Croft 2012;Cleary-Kemp 2015;Aikhenvald 1999、2006、2011、2018):连动结构表达一个复杂事件(complex event)或者宏事件(macro event)。也就是说,连动结构整体上只表达了一个事件(a single event),但是这个事件同时又是复杂的,当中包含了两个或多个子事件(sub-events)。连动结构在事件类型上表达一个复杂事件,这已成为国外研究者的共识,这一点正如 Senft(2008:8)所言,"几乎所有的语言学者在处理连动现象时,都或明或暗地将其与复杂事件联系起来",近年来,一些汉语学者也开始逐渐接受和采用这一说法,如 Yin(2007、2010)、Hwang(2008)、刘丹青(2012、2015)。刘丹青(2012)认为连动结构"其核心语义是表示两个或两个以上动作连续进行形成一个整体事件",刘丹青(2015)再次重申连动结构所代表的"是一个包含了若干微事件的宏事件",当中的任何一个动词都"不是一个孤立事件"。

  连动结构表达一个整体事件,以往学者已经分别从不同角度予以了论证,比如,Noonan(1985)指出连动结构中只存在一个断言(assertion);Durie(1997)考察了连动式的论元结构,发现连动结构中可以允许一个论元接受多个题元角色,但不允许多个论元带有相同的题元角色,Müller & Lipenkova(2009)认为连动结构中的这种论元—题元安排很好地说明了它代表一个整体事件;Croft(2012:346-352)指出连动结构中存在一个

[①] 汉语学界对动词作状语的功能一般持否定态度,认为只有极少数动词才可以直接作状语。即便是动词作了状语,我们认为整个结构也只表达一个事件,这里不再详谈。詹卫东(2013)对此问题有过说明:"V_1-V_2 状中结构更倾向于理解为一个事件,而不是两个独立的事件",可参看詹文。

"无分支因果链"(unbranching causal chain),这也标示着连动结构中两个事件联系紧密,形成了一个整体事件;最近,Defina(2016)又通过实验进一步证实了连动结构表达的是一个整体事件,她对 Avatime 语(属于连动语言)使用者在言谈过程中的伴随手势(co-speech gesture)进行观测,发现说话人在说出连动结构的句子时,通常全程只会采用一个伴随手势,而说话人在说出其他含有多个动词的复杂小句(complex clause)时,则经常性地出现伴随手势的变化和转换。Defina(2016)认为这种差别印证了连动结构只表达一个整体性的事件。以上论证不再详述,下文结合汉语中的情况补充两项可能的证据。

首先,连动结构的否定情况不同于并列结构和状中结构。连动结构的否定,具有多种理解的可能性[①](戴耀晶 2004;张敏、李予湘 2009),既可能只否定 VP_1 或 VP_2,又可能同时否定 VP_1 和 VP_2。[②]

(4)　　　　　　　　　　　　　　　　　　　　　(张敏、李予湘 2009)

我没去酒吧喝酒

a. 我没去酒吧喝酒,我哪儿都没去,也没喝酒。(否定 VP_1、VP_2)

b. 我没去酒吧喝酒,我是在自己家喝酒的。(否定 VP_1)

c. 我没去酒吧喝酒,我去酒吧是找一个朋友。(否定 VP_2)

连动结构的这种否定上的不确定性,恰恰说明连动结构既可以被当作一个整体事件进行否定,又可以凸出它的子事件,对这两个子事件分别进行否定。就这一点上的表现来看,明显不同于并列结构和状中结构,对状中结构的否定只有一种理解的可能性(只能否定状语,辅重原则),它只能表达一个事件;并列结构中,各个并列项只能被分别否定,不能整体否定[③](袁毓林 1999),这说明并列结构很难被看作一个整体事件,它当中存在两个相对独立的事件。

[①] 对连动结构的否定可以有多种理解,尽管这些理解的倾向性有所不同,参看戴耀晶(2004)。

[②] 这里只是就典型的连动结构而言的,并非是说所有连动结构的否定情况均存在多种理解的可能性。

[③] 对并列结构的整体否定只有在假设的语境下才可能成立,如"人不吃饭喝水就活不下去",参看袁毓林(1999)的解释说明。

(5)　　　　　　　　　　　　　　　　　　　　　　　袁毓林（1999）

　a. 吃饭喝水→*不/没有吃饭喝水→不/没有吃饭也不/没有喝水

　b. 愁吃愁穿→*不/没有愁吃愁穿→不愁吃（也）不愁穿

其次，因为连动结构在整体上只表达一个事件，所以在回答问话时，如果问话本身针对的就是对多个事件的提问，那么在答话中仅仅使用一个连动结构（即使当中出现再多的动词）是不行的，而表达多个事件的并列结构则可以。

(6)

　a. ——你说你下午做了很多事，那你告诉我你都做了些哪些事？
　　　——我下午出门去公园跑了一会儿步，还……

　b. ——你说你下午做了很多事，那你告诉我你都做了些哪些事？
　　　——我下午跑了一会儿步打扫了一下卫生。

在（6a）和（6b）的答话中均出现了多个动词，不过，（6a）的答话使用到的是连动结构，它只能表达一个事件，所以必须后续"还""又"等词语引出另一个事件，否则答话就会不完整，从语用上来说就是没有提供足够信息，违反了交际时所要遵循的足量准则；（6b）的答话使用到的是并列结构，并列结构可以表达两个事件，足以回答针对多个事件的提问。

总体来看，连动结构代表的是一种复杂事件，在事件类型上处于一个事件和两个事件之间。如果图示化的话，那么，连动结构在认知上代表的是一种复杂图形，同样是处于双图形和单图形之间（见图3-4）。

　　　　并列结构　　　　连动结构　　　　状中结构①

图3-4　连动结构的事件类型

---

① 刘宁生（1995）认为"偏正结构中的'中心语'和'修饰语'的认知基础是'目的物'和'参照物'"，尽管作者关心的是定中问题，不过作者也指出"牵扯着状语，归总起来，是偏正关系短语的词序问题"。刘文将状语和中心语分别对应于认知上的"参照物"和"目的物"，这和我们的说法相通，我们认为，状中结构中只有一个"图形"（中心语所表达的事件），状语则是"背景"性的成分。

3.3 三类连动结构及其中心认定

3.3.1 三类连动结构

前文借鉴事件整合的思想提出了一个设想：从双事件的并列结构到单事件的状中结构，可能存在一个事件整合的连续统，连动结构有可能处在这个连续统的中间位置。这一设想如果能够成立的话，那么也就意味着，处于连续统中间位置的连动结构以其后项动词为中心，尽管这些连动结构的"中心"不像状中结构一样明显和稳固，但那也仅仅是个程度上的问题，连动结构中的后项动词在地位上还是要比前项动词更为重要。下文就将对这一点儿予以证明。在开始正式论述之前，有必要先对我们认为的处于并列结构和状中结构之间的几种连动结构做个简单的交代。

3.3.1.1 "先后动作"类

(7) a. 穿上鞋走出房间

b. 抬头看了我一眼

c. 转过身走了进去

d. 低下头叹了口气

在这类连动结构中，VP_1、VP_2 分别代表主语（施事）先后发出的两个动作行为，[①] 前后两个动作行为之间只存在时间上的顺承关系。

3.3.1.2 "时间限定"类

(8) a. 吃了饭看电影

b. 下了课打篮球

c. 干完了活休息

d. 到了家来电话

在这类连动结构中，VP_1 和 VP_2 也分别代表主语（施事）先后发出的

[①] 这类连动结构也可以用来表达三个或三个以上的先后动作，这里只讨论由两个直接成分组合而成的此类连动结构。

两个动作行为,这一点与上文所讲的"先后动作"类连动结构相同,以往不少研究对于这两类连动结构不作更细致的区分,统归为一类,如高增霞(2006:69)将二者都看作是只有"单纯的时间关系"的"序列动作"类,高瑞林(2008:24)将二者都看作"VP_1和VP_2有顺承关系"的连动结构。我们认为这两类连动结构有很大的不同(见后文),归为一类不够妥当,故此,将它们区分开来。

3.3.1.3 "方式—动作"类

(9) a. 笑着说

　　b. 骑着马上山

　　c. 淋着雨干活

　　d. 抱着一摞书走进来

在这类连动结构中,VP_1表示主语进行VP_2时所凭借的方式或者所处的状态。"方式"(manner)和"状态"(state)应该属于不同的语义范畴,如(9a、9b)可以说"笑着"是"说"的方式、"骑着马"是"上山"的方式,但(9c、9d)就不能说"淋着雨"是"干活"的方式、"抱着一摞书"是"走进来"的方式,只能理解为在"淋着雨"的状态下"干活"、在"抱着一摞书"的状态下"走进来"。不过,表"方式"和表"状态"只是语义上的细微差别,在语法表现上二者没有明显的不同,除李临定(1986)、李子云(1991)等少数著作外,一般不再对"方式"和"状态"进行区分。我们这里遵从学界的一般看法,将表"方式"的和表"状态"的一并称作"方式—动作"类连动结构。另外,从形式上来看,这类连动结构的V_1之后通常都会带有"着"字。

"方式—动作"类连动结构还有另一种常见情形,举例如下:

(10) a. 站在门口拉家常

　　b. 趴在桌子上写字

　　c. 蹲在河边洗衣服

　　d. 躺在地上数星星

对于这类连动结构,以往著作有不同的处理方式,北大现代汉语教研室(2004)将其归入VP_1表方式的连动结构(举例为:坐在门外拉胡琴);袁毓林(2000a)也将其归入VP_1表方式的连动结构(举例为:站在门外聊天、坐在院子里吹箫）；高增霞（2006）将其处理为"处所—动作"类，与"上街买菜"同属一类；马庆株（2010）将其看作"先后动作"类（举例为：坐在电脑前打盹儿）。我们采用北大现代汉语教研室（1993）和袁毓林（2000a）中的说法，将这类连动结构中的 VP_1 看作 VP_2 的方式，这样，这类连动结构和上述第三类连动结构就都属于"方式—动作"类，二者的主要不同在于形式，而非语义，第三类连动结构的 V_1 之后通常需要带"着"字①（张志公1953：191；李临定1986/2011：175），第四类连动结构的 V_1 后不能带"着"，V_1 通常也只限于姿态动词，并后附"在""到"等介词引入 VP_2 的处所论元。

总之，以上介绍总共涉及四类连动结构，这四类连动结构又可进一步归纳为三大类型："先后动作"类（"穿上鞋走出房间"）、"时间限定"类（"下了课打篮球"）和"方式—动作"类（"骑着马上山"；"趴在桌子上写字"），目前的主流做法是将前两类合并，统称"先后动作"类，这种做法我们不取。

3.3.2 三类连动结构的中心争论

前文介绍的三大类连动结构，学界对它们的中心问题都曾做过探讨，不过几番讨论下来，它们的中心还是难以确定，这样，它们也就不得不留在了连动结构之中。

"先后动作"类连动结构向来被认为难辨主从，是连动结构中的典型成员，曾有学者（胡附、文炼1955；萧璋1956；张静1977；刘特如1983；邹韶华1996等）对此提出质疑，认为这些表先后顺承动作的连动结构也能找得到中心，所依据的主要是语序先后和语义轻重的搭配，即"依照汉语的习惯，可以依照语序来分别轻重，次要动词在前，主要动词在后"（胡附、文炼1955：137）、后一动词才是整个结构所要表达的"基本意思"（萧璋1956）、"语义中心绝大多数落在后一动词上面"（邹韶华

---

① 刘一之（2000）指出，在北京话中，除述宾结构和表结果的述补结构外，两个动词一般不能直接相连，当两个动词相连，而前一个动词又是表示后一个动词的状态方式时，其间必须加"着"。马真（2004）也指出："'笑着说'中的'着'绝不能省去，省去了，就不成话了。""坐观成败""笑看风云"这类动词连用的情形，我们认为已经词汇化了，不属于本书讨论之列。

1996）。不过，这种单纯依靠语义轻重来判别主要动词和从属动词的做法很难获得普遍认同。

"时间限定"类连动结构，学界以往通常放在"先后动作"类之中，专门针对它进行讨论的论著并不多见。郭锐（1996、1997、2015）从时间参照角度对这类连动结构的中心有过详细讨论（见后文）。另外，张志公（1956：32）、马忠（1961）、史存直（1986：149）也指出，连动结构中第一个动词带上"着""了"之后，有表示第二个动词"方式或时间"的作用，前一动词起修饰限制的作用，后一动词才是中心。尽管如此，由于这类连动结构过去一直是以"先后动作"类的身份存在，故此，它的中心问题未见有太多讨论，与"先后动作"类一样，这类连动结构通常也被认为无法分出主从。

"方式—动作"类连动结构的中心问题，学界讨论较多、争论也更激烈，主要是因为在这类连动结构中，语义倾斜更为严重，前轻后重的局势更加明显，不少学者试图据此将这类连动结构纳入状中结构之中（张志公 1953；殷焕先 1954；史振晔 1960；张静 1977；蔺璜 1983；Ma 1985；Chu 1987；郑崇仁 1991；宋玉柱 1991a 等），甚至有明确主张将"着"看作从属标记者（蔺璜 1983；Ma 1985；Chu 1987；郑崇仁 1991 等）。将"着"看作从属（状语）标记，实际上是试图寻找语义之外的形式证据，不过，汉语学界对"着"的状语标记身份一般持否定态度（王福庭 1960；祖生利 2002；刘丹青 2013），王福庭（1960）就有"凭什么？看来得凭别的形式标志，不能凭'着'本身"之说。由于再也找不到"着"之外的形式证据来证明这类连动结构中的前项动词处于从属地位，因此，"V_1 着 V_2"这类连动结构也就只得留在了连动结构之中。"V_1 + 在 + 处所词 + V_2"和"V_1 着 V_2"情况类似，二者都可很自然地做"方式—动作"理解，不过，由于形式上没有"着"，所以，围绕在它身上的争论要少一些，不少主张将"V_1 着 V_2"看作状中结构的学者也承认"V_1 + 在 + 处所词 + V_2"属于连动结构（宋玉柱 1991a 等），"V_1 + 在 + 处所词 + V_2"是连动结构，甚至又反过来成了将"V_1 着 V_2"也看作连动结构的一个理由，因为二者十分相似，前项动词都是"表示动作的方式或手段""不宜将其中的一个看成连动短语，把另一个看成是偏正短语"（张斌 2010：330）。为了将"V_1 着

V$_2$"和"V$_1$+在+处所词+V$_2$"这类可以作"方式—动作"理解的连动结构安安心心地留在连动结构之中,有些学者甚至干脆来个釜底抽薪:否认它们从语义上可以分出轻重。如此一来,"V$_1$着V$_2$"和"V$_1$+在+处所词+V$_2$"这两类连动结构连能否找到语义中心、谁轻谁重都成了问题。

吕冀平(1958:2-4):

> 可以说"坐在礁石上"是修饰"看"的,表示怎样"看";但是也未尝不可以说"看碧绿的海底"是补充"坐"的,表示"坐"在那里干什么。因此我们不宜于肯定地说"坐在礁石上"是状语,也不宜于说"看碧绿的海底"是补语……不论就结构上还是意义上看,都不宜于十分肯定地把它们分析为"状→谓"或者"谓→补"。因此,近年来有些语法工作者注意到汉语的这个特点,不再按照印欧语系的语法来分析这样的句子,而把这样的几个动词(包括形容词)都看作是谓语。

王福庭(1960):

> 现在说《学习》所谓"可以分主要和次要"的例句。"躺着看书","躺着"是次要的;别人尽可以问"看"为什么不是次要的。"看书"满可以是"躺着"的目的,"躺着[为了要]看书"。因此,得进一步说明为什么是次要的。

宋玉柱(1991a:60):

> 也许有人会问:"坐在树荫下乘凉"中,"坐在树荫下"不是说明"乘凉"的方式吗?为什么不把整个词组看作偏正(状中)词组而看作连谓词组呢?问得有道理。就是说,从一个方面看,"坐在树荫下"确是表示"乘凉"的方式,但是从另一个方面看,"乘凉"也可以说是"坐在树荫下"的目的……因此,像"坐在树荫下乘凉"这样的词组不好说成偏正词组,而应说是连谓词组。

我们认为，这两类连动结构的语义中心还是十分明显的，基本上是以前限制后，而不是以后补充前。吕叔湘、朱德熙（1952/1979：16－17）指出"捧着金碗讨饭"这类连动结构中的前一动词是"次要的"，后一动词才是"主要的"，"我们可以说那些次要的动词，连同它们的宾语和附加语，是那个主要动词的附加语"；吕叔湘（1953/2006：66）认为"'躺着看书'、'蒙着头睡'，这里的第一个动词是次要的，是附加语"；朱德熙（1982：164）指出"V_1 着 V_2"类连谓结构"重心在后者，前者说明后者的方式"。可见，"V_1 着 V_2"重心在后是一种主流看法，而且这种看法也更符合一般人的语感。"V_1＋在＋处所词＋V_2"中虽然不含"着"，却可以认为隐含了一个"着"，这一点李临定（1986）已经指出，李临定（1986/2011：179）将"名$_{施}$＋动1·在＋名$_{处}$＋动2"看作由"名$_{施}$＋动1＋着＋动2"和"名$_{施}$＋在＋名$_{处}$＋动2"加合而成：

(11) 　　　　　　　　　　　　　李临定（1986/2011：179）
他站着说了些什么＋他在门口说了些什么→他站在门口说了些什么

据此，我们不认为"V_1 着 V_2"与"V_1＋在＋处所词＋V_2"有太多不同，二者都是以前限制后，前项动词都表示后项动词的方式，后项动词才是语义中心，这两种连动结构都应该作典型的"方式—动作"类理解（北大现代汉语教研室1993）。

总体来看，"先后动作"类连动结构，VP_1 与 VP_2 分别代表施事先后发出的动作行为，前后动作之间只存在时间上的顺承关系，语义上可能VP_2 稍重，不过并不明显，而且很难找到句法证据证明 VP_2 是中心；"时间限定"类连动结构，在语义上开始出现明显的向后倾斜；"方式—动作"类连动结构，语义倾斜十分严重，后两类连动结构在语义上都能够找到主从，这是容易体悟到的，不过，只从语义上分出轻重并不能解决问题，由于找不到句法上的证据证明其中一个动词更重要，所以这两类连动结构最终也没有被排除出去，以往对"V_1 着 V_2"结构性质的争论已充分说明了这一点。"先后动作"类连动结构，的确如以往所说，很难分出主从，两个动词句法地位大致相当，不过，"时间限定"类和"方式—动作"类连动结构中，两个动词是否也真的难分主从？也真的"地位相当"？在我们看来，倒也未必，说它们句法地位相当，只是我们还没有找到给它们分出主从的证据罢了。换言之，说连动结构中动词地位相当，只是一种无奈之举,一句"难分主从"或"地位相当"(co-ranking)只是把问题搁置起来了,不解决实际问题,也很难令人满意,所以,能分出主从时还是应该承认主从。

3.3.3 内部时间参照与外部时间参照

以往有些学者在论证汉语中存在限定动词和非限定动词的对立时,格外看重体标记所起的作用(Huang 1982;石毓智 2001、2010),如 Huang(1982)所提出的区分汉语限定动词和非限定动词的两项标准,其中之一就是只有限定动词才能带体标记("了、着、过"),石毓智(2001)认为汉语的句子中只有作为谓语中心的动词才可以带"了"或者"过"。在判定连动结构的中心时,体标记(尤其是"了")的作用同样得到了不少学者的强调(Li 1991;Wu 1992;Paul 2008;尚新 2009;屈承熹 2009;邓思颖 2010;Yin 2010;Lin et al. 2012 等)。

Li(1991)认为,一般情况下,连动结构中的核心动词由句尾核心参数所决定,但同时汉语中核心动词的确定也具有相当的灵活性,通常要看它是否表达了句子的语义重心,其显性句法标志就是体标记的可介入性。Li(1991)指出,在下文的例(12)中,(12a)中的核心动词是"切"("句尾核心参数"),(12b)和(12c)中的核心动词分别是"切"和"拿",它们的核心身份都由"了"所标示。

(12) Li(1991)

a. 他拿刀切肉
b. 他拿刀切了肉
c. 他拿了刀切肉

Wu(1992:68)认为体标记"了"的位置决定了连动结构中的哪一个动词被看作主要动词。

Paul(2008)、尚新(2009)、邓思颖(2010)和 Li(1991)、Wu(1992)的处理方式本质上相同,在确定连动结构的中心时,所凭借的也主要是体标记。Paul(2008)认为,"了"具有标示主要动词的作用,例(13)是 Paul(2008)对"了"在不同位置上的连动句所做的相应句法分析,邓思颖(2010)也赞同这种意见。

(13) Paul (2008)

a. 我们$_i$ [$_{vp}$ [附加小句 PRO$_i$ 开会] [$_{vp}$ 讨论了那个问题]]

b. 我们$_i$ [$_{vp}$ 开了三次会 [$_{CP}$ PRO$_i$ 讨论那个问题]]

Yin (2010：59) 也主张，在连动结构中，"了"所依附的动词应视作主要动词。

屈承熹 (2009) 从篇章角度指出，"了"具有标示"前景信息"与"主要事件"的作用，他认为："如果我们把眼光放宽到篇章层面，应用'前后景''事件整合'等观念来分析，则不难发现，'了'还有表示'前景'和'主要事件'的篇章组织功能。"

(14) 屈承熹 (2009)

a. 中国同学热情地帮我搬了行李

b. 他们帮了我搬行李

(14a) 和 (14b) 两个例句，屈承熹 (2009) 认为，它们分别以"搬"和"帮"作为主要事件，这实际上也是通过"了"来判别中心动词。

通过体标记来判断连动结构中心的还有 Lin et al. (2012)。他们认为，在连动结构中，带有体标记"了"和"过"的动词是核心动词，带有"着"的动词是非核心动词。他们还通过对大规模语料库的检索发现，在实际语料中，"了"和"过"主要出现在连动结构的 V_2 之后。据此他们认为，在不带体标记的连动结构中，也应该把 V_2 认定为核心动词，这样做在准确率上要高于把 V_1 看作核心动词。

体标记所依附的动词是否必定就是表达前景信息的核心动词？在我们看来情况未必如此。不少学者将"了"① 所依附的动词视作主要动词，其实这只是个表象，也不一定成立，背后的关键在于这个动词所采取的是内部时间参照还是外部时间参照。内部时间参照和外部时间参照这一对概念由郭锐 (1996) 提出，郭锐 (2015) 又做了进一步的阐释说明。我们沿承这一思想并做出适当的拓展。② 所谓时间参照 (time reference)，指的是以什么时间为出发点对一个谓词性成分所表示的情状 (situation) 进行观察，从而确定这个情状在时轴上的位置或进展情况。一般而言，时 (tense) 反

---

① 本书中所说的"了"在未特别说明的情况下均指"了$_1$"。

② 如有任何谬误之处，皆因笔者理解不当所致。

映的是情状发生时刻与说话时刻之间的关系,是一种绝对时间参照(absolute time reference);体(aspect)反映的是情状相对于某个参照时刻的进展情况,是一种相对时间参照(relative time reference)。英语中的每一个直陈句都有绝对时间参照,而且在同一个句子之中,绝对时间参照与相对时间参照能够同时出现,英语中的过去、现在、将来这三种基本时态(primary tense)全都建立在绝对时间参照的基础之上,而次级时态(secondary tense)则是建立在相对时间参照的基础之上:

(15)　　　　　　　　　　　　　　　　　　　　　　　　郭锐(1996)
He had gone to bed, before I arrived.

例(15)中的"had"和"arrived"采用的是过去时的形式,反映的是绝对时间参照;"gone"采用的是分词的形式,反映的是相对时间参照。

汉语中的绝对时间参照没有明显的语法表现,不过有相对时间参照,以起到给命题在时轴上间接定位的功能,相对时间参照又可分为内部时间参照(句内参照)和外部时间参照(句外参照)两种:内部时间参照是以句子内部的后续事件作为时间参照点;外部时间参照是以外部世界时间流逝过程中的某一个时间作为时间参照点。

(16)
a. 他吃了饭骑着车去城里了　　　　　　　　　　　　　郭锐(1996)
b. 我吃了饭看电视　　　　　　　　　　　　　　　　　郭锐(2015)

郭锐(1996)认为,(16a)中的"吃饭"和"骑车"均采取内部时间参照,需要后续谓词性成分("去城里")以提供时间参照点,否则单独站不住(不能完句);而"去"则是采取外部时间参照,具体说来,是以当前说话时刻作为时间参照点。对于(16b),郭锐(2015)指出,"吃饭"采取的是内部时间参照,它的参照时间是后续谓词性成分"看电视"发生的时间,"看电视"表面上看起来没有时间参照(不带时体成分,表非现实的行为),但是它"有添加时体成分从而带来外部参照的能力",如"我吃了饭正看电视呢"。郭锐(1996、2015)进一步指出,汉语中的外部时间参照也具有相当于英语基本时态的定位功能,采取外部时间参照或者具有这种能力的谓词和英语中的定式动词于功能上相当,应该看作是句中的核心谓词。

我们赞同郭锐（1996、2015）区分内部和外部时间参照以及根据时间参照上的不同来判断核心动词的做法。按照我们的理解，内部时间参照可以理解为一种相对时，是以句中某一事件的发生时间来给另一事件提供时间参照点；而外部时间参照是以句外的某个时间（缺省状况下就是当前说话时刻）为时间参照点，所以，外部时间参照从某方面来说也可以看作具有了一定绝对时的功能：

（17）a. 他骑着马上了山

b. 他骑着马上过山

c. 他流着泪讲述着自己的不幸

（17）中的前项动词"骑马"和"流泪"所采取的都是内部时间参照，它们各自的时间参照点分别为后续事件"上山"和"讲述"，"着"用来表明前后事件发生的同时性：相对于"上山"，"骑马"正在发生，相对于"讲述不幸"，"流泪"正在发生；后项动词"上山""讲述"均采取的是外部时间参照，其参照时间点均在句外，缺省情况下就是当前说话的时刻。采取外部时间参照的后项动词"上山"和"讲述"才是结构的核心。

（18）a. 他吃了饭去了一趟公园

b. 他吃了饭去过公园

（18）中的前项动词"吃饭"均采取内部时间参照，它们的时间参照点是后续事件"去公园"发生的时刻，"了"用来标示"吃饭"在"去公园"之前已经发生；后项动词"去公园"均采取的是外部时间参照，缺省情况下就是参照当前说话的时刻。后项动词"去"采取了外部时间参照，它才有资格作为结构的核心。

从郭锐（1996、2015）所说的内部时间参照和外部时间参照上来看，"时间限定"类连动结构（"下了课打篮球"）与"方式—动作"类连动结构（"骑着马上山"）中的前项动词都应当是非核心动词，它们的后项动词才是整个句法结构的核心。前项动词后的体标记只能说明前项动词相对于后项动词的进展情况，与全句的时态（已然或未然）没有任何关系，不能决定整个句子的时态性质：

（19）a. 咱们明天放了学去迪士尼

b. *咱们明天放了学去了迪士尼

(19a)属于未然句,"了"只是用来标示"放学"在"去迪士尼"之前已经完成,并不是说"放学"相对于当前说话时刻已经完成,整个句子的未然性质与前项动词后的"了"互不冲突;(19b)也是未然句,后项动词的后面不能再出现"了",否则就会跟全句的未然性质相抵触,可见,这类连动结构前项动词后的体标记只是发挥着句内参照标记的作用,与全句的时态性质无关,体标记出现在前项动词后面时,也不能一概认为它就是中心动词。以往不少研究都认为"了"所依附的动词是主要动词,这种说法不仅笼统,而且显然也不能解释"吃了饭去公园"这种情况。

另外,根据我们的理解,郭锐(1996、2015)提出的通过时间参照上的不同来判断结构核心的做法,不只是适用于连动结构,这一标准也可以顺利地应用于其他结构的核心判别之中。具体来说就是,非核心位置上的动词,其所采取的时间参照均为内部时间参照:

(20) a. 戴**着**红领巾的那个小学生向我们挥**了**挥手
　　 b. 他忘**了**自己工作**了**几年了
　　 c. 我告诉**过**你他拿**过**两次奖学金

(20a)中的"着"发挥的是句内时间参照标记的功能,"戴"的参照时间是后续事件"挥手","那个小学生"在向我们"挥手"的时候正"戴着红领巾";(20b)中"工作"的参照时间是"忘",到"忘"的那一刻,"他"不记得自己已经"工作"了几年了;(20c)中"拿奖学金"的参照时间是"告诉",在"我告诉你"的时候,他已经"拿过两次奖学金"了,"拿奖学金"的参照时间不在句外(当前),"我告诉你"发生之后,"他"可能又拿到过"奖学金",到当下的话,可能已经不再只是"两次"了。可见,上述位于主语和宾语位置上的动词性成分,它们的参照时间也都不在句外,而是在句内,其参照时间实际上是全句核心动词所发生的时间。(20)中处于主语和宾语位置上的动词虽然带有体标记,却不能被看作是核心。以往很多研究在体标记和核心动词之间画上等号的做法难以成立,主宾语位置上的动词不能带体标记的观点更与汉语的事实不符。体标记之前的动词是不是核心需要仔细分别,不应该一概而论,关键还是要看该动词所采取的时间参照是位于句内还是位于句外,或者说该体标记所标示的是内部时间参照还是外部时间参照。

就本章所关心的问题而言,"时间限定"类连动结构("下了课打篮球")和"方式—动作"类连动结构("骑着马上山"),其前项动词的时间参照均是内部时间参照,该前项动词为非核心动词;其后项动词的时间参照均是外部时间参照(或者具有这种潜能),该后项动词为核心动词。下文再来看一看"V_1+在+处所词+V_2"结构的中心问题,这类结构实际上也可以找得到中心,前文说过,"V_1+在+处所词+V_2"和"V_1着V_2"并不存在实质性的差别,在这两种结构当中,V_1均表示V_2的方式,V_1对V_2主要起修饰限定的作用,"V_1+在+处所词+V_2"中虽然没有"着",却可以认为V_1之后隐含了一个"着",而且这个隐含的"着"所采取的也是内部时间参照。以往有些研究(宋玉柱1978、1991a,等等)认为这类结构难以说清究竟是以V_1修饰限定V_2,还是以V_2补充说明V_1,我们认为不容易说清楚是修饰关系还是补充关系的连动结构确实存在,但就"V_1+在+处所词+V_2"来说,基本上还是以V_1修饰限定V_2,而不是以V_2补充说明V_1。"V_1+在+处所词+V_2"结构中的V_2才是中心,这还可以从形式上的变换体现出来。

连动结构:
(21) a. 她蹲在湖边洗衣服→

她蹲在湖边洗衣服洗了一天了

*她蹲在湖边洗衣服蹲了一天了

b. 她躲在阳台上抽烟→

她躲在阳台上抽烟抽了一天了

*她躲在阳台上抽烟躲了一天了

c. 她躺在被窝里看书→

她躺在被窝里看书看了一天了

*她躺在被窝里看书躺了一天了

状中结构:
(22) a. 她在湖边洗衣服→

她在湖边洗衣服洗了一天了

*她在湖边洗衣服在了一天了

b. 中俄两国联合开发油田→

中俄两国联合开发油田开发了十年

*中俄两国联合开发油田联合了十年

c. 冬日娜跟踪报道刘翔伤情→

　　冬日娜跟踪报道刘翔伤情报道了三个月

　　*冬日娜跟踪报道刘翔伤情跟踪了三个月

d. 央视滚动播放嫦娥五号的新闻→

　　央视滚动播放嫦娥五号的新闻播放了一整天

　　*央视滚动播放嫦娥五号的新闻滚动了一整天

从上文（21）（22）两组变换式不难看出，"V_1 + 在 + 处所词 + V_2"结构和状中结构具有平行性。如果需要重复结构里的一个动词的话，这二者都只能重复后一个动词，而不能重复前一个动词，这说明在这两种结构之中，都是 V_2 的功能和整个结构的功能相当，V_2 可以代替 V_1 + V_2。另外，这两种结构在重复的 V_2 后都可以再带上时量宾语，这说明，这两种结构的 V_2 保留着动词身上的关键特征——时间性；重复的 V_1 后面不能再带上时量宾语，这说明，这两种结构中的 V_1 都不再具备时间性。汉语学界一般对动词作状语的功能多持否定态度，状语位置也的确有排斥动词的强烈倾向，其原因很大程度上在于，动词身上的时间性不易被状语位置所接纳，出现在状语位置上的词一般只能是不具备时间性的词，比如，副词、形容词，甚至名词（"火力掩护""武力打击""集体表决""政治解决"等）。

即便动词作了状语，其本该具有的时间性也损失殆尽，如上文（22b—d）所示。另外，以历时的眼光来看，连动结构经过重新分析而发展为状中结构的历程，实际上也就是连动结构中具备时间性的动词逐渐丢失时间性而成为不具备时间性的介词的过程，汉语中介词的形成基本都涉及这样一个丢失时间性的过程（石毓智 1995）。动词能否作状语或许还存在争议，不过，作了状语之后的动词开始丢失时间性却是难以否认的事实。从是否保留时间性来看，"V_1 + 在 + 处所词 + V_2"结构很接近状中结构，二者均是 V_2 保留时间性而 V_1 丢失时间性，V_2 理应看作整个结构的中心。下文再拿前中心的述补结构进行对比，不难看出，述补结构如若也作上述变换的话，只能重复作为中心动词的 V_1，不能重复 V_2。

述补结构：

（23）a. 小李躺在病床上→

　　小李躺在病床上躺了半个月

　　*小李躺在病床上在了半个月

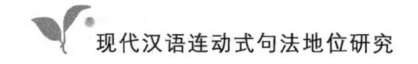

b. 小猫躲到门洞里→

　　小猫躲到门洞里躲了一整天

　　*小猫躲到门洞里到了一整天

前文曾说,"V_1 着 V_2"与"V_1+在+处所词+V_2"具有很强的相似性,上述变换形式也能进一步证实这一点。"V_1 着 V_2"如果作上述变换的话,也只能重复 V_2,重复的 V_2 后面还可再带上时量宾语,而 V_1 则不可以。

(24) a. 老李淋着雨干活→

　　老李淋着雨干活干了一上午

　　*老李淋着雨干活淋了一上午

b. 老李开着门睡觉→

　　老李开着门睡觉睡了一晚上

　　*老李开着门睡觉开了一晚上

c. 老李笑着作报告→

　　老李笑着作报告作了两小时

　　*老李笑着作报告笑了两小时

以上证据显示,以往这些所谓难辨中心的连动结构其实也可以找得到中心,只不过它们的中心不是很明显,需要通过一些更为隐秘的句法手段才能辨别出来罢了。最后,再来看看"先后动作"类连动结构的中心问题,这类结构是连动结构中极为顽固的成员,很不容易分辨出中心,实际上已经相当接近于并列结构(见后文)。不过,我们认为这类结构还是能够找得到中心,这在时间参照上也有相应的体现:

(25) a. 低下头叹口气

　　b. 合上书点根烟

　　c. 穿上鞋走出房间

　　d. 抬起头看我一眼

　　e. 放下报纸打开电视

从语义上来说,这类连动结构表示施事先后做出的两个动作行为,前后动作之间只有时间上的顺承关系,因此很难分出主从。从句法上来说,这类连动结构的前项动词必须采用复杂形式,一般只能允许述补结构(还可再带上宾语）充当 VP$_1$，之所以要求 VP$_1$ 是述补结构，主要是为了保证 VP$_1$ 的终结性或者有界性（高增霞 2006）：施事只有在前一动作终结的状况下才可能进行下一动作。在这类连动结构中，如果只出现一个词尾"了"的话，往往只能出现在 V$_2$ 之后，而不能出现在 V$_1$ 之后：

（26）a. 低下头叹了口气　　　　（27）a. *低下了头叹口气

　　　b. 合上书点了根烟　　　　　　b. *合上了书点根烟

　　　c. 穿上鞋走出了房间　　　　　c. *穿上了鞋走出房间

　　　d. 抬起头看了我一眼　　　　　d. *抬起了头看我一眼

　　　e. 放下报纸打开了电视　　　　e. *放下了报纸打开电视

"了"出现在 V$_2$ 后面时，实际上发挥的是绝对时标记的功能，V$_2$ 采取的也是外部时间参照；"了"出现在 V$_1$ 后面时，结构变得不合法（这一点也不同于"时间限定"类连动结构），因此，从时间参照上来看，采取外部时间参照的 V$_2$ 才是这类结构的中心。

如果要让（27）合法的话，那么可以在 V$_2$ 后再加一个"了"：

（28）a. 低下了头叹了口气

　　　b. 合上了书点了根烟

　　　c. 穿上了鞋走出了房间

　　　d. 抬起了头看了我一眼

　　　e. 放下了报纸打开了电视

（28）中前项动词和后项动词都带上"了"之后，其时间参照均变为外部时间参照，如（28a）中"低下头"和"叹口气"的参照时间都在句外（当前说话时间）。这实际上也表明，"先后动作"类连动结构十分接近并列结构，并列结构中出现两个"了"的话，其时间参照也均为外部时间参照。

（29）a. 读了两本书做了页笔记

　　　b. 唱了会儿歌跳了会儿舞

　　　c. 抽了包烟喝了杯二锅头

总的来看，"先后动作"类连动结构比较接近并列结构，在 V$_1$ 和 V$_2$ 之后都出现"了"的情况下，实际上可看作并列结构，[①] 不过，在通常情

[①] 朱庆祥（2019：174）："从动词所带体标记'了$_1$'的数量看，连动式一般只带一个，如果都带就像并列结构而不是连动结构"，我们的判断与朱文的这种看法相同。

况下，这类结构中只有 V_2 后带"了"，此时，V_2 的时间参照也为外部时间参照，V_2 也可以看作结构的中心。

3.4 三类连动结构的整合程度及其语法表现

在 3.2 节我们对连动结构的事件类型进行了概要性的介绍，指出连动结构代表了一个复杂的整体事件，在事件类型上处于双事件和单事件之间，并据此提出一种设想：在双事件和单事件之间可能存在一个事件整合的连续统，有些连动结构可能正处于代表双事件的并列结构和代表单事件的状中结构之间；在 3.3 节我们考察了三大类连动结构的中心，指出这些以往被认作难辨中心的结构其实也能分得出中心，只不过它们的中心不太明显，需要通过更为隐蔽的句法手段来鉴别罢了；这一节我们将把注意力放在连动结构内部，指出连动结构虽然表达一个整体事件，但是不同小类的连动结构其子事件之间的整合程度不尽相同，整合程度越高，两个子事件越易被感知为一个事件；反之，整合程度越低，两个子事件越易被分割开来，当作两个事件处理。从结构类型上来说，上文讨论的三类连动结构，整合程度高的更偏向于状中结构，整合程度低的则更偏向于并列结构。

前文所讨论的三类连动结构有着诸多不同的语法表现，与本书密切相关的主要有两点：①是否容许停顿和逆转；②是否受附加语孤岛限制（Adjunct Island Constraint）。

首先来看是否容许停顿和逆转。以往关于这一点的主流说法是连动结构"中间没有停顿"（黄伯荣、廖序东 1991；胡裕树 1995；邵敬敏 2001；张斌 2002），但是"没有停顿"和"能够停顿"是两个概念，连动结构中间虽然没有停顿，但是能不能停顿呢？对于这个问题有不同看法，高增霞（2006：101）认为"很容易加上停顿"，有没有停顿只是"表现上的"，而不是"语法上的"问题。张敏、李予湘（2009）认为连动结构的判定标准不应当只是"没有连接成分"（包括连词和停顿），而应当更严格地限定为"不能有连接成分"。在张敏、李予湘（2009）看来，连动结构中间不能插入停顿，凡是可以插入停顿的都不是连动结构。这里，我们不把"能否停顿"看作连动结构与非连动结构的区别性特征，而是把它看作连动结构内部小类之间的一项区别性特征。在能否停顿的问题上，上述三类连动结构有着明显不同的表现。

"先后动作"类和"时间限定"类中间很容易插入停顿：

(30) a. 合上书，点了根烟　　(31) a. 吃了饭，看电影
　　 b. 低下头，叹了口气　　　　 b. 下了课，打篮球
　　 c. 穿上鞋，走出了房间　　　 c. 到了北京，来个电话
　　 d. 抬起头，看了我一眼　　　 d. 干完了活，休息一会

"方式—动作"类连动结构中间很难插入停顿：①

(32) a. *骑着马，上山
　　 b. *淋着雨，干活
　　 c. *开着窗户，睡觉
　　 d. *躺在被窝里，抽烟

"先后动作"类和"时间限定"类连动结构当中能插入停顿，这实际上说明它的两个子事件之间的联系并不紧密（独立性象似动因＜Haiman 1983＞）。

以往区别并列结构和连动结构的一项重要指标就是看 VP_1 和 VP_2 能否互换位置（或曰能否"逆转"），通常认为并列结构中的 VP_1、VP_2 可以互换位置，而连动结构中的 VP_1、VP_2 不能互换位置，但是所谓的"不能"至少也应该从两个层面理解：一是语法上的"不能"，变换位置后不合语法或者结构性质改变；二是语义上的"不能"，变换位置后语义上不成立或者语义发生了变化。从这方面来看，"先后动作"类属于语义上的"不能"，而"时间限定"类和"方式—动作"类属于语法上的"不能"。

(33) a. 走出去开开门→开开门走出去
　　 b. 穿上鞋走出房间→走出房间穿上鞋
　　 c. 赶紧穿上衣服起床→赶紧起床穿上衣服

(34) a. 吃了饭看电影→*看电影吃了饭
　　 b. 下了课打篮球→*打篮球下了课

---

① 这里并非是说"方式—动作"类连动结构中绝对不能插入停顿，实际上，能否插入停顿受到诸多因素的限制，可见第五章的讨论。不过有一点应该是可以肯定的，这类连动结构要比其他两类连动结构更难插入停顿。

    c. 干完了活休息→*休息干完了活

（35）a. 淋着雨干活儿→*干活儿淋着雨

    b. 板着脸教训人→*教训人板着脸

    c. 坐在桌前看书→*看书坐在桌前

  这种现象早在赵元任（1979）就已经注意到了，不过并未引起足够的注意。赵元任（1979：165）认为"连动式类似并列结构在于能逆转而仍合乎语法，但是跟并列结构不同在于逆转之后极可能改变意思"。事实上，不少并列结构也不能逆转，逆转之后同样是语法上能够接受，而语义上不能接受或改变较大。

（36）a. 讨论并通过了决议→*通过并讨论了决议（语义上不可接受）

    b. 检查、验收了货品→*验收、检查了货品（语义上不可接受）

  能否逆转和停顿一样，其实也反映了整合程度的不同，王力（1943/1985：101）就将能否逆转看作是"粘合的松紧的分别"。综合停顿和逆转两个指标来看，"先后动作"类连动结构既能停顿又可逆转，整合程度最低，相当接近并列结构；"方式—动作"类连动结构，既不能停顿又不能逆转，整合程度最高，相当接近状中结构；"时间限定"类连动结构，容许停顿却不容许逆转，处于上述两类连动结构的中间过渡位置。

  以上考察表明，"先后动作"类连动结构有别于"时间限定"和"方式—动作"类连动结构，已经相当接近并列结构。此外，还有一些其他证据可以显示，"先后动作"类连动结构十分接近并列结构，如前文例（28）和（29）在时间参照上的对比。前文曾说，"先后动作"类连动结构一般只允许 V_2 后带有"了"，不允许 V_1 和 V_2 都带"了"，也就是说，"先后动作"类连动结构之中一般不允许出现两个"了$_1$"，否则结构性质就会发生变化，这是学界比较普遍的看法（杨成凯 2000；印辉 2012；朱庆祥 2019；刘街生 2020）。站在我们的角度来看，这并不难理解，因为"先后动作"类连动结构中一旦出现两个"了"，当中的两个 VP 就都采取了外部时间参照，而这与连动结构的整体事件性质相违背。连动结构既然代表一个整体性的事件，那么这个整体性的事件就只能在外在的时间流逝中被定位一次，即只允许出现一次外部时间参照。当出现两次外部时间参照时，子事件之间就很难被整合起来。当然，这是着眼于"先后动作"类连动结构和并列结构之间的不同而言的，换个角度来说，"先后动作"类连动结

构只要在 V_1 之后添加"了",就能顺利地转化为并列结构,这实际上也说明二者之间存在很强的相似性。①

另外,对"先后动作"类连动结构的否定也十分接近对并列结构的否定。根据袁毓林(1999)的研究,并列结构中各并列项只能被分别否定,而不能被整体否定(参看本章例<5>)。在这一点上,"先后动作"类连动结构的表现也类似于并列结构,通常只允许单独否定,不允许整体否定:

(37) a. 穿上衣服起了床→*没穿上衣服起床→没穿上衣服(也)没起床
   b. 站起来走了出去→*没站起来走出去→没站起来(也)没走出去
   c. 合上书点了根烟→*没合上书点根烟→没合上书(也)没点根烟
   d. 穿上鞋走出了房间→*没穿上鞋走出房间→没穿上鞋(也)没走出房间

上述否定测试实际上表明,"先后动作"类连动结构中两个子事件的整合程度很低,与并列结构一样,很容易被当作两个分离的或者无关的事件,对这两个事件的否定,通常也只能分别单独否定,而不能当作一个事件进行整体否定。

以往有些学者主张把连动结构划入并列结构之中,如沈开木(1986)、马清华(2004)。按照马清华(2004:28)的观点,除了"方式—动作"

---

① 刘街生(2020)一方面指出"连动句一般不能出现两个'了₁'",另一方面又论证了在一些特殊情况下,带有两个"了₁"的结构也最好还是看作连动句,而非一概归为序列事件句,刘文称之为"双'了'连动句",刘文详细阐释了"双'了'连动句"所受到的种种限制。在我们看来,这种有争议的、性质模糊的"双'了'连动句"的存在,实际上也说明"先后动作"类连动结构和并列结构之间具有很强的相似性,它们之间的界限也并非泾渭分明。另外,刘街生(2020)谈到的"双'了'连动句"所受到的种种限制,在我们看来都与事件整合的程度有关。比如,刘文认为当前一个动词能够为后一个动词提供论元时,虽然两个动词都带有"了₁",还是倾向于看作"双'了'连动句"("花了一百块钱雇了一辆黑车")。我们认可刘文的处理,但我们想强调的是,连动结构一般不允许前后动词都带"了",否则前后动词的时间参照就都变为外部时间参照,整个结构的性质也将随之发生变化,凡是可以看作"双'了'连动"的情形,一般都必须额外调用其他因素以加强前后事件之间联系,使其在认知上可以被整合为一个整体性的事件,"花了一百块钱"和"雇了一辆黑车"之所以能够被看作"双'了'连动句",靠的就是"花钱"和"雇车"在人们经验心理上的强烈关联。总之,在我们看来,刘文所说的"双'了'连动句"一方面说明"先后动作"类连动结构和并列结构之间的区别确实存在("双'了'连动句"受到极大的限制),另一方面也说明这二者有相通之处,并非截然对立,当中存在模糊地带。

类连动结构可以保留外，其他连动结构都应该划入并列结构之中。其实，即便是我们正在讨论的这类比较接近并列结构的"先后动作"类连动结构也不宜看作并列结构，因为这类结构可以突破"并列结构限制"（Coordinate Structure Constraint）（Ross 1967），即当中的成分可以移出。

(38) a. 穿上衣服起了床→把衣服穿上起了床

　　　b. 合上书点了根烟→把书合上点了根烟

　　　c. 穿上鞋走出了房间→把鞋穿上走出了房间

　　　d. 放下报纸打开电视→把报纸放下打开电视

(39) a. 吃饭穿衣→*饭，吃穿衣→*衣，吃饭穿

　　　b. 喝酒抽烟→*酒，喝抽烟→*烟，喝酒抽

　　　c. 读书写字→*书，读写字→*字，读书写

　　　d. 唱歌跳舞→*歌，唱跳舞→*舞，唱歌跳

此外，"先后动作"类连动结构和并列结构在关系化时的表现也不相同，对并列结构进行关系化，关系化标记（"的"）必须出现两次，而在对"先后动作"类连动结构进行关系化时，关系化标记可以只出现一次。

(40) a. 他天天读书看报→这些是他天天读的书看的报

　　　　　　　　　　*这是他天天读书看的报

　　　　　　　　　　*这是他天天读看报的书

　　　b. 他平常抽烟喝酒→这些是他平常抽的烟喝的酒

　　　　　　　　　　*这是他平常抽烟喝的酒

　　　　　　　　　　*这是他平常抽喝酒的烟

(41) a. 他脱下棉衣换上单衣→*这些是他脱下的棉衣换上的单衣

　　　　　　　　　　　这是他脱下棉衣之后换上的单衣

　　　b. 他摊开报纸浏览新闻→*这些是他摊开的报纸浏览的新闻

　　　　　　　　　　　这是他摊开报纸之后浏览的新闻

(40) 和 (41) 的差别实际上反映了两类结构整合程度的不同，并列结构中的两个事件无必然性的联系，在关系化操作时，只能分别进行关系化；"先后动作"类连动结构中的两个事件至少在时间上有必然性的联系：事件二必然在事件一之后发生，正是凭借这种时间上的联系，"先后动作"类连动结构无须进行两次关系化，只要在 VP_1 和 VP_2 之间插入"之后"明

确了这种时间上的联系以后便可对 VP$_2$ 中的名词性成分进行关系化。

再来看是否受到附加语孤岛限制（Adjunt Island Constraint）①。上述三种连动结构中，"先后动作"类不受该规则限制，VP$_1$ 中的成分可以移出（参看例 <38>），这实际上说明这类连动结构中的 VP$_1$ 不是 VP$_2$ 的附加语；"时间限定"类连动结构受此规则的制约并不明显，VP$_1$ 中的成分可以有条件地移出（通常需要补充插入"再""之后"以明确时间上的联系）；"方式—动作"类连动结构则受该规则的严格限制，VP$_1$ 中的成分不能移出。

"时间限定"类：

(42) a. 吃了饭看电影→饭吃了之后看电影

b. 干完了活休息→活干完了休息

c. 下了课打篮球→课下了之后打篮球

d. 到了北京来电话→北京到了来电话

"方式—动作"类：

(43) a. 淋着雨干活→﹡雨淋着干活

b. 开着窗户睡觉→？窗户开着睡觉

c. 排着队买票→﹡队排着买票

d. 拉着我的手问→﹡我的手拉着问

e. 坐在桌前写字→﹡桌前坐在写字

上述"附加语孤岛限制"测试说明"方式—动作"类连动结构的 VP$_1$ 在相当程度上已经具备了附加语（adjunt）的性质；"先后动作"类连动结构的 VP$_1$ 不能看作 VP$_2$ 的附加语；"时间限定"类连动结构的 VP$_1$ 在一定程度上可以看作 VP$_2$ 的附加语，处于上述两种连动结构的中间位置。

"方式—动作"类连动结构受到附加语孤岛限制的严格制约，这说明以往主张将这类连动结构处理为状中结构的观点（张志公 1953；殷焕先 1954；张静 1980；蔺璜 1983；Ma 1985；Chu 1987；郑崇仁 1991）有其道理。不过，我们并不认为这类连动结构已经完全成了状中结构，理由是，这类连动结构的 VP$_1$ 仍保留了一部分独立性，尚未完全依存于 VP$_2$，试比

---

① 由黄正德（1982）提出的 CED（Condition on Extraction Domain）推导而出的一项子规则，该规则意为，只有核心动词的宾语才能移出，如话题化，附加语位置上的非核心动词的宾语不能移出，可参看 Huang（1982：487），另见 Law（1996）、邓思颖（2009）的详细介绍与解释。

较下文的例（44）与（45）。

(44) a. 他淋着雨干活儿→他淋着雨①
　　 b. 他骑着马上山→他骑着马
　　 c. 他坐在桌前写字→他坐在桌前
　　 d. 他躺在被窝里抽烟→他躺在被窝里

(45) a. 时钟来回摇摆→*时钟来回
　　 b. 我们尽情谈笑→*我们尽情
　　 c. 他一声不吭地走了→*他一声不吭地
　　 d. 他全神贯注地听课→*他全神贯注地

（44）中的例句删去 VP_2 后，虽然语义上不完整，难以自足，不过语法上并非绝对不能成立，而（45）中的例句删去 VP_2 后，结构和语义上都不可接受。

综合以上讨论，"先后动作"类连动结构在语法表现上接近并列结构，"方式—动作"类连动结构接近状中结构，"时间限定"类连动结构则处于二者的中间地带。试看图 3-5：

```
                    连动结构
         ┌─────────────────────────────┐
并列结构  先后动作   时间限定   方式—动作   状中结构
         └─────────────────────────────┘
         ┌──── 并列结构 ────┐
         （马清华2004；彭国珍2010）
                   ┌──── 状中结构 ────┐
                   （刘特如1983；史存直1986；邹韶华1996）
```

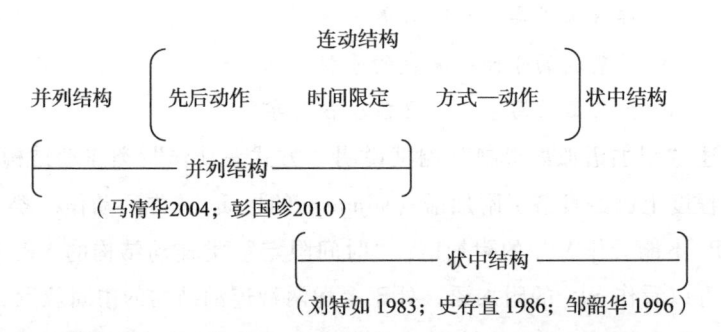

图 3-5　处于并列结构和状中结构之间的三类连动结构

如图 3-5 所示，三类连动结构均处于并列结构和状中结构之间，它们或偏向于并列，或偏向于状中，或居于更为中间的位置。对于这三类连动结构，以往学者提出过不同的处理意见：马清华（2004）、彭国珍（2010）等主张将"先后动作"类和"时间限定"类归入并列结构；② 刘特如

---

① 我们认为，这些例句虽语感上有未完的意味，不过并非不合语法。
② 至于"方式—动作"类结构的归属，马清华（2004）、彭国珍（2010）仍将其看作是连动结构。

(1983)、史存直(1986)、邹韶华(1996)等主张将"时间限定"类和"方式—动作"类归入状中结构。① 不过,如前文所论,"先后动作"类连动结构虽然接近于并列结构,但毕竟不完全等同于并列结构;"方式—动作"类连动结构虽然接近于状中结构,但毕竟也不是状中结构,从语法表现上来看,上述三类连动结构实际上是处于并列和状中之间的结构类型。图3-5中的三种连动结构,从右至左看不断接近并列结构;从左至右看则不断接近状中结构。

袁毓林(2009)针对如何判断一个结构是状中结构提出了一套具体的语法指标,该套语法指标共有十项,如"核心替代""回答疑问""整体指代回答""局部指代回答""替换提问""正反提问"等。袁毓林(2009)指出:"如果一个词组XY能够通过上述测试的数目越大,那么它就越像一个谓词性的偏正结构。"我们认为袁毓林(2009)提出的这套指标具有很强的操作性,因此下文我们运用这套指标分别对上述三种连动结构进行测试,所得结论如下:

"先后动作"类连动(具体以"穿上鞋子走出房间"为例):

满足2项指标

"时间限定"类连动(具体以"吃了饭看电影"为例):

满足4项指标

"方式—动作"类连动(具体以"骑着马上山"和"坐在椅子上看书"为例):

满足9项指标

可见,从"先后动作"类连动结构到"时间限定"类连动结构,再到"方式—动作"类连动结构,这是一个不断接近状中结构的过程,也就是说越来越像状中结构了。此外,顺便一提的是,"坐在椅子上看书"这类结构,以往有学者认为分不清究竟是状中结构还是述补结构,我们认为这类结构更接近状中而不是述补。袁毓林(2009)同样列出了判断一个结构是不是述补结构的十项指标,通过测试,"坐在椅子上看书"只成功通过三项,可见这类结构离状中结构很近(满足九项),离述补结构却很远

---

① 至于"先后动作"类结构的归属,刘特如(1983)、邹韶华(1996)也主张将其归入状中结构,史存直(1986)则没有明确谈及。

（满足三项）。

从并列结构到状中结构的连续渐变过程，从事件整合的角度看，就是两个事件整合程度的不断提升的过程。

根据 Givón（2001：44），事件的整合强度有三项核心指标，分别是时间整合（temporal integration）、空间整合（spacial integration）以及所指整合（referential integration）。简单来说就是，两个事件在时间上越紧密、在空间上越接近、在事件的参与者上越共享更多的参与者，那么这两个事件的整合强度就越密切，越容易被当成一个事件处理。在"所指整合"这项指标上，上述三类连动结构差别不大，典型情况下结构中的两个子事件都联系着同一个施事参与者，所以下文主要从"时间整合"和"空间整合"这两项指标上来看上述三类连动结构的事件整合强度。

"先后动作"类连动结构当中的两个子事件在时间上先后发生，在空间上没有必然联系，如"他拿起遥控器打开了电视"，"拿起遥控器"和"打开电视"在时间上相继发生，但在空间上没有必然联系，"他"可能在一个房间里拿起了遥控器，然后又走到另一个房间里打开了电视。

"时间限定"类连动结构当中的两个子事件也在时间上先后发生，在空间上没有必然联系，如"我们吃了饭逛公园"，"逛公园"在"吃了饭"之后发生，不过"吃饭"的地方往往不是"逛公园"的地方，二者在空间上没有必然性的联系。

"方式—动作"类连动结构当中的两个子事件在时间上同时发生，在空间上也处于同一场所，在时间上和空间上都存在必然的联系，达到了完全整合，如"他哼着小调走路"，"他哼小调"和"他走路"必然在时空上重合。"他走路"的时候正是"他哼小调"的时候，"他走路"的地方也正是"他哼小调"的地方，"他"不可能既在一个地方"哼小调"，又在另一个地方"走路"；"他趴在桌子上写作业"也是如此，"他趴在桌子上"和"他写作业"也必然在时空上重合。"他写作业"的时候正是"他趴在桌子上"的时候，"他写作业"的地方也正是他趴的地方（"桌子上"），"他"不可能既在桌子上趴着，却又在另一个地方写作业。前文说"V_1 着 V_2"和"V_1 + 在 + 处所词 + V_2"十分接近，这从事件整合的角度也很容易理解。二者都是事件高度整合的结果，在时间上和空间上都达到了完全整合，所不同的只是侧重点上的不同，"V_1 着 V_2" 所强调和侧重的是时间上的完全整合：两个子事件在时间上同时发生；而 "V_1 + 在 + 处所词 + V_2" 所强调和侧重的是空间上的完全整合：两个子事件发生于同一处所。不过，不论是在时间上完全整合还是在空间上完全整合，其实也都隐含了另一方的完全整合。

从"时间整合""空间整合"两项指标来看，"方式—动作"类连动结构整合程度最高，而"先后动作"类和"时间限定"类连动结构的整合程度较低。如果再做更细致的观察的话就会发现，"时间限定"类的整合程度还是要高于"先后动作"类。这两类连动结构虽然都是在空间上无必然性的联系，在时间上先后相继发生，不过，这还只是一种粗略的分析，进一步观察就会发现，"时间限定"类连动结构在时间上的整合程度要高于"先后动作"类，前者两个事件虽然也是接连发生，不过，事件一（VP_1）实际上只是作为事件二（VP_2）的时间背景而存在，本身并不代表一个实实在在的事件，换句话说，"时间限定"类连动结构中的事件一本身所得到的陈述很少，而"先后动作"类连动结构中的事件一和事件二均得到了陈述和表达，这可以从两个方面看出：

首先，"先后动作"类连动结构的 VP_1 之前可以插入"急忙""赶紧""马上""立刻"等情态副词，VP_1 和 VP_2 均可受情态副词的限制：

(46) a. 赶紧放下书包掏出课本→赶紧放下书包，赶紧掏出课本
  b. 马上脱掉鞋子上了床→马上脱掉鞋子，马上上了床
  c. 立刻合上书点了根烟→立刻合上书，立刻点了根烟
  d. 急忙披上大衣走了出去→急忙披上大衣，急忙走了出去

而"时间限定"类连动结构的 VP_1 之前不可以出现上述情态副词，如果需要插入情态副词对动作行为予以限定的话，那么只能插在 VP_1 和 VP_2 之间：

(47) a. *马上吃了饭看电影[①]→吃了饭马上看电影
  b. *赶紧上了车系安全带→上了车赶紧系安全带
  c. *立刻到了北京来电话→到了北京立刻来电话
  d. *急忙下了课打篮球→下了课急忙打篮球

[①] 这句话只有在"了"作"掉"理解时才能成立。

（46）和（47）的上述差别，事实上说明，"先后动作"类连动结构中的 VP_1 是一个实实在在的动作行为，事件一还有相当的独立性，它本身就是整个结构所要报道的一个事件；"时间限定"类连动结构中的 VP_1 并不是一个实实在在的动作行为，事件一不是整个结构所要表述的对象，它的主要作用在于为事件二提供一个时间上的限定。① 上述"时间限定"类连动结构中的 VP_1，如"吃饭""上车"还是可控的动作行为，实际上非可控的动作行为也能充当这类结构的 VP_1，此时 VP_1 之前更不能出现"马上""赶紧"等情态副词：

(48) a. 考上了大学请客→*赶紧考上了大学请客→考上了大学赶紧请客

　　b. 治好了病去旅游→*马上治好了病去旅游→治好了病马上去旅游

"考上大学""治好病"都是非可控的动作行为，不是想考上大学就能考上的，也不是想治好病就能把病治好的，"考上大学"和"治好病"实际上只是充当"请客"和"去旅游"的时间背景，"在考上了大学之后……""在治好了病之后……"。

其次，"先后动作"类连动结构和"时间限定"类连动结构中 VP_1 的时间参照不同，这在前文 3.3.3 节已做过说明，这里再从"了"的角度做进一步的说明：

(49) a. 放下了书包掏出了课本

　　b. 下了课打篮球

"先后动作"类（<49a>）和"时间限定"类（<49b>）连动结构的 VP_1 中都可出现"$了_1$"，不过，我们认为，这两个"了"的作用有很大不同，在（49a）中，"了"用于外部时间参照的环境之下，"了"还只是一种简单的完成式用法，也就是说，"放下书包"的时间参照并不是"掏出课本"，而是在句外，说话者仅仅是把这两个连续发生的事件一起说出来而已；在（49b）中，"了"用于内部时间参照的环境之下，"下课"的参照时间是"打篮球"，此处的"了"用于标示"下课"在"打篮

---

① 孔令达（1994）："受话人会认为句中的'动+了+宾'只是一个陈述中的次要信息，是另一动作的时间参照点。"

球"之前已经实现,在一定程度上可以看作是条件式的用法:在"下了课"的条件下"打篮球"。换言之,(49a)是在平铺直叙地报道两件事,而(49b)则更像是在报道一件事,(49b)中的前一事件("下课")只是作为后一事件("打篮球")在时间上的背景(可进一步引申为"条件")而存在。

综合以上两点来看,"时间限定"类连动结构的整合程度要高于"先后动作"类,二者中的两个子事件虽然都没有在时间上达到完全整合(即同时发生),不过,"时间限定"类连动结构中前一事件的主要作用就在于为后一事件提供时间背景,它本身不是所要报道和叙述的事件,而"先后动作"类连动结构中的前一事件只是在客观上起到了对后一事件进行时间限定的作用,它是所要报道和叙述的事件。

因此,虽然说连动结构表达了一个整体事件,但是从其内部小类来看,存在整合程度不一的情形。连动结构表达一个"整体事件"的说法在国外文献中司空见惯(见前文3.2.2节介绍),"事件整合"的提法也是屡见不鲜,但是,国外学者总是闪烁其辞、欲言又止、犹抱琵琶半遮面,给"整体事件"和"事件整合"蒙上了一层神秘的面纱。在我们看来,所谓的"事件整合"其实在很多情况下都可以看作一个事件充当另一个事件背景的问题,背景化的程度越高,事件整合得就越紧密,背景化的程度越低,事件整合得就越松散。Talmy(2000)关于"宏事件"(macro event)的说法很有启发意义,Talmy(2000:219-220)认为,一个宏事件由"框架事件"(the framing event)和"协作事件"(the co-event)两部分组成,框架事件决定着整个宏事件的框架,起主导作用,而协作事件主要负责为整个宏事件提供"环境"(circumstance),为框架事件提供某种支撑(support)。而所谓的"环境"或"支撑"其实也就是一种背景罢了。

回到前文所说的三类连动结构,前文显示这三类连动结构的整合程度不同,其实这也正对应着背景化程度的不同。"先后动作"类连动结构一般只有时间上的先后关系,前一事件和后一事件在时间上"相互界定"(Chan 1998;尚新 2009),即前一事件的时间终点和后一事件的时间起点相互"界定"。说是"相互界定",其实还是用前一事件的结束时间来界定后一事件的起始时间,① 从这点来看,"先后动作"类连动结构中的前一事件唯一能够为后一事件提供的"支撑"就是"时间关系",后一事件只在时间关系上充当着后一事件的背景。不过须知,"先后动作"类连动结构中前一事件只是在客观上为后一事件提供了时间背景,前一事件还不完全是后一事件的时间背景,它自身还是得到了表述;"时间限定"类连动结构背景化的程度则更深一些,前一事件基本上只是作为后一事件的时间背景而存在;而"方式—动作"类中的前一事件已经几乎完全成了背景性的成分,这一点正如方梅(2000)所言,"'V着'的功能在于表现背景"。

综上所论,从"先后动作"类连动结构到"方式—动作"类连动结构,是事件整合程度不断提升的过程:"先后动作"类连动结构的整合程度最低,接近于表达两个事件的并列结构;"方式—动作"类连动结构的整合程度最高,接近于表达一个事件的状中结构;"时间限定"类连动结构在整合程度上既体现出一定的松散性,又体现出一定的紧密性,处在上述两类连动结构的中间位置。从并列结构向状中结构过渡的过程,是事件整合程度不断提升的过程,也是前一事件背景化的程度不断加深的过程,并列结构中的前一事件不充当后一事件的背景,两个事件得到了同等的侧写(profile),状中结构中的前一事件完全充当后一事件的背景,前一事件的侧写完全被后一事件所压制(overriden)。动词一般不能充当状语,即便作了状语也不再具备时间性也说明了这一点。本章所讨论的三类连动结构,前一事件都在一定程度上背景化了,所不同的在于背景化的程度有别。下文以图3-6来结束本节的讨论。

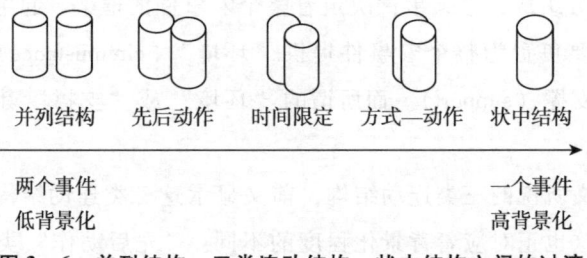

并列结构　先后动作　时间限定　方式—动作　状中结构

两个事件　　　　　　　　　　　　　　　一个事件
低背景化　　　　　　　　　　　　　　　高背景化

图3-6　并列结构、三类连动结构、状中结构之间的过渡

---

① 如"放下书包拿出课本"不是说"放下书包"在"拿出课本"之前发生,而是在说"拿出课本"在"放下书包"之后发生。

3.5 状语化连续统

前文显示，从并列结构到状中结构存在一个事件整合的连续统，这个连续统对应于结构类型转化的连续统，即状语化连续统。关于这个状语化连续统，我们还有几点要做进一步的补充说明。

第一，状语化连续统本质上可看作是视点转移的连续统，即是否以一个事件为背景来观察另一个事件、在多大程度上以一个事件为背景来观察另一个事件。观察的视点不同会造成相应不同的心理表征，也就会采取各自相应的语法结构来表达。以下三例（50a、50b、50c）分别代表三种不同的结构类型，之所以会使用三种不同的句法结构，取决于不同视点的观察以及对事件之间关系的把握。

（50）a. 吃了饭看了电影　　b. 吃了饭看电影　　c. 吃着饭看电影

本章所讨论的三类连动结构以及并列结构和状中结构之间的认知差别，均可通过视点转移予以统一解释。下文在前文图 3-2 的基础上稍加补充，以使本章结论更为明晰。试看图 3-7：

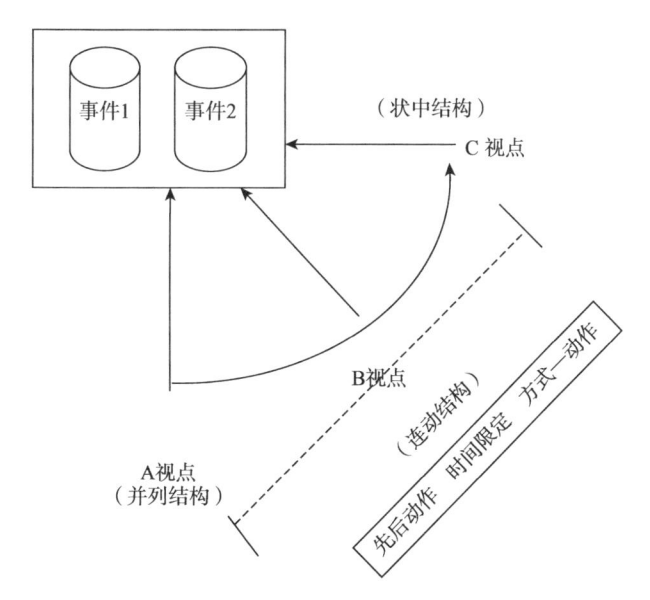

图 3-7　从并列结构到状中结构的视点转移

第二，视点转移是一个连续变化的过程，相应地，状语化连续统也必然表现为一个渐变的过程，因此，有时相邻结构之间的界限会出现模糊不清的状况。以往主张将"先后动作"类连动结构归入并列结构、将"方式—动作"类连动结构归入状中结构的学者大有人在，这在客观上也说明，这些相邻结构之间的确具有很强的相似性，它们之间的差别是比较细微的。"时间限定"类连动结构以往一直被归在"先后动作"类连动结构的名下，这本身就说明它们之间的差别并不特别显著。此外，"时间限定"类连动结构还会和"方式—动作"类连动结构发生纠缠。具体说来，有些连动结构采取的是"时间限定"类的形式，但实际上表达的是"方式—动作"类的语义：

(51) a. 摘了手套握手
   b. 脱了裤子放屁
   c. 开了窗户睡觉

(51) 中的例句在形式上还是"时间限定"类连动结构的形式，与"吃了饭看电影"在形式上没有任何差别，不过在语义上已经发生了更深的偏移，所表达的意思已经不再是"摘了手套之后握手""脱了裤子之后放屁""开了窗户之后睡觉"，而是"方式"/"状态"义，即"在手套被摘的状态下握手""在裤子脱掉的状态下放屁""在开着窗户的状态下睡觉"。在一定条件下（主要和 V_1 的语义有关），当中的"了"甚至可以直接替换为"着"，从表义上来说，用"了"还是用"着"没有任何差别：

(52) a. 开了窗户睡觉
   b. 开着窗户睡觉
   c. 光了脚丫走路
   d. 光着脚丫走路

"先后动作""时间限定""方式—动作"三类连动结构之间的渐变是十分微妙的：当句法结构主要用于表达先后发生的两件事时，是"先后动作"类连动结构，此时，两个事件的权重还大致相同；如果前一事件不再是表达和叙述的对象，而是主要用于对后一事件进行时间上的限定时，那么整个句法结构相应地也就过渡为"时间限定"类连动结构，前一事件开始朝背景化方向发展；从"时间限定"演化为"方式"/"状态"也是非常自然的事情，这个演化过渡的过程也不难理解：

首先,"时间限定"义(在……之后)极容易演变为"条件"义,尤其是在未然的语境下。前文曾说"时间限定"类连动结构中的"了"可看作条件式用法,其实已经涉及了这一点,这里再举例明示:

(53) a. 吃了饭看电影
   b. 下了课打篮球
   c. 到了北京来电话
   d. 干完了活儿休息

(53)中的基本语义关系为时间关系"在……之后",这种基本的时间关系很容易被更高层次的抽象关系所覆盖,① 重新理解为"达到/满足……条件",这从下文的否定形式中可以很清楚地看出:

(54) a. 不吃饭就别想看电影
   b. 不下课就别想打篮球
   c. 没到北京就别来电话
   d. 不干完活就别想休息

如果说(53)中的VP₁还主要是表"时间"义(张志公1956:32;史存直1986:149),"条件"义尚不明显的话,那么否定形式(54)中VP₁的"条件"义就已经十分显豁了。从"时间"义向"条件"义演化是一种十分自然的现象,这种现象在很多语言里都能看到,比如,古代汉语中的"时"就从时间词发展出了条件标记(假设连词)的用法(江蓝生2002):

(55) a. 吾富贵有钱时,富儿看我好。(王梵志诗)
   b. 我与你四锭钞,肯时卖,你不肯时,赶将去。(古本老乞大)

(55a)中的"时"还是"指时间的",而(55b)中的"时"已经"不是指时间的"(江蓝生2002),而是语法化为了条件标记。

此外,"英语中的when也常兼有if义;德语两种关系(笔者按:时间关系和条件关系)同用wenn一字"(吕叔湘1944/2002:411)实际上也都能很好地说明"时间"义向"条件"义的演变。②

---

① 吕叔湘(1944/2002:371)曾指出,"条件""因果""目的""假设"等关系必然蕴含了时间关系,"可是我们同样不注意这个时间关系",也就是说,基本的时间关系很容易被忽略,重新理解为更高层次的抽象逻辑关系。
② 由"时间"到"条件"(TEMPORAL > CONDITIONAL)是一条常见的语法化路径,更多语言中的相关例证,可参阅Heine and Kuteva(2002:403-404)。

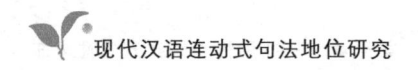

其次，从"条件"义又很容易演变为"方式"/"状态"义，"在……条件下"其实也可以理解为"在……样的状态下"/"以……样的方式"。试看下例：

（56）脱了衣服睡觉

"脱了衣服睡觉"中，"脱了衣服"是"睡觉"之前需要满足的条件，不"脱了衣服"就不能"睡觉"，这种条件义如果再发生进一步的倾斜就成了"方式"/"状态"，"在衣服脱了的状态下睡觉"。

下文重新摘录（51）中的例句，用它们来说明从"时间"义到"条件"义再到"方式"/"状态"义的连续过渡过程：

（57）a. 摘了手套握手　　b. 脱了裤子放屁　　c. 开了窗户睡觉
　　　　"时间"义　　　　　"条件"义　　　　　"方式/状态"义
　　　在……之后　→　在……条件下　→　在……状态下/以……方式
"摘手套"之后→在满足了"摘手套"这个条件后→在"摘了手套"的状态下

"脱裤子"之后→在满足了"脱裤子"这个条件后→在"脱了裤子"的状态下

"开窗户"之后→在满足了"开窗户"这个条件后→在"开了窗户"的状态下

以上论述只想说明，本章所讨论的三类连动结构之间的关系十分微妙，它们之间并不存在一个截然的界限，不采取连续统的眼光看问题，很容易被零散杂乱的、错综复杂的表面现象所困扰。前文说，从"先后动作"到"时间限定"再到"方式—动作"实则处于一个事件整合的连续统之中，从语义上来看，这个连续统实际上也是语义偏移的连续统：从具体的实实在在的动作行为，到起时间限定的动作行为，再到表方式/状态的动作行为。更概括地看，从并列结构到状中结构的过渡过程就是 VP_1 的动作性不断降低而方式义不断凸显的过程。

3.6　小结

从并列结构到状中结构存在一个事件整合的连续统，"先后动作""时间限定""方式—动作"三类连动结构处于这个连续统的中间过渡位置，这个连续统既是事件整合程度不断提高的连续统，从两个不相干的独立事件到最终融合为一个事件；也是前一事件不断被背景化的连续统，从得到侧写到最终完全成为背景性成分；还是语义不断倾斜的连续统，前一动词的动作义逐渐降低，到最终只能体现出方式义，不再是具体的实实在在的动作，在时间上和空间上也不再占据独立的节点，而是完全依附于后项动词。从句法结构上来说，并列结构和状中结构是上述连续统的两个端点位置，而三类连动结构则占据的是非两端的中间位置，而且不同小类的连动结构所占据的具体位置也不相同，总体来看，从并列结构到状中结构呈现出一种渐变性。对于这样一个渐变的连续统，本章从视点转移的角度予以了最终解释，视点转移可看作不同结构类型之间过渡现象的背后认知凭据。本章所做的主要工作可归纳如下：通过一些更为隐蔽的句法手段将部分连动结构锁定在并列结构和状中结构之间；围绕事件整合的连续统形成了一条贯穿于全章的主线脉络，并将此脉络扩展发散，将不同句法结构在句法语义上的微妙差别纳入事件整合的连续统之中；从视点转移这个认知角度予以最终解释。

第四章　从目的性补充到结果性补充

4.0　前言

  在上一章我们看到，在现代汉语中，从并列结构，到"先后动作"类连动结构、"时间限定"类连动结构、"方式—动作"类连动结构，再到状中结构，共同构成了一个状语化连续统。这个连续统对应于前一事件的背景化程度，对此我们还提供了视点转移角度的认知解释。然而，背景化并不局限于前一事件充当后一事件的背景，视点转移也不必然只是单方向的转移。那么，当后一事件在不同程度上充当前一事件的背景时，有没有可能同样造成事件类型和结构类型之间的过渡现象呢？这是本章将要探讨的问题，在本章中，我们将尝试构建一个补语化连续统，并借此来实现对一部分连动结构的句法定位。

  在构建补语化连续统时，我们主要考虑四种结构：动结式、兼语式、"规约目的"类连动式、"动作—目的"类连动式。这四个节点的选择不是任意的，而是经过了充分的考虑，原因就在于它们之间具有很强的相似性。比如，它们在事件类型上都代表复杂事件，[①] 换言之，它们都可看作事件整合的结果，而且它们发生整合的方向具有一致性，都是前一事件作为主要事件，后一事件则成为一种补充性的背景。再比如，在汉语语法学"补语"这个概念定型之前，它们也都曾被看作是"动补结构"。动结式是

[①] 汉语学界一些传统的表述，如认为动结式和兼语式是由两个底层表述构成的一个表述，已经蕴含了这种思想，具体可参看前文 3.1.2 节的介绍。

典型的动补结构,这不必赘言,其他三类结构在汉语研究史上也都曾被不少学者称为"动补结构",这在我们看来绝不是一种偶然。当然,随着汉语语法学中"补语"概念的定型和收窄,其他三类结构也从此被排除在了"动补结构"之外。但是,这并不意味着这四类结构不存在相似之处,毕竟,客观的语法现象(语法事实)是一回事儿,人们所构建起来的语法体系(语法学)则又是另一回事儿,二者很难达到严丝合缝。本章的讨论首先从介绍两类连动结构,以及它们的中心问题开始。

4.1 两类连动结构及其中心认定

本章主要探讨"动作—目的"和"规约目的"两类连动结构,这两类连动结构既存在相同之处,也存在不同之处,学界对它们的认识至今仍有不少争议和混乱之处。下文先对这两类结构做个简单介绍。

4.1.1 "动作—目的"类

(1) a. 出去打电话

b. 去北京开会

c. 买把刀切菜

d. 擀饺子皮包饺子

e. 打开窗户透透气

这类连动结构的 VP_1 表示施事主语所发出的动作行为,VP_2 表示施事主语采取该行为的目的;V_1 既可以是光杆形式,如(1a),又可以带宾语,如(1b—e),以带宾语为常(赵元任 1979:168;王力 1989:261),V_1 不带宾语的情况通常只限于"来""去"等少数趋向动词(赵元任 1979:168);V_1 的宾语 N 在语义上可与 V_2 发生各种各样的语义联系,常见的有:处所、工具、材料等①,V_1 的宾语充当 V_2 施事的情况比较特殊,一般语法著作将其单列出来,称作兼语式或递系式。朱德熙(1982、1985)主张将兼语式归入连谓式,认为没有必要对 V_1 的宾语为 V_2 施事的情况做特殊处理(朱德熙 1982:162;朱德熙 1985:57);袁毓林(2000a)则将

---

① 当然,也可以没有明显的语义上的联系,如例(1e)。

V_1 的宾语充当 V_2 施事、受事、工具、处所等语义角色的连谓结构都称作"递系结构"。按照袁毓林（2000a）的看法，上述（1b—d）也当属递系结构。① 我们这里遵从学界的一般理解，将例（1）中的结构都看作连动结构，而非递系（兼语）结构。

4.1.2 "规约目的"类

(2) a. 借本书读

　　b. 倒杯水喝

　　c. 点根烟抽

　　d. 盖房子住

　　e. 买报纸看

从语义上来看，(2)类连动结构中的 V_2 同样表示 VP_1 的目的，这一点与（1）类连动结构相同。最明显的是，不管是（1）类连动结构还是（2）类连动结构，它们的前后动词性成分之间都可以插入"为的是"或"是为了"等目的标记。

有鉴于这两类连动结构都可以用来表达目的关系，以往有学者对它们不做更细致的区分（胡裕树 1995；高增霞 2006），统一看作一种类型的连动结构。也有学者强调它们之间的不同，将它们处理为两类连动结构（邵敬敏 2001；钱乃荣 2001；周建设 2001）。以往所提及的（1）、（2）两类结构的不同之处主要有两点：第一，（2）类结构中 V_2 以 V_1 的宾语为对象，并且 V_2 不能再带宾语（吕冀平 1985：63；宋玉柱 1986：88；侯友兰 1992；刘辉 2009；彭国珍 2010），而（1）类结构中 V_2 可以有自己的宾语，或者可以补出宾语；第二，（2）类结构中 V_1 的宾语一般是 V_2 的受事②（陈建民 1986：236；吴启主 1990：62；邵敬敏 2001：197），而（1）类结构中 V_1 的宾语不能是 V_2 的受事。也有一些论著更加强调二者的不同，比如，在北大现代汉语教研室（1993）中，（2）类结构被看作

---

① 袁毓林（2000a）对"递系结构"的举例有："请小王吃饭"（兼语是 V_2 的施事）、"倒开水喝"（兼语是 V_2 的受事）、"买一把小刀小水果"（兼语是 V_2 的工具）、"上北京开会"（兼语是 V_2 的处所）、"称赞她勇敢"（兼语是 V_2 的当事）。

② 个别情况下，V_1 的宾语宜看作是 V_2 的处所，如例（2d）。

是递系结构,换言之,它甚至不能算作是连谓结构。我们这里仍然遵从学界的一般理解,将(2)类结构看作连动结构,至于它和(1)类连动结构以及递系结构之间的纠葛,后文会做交代。

(2)类连动结构并非汉语所独有,实际上,在连动语言中它相当普遍,以下略举几例:

(3)

a. Yorbuba 语　　　　　　　　　　　　　　　　Baker(1989)

wọ́n　　bú　　omi　　mu

他们　　倒　　水　　　喝

"他们倒水喝"

b. Ewe 语　　　　　　　　　　　　　　　　　Collins(1997)

wo　　ɖa　　fufu　　ɖu

他们　　做　　饭　　　吃

"他们做饭吃"

c. Thai 语　　　　　　　　　　　　　　Thepkanjana(2008)

khàw cùt bùrii sùup

他　点　烟　抽

"他点烟抽"

这类连动结构国外文献一般称为"宾语共享连动结构"[①](Object Sharing SVC)(Baker 1989;Collins 1997;Stewart 2001),国内文献对此则有多种称呼,如"共宾连动"(潘磊磊 2009)、"同宾结构"(刘辉 2009)、"宾语共享连动式"(彭国珍 2010)、"双动共宾结构"(高增霞 2020)。总体来看,国内外文献对这类结构的命名主要着眼于两个动词共享同一宾语,这种做法我们不取。连动结构的小类划分和小类命名应坚持一致性的标准,既然其他连动结构的划分和命名都是以 VP_1 和 VP_2 间的语义关系为依据,那么此类结构也不应当特殊对待。着眼于前后动词性成分之间的语义关系,我们把这类结构称作"'规约目的'类连动式"。"规约目的"不同于一般的目的,它具有"强制性"与"非反预期性"。

---

① Baker(1989)甚至主张此类共享域内论元(internal argument)的连动结构才是唯一真正的连动结构。

所谓"强制性",指的是某一行为 X 的目的,被强制性地理解为另一固定行为 Y,体现在语表形式上就是,表目的的成分一般只能由某个特定的动词充当。

  (4) a. 买个馒头吃（*揉/*蒸/*掰/*捏/*扔/*炸/*烤……）
    b. 租俩汽车开（*擦/*修/*偷/*砸/*清洗/*保养……）
    c. 盖间房子住（*修/*炒/*拆/*打扫/*粉刷/*装修……）
    d. 织件毛衣穿（*买/*洗/*缝/*补/*叠/*晾/*熨……）

(4a) 中所有的动词都能与"馒头"搭配,可是能充当 V_2 的只有"吃";(4b) 中所有的动词都能与"汽车"搭配,可是能充当 V_2 的只有"开"……可见,这类连动结构中的 V_2 受到严格的选择限制,与之形成鲜明对比的是,表示一般性目的的连动结构,其 VP_2 不存在这种严格的选择限制,可以由多种多样的动词性成分充当。

  (5) a. 去操场打篮球（踢足球/跑步/遛弯儿/做广播操……）
    b. 买支毛笔写字（收藏/练书法/画画儿/赠送朋友……）
    c. 出去打个电话（散步/逛街/购物/办事儿/吃饭……）
    d. 打开窗户透气（通风/远眺/逃跑/吸收阳光……）

(5a) 中"去操场"的目的不一定是"打篮球",还可以是"踢足球""跑步""做广播操"等;(5b) 中"买支毛笔"的目的不一定是"写字",还可以是"收藏""练书法""画画儿"……也就是说,这类连动结构中的目的性成分不具有"强制性"。

所谓"非反预期性",指的是目的必须符合预期,不能出现违反预期的情形。表现在语表形式上就是,目的性成分之前绝对不能出现反预期副词。

  (6) a. 烧点开水喝 → *烧了点开水竟然喝
    b. 偷辆摩托骑 → *偷了辆摩托竟然骑
    c. 烧点开水泡茶 → 烧了点开水竟然泡茶（应该煮面的）
    d. 偷辆摩托拉客 → 偷了辆摩托竟然拉客（应该运货的）

反预期副词"竟然"表示的是对预期目标的偏离,表达一般性目的的 (6c、6d) 容许这种偏离,而表达规约化目的的 (6a、6b) 则不容许这种偏离。

由上可见,(1)(2) 两类结构虽然都可看作表目的关系的连动结构,

第四章 从目的性补充到结果性补充

但二者所表达的目的关系不尽相同，（1）类结构表达的只是一种一般性的目的关系，（2）类结构表达的则是一种规约化了的目的关系。关于这两类连动结构更多的句法、语义差别，我们后文还会谈到，这里暂不多言。我们这里只想强调两点。

其一，所谓的"规约目的"可以从生成词库论（Generative Lexicon Theory）的角度予以解释。从生成词库论的角度来看，"规约目的"类连动结构中的名词所指称事物的物性结构（qualia structure）中都包含着一个功用角色（telic role），而这个功用角色其实就是后项动词 V_2。

（7）a. 蒸点馒头**吃**　b. 烧点开水**喝**　c. 搬个板凳**坐**　d. 盖间房子**住**
　　e. 织件毛衣**穿**　f. 租辆汽车**开**　g. 偷辆摩托**骑**　h. 买包香烟**抽**

（7）中名词所指称的事物都有一定的功用角色，仔细观察可以发现，这些功用角色，其实就是它们后面的动词 V_2。说 V_2 是其前名词所指称事物的功用角色不只是一种语义上的判断，更有两个形式上的证据可作支持。根据储泽祥、曹跃香（2005）的研究，"用来"表达的是功用义；根据周韧（2017）的研究，在"N+（X）够+V"格式里，"动词V只能是名词N的功用角色"。有意思的是，"规约目的"类连动结构中的 V_2 都可进入"N用来V"和"N+（X）够+V"两种格式，而其他动词通常不行。

（8）a. 馒头用来吃（＊揉／＊蒸／＊掰／＊捏／＊扔／＊炸／＊烤……）
　　b. 开水用来喝（＊打／＊倒／＊凉／＊接／＊盛／＊泼／＊煮……）
　　c. 板凳用来坐（＊打／＊修／＊擦／＊砸／＊踢／＊扔／＊抢……）
　　d. 房子用来住（＊修／＊炒／＊拆／＊打扫／＊粉刷／＊装修……）
　　e. 毛衣用来穿（＊买／＊洗／＊缝／＊补／＊叠／＊晾／＊熨……）
　　f. 汽车用来开（＊擦／＊修／＊偷／＊砸／＊清洗／＊保养……）
　　g. 摩托用来骑（＊擦／＊修／＊偷／＊砸／＊清洗／＊保养……）
　　h. 香烟用来抽（＊点／＊燃／＊掏／＊拿／＊闻／＊讨／＊卷……）
（9）a. 馒头够吃（＊揉／＊蒸／＊掰／＊捏／＊扔／＊炸／＊烤……）
　　b. 开水够喝（＊打／＊倒／＊凉／＊接／＊盛／＊泼／＊煮……）
　　c. 板凳够坐（＊打／＊修／＊擦／＊砸／＊踢／＊扔／＊抢……）
　　d. 房子够住（＊修／＊炒／＊拆／＊打扫／＊粉刷／＊装修……）
　　e. 毛衣够穿（＊买／＊洗／＊缝／＊补／＊叠／＊晾／＊熨……）

f. 汽车够开（*擦/*修/*偷/*砸/*清洗/*保养……）
g. 摩托够骑（*擦/*修/*偷/*砸/*清洗/*保养……）
h. 香烟够抽（*点/*燃*掏/*拿/*闻/*讨/*卷……）

根据生成词库论，名词的功用角色都是在词库中规定好了的，这和我们所说的 V_2 是"规约的"其实异曲同工。

其二，学界对上述两类连动结构的认识实际上一直存在较大分歧。比如，这两种结构应当合并为一类还是应当拆分为两类？如果不拆分的话，是都归入连动结构还是都归入兼语/递系结构？如果拆分的话，是分别处理为连动结构或兼语结构中的不同小类，还是一部分处理为连动结构而另一部分处理为兼语结构？这些问题至今没有形成统一的认识，我们将学界以往对此的处理方案总结为图 4-1：

"动作—目的"连动式　　　"规约目的"连动式　　　兼语式

①──
方案一：王力（1943）中的"递系式"

②────────────────────────────────
方案二：朱德熙（1982、1985）中的"连谓结构"

③────────────────────────────────
方案三：袁毓林（2000a）中的"递系结构"

④────────────────
方案四：北大现代汉语教研室《现代汉语》中的"递系结构"

⑤────────────────
方案五：14家语法教材中的"连动结构"

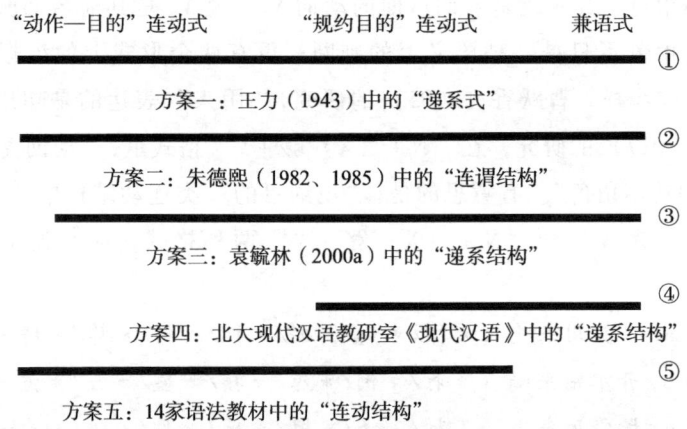

图 4-1　对两类连动结构及其与兼语结构关系的不同处理意见

如图 4-1 所示，仅在"连动"（"连谓"）和"兼语"（"递系"）的区分上，就至少存在五种处理意见，目前的主流观点是采取第五种方案。据我们对 15 家现代汉语语法教材的统计，有 14 家（北大版例外）采取了该方案。不过，该方案的采用者一直以来都没有给出足够的证据以证明其合理性或优越性，结果给该方案蒙上了一层浓重的约定俗成的色彩。相形之下，其他方案虽然接受范围有限，却也绝非无理可据，如朱德熙（1982、1985）就对第五种方案提出质疑，认为"把兼语式看成是跟连动式对立的结构是不妥当的。连动式可以按照其中的 N 和 V_2 之间的不同的关系分成若干小类，兼语式只是其中的一类，即 N 是 V_2 的施事的那一类"

(朱德熙 1985：57)。袁毓林（2000a）对"递系结构"的处理也有考虑：既然同样都有所谓"兼语"的存在，为什么就只有兼语为后项动词施事（请小王吃晚饭）或当事（称赞她勇敢）的结构才算作兼语式呢？兼语为后项动词受事（倒**开水**喝）、工具（买**一把小刀**削水果）、处所（上**北京**开会）等语义角色的结构也应该有资格被称为兼语（递系）式。另外，即便是在意见相对一致的14家语法教材之中，其具体主张也有显著的差别，比如，胡裕树（1995）明确将"动作—目的"类和"规约目的"类连动结构归为一类，未将二者区分开来，而邢福义（1993）、邵敬敏（2001）、钱乃荣（2001）、周建设（2001）则明确强调二者的不同，将它们分别处理为连动结构的不同下位类型。值得一提的是，近年来，这两类连动结构的句法性质再次引起了商讨，Paul（2008）主张（1）类结构实际上是目的从句结构（purpose clause structure），而（2）类结构或者为目的从句结构，或者为附加语结构（adjunct structure）；刘辉（2009）主张（1）（2）两类结构都应看作是后置的目的状语从句结构；彭国珍（2010）认为（2）类结构"是真正的连动结构"，而（1）类结构"可以分析为目的从句"；田启林、单伟龙（2015）重点论证了（2）类结构不是目的状语从句结构，而是"更接近于连动结构，其本质是非对称的并列结构"。

总的来看，学界对本章所谈到的两类连动结构的认识存在相当大的分歧，分歧不仅反映在二者的名称和结构定性上，也反映在它们的拆分与合并问题上。而且比较棘手的是，这些分歧似乎已经陷入谁也无法说服谁的局面。除非必要，本章不打算对以往的各种意见评论是非得失，我们选择目前学界最为广泛接受的观点作为出发点［即（1）（2）两类结构都属于连动结构］，在此基础上，给出我们的处理方案。

4.1.3　两类连动结构的中心争论

高增霞（2006：69）认为表目的关系的连动结构是最为典型的连动结构，"是连动式的最具有代表性的成员"。我们同意这样的看法，不过，我们认为表目的关系的连动结构之所以典型，不在于它们严格遵循了时间顺序原则，而在于我们很难为它们找到中心，连动结构是句法分类不彻底的产物，无奈之下只好把它们叫作"连动"，能轻易看出中心的连动结构其实都是其内部比较边缘的成员，也很容易和其他结构发生边界上的纠缠

(如"骑着马上山");越不容易找得到中心的连动结构在句法分类时也就越容易成为剩余类,自然也就越典型。

以上两类连动结构的中心问题,学界都有过探讨,有些著作虽未明确指出谁是中心,不过从所用的术语来看,也隐含着谁是中心。

吕叔湘(1944/2002:406)在谈及目的关系时,指出表目的的词为非主要动词:①

> 白话里头没有和"以"字相当的连系词,通常就把表目的的词结紧接在主要动词之后,不分开来自成小句。

按照吕先生的这种分析,连动结构中表目的的 V_2 都是非主要动词。

王力(1943/1985)为汉语语法学引入了"递系式"的概念,前文多次说过,王力(1943)中的"递系式"涵盖很广,虽然王力先生在专论"递系式"的章节(第二章第十四节)中,侧重于讲今天称为"兼语式"的结构,不过,从他对"递系式"所下的定义以及全书举例来看,今天所说的"连动式"也可看作一种"递系式"。王力(1943/1985:34)认为:

> 递系式　如果一次连系还未能把意思充分地表达,可以再加另一次的连系在后面,这叫做递系式(详见下文第十四节)。例如:
> (A)他出去开门。"出去"是初系,"开门"是二系。
> (B)我叫他打你。"叫他"是初系,"打你"是二系。
> ……
> 有时候,还可用三系式、四系式、五系式等。

在王力(1943/1985:34)看来,上引(A)例属于"同一人的行为"的"递系式",上引(B)例属于"不是同一人行为"的"递系式",(A)和(B)都是"递系式"。

王力(1943/1985:92)又说:

---

① 引文中的着重号为本书所加。

第四章　从目的性补充到结果性补充

有时候，一次的连系还未能把意思充分地表达，于是在后面再加另一次的连系，以补充未完的意思（参看第五节）。我们把第一次的连系叫做"初系"，第二次的连系叫做"次系"。

所谓"补充未完的意思"，这种表述实际上也反映出王力先生对待"次系"作用的看法。按照这种看法，"动作—目的"类连动结构和"规约目的"类连动结构中后一动词性成分的作用都在于"补充未完"。

另外，王力（1943/1985）还引入了"紧缩式"的概念，他所说的"紧缩式"实际上和"递系式"存在部分交叉，比如，在论述"目的式的紧缩"时，王力（1943/1985：103）认为存在这样一种情况：①

（乙）次系没有主语，有时候借初系的主语为主语（例ABCD）……
（A）还要买两个绝色的丫头谢你。（64）（"买丫头"的目的是"谢你"。）
（B）头里原是我要吓你们顽的。（81）（"吓你们"的目的在于"顽"。）
（C）宝玉因和他借香炉烧香。（43）（"借香炉"的目的是要"烧香"。）
（D）我送他几两银子使罢。（83）（"送银子"的目的是让他有的"使"。）

王力（1943/1985）虽然没有明确指出"目的式的紧缩"中，表目的的成分是一种次要成分，但王力先生把它们看作一种"次系"，实际上已经能反映出他对待这些目的成分的态度。这种态度在后来的王力（1989）中更加明显（见后文）。

高名凯（1948/1986：414-415）认为："具有动词功能的词也可以用

---

① "次系""初系"二词下的着重号为本书所加，从这两个词的使用可以看出，王力（1943/1985）中的"递系式"和"紧缩式"这两个概念是存在交叉的。（A）（B）（C）（D）四句中的着重号为原文所带。

作补语",举例为"买柴烧""拿东西吃""没有什么话说""选举他当主席",前三例为本书所说的"规约目的"类连动结构,后一例为兼语结构。

张志公(1953:193)认为:"后一个动作是前一个动作的目的。这样两个动词中间的关系是补充关系:后一个是补足语,前一个是被补足语。"张先生所举例子中既有"上街买菜""到公园散散步"这种"动作—目的"类连动结构,也有"倒杯茶喝"这种"规约目的"类连动结构,可见张志公(1953)将表目的的后项动词都看作次要动词,在句法性质上它们都是某种"补足语"。

张志公先生在其主编的《语法和语法教学——介绍"暂拟汉语教学语法系统"》中态度稍有变化,张志公(1956:33)认为在"倒杯茶喝""买份报看"这类"在意义上都能以中间的宾语为对象"的复杂谓语中,"后者对前者有补充作用";而在"上街买菜""打电话叫汽车"这类后项动词同样表示前项动词目的的复杂谓语中,"前后两个成分有互相说明的作用",都是"共同来说明主语"。也就是说,张志公(1956)只承认"规约目的"类连动结构中 V_2 的补充作用,"动作—目的"类连动结构中 V_2 的作用被认为是和 V_1 "相互说明"。

史存直(1986:32)认为连动式中表目的的动词性成分,"其实只能看作一种补语""不应看作谓语",而且所谓的"递系式"其实也只不过是一种"递补式"罢了。按照史先生的这种观点,下文例(10)中的后一动词性成分都应该看作补语。[①]

(10) 史存直(1986:23-32)

a. 我叫他办这件事。
b. 改石头记为情僧录。
c. 多谢姐姐提醒了我。
d. 他出去开门。

王力(1989)的态度较之前(王力 1943/1985)更为清晰明确。王力(1989/2013:261)认为:"连动式前一动词带宾语时,后一动词往往表示目的,等于补语",举例如下:[②]

---

① 例(10)中的着重号和下划线为原文所带。
② 例(11)和(12)中的着重号为原文所加。

(11) 王力（1989/2013：261）
a. 朱温请他入酒店买些酒吃。
b. 即时传了赖陛的媳妇，要家口花名册查看。

"有时候，前后两个动词都带有宾语"：

(12) 王力（1989/2013：261）
a. 还要买两个绝色的丫头谢你。
b. 宝玉因和他借香炉烧香。

例（11）为本书所说的"规约目的"类连动结构，例（12）为本书所说的"动作—目的"类连动结构。王力先生认为表目的后项动词"等于补语"，这说明他明确地将前一动词看作结构的中心。

以上观点都是偏向于传统的看法，随着汉语语法学中"连动式"地位的稳固以及"补语"概念的窄化和定型，这些早期主张已很少被提起。近年来，一些汉语研究者开始借鉴西方语法学中的新理论，尤其是通过汉英对比，来重新看待表目的关系连动结构的结构中心和结构性质问题。比如，刘辉（2009）认为连动结构中表目的的 VP_2 都应当被分析为后置的目的状语从句；胡波（2010）从控制理论出发，认为表目的的连动结构的 VP_2 之前都隐含了一个空主语 PRO，该空主语的所指受 VP_1 主语的控制；朱冬生（2011）将所有连动结构都看作控制结构，认为："连动式的 VP_2 相当于一个不定式小句；这个不定式小句的主语为 PRO，其所指是由控制理论来确定。"下文的例（13）反映了这些看法。

(13) a. 张三买了一本书［s 看］。　　　　　　刘辉（2009）
　　　b. 他摘了棵葱［s 炒菜］。　　　　　　　刘辉（2009）
　　　c. 我$_i$ 去书店［PRO$_i$ 买书］。　　　　 胡波（2010）
　　　d. 我$_i$ 去火车站［PRO$_i$ 接老张］。　　 胡波（2010）

总体而言，上述观点虽然时代不同、理论背景不同，具体主张也不尽相同，不过都可看作是前中心说，即将表目的的动词看作非主要动词。不过，"补语说"（高名凯 1948；张志公 1953；史存直 1986；王力 1989 等）并未给出相应的证据来证明表目的的动词就是次要动词，至多只算是前辈学者的一种语感，而且早期语法著作中的"补语"已不同于当下意义上的"补语"，如今的"补语"通常只包括结果性的成分，而不包括目的性的成分；控制理论是否适用于汉语还是有争议的问题，而且学界一般所说的控制结构多为兼语结构和小句宾语结构，这种分析是否能用在对连动结构的分析之中还需要进一步论证。

也有学者强调目的的重要性而持后中心说，其中最有代表性的有张静（1977）、邹韶华（1996）、邹韶华和张俊萍（2000）。张静（1977）认为目的成分是说话人所要突出、强调的重点，因而也是"句法上的中心"；邹韶华（1996）、邹韶华和张俊萍（2000）通过考察实际语料，得出连动结构语义中心都在后项动词的结论，进而主张将连动结构都应归入偏正结构。

我们认为，目的成分大体上可以看作语义中心，不过这并不意味着目的成分也就必然是"句法上的中心"，句法中心和语义中心不一定重合，句法中心和语义中心相分离的一个典型的情况是动结式，动结式中的前项动词是句法中心而后项动词是语义上的中心，二者并不一致（袁毓林2000b），若只考虑语义的话，那岂不是连动结式也应当被称作偏正结构？[①]目的成分和结果成分一样，都很容易成为表义上的重点，这是不争的事实，不过单纯依据语义来判定结构中心的做法并不可取，无论是在目的类连动结构的中心认定过程中，还是在动结式的中心认定过程中，都是如此。此外，即便只考虑语义，目的成分也未必就是语义上的中心，还需要区分是什么样的目的，在我们看来，"规约目的"就很难成为语义中心。语义中心也就是表述上的重点，往往代表着新信息，将其省略后原结构的语义会发生缺损和丢失；"规约目的"则不代表什么新信息，也不是说话人强调的对象，往往可以省略不说。

(14) a. 上街买菜　　≠　　上街
　　 b. 去操场打篮球　≠　　去操场
　　 c. 借把刀切肉　≠　　借把刀

[①] 实际上，的确有学者将动结式看作偏正结构，李临定（1984）就曾探讨过"究竟哪个'补'哪个"的问题，李临定先生认为："'动补'格里的'补'是'正'，而'动'则是'偏'。这和……定名结构、状动结构的情况完全相同""应该把'补'分析为'正'，把'动'分析为'偏'"。这种看法直到近年也还有一定的支持者，比如，王占华等（2013）认为："'听懂'也好，'学会'也好，就是刚才说的，我都认为它是一种偏正……'听'就是'懂'的方式，或者说是'懂'的途径。这种结构还是和偏正最接近。"

  d. 找支笔写标语　　≠　　找支笔
(15) a. 做点儿饭吃　　≈　　做点儿饭
  b. 打点儿酒喝　　≈　　打点儿酒
  c. 搬个板凳坐　　≈　　搬个板凳
  d. 买份报纸看　　≈　　买份报纸

例（14）和例（15）分别代表"动作—目的"类连动结构以及"规约目的"类连动结构。不难看出，当略去 VP_2 后，前者提供的信息减少，语义出现较大缺损，而后者的语义信息基本未发生变化，带上 V_2 反倒显得有些冗余。这不仅说明规约目的确实不同于一般性的目的，而且也说明规约化了的目的难以附载主要的语义内容，连被看作语义中心都十分勉强。

4.1.4　两类连动结构的中心认定

表目的关系连动结构的中心认定，既不可一概而论，也不可只凭语义，关键还是要找到句法上的证据。"规约目的"类连动结构的情况相对单纯，我们认为它是一种前中心的结构。这至少可以得到以下几项形式证据的支持。

首先，完成体标记"了$_1$"与经历体标记"过$_2$"只能出现在 V_1 之后，而且当它们出现在 V_1 之后时，都是外部时间参照用法。

(16) a. 煮了点面条吃　　＊煮点面条吃了
  b. 买了份报纸看　　＊买份报纸看了
  c. 找了本小说读　　＊找本小说读了
  d. 削了个苹果吃　　＊削个苹果吃了
  e. 点了根香烟抽　　＊点根香烟抽了

完成体标记"了"只能出现在"规约目的"类连动式的 V_1 之后，根本原因在于"目的"范畴必须具备"非现实性"（王凤兰 2008；丁健 2012；韩明珠 2016）。所谓"非现实性"指的是"不论行为事件是现实的还是非现实的，目的事件都是非现实的"（丁健 2012：16）、"'目的'仅仅存在于概念空间上，是存在于观念中的事物或事件……达成与否还不能断定"（韩明珠 2016：40）。"规约目的"类连动结构的 V_2 必须是其前 VP_1

的目的，这就决定了作为目的成分的 V_2 绝不可能带上完成体标记，这一点正如刘辉（2005：44）所言，"'$了_1$'不可能出现在 OSC 的 V_2 后。事件2是非实现的，而'$了_1$'恰恰具有实现性特征，二者同时出现必然导致矛盾"①。基于同样的道理，经历体标记"$过_2$"也只能出现在 V_1 之后，不能出现在 V_2 之后。

(17) a. 煮过面条吃　　　＊煮面条吃过
　　　b. 买过报纸看　　　＊买报纸看过
　　　c. 找过小说读　　　＊找小说读过
　　　d. 削过苹果吃　　　＊削苹果吃过
　　　e. 点过香烟抽　　　＊点香烟抽过

以往曾有学者对"$过_2$"在连动结构中的出现情况做过考察（杨东华1996；吴登堂2004；李富华2006），他们的考察结果显示，连动结构的 V_1 之后基本不可能出现经历体标记"过"。比如，吴登堂（2004：9）的统计显示，连动结构中"带'过'的 V_1 最少，只有一个"。李富华（2006：38）也认为："我们在连动短语中几乎找不到纯粹表示时间意义的处于 V_1 后面的'过'这个时态标记……因为'过'表示的是曾经的状态，有可能造成前后动作时间上的不连贯。"我们则想说的是，这些调查结论也许适用于后中心的连动结构（比较："淋着雨干过活"与"＊淋过雨干活"），但不适用于"规约目的"类连动结构。② 例（17）表明，"规约目的"类连动结构中可以出现"$过_2$"，而且只能出现在 V_1 之后。

"规约目的"类连动结构中的 V_1 不仅可以带"$了_1$"和"$过_2$"，而且 V_1 后的"$了_1$"和"$过_2$"还都是用于外部时间参照。也就是说，在这类连动结构中，V_1 与外部时间流逝发生联系，能够在现实世界中进行定位，它之后的"$了_1$""$过_2$"正是起到表明 V_1 相对于某一外部时间（缺省情况下就是当前说话时刻）进展状况的作用。说"规约目的"类连动结构的 V_1 采用外部时间参照或者说 V_1 后的"$了_1$"与"$过_2$"是外部时间参照用法，

---

① 刘辉（2005）中所说的"OSC"指的就是我们所言的"规约目的"类连动式。另外，表示一般目的关系的"动作—目的"类连动式中，"$了_1$"可以出现在 V_1 之后，对此我们后文再做解释。

② 调查统计毕竟不能穷尽所有情况，而且很容易受到多种因素的影响，比如，文本选择、语料规模、某种结构出现的频率等。我们这里不对此展开讨论。

可以得到一些证据的支持。比如，(16) 与 (17) 中的 V_2 删去后，句子仍然可以站得住（"我煮了点面条"[①]"我煮过面条"都能完句），再比如，V_1 后的"了$_1$"与"过$_2$"能够决定全句的时态性质，下文以 V_1 后的"了$_1$"为例进行说明：

(18) a. *我们明天煮了点面条吃　　(19) a. 我们明天下了课打篮球
　　 b. *我们明天买了份报纸看　　　　b. 我们明天开了会通知你
　　 c. *我们打算找了本小说读　　　　c. 我们打算吃了饭看电影

例 (18) 是本章所说的"规约目的"类连动结构，其 V_1 之后的"了"能够决定全句的已然性质，例 (19) 是上一章所说的"时间限定"类连动结构，其 V_1 之后的"了"不能决定全句的已然性质，所以我们才会看到当例 (18)、例 (19) 都是未然句时，例 (18) 不能成立，而例 (19) 可以成立。这种对比也能说明，例 (18) 中的 V_1 可以与外部时间流逝建立联系，它才是结构的中心。其实，在我们看来，"规约目的"类连动结构的 V_2 不能与外部时间流逝建立联系（成为结构的中心）也不难理解，因为外部时间参照的本质是"使事件在现实中定位"（郭锐 2015），目的性成分具有"非现实性"，自然没有在现实中定位的需求。

其次，"规约目的"类连动结构如果需要重复一个动词的话，只能重复前一个动词，不能重复后一个动词。

(20) a. 煮面条吃→煮面条（吃）煮坏了锅→*煮面条吃吃坏了肚子
　　 b. 买报纸看→买报纸（看）买晚了→*买报纸看看花了眼
　　 c. 找小说读→找小说（读）找了好久→*找小说读读了好久
　　 d. 削苹果吃→削苹果（吃）削伤了手→*削苹果吃吃伤了牙
　　 e. 点香烟抽→点香烟（抽）点着了胡子→*点香烟抽抽坏了肺

例 (20) 中的变换式说明，"规约目的"类连动结构可以很自然地重复 V_1，重复后原来的 V_2 可以保留，也可以不保留，不保留的话就成了典型的重动式。相反，"规约目的"类连动结构一般不容许重复 V_2，如果一定要重复 V_2 的话，必须采用其他形式，而且在形式上 V_1 必须删除。

(21) a. *煮面条吃吃坏了肚子→吃面条吃坏了肚子

[①] 这个句子如果没有数量成分"（一）点"的话也站不住（不能完句），不过，数量成分在多大程度上可以影响其前"了"的时间参照，我们认为还值得再讨论。

  b. *买报纸看看花了眼→看报纸看花了眼

  c. *找小说读读了好久→读小说读了好久

  d. *削苹果吃吃伤了牙→吃苹果吃伤了牙

  e. *点香烟抽抽坏了肺→抽香烟抽坏了肺

"规约目的"类连动结构之所以不能重复 V_2，在我们看来就是因为 V_2 的非中心身份。这可以拿前中心的 VV 式动宾结构进行对比。前中心的 VV 式动宾结构如果需要重复一个动词的话，也只能重复作为中心的 V_1。

(22) a. 学习弹琴→学习弹琴学习了十年→*学习弹琴弹了十年

  b. 反对浪费→反对浪费反对得过了头→*反对浪费浪费得过了头

  c. 讨厌说谎→讨厌说谎讨厌得不得了→*讨厌说谎说得很溜①

  d. 看下象棋→看下象棋看得入了迷→*看下象棋下得入了迷

  总之，综合上述表现来看，有理由认为"规约目的"类连动结构的前一动词才是整个结构的中心。

  "动作—目的"类连动结构的中心问题相对于"规约目的"类连动结构而言更为复杂，因为这种连动结构具有多种理解的可能性，既能理解为"动作—目的"，又能理解为"方式—动作"（惠湛源 1954；唐启运 1958；王福庭 1960；吕冀平 1985；李临定 1986 等）。"从一个角度看，后一动作表示前一动作的目的；从另一个角度看，前一个动作表示后一个动作的方式"（吕冀平 1985：8）、"不同的人可以从不同的角度，从不同的上下文里"看出它"不同的语法意义"（王福庭 1960）。李临定（1986/2011：190）也注意到"有的连动句型，动$_1$短语和动$_2$短语之间有时可以有不止一种语义关系"。

(23)   李临定（1986/2011：190）

  a. 他打电话叫车（=他用打电话的方式叫车）

  b. 他打电话叫车（=他打电话为了叫车）

  有必要说明的是，"动作—目的"类连动结构中的 VP_1 可作方式理解，而"规约目的"类连动结构的 VP_1 不能作方式理解，试比较例（24）、（25）。

---

① 只有把"说谎说得很溜"理解为"讨厌"的宾语时，这句话才能成立。但这样一来，与原本想表达的意思也就大相径庭。

(24) a. ——怎么切水果？　　　　b. ——怎么写标语？
　　　　——借把刀切水果　　　　　——买支笔写标语
　　　c. ——怎么寄信？　　　　　d. ——怎么开会？
　　　　——去邮局寄信　　　　　　——上北京开会
　　　e. ——怎么吃药？　　　　　f. ——怎么叫车？
　　　　——倒杯水吃药　　　　　　——打电话叫车
　　　g. ——怎么学外语？　　　　h. ——怎么讨论问题？
　　　　——听录音学外语　　　　　——开会讨论问题
(25) a. ——怎么喝？　　　　　　b. ——怎么吃？
　　　　——*泡杯咖啡喝　　　　　——*削个苹果吃
　　　c. ——怎么读？　　　　　　d. ——怎么看？
　　　　——*买份报纸读　　　　　——*借一本书看
　　　e. ——怎么抽？　　　　　　f. ——怎么骑？
　　　　——*点根香烟抽　　　　　——*偷辆自行车骑
　　　g. ——怎么穿？　　　　　　h. ——怎么戴？
　　　　——*织件毛衣穿　　　　　——*买条金项链戴

"动作—目的"类连动结构可以针对 VP_1 用"怎么"来提问，也可用来回答"怎么 VP_2"，这说明这类连动结构的 VP_1 有作方式理解的可能性。而"规约目的"类连动结构不能针对 VP_1 用"怎么"来提问，也不能用来回答"怎么 VP_2"，可见它的 VP_1 不能作方式来理解。

"动作—目的"类连动结构、"规约目的"类连动结构以及典型的兼语结构，VP_2 其实都是表示 VP_1 的目的，不过，只有"动作—目的"类连动结构的 VP_1 可作方式理解，这实际上也说明，"规约目的"类连动结构的确有接近于兼语结构之处（北大现代汉语教研室《现代汉语》(2004) 将二者都称作"递系结构"）。

(26) a. ——怎么笑？　　　　　　b. ——怎么死？
　　　　——*逗她笑　　　　　　　——*逼她死
　　　c. ——怎么交作业？　　　　d. ——怎么作报告？
　　　　——*催他交作业　　　　　——*请他作报告
　　　e. ——怎么回电话？　　　　f. ——怎么作代表？
　　　　——*强迫他回电话　　　　——*选他作代表

（25）是 V_1 的宾语为 V_2 受事的"规约目的"类连动结构，（26）是 V_1 的宾语为 V_2 施事的兼语结构，这两种结构的 V_1 都不倾向于作方式理解，如果一定要作方式理解的话，那么提问形式需要发生相应的变化，不能直接用"怎么"来提问。如：

（27）a. ——怎么**弄**点酒喝？　　　b. ——怎么**搞**辆自行车骑？
　　　　——买点儿酒喝　　　　　　　——偷辆自行车骑
　　　c. ——怎么**让**他交作业？　　d. ——怎么**让**他做代表？
　　　　——催他交作业　　　　　　　——选举他作代表

相对于（24）中的直接用"怎么"提问来说，（27）中的提问形式都是一种有标记的形式，这也说明"规约目的"类连动结构和兼语结构的 VP_1 都不倾向于作方式理解，否则就都是一种有标记的非常规解读。

上述思路进一步延展开来的话，就会发现，动结式中的 V_1 实际上也不倾向于作方式理解，针对动结式的 V_1 往往也不能直接用"怎么"来提问，而需要采用有标记的提问形式：

（28）a. ——怎么**弄**死蚂蚁？　　　b. ——怎么**弄**干净衣服？
　　　　——踩死蚂蚁　　　　　　　　——洗干净衣服
　　　c. ——怎么**搞**醉的？　　　　d. ——怎么**搞**懂的？
　　　　——喝醉的　　　　　　　　　——看懂的

可见，无论是"规约目的"类连动结构还是兼语结构，抑或是动结式，只从语义上出发，好像它们的 V_1 也都可以作方式理解，不过这种朴素的语感不能得到形式上的验证。从提问形式来看，针对这三类结构 V_1 的提问都采取的是非常规的有标记形式，不能直接用"怎么"提问。这也说明，这三类结构离状中结构有相当的距离，将"规约目的"类连动结构、兼语式、动结式分析为后中心的状中结构的观点也都难以成立。而普通的"动作—目的"类连动结构离状中结构较近，有与状中结构发生纠缠的可能。

"动作—目的"类连动结构能作"方式—动作"理解，而"规约目的"类连动结构不能作"方式—动作"理解。这种语义上的差异还有更多语法上的表现，比如，我们前文提到，"规约目的"类连动结构的 V_2 之后不能出现完成体标记"了$_1$"，因为"了$_1$"的实现性特征会与作为目的成分的 V_2 的"非现实性"产生冲突。然而我们能看到"动作—目的"类连

动结构的 V_2 之后可以出现"了$_1$",试比较:

(29) a. *泡咖啡喝了　　　(30) a. 去邮局寄了信
　　 b. *买报纸读了　　　　　 b. 打电话报了警
　　 c. *搬板凳坐了　　　　　 c. 听录音学了外语
　　 d. *点香烟抽了　　　　　 d. 开会讨论了问题

"动作—目的"类连动结构的 V_2 之后为什么允许出现"了$_1$"?这是因为这种连动结构不一定作"动作—目的"理解,还可以作"方式—动作"理解。作后一种理解的时候,对动作行为的现实性没有要求,V_2 之后当然可以出现完成体标记。

出于同样的原因,"规约目的"类连动结构之前的"没"不能否定 V_2,而"动作—目的"类连动结构之前的"没"却可以否定 VP_2,再比较:

(31) a. *我没买报纸读,我买报纸糊了窗户。
　　 b. *我没点香烟抽,我点香烟放了鞭炮。

(32) a. 我没去邮局寄信,我去邮局购买了纪念币。
　　 b. 我没打电话报警,我打电话叫了救护车。

"没"表示的是对事实的否定(刘勋宁 1988)。"规约目的"类连动结构的 V_2 具有"非现实性",当然不能够接受"没"的否定。"动作—目的"类连动结构由于可以作"方式—动作"理解,所以其 VP_2 可以是现实的,自然也就能够接受"没"的否定。

以上种种现象都说明,"规约目的"类连动结构在语义上较为单纯,只能作"动作—目的"理解,而"动作—目的"类连动结构在语义上并不单纯,既能表达"动作—目的"关系,也能表达"方式—动作"关系。正是由于这种语义上的非单纯性或者说不确定性,才导致"动作—目的"类连动结构的中心更加难以确定。吕叔湘、朱德熙(1952/1979:16–18)在论述"复杂的谓语"时就已经注意到,"几个动词属于同一主语,常常能分得出轻重,一个是主要的,别的是次要的";真正"不容易分别主要和次要"的"复杂的谓语"主要有两种情形,一是表示"一先一后的两个动作",二是前一动作可以作方式理解,后一动作可作"用意"(即"目的")理解。吕、朱二位先生所说的前一种情形我们称为"先后动作"类连动结构,这在前一章已经做过探讨,它之所以难辨中心是因为它相当接近并列结构;后一种情形我们称为"动作—目的"类连动结构,它之所以难辨中心,不

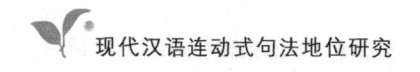

是因为它接近并列结构，而是因为它具有多种理解的可能性。

Paul（2008）认为不应该因为"动作—目的"类连动结构具有多种理解的可能性就停止对它进行结构分析，用一个笼统的"连动式"去称呼它，这类连动结构可根据"了"的位置的不同，分别处理为前中心结构的目的从句结构（purpose clause structure）或后中心结构的附加语结构（adjunct structure）。以下是 Paul（2008）所提出的处理方案：

(33)   Paul（2008）

a. 我们$_i$ [$_{vp}$ [附加小句 PRO$_i$ 开会] [$_{vp}$ 讨论了那个问题]]

b. 我们$_i$ [$_{vp}$ 开了三次会 [$_{CP}$ PRO$_i$ 讨论那个问题]]

(34)   Paul（2008）

a. 他$_i$ [$_{vp}$ [附加小句 PRO$_i$ 打电话] [$_{vp}$ 叫了车]]

b. 他$_i$ [$_{vp}$ 打了一次电话 [$_{CP}$ PRO$_i$ 叫车]]

邓思颖（2010：184）赞同 Paul（2008）的处理方式，并进一步认为这种连动结构"要么可以分析为偏正结构""要么可以分析为述补结构"，总之"'连动结构'事实上是不存在的"。

我们认为，这类连动结构是否能够归入状中结构或动补结构需要作通盘性的考虑，不是说想取消就能取消得了的，这已经不再是连动结构本身的问题，而是关系到整个句法体系的构建与理解问题。比如，什么是状中结构？什么是动补结构？恐怕在这些基本句法结构被彻底搞清楚并得到一致性的理解之前，连动结构还取消不掉。说到底，连动结构之所以会成为一个问题，我们认为根源不是出在所谓的"连动结构"上，而是出在五种最基本的句法结构之上；把矛头指向连动结构于事无补，不能根本性地解决问题。不过，Paul（2008）、邓思颖（2010）的观点也存在可取之处，即"动作—目的"类连动结构可以根据不同的语义理解做出不同的结构分析，它既可能是前中心，也可能是后中心。

Zhang（1991）、Wu（1992）、Paul（2008）、Hwang（2008）、Yin（2010）等主张根据"了"的位置不同来判定"动作—目的"类连动结构中哪一个是主要动词，不过，采取这种看法的学者并未给出足够的理由。我们基本同意这种看法，但我们要对这种看法背后的理据再做两项补充说明。

第一，"了"是否能决定中心动词，关键取决于它是内部时间参照标记还是外部时间参照标记,"了"有时发挥内部时间参照标记的功能,有时发挥外部时间参照标记的功能,只有作为外部时间参照标记的"了",其所依附的动词才是主要动词。在"动作—目的"类连动结构中,无论"了"附着在 V_1 之后还是 V_2 之后,它都是外部时间参照标记,这才导致了它所依附的动词能够被看作中心动词。以上文例(34)来说,(34a)中,"叫车"的参照时间在句外,"了"用来表明"叫车"的行为相对于当前说话时间已经完成,是外部时间参照用法;(34b)中,"打电话"的参照时间也在句外,"了"用来表明"打电话"的行为相对于当前说话时间来说已经完成,仍是外部时间参照用法。[1]

第二,"动作—目的"类连动结构具有多种理解的可能性,而"了"的出现实际上能够起到消解多义、突出重点的作用,这是"了"能够用来判断中心动词的另一重要原因。具体说来,如果"了"出现在 V_1 之后,那么"动作—目的"类连动结构一般只能(或者说强烈倾向于)作"动作—目的"理解;如果"了"出现在 V_2 之后,那么"动作—目的"类连动结构一般只能(或者说强烈倾向于)作"方式—动作"理解。试看下例:

(35) a. 他打了一个电话叫车。

b. 我们开了三次会讨论那个问题。

例(35)中的"了"出现在 V_1 之后,此时,VP_2 可以作 VP_1 的目的理解,因为 VP_2 符合目的语义的关键特征:非现实性。前文说过,目的是存在于观念中的事件,它不受与其相对的行为事件的现实性的影响。(35)中的行为事件 VP_1 都是现实的,而 VP_2 仍然可以是非现实的,这符合目的语义的关键特征。这一点胡裕树、范晓(1995)就已经注意到了。

(36) 刚才他打了电话叫(一辆)车。　　　胡裕树、范晓(1995:62)

胡裕树、范晓(1995:62)指出:"'他打了电话叫车',但未必'他叫了一辆车',目的事件中缺乏形态标记'了',打电话的现实性不能推演

---

[1] 例(34b)中的"了"是用于内部时间参照还是用于外部时间参照,有不同的理解。按照郭锐(1996、2015)的看法,这个"了"应该是内部时间参照用法,其参照时间为后续的数量成分(数量成分具有谓词性,可以看作后续事件)。这个问题比较复杂,我们还是更倾向于认为这个"了"是外部时间参照用法,因为如果把它看作内部时间参照用法的话,不好解释为什么 V_2 之后不能出现外部时间参照用法的"了"和"过"。这个问题必要之时我们会再做讨论。

出叫车的现实性,因为存在着电话没打通,车没叫到等多种可能。"从非现实性特征来看,"动作—目的"类连动结构的 V_1 之后出现"了"时,VP_2 不一定是现实的,VP_2 因而有资格作 VP_1 的目的理解。事实上,在这种情况下,VP_2 不仅有资格作 VP_1 的目的理解,而且也只能作 VP_1 的目的理解,不能将 VP_1 理解为 VP_2 的方式。根据卢大艳(2007:11)、王丽彩(2008:65)等人的研究,方式在认知上具有"依附性"和"伴随性",这些特点意味着方式与和其相对的行为必须在现实性上保持一致,要么二者都是现实的,要么二者都是非现实的。然而,我们已经看到,当"动作—目的"类连动结构的 V_1 之后出现"了"时,VP_2 可以是非现实的,如例(36)中的"打电话"是现实的(已然),"叫车"却可以是非现实的(未然),已然的行为和未然的行为当然不可能伴随发生,那么前者自然也就不能理解为后者的方式。

与上述情形相对,当"了"出现在 V_2 之后时,"动作—目的"类连动结构一般只能(或者说强烈倾向于)作"方式—动作"理解,不能作"动作—目的"理解。"了"既然出现在 V_2 之后,那就意味着 VP_2 成了现实的行为,这与目的语义的非现实性要求相抵触并且不可调和。实际上,一旦 V_2 带上完成体标记"了",那么,原来可能具有的目的关系也会随之被撤销:

(37) a. 我本打算开车去学校,结果却(糊里糊涂地)开车去了公园。
b. 我本打算去国外旅游,结果却(阴差阳错地)去国外读了大学。
c. 我本打算打电话报警,结果却(鬼使神差地)打电话叫了救护车。

在上组例句中,"开车去了公园"只意味着"开车"是"去公园"的方式,不意味着"去公园"是"开车"的目的;"去国外读了大学"只意味着"去国外"是"读大学"的方式,不意味着"读大学"是"去国外"的目的;"打电话叫了救护车"只意味着"打电话"是"叫救护车"的方式,不意味着"叫救护车"是"打电话"的目的。也正因为 VP_1 和 VP_2 之间不存在目的关系,所以句子中才允许出现"本打算""稀里糊涂""阴差阳错"等出乎主观意愿的词语。

可见,"了"的出现在客观上可以起到消解多义的作用,或者说,"动作—目的"类连动结构所表达的意义是未指定的（unspecified），具有模糊性和含混性，而"了"的出现能够起到指定具体意义的作用。"动作—目的"类连动结构的意义一旦经过指定，哪怕是表现出较强的倾向性，它的中心也就随之得到了确定。具体来说，"动作—目的"类连动结构如果强调的是"目的"，那么 V_1 就是结构的中心；如果强调的是"方式"，那么 V_2 便是结构的中心。当"动作—目的"类连动结构分别是前中心和后中心的时候，其在句法上也对应着不同的表现。

（38）a. 他借了把杀猪刀杀猪

　　　b. 他借把杀猪刀杀了猪

孤立地看，"借把杀猪刀杀猪"的确难以分辨中心，存在双中心的可能，既可能是"借把杀猪刀"在修饰"杀猪"，说明"杀猪"的方式，又可能是"杀猪"在补充"借把杀猪刀"，说明"借把杀猪刀"的目的。不过"了"的介入开始让中心变得显豁起来，（38a）侧重于表示：为了杀猪，他借了把杀猪刀；（38b）侧重于表示：他通过借杀猪刀杀了猪。(38a、38b) 分别对应着不同的变换形式，分别是（39a）和（39b）。

（39）a. （为了）杀猪，他借了把杀猪刀

　　　b. 借把杀猪刀，（使）他（成功地）杀了猪

（39a）中的非中心成分"杀猪"可以左出位成为话题，中心动词"借"仍留在原位，"杀猪"之前可再加"为了"，以明确"杀猪"是目的；（39b）中的非中心成分"借把杀猪刀"可以左出位成为话题，中心动词"杀"仍留在原位，可以再在"杀"之前插入"成功地"或在"他"之前插入"使"，以明确"借刀"是手段和方式。如果上述变换过程被颠倒的话，那么变换式将不合法。

（40）a. *借了把杀猪刀，他杀猪

　　　b. *杀了猪，他借把杀猪刀

再来看下例：

（41）a. 他回了趟老家看望父母

　　　b. 他回老家看望了父母

孤立地看，"回老家看望父母"难以找出主要动词，"了"的介入开始消解"回老家看望父母"的多义性，究竟是侧重目的还是侧重方式开始明朗起来，中心问题也随之显豁起来。（41a）侧重于表示，他为了看望父母

而回了趟老家；(41b) 侧重于表示，他通过"回老家"这种方式和手段看望了父母。(41a、41b) 也可作相应的不同形式的变换，分别是 (42a) 和 (42b)。

(42) a. （为了）看望父母，他回了趟老家

　　　b. 回老家，（让）他（顺利地）看望了父母

(42a) 中的非中心成分"看望父母"可以左出位成为话题，之前可加入"为了"，以明确"看望父母"是目的，中心动词"回"留在原位；(42b) 中的非中心成分"回老家"可以左出位成为话题，中心动词"看望"留在原位，在"他"之前可以插入"让"，或在"看望"之前插入"顺利地"，以明确"回老家"是让他得以"看望父母"的手段和方式。上述变换式若被颠倒的话，那么也将变得不合法。

(43) a. *回了趟老家，他看望父母

　　　b. *看望了父母，他回老家①

上述变换式成立与否的背后道理，可能与中心成分和非中心成分的性质有关：非中心成分本质上都是附属性质的，因此对它移位受到的限制较小，非中心成分被移动后，中心成分仍可独立担负起支撑整个谓语的作用；而中心成分不能轻易移动，否则谓语部分的非中心成分难以担负起支撑整个谓语的作用。道理同例 (44)②。

(44) a. 我轻轻地挥了挥衣袖

　　　b. 轻轻地，我挥了挥衣袖

　　　c. *挥了挥衣袖，我轻轻地

此外，作"方式—动作"理解时，V_2 的宾语可以左出位成为话题，而作"动作—目的"理解时则不能，试再比较例 (45) 与 (46)：

(45) 方式—动作

　　a. 他借杀猪刀杀了猪→猪，他借杀猪刀杀了

　　b. 他回老家看望了父母→父母，他回老家看望了

　　c. 他买毛笔写了标语→标语，他买毛笔写了

---

① 此句虽合乎语法，不过语义已发生很大改变，表达的意思是"他先看望父母，然后回老家"。

② 未然的祈使语境受此限制较小，如"摸摸小狗的脑袋，你轻轻地"。

d. 他倒杯温水吃了药→药,他倒杯温水吃了

e. 他去邮局寄了信→信,他去邮局寄了

f. 他打电话叫了车→车,他打电话叫了

(46)动作—目的

a. 他借了把杀猪刀杀猪→?猪,他借了把杀猪刀杀

b. 他回了趟老家看望父母→*父母,他回了趟老家看望

c. 他买了支毛笔写标语→*标语,他买了支毛笔写

d. 他倒了杯温水吃药→*药,他倒了杯温水吃

e. 他去了趟邮局寄信→*信,他去了趟邮局寄

f. 他打了个电话叫车→*车,他打了个电话叫

另外,作"动作—目的"理解时,V_1 的宾语可以左出位成为话题,而作"方式—动作"理解时则不能,试再比较(47)与(48):

(47)动作—目的

a. 他借了把杀猪刀杀猪→(为了)杀猪,杀猪刀,他借了

b. 他回了趟老家看望父母→(为了)看望父母,老家,他回了

c. 他买了支毛笔写标语→(为了)写标语,毛笔,他买了

d. 他倒了杯温水吃药→(为了)吃药,温水,他倒了

e. 他去了趟邮局寄信→(为了)寄信,邮局,他去了

f. 他打了个电话叫车→(为了)叫车,电话,他打了

(48)方式—动作

a. 他借把杀猪刀杀了猪→*杀猪刀,他借杀了猪

b. 他回老家看望了父母→*老家,他回看望了父母

c. 他买支毛笔写了标语→*毛笔,他买写了标语

d. 他倒杯温水吃了药→*温水,他倒吃了药

e. 他去邮局寄了封信→*邮局,他去寄了封信

f. 他打电话叫了辆车→*电话,他打叫了辆车

如果想让(48)的变换式成立的话,那么 V_1 之后必须用代词填充,以填补 V_1 的宾语移位后所留下的空位,如下文的(49);而(47)中的变换式,V_1 之后可以出现空位,不需要使用代词进行填充。

(49)方式—动作

a. 杀猪刀,他借它杀了猪

149

b. 老家，他回那儿看望了父母

c. 毛笔，他买它写了标语

d. *温水，他倒它吃了药

e. 邮局，他去那儿寄了信

f. *电话，他打它叫了辆车

例（45）—（49）表明，V_1、V_2 的宾语能否移位与不同的语义理解有关，作"方式—动作"理解时，V_1 的宾语不能移位，V_2 的宾语可以移位；作"动作—目的"理解时，V_1 的宾语可以移位，而 V_2 的宾语不能移位。这实际上也说明在前一种情况下 V_2 是中心动词，而在后一种情况下 V_1 才是中心动词。①

另外，例（49）需要填补代词才能对 V_1 的宾语进行移位，这和状中结构具有平行性，这也能说明作"方式—动作"理解时 V_2 是中心动词，而作"动作—目的"理解时，V_2 不是中心动词。试比较例（47）、（49）与下文的例（50）。

(50) a. 我向老人家问路→*老人家，我向问路→老人家，我向他问路

b. 我在图书馆学习→*图书馆，我在学习→图书馆，我在那儿学习

c. 我沿着小路回家→*小路，我沿着回家→小路，我沿着它回家

d. 我给孩子讲笑话→*孩子，我给讲笑话→孩子，我给他们讲笑话

e. 我为乡亲干实事→*乡亲，我为干实事→乡亲，我为他们干实事

综合以上讨论，"动作—目的"类连动结构具有多中心的可能性：如果强调的是目的，作"动作—目的"理解的话，那么 V_1 是结构的中心；如果强调的是方式，作"方式—动作"理解的话，那么 V_2 是结构的中心。作不

---

① 邓思颖（2009）认为，中心语拥有所谓的"边界特征"（edge feature）。边界特征的作用就在于确保中心语的左边（即边界位置）有一个成分，作为诱发移位的动因。另，非中心动词宾语的移出有违 Huang（1982）所提出的"提取域条件"（Condition on Extraction Domain），可参看 Law（1996）、Hwang（2008）对此的详细说明。

第四章 从目的性补充到结果性补充

同的语义理解分别对应着不同的中心动词和句法表现。孤立地看，这类连动结构的确难辨中心，不过通过分化它的多义性，根据它具体所侧重的语义还是能够分别找寻到相应的中心。强调方式的话，表方式的成分是非主要成分，强调目的的话，表目的的成分是非主要成分，这还可以从及物性高低的角度予以解释。根据 Hopper & Thompson (1980) 所提出的及物性假说，方式 (manner)、状态 (state) 一般不具备报道事件的能力，它们的及物性低于具体的动作行为；目的成分具有非现实性 (irrealis)，它的及物性低于现实的 (realis) 动作行为，因此，在作"方式—动作"理解时，低及物性的"方式"难以担负起叙述的主线而成为中心动词；在作"动作—目的"理解时，低及物性的"目的"也难以承担起叙述的主线而成为中心动词。张伯江 (2000) 也曾指出："汉语连动式问题中长期困扰人们的谁为主谁为次的问题，其实质就是结构中哪个成分为前景信息的问题。"张伯江 (2000) 进而认为，从及物性的高低对比来看，低及物性的方式、目的成分是背景信息，而与它们相对应的高及物性成分则是前景信息。

此外，根据我们的观察，作"方式—动作"理解还是作"动作—目的"理解有时在形式上会表现出一定的倾向性特征，作"方式—动作"理解时，V_1 的宾语倾向于采用光杆形式（打电话叫了车、*打一个电话叫了车），而作"动作—目的"理解时，V_1 的宾语倾向于采用"数量名"这一复杂形式（打了一个电话叫车、*打了电话叫车）。这也可以从上文所说的及物性角度得到解释，光杆名词的及物性低，因此易和同样低及物性的"方式"义相容；"数量名"形式名词性短语的及物性高，因此易和同样高及物性的"动作"义相容。不过，这只是一种倾向性，并不代表绝对的情形。另外，一些词语，如频度副词的出现，往往能起到强调"方式"的作用：

(51) a. 他天天搭地铁上班

　　b. 他每次都借杀猪刀杀猪

　　c. 他总是打电话叫车

　　d. 他常常去图书馆看书

　　e. 他很少去国外开会

"动作—目的"类连动结构具有多种理解的可能性，不过 (51) 中"天天""常常""每次"等词语的出现会强制性地要求作"方式—动作"解读，消解多种理解的可能性。这也说明在具体的语言环境中，"动作—

目的"类连动结构并非真的主次难分、难辨中心。同时，这也能进一步说明，对待这种典型的难辨中心的连动结构，应根据其具体所侧重的语义而分别指明其中心，不能因为它具有多种理解的可能性而停止对其中心问题的探讨。

4.2 视点反转与补充性背景

4.2.1 目的类连动结构、兼语结构与动补结构

前文讨论了"规约目的"类连动结构和"动作—目的"类连动结构的中心问题。"规约目的"类连动结构中前一个动词是中心；"动作—目的"类连动结构有可能前一个动词是中心，也有可能后一个动词是中心，取决于不同的语义理解，不过不管如何，这种结构还是有前中心的可能性。本章暂时只关心它是前中心的情况，至于后中心的情况这里暂且不论，后面的章节会再给出我们的处理方式。接下来的问题就是，既然"规约目的"类连动结构和"动作—目的"类连动结构都是前中心，那么它们和动补结构究竟是什么关系？以往的研究回避连动式的"中心"问题，自然可以不必关心这样的问题，不过，前文我们已经证明了这两类连动结构都是前中心，这就有必要认真看待上文所提出的问题。汉语中的五种基本句法结构只有动宾结构和动补结构是前中心，而"动作—目的""规约目的"类连动结构显然和动宾结构没有直接联系，那么也就只有动补结构会和它们发生边界上的纠缠。问得更透彻一些就是，为什么动补结构没能涵盖住同样是前中心的"动作—目的"类和"规约目的"类连动结构？一个有意思的现象是，一些汉语学界的前辈（王力 1943；吕叔湘 1944；高名凯 1948；张志公 1953；史存直 1986；王力 1989 等）早已意识到表"目的"的动词难以成为主要动词，甚至明言它们是"补语"（高名凯 1948；张志公 1953；史存直 1986）或"等于补语"（王力 1989）。不过，按照现行的语法体系，动补结构显然不包括这类 V_2 表示目的的连动结构。

客观来说，"补语"问题一直是汉语语法体系中的一块硬伤。史存直（1986：49）就已经注意到："'补语'问题……却要说是目前意见分歧得最厉害的问题之一""照上面所讲，可知把各家对于补语的说法放到一起

来看，可说是纷纭错综到了极点"。缪锦安（1990：73）也意识到了"补语"这一概念的模糊性："补语这个术语的涵义，直到目前为止，在汉语学界里还不是很明晰的。"近些年来"补语"问题并未烟消云散，对它的质疑、取消、更改之声此起彼伏、不绝于耳（牛顺心2004；刘丹青2005、2010；金立鑫2009、2011；沈家煊2010；邵菁、金立鑫2011等）。"补语"这一概念所存在的问题人们有目共睹[①]，在相当长一段时期"补语"之所以没有成为学界集中声讨的对象，在我们看来是因为它身上带有一定的硬性规定的色彩：什么什么就是补语，什么什么就不是补语，这种硬性规定在一段时期内是可以获得普遍接受的，不过，硬性规定带来的弊端只是被压抑了，迟早还是会爆发出来的，近些年来汉语学界围绕着"补语"问题进行的争论就是一个明证。是应当取消补语还是应当对它再作变动这不是本书所关心的问题，我们所关心的问题是：同样是前中心的"动作—目的"类和"规约目的"类连动结构在多大程度上接近于（或者说"像"）当下意义上的动补结构？现行语法体系下的"补语"虽然排除连动结构中表目的的VP_2，但是这种排除只是一种外延（范围）上的排除，带有较浓的规定色彩，并不能做到内涵（定义）上的排除。比如，丁声树等（1961：56）给"补语"下的定义是："补语是动词或形容词后面的补充说明成分。"按照这种定义，连动结构中表目的的VP_2同样有资格被看作"补语"；朱德熙（1982：125）对于"补语"的限制比较严格，认为"补语的作用在于说明动作的结果或状态"，但凭什么只有表示结果或状态的谓词性成分才能算"补语"？这是一个未加说明和论证的问题。可见，不管是着眼于"补语""动补结构"概念本身，还是着眼于"连动结构"的句法性质，表目的关系的连动结构和动补结构之间的关系都有必要再做一番细致的探讨。

有必要说明的是，现行语法体系中的"补语"虽然包括了多种多样的小类（结果补语、趋向补语、程度补语、状态补语……），"是一群非常不同质的成分的总称，唯一的共同点是语序在谓词之后"（刘丹青2005）、"几乎成为一个垃圾桶"（金立鑫2011），不过，"我们至少应该承认，各

[①] 可参阅王占华、杨光俊等《汉语的补语与补语教学——2013"汉语与汉语教学研究座谈会"》，《汉语与汉语教学研究》2013年4月号。

类补语表达一个共同的抽象的'结果'义"（沈家煊 2010）。现行语法体系之中的"补语"倾向于用来指称结果性的成分，这是能够看得出的，各小类的补语可能只是在其所表"结果"的抽象程度上有差别。所以，为便于集中讨论问题，下文将选择动结式这类典型的表示结果义的动补结构作为参照比较对象，探讨它和表目的的连动结构之间的相似程度，这当中还会牵扯到兼语（递系）式的问题。

兼语式和连动式一样，也是现代汉语句法结构分类时的一个剩余产物，它的前后两个直接成分之间是"一种未定名的特殊关系""不是动宾、动补、状动、复句等现有的语法关系"（杨成凯 1984）。不过，不少学者已经意识到，兼语式其实是一种前中心的句法结构①（Huang 1982；Li 1985、1990；汤廷池 2000；邢欣 2004；李京廉、刘娟 2005；杨亦鸣、蔡冰 2011），其核心主张均是兼语式的第二动词为非限定动词，将兼语式看作宾语控制结构（object control construction），认为兼语式的 V_2 之前存在一个空主语 PRO，该空主语受 V_1 宾语的控制。不过，在证明兼语式中的 V_2 是非限定动词时，上述学者所采用的标准并不统一，如 Huang（1982）主张通过用能否和情态动词（modal verb）和体标记（aspectual marker）共现来区分限定动词和非限定动词，认为兼语式中的 V_2 不能和体标记、情态动词共现，因此是非限定动词；Li（1985、1990）主张"会""要"只能与限定动词共现，兼语式的 V_2 不能与其共现，因此是非限定动词；邢欣（2004）、李京廉和刘娟（2005）认为，只有限定动词才可受时间状语"已经""正在""将要"的修饰，兼语式中的 V_2 不能接受上述时间词的修饰，因此是非限定动词。当然，这些标准是否可靠、在多大程度上可靠还是需要再琢磨的，这个问题我们不打算展开。这里我们只想补充一项证据，以证明兼语式的 V_2 不可能是结构的中心。在上一章我们看到，状中结构以及前中心的连动结构，如果需要重复一个动词的话，那么只能重复后一个动词，重复之后该动词的后面还可再带上时量、动量宾语，在这一点上，兼语式的表现与它们刚好相反，只能重复 V_1，不能重复 V_2，这就

---

① 与连动式相同，兼语式同样是一个非常庞杂的类别，本书谈及兼语式时指的是典型的带有致使义的兼语式，"喜欢她漂亮""买了一本书缺两页"等结构是否应当称作兼语式尚存争议（杨因 1982、孟琮等 1987、邢欣 2004），本书不予考虑。

可以说明，兼语式的 V_1 才是中心动词。

（52）a. 老师催他交作业→

老师催他交作业催了一天了

＊老师催他交作业交了一天了

b. 妈妈劝他考大学→

妈妈劝他考大学劝了一年了

＊妈妈劝他考大学考了一年了

c. 我约小王看电影→

我约小王看电影约了好几次

＊我约小王看电影看了好几次

d. 群众推举他当代表→

群众推举他当代表推举了好些回

＊群众推举他当代表当了好些回

兼语式的 V_1 是中心动词，这也符合多数人的语感，这一点确如史存直（1986）和邢欣（2004）所言，"谓语的中心词只会是 V_1，不会是 V_2"（史存直 1986：488）、"关于 V_1。毫无疑问，一般人也都看作谓语的中心词。"（邢欣 2004：104）只不过，很少见到明言罢了，更多的是一种心照不宣。

既然兼语式是前中心，那么它就同样有可能和动补结构发生纠缠。事实上，汉语学界也一直有学者主张将兼语式归入动补结构（高名凯 1948；史存直 1954；萧璋 1956；马忠 1961；李临定、范方莲 1961；吕冀平 1979；刘特如 1983；李临定 1986；范晓 1980、1998、2009；邓思颖 2010；陆丙甫 2010 等）。比如，李临定、范方莲（1961）认为"鼓励儿子报名参军"中的"报名参军"并非"儿子"的谓语，而实则是"表示前面谓语的目的的补语"；范晓（1998：82）认为："兼语短语其实是一种特殊的动补短语""动 2 是补充说明'动$_2$+宾'的"，之所以采用"兼语"的说法也完全是"为了照顾到当前语法教科书的习惯"；邓思颖（2010：187）认为："述补结构和兼语结构的'本质'是一样的""兼语句的第一个动词和第二个动词构成了述补关系，前者是'主要谓语'，后者是次要的'结果补语'""无论把兼语结构并入述补结构，还是把述补结构并入兼语结构，在汉语语法学上都并无不妥"；陆丙甫（2010：163、216）认为兼语式 VOC 和动结式 VCO 的深层形式是一样的，差别只在于一些表层的形式和意义。

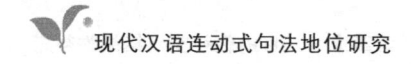

尽管汉语学界从来不乏取消兼语式、将其归入动补结构的主张，不过，目前语法体系之下的动补结构显然无法收容兼语式（V_1 和 V_2 被名词性成分所隔开）。

总的来看，兼语式、"动作—目的"类连动式、"规约目的"类连动式这三种前中心的结构和动补结构究竟是一种什么关系，都有必要再作更细致的说明与解释，而事件整合恰恰又能为我们提供一个看待问题的思路。

4.2.2 视点反转与补充性背景

在第三章我们看到，从并列结构到状中结构存在一个事件整合的连续统，一些不同小类的连动结构其实是处于这个连续统上的不同位置，从连续统的左端（并列结构）至连续统的右端（状中结构）是一个渐进的过程。具体表现是：事件整合程度越来越高、V_2 的中心身份越来越明确。这个连续统的建立至少可以提醒我们，对于"中心"不可做狭隘的理解，是不是"中心"实际上是个程度的问题。就本章所关心的问题而言，这种认识仍具有很大的启发性和指导意义。我们完全可以设想存在另外一个事件整合的连续统，在这个连续统之上，随着事件整合程度的提高，V_1 的中心身份越来越稳固，V_2 的补充性质则越来越明显。在第三章，我们从视点转移的角度对事件和结构类型之间的过渡现象予以了解释，这一认知解释也可同样运用到本章所关心的问题之中。试看图 4-2：

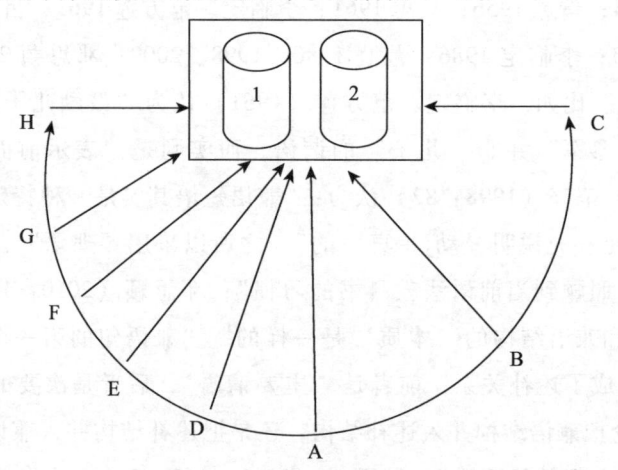

图 4-2 视点反转与补充性背景

第四章 从目的性补充到结果性补充

第三章的研究显示，从视点 A 向视点 C 的转移过程，就是事件一和事件二整合程度不断提高的过程，从最初观察到两个互不相干的事件，到最后只能观察到一个事件；也是事件一不断被背景化的过程，从 A 视点来看，事件一和事件二互不为背景，从 C 视点来看，事件一完全成为事件二的背景，自身得不到表述；还是结构类型过渡的连续统，A 视点对应于并列结构，C 视点对应于状中结构，而一些连动结构（"先后动作"类、"时间限定"类、"方式—动作"类）正处于视点 A、C 之间的过渡地带，从 A 至 C，V_1 的附加、背景性质越来越明显，相应地 V_2 的中心身份也就越来越稳固。

不妨继续设想，如果把我们之前观察事件一和事件二的顺序进行反转（reverse）的话，那么，将会看到一番不同的景象。当视点由 A 沿顺时针方向向 H 转移时，那么事件一将越来越成为主要事件，而事件二则越来越成为背景性的附加事件，下文用图 4-3 表示视点在由 A 向 H 转移时所造成的视觉印象以及心理表征。

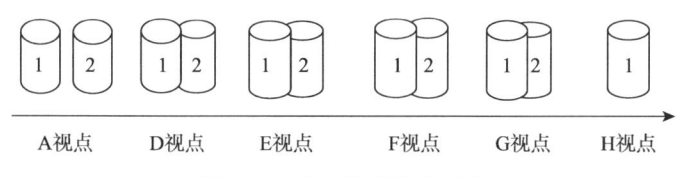

图 4-3　补充性背景的深化

从 A 视点观察，事件一和事件二为两个互不相干的独立事件，随着视点由 A 至 H 的推移，事件一和事件二之间的关系越来越紧密，整合程度越来越高，越来越容易被感知为一个事件，在这一过程中，事件一不断得到凸显和侧重，事件二则不断沦为背景性的事件。

需要说明的是，从认知上来讲，所谓背景事件，既可出现在前景（图形）事件之前，又可出现在前景事件之后。也就是说背景事件与它出现的线性位置无关，出现在前的不一定都是背景，出现在后的也不见得就不可能是背景（参阅 Talmy 2000：Chap5）。这可以用英语中的状语从句进行说明：

(53) a. **When I got home**, my family were already having dinner.

b. **In order to earn more money**, he works hard all day and night.

c. My family were already having dinner **when I got home**.

d. He works hard all day and night **in order to earn more money**.

（53）中的状语从句具有不同的线性位置，既能出现在主句之前，又能出现在主句之后，不过，不管它们的线性位置如何变化，都不能改变状语从句表达背景事件这一事实。这说明所谓的背景不一定先于图形而出现，它完全可以出现在图形之后。

尽管背景可以出现在图形之后，不过在传统认识中人们更易于接受背景在前的情况，当一个背景事件出现在后时，人们通常把它理解为一种补充事件：对于主要事件予以完善、补充。其实，无论是次要事件出现在前还是出现在后，本质上都可看作背景事件，只不过出现在前时是一种铺垫性的背景，出现在后时是一种补充性的背景罢了。从图4-3中可以看到，随着视点由A向H的转移，事件一和事件二的整合程度越来越高，同时，在这一过程中，事件二越来越失去独立的事件表达能力，而它背景性（补充性）的作用则越来越强：由A视点来看，事件二完全是一个独立事件，谈不上对事件一进行补充，由H视点来看，事件二已得不到表述，完全被事件一所压制，彻底成为事件一的背景性补充成分，在A视点和H视点之间则是一个连续的过渡过程。

比较前章的图3-3和本章的图4-3，不难发现这二者虽然在整合的方向上是相反的，但都包含着一定的共性，即两个事件整合的程度始终与其中一个事件的背景化程度呈正相关。所不同的仅在于，在图3-3中是事件一在背景化，充当事件二的铺垫性背景；在图4-3中是事件二在背景化，充当事件一的补充性背景。正是由于整合程度和背景化程度呈正相关，所以我们就可以通过事件之间的整合程度来衡量背景化的程度。在上一章我们已经看到，随着右向整合（rightward integration）程度的提升，事件一铺垫性背景的作用越来越明显，整个句法结构的性质也就越偏向于状中结构；在本章中我们仍可利用背景化程度和整合程度的正相关性，从左向整合（leftward integration）的程度来观测背景化的程度，具体来说，对于前中心的结构而言，如果两个事件的整合程度越高，那么事件二补充性背景的作用也就越显著，如果两个事件的整合程度越低，那么事件二补充性背景的作用也就越不显著。下文我们将依据这一原理，通过整合程度的高低来构建另一个事件整合的连续统，这个连续统是事件二补充性背景的作用逐渐凸显的过程，从结构类型上来说，也就是整个句法结构逐渐接近于动补结构的过程。

4.3 几类结构的整合程度及其语法表现

前文已述,"动作—目的"类连动结构、"规约目的"类连动结构以及兼语结构都是前中心的结构,它们和动补结构之间的关系是不够明晰的。在这一节我们将通过考察"动作—目的"类连动结构、"规约目的"类连动结构、兼语结构以及动结式这四类结构的整合程度来反映 V_2 补充性作用的大小,整合程度越高结构,其 V_2 的补充作用就越强。

在这四种结构之中,动结式的整合程度最高,这一点从形式上即能看出。动结式的 V_1 和 V_2 相邻,而其他三类结构的 V_1 和 V_2 均不能直接相邻,通常需要被 V_1 的宾语所隔开①。形式上的相邻与否反映了概念距离上的远近(距离象似动因,Haiman 1983),两个子事件在概念距离上的接近也就意味着它们发生整合的可能性越大、整合的程度也就越紧密,越易被当作一个事件处理。也就是说,两个动词的临近程度(the degree of proximity)反映了事件整合的强度(Givón 2001:64),在这方面,动结式明显要高于其他三类结构。其次,动结式发生了论元整合(argument integration),即它的论元结构不是由 V_1、V_2 的论元结构简单组合而得,而其他三类结构的论元结构都表现出一定的组合性质(compositional),都可由 V_1 和 V_2 的论元结构组合而得。朱德熙(1978)尝试把"向"的概念推广到动词性结构上,认为动词性结构也有单向、双向、三向的区别,如"我陪他看电影""我用这把刀切肉"都是三向的动词性结构。从结构式的"向"来看,目的类连动式、兼语式的"向"都可由 V_1、V_2 的"向"直接推导而来:V_1、V_2 的"向"相加,然后减去同指论元的数目就是整个结构式的"向"。②

(54)

	V_1 的向	V_2 的向	同指论元数目	结构式的向
a. 我买支毛笔写标语	2	+ 2	− 1	= 3

---

① 带"来""去"等趋向动词的连动结构不受此限制。
② 连动式和兼语式中必须删除同指论元,这个过程叫作"论元共享",后面第五章会对此再做说明。论元共享现象可看作论元整合的开始,不过还只是一种相当低程度的论元整合。

b. 我买饭吃　　　　　2　＋　2　－　2　＝　2
　　c. 我选他当代表　　　 2　＋　2　－　1　＝　3

　　(54)中的a、b、c分别是"动作—目的"类连动式、"规约目的"类连动式、兼语式。它们的"向"均可由V_1、V_2的"向"简单推导而来。而动结式的"向""并不简单地等于其述语动词和补语动词的价之和减去共价和消价数"(袁毓林2001)。论元结构的整合是深度整合的表现，它说明动结式的整合程度远远高于其他三类结构。

　　动结式的高度整合还反映在它的两个动词之间只能插入"得"和"不"，而不能插入任何其他成分上，其他三类结构则可以：

　　(55)a. 他洗干净了衣服→＊他洗很快干净了衣服
　　　　 b. 我们请他参加舞会→我们请他放心地参加舞会
　　　　 c. 他买了本小说看→他买了本小说兴致勃勃地看
　　　　 d. 他打了个电话报警→他打了个电话吞吞吐吐地报警

　　此外，动结式中的两个子事件在时间和空间上也高度整合。在时间上，表结果的事件二紧接着表原因的事件一发生，中间一般不允许出现较长时间间隔，如"摔破了杯子"，"摔杯子"发生之后，"杯子破"也就随即发生。再如，"他跑累了"，"他跑"和"他累"甚至可以认为是同时进行的两个事件，它们的时间间隔更短：在"跑"的过程中不断变"累"；在空间上，动结式中的两个子事件一般也在同一场所发生，如"洗干净了衣服"，"洗衣服"的地方也就是衣服变得"干净"的地方。当然，上述分析是针对通常情形而言的，少数动结式中的两个子事件似乎也有不发生时间、空间整合的可能，如"潘金莲毒死了武大郎"，潘金莲给武大郎下毒之后，武大郎不一定立刻就死，潘金莲下毒的地方也不一定就是武大郎死的地方。不过这种分析纯粹是在事理逻辑层面上进行的，从结构形式上来看，动结式中的两个子事件仍然在时间和空间上整合。一个明显的证据就是，动结式的V_1和V_2之间不能再插入表时间或处所的词语，以起限定V_2的作用：

　　(56)a. 潘金莲毒死了武大郎→潘金莲刚才毒死了武大郎
　　　　　　　　　　＊潘金莲刚才毒现在死了武大郎
　　　　 b. 潘金莲毒死了武大郎→潘金莲在家毒死了武大郎
　　　　　　　　　　＊潘金莲在家毒在街上死了武大郎

从纯粹的事理逻辑上来讲，(56) 中的两个子事件并不一定在时间和空间上重合，不过就结构形式来说，表时间和处所的词语只能出现在动结式之前，对 V_1V_2 予以整体性的时空限定，不能插在 V_1 和 V_2 之间，只限定 V_2 而不限定 V_1。这说明，动结式的整合程度很高，当中的两个子事件被强制性地放入同一个时间和空间场景之内。而"兼语式"、"规约目的"类连动式、"动作—目的"类连动式在时间、空间的整合程度上都低于动结式，V_1 和 V_2 之间也能插入表时间和处所的词语。

(57) a. 同学请我看电影 → 同学请我明天看电影
　　　　　　　　　　　同学请我去电影院看电影
　　b. 我买了本小说看 → 我买了本小说明天看
　　　　　　　　　　　我买了本小说回家看
　　c. 我买了支笔练书法→ 我买了支笔以后练书法
　　　　　　　　　　　我买了支笔在家练书法

(57) 中的例句，V_1 和 V_2 之间均可再插入表时间和处所的词语，对 V_2 予以单独限定：例如，"同学"可能是今天就邀请"我"了，不过"看电影"是在"明天"发生，二者在时间上不重合；"同学"可能是在学校向"我"发出的邀请，不过"看电影"是发生在电影院，二者在空间上也不重合……综合上述各方面的表现来看，动结式的整合程度要高于其他几类前中心的结构式。

兼语式的整合程度虽然低于动结式，却高于"规约目的"类连动式和"动作—目的"类连动式。这可以从完整体标记"了"的位置看得出来。"了"有标记事件整体性的功能，即它可以反映事件的整体性质，指明其不可分解或不必分解。在"动作—目的"类连动式和"规约目的"类连动式中，V_1、V_2 通常被"了"所隔开，这说明，它们当中的两个子事件整合程度不高，容易被当作两个事件。

(58) a. 买了本书看
　　b. 倒了杯茶喝
　　c. 买了支笔画画
　　d. 借了把刀切肉

兼语式的 V_1 之后可以出现"了"，不过"了"出现在 V_1 之后的频率

要远低于它出现在 V_2 之后的频率，不少情况下，"了"甚至只能出现在 V_2 之后，不能出现在 V_1 之后①。

(59) a. 县里派了辆警车开道

b. 县里派辆警车开了道

c. *他请了我看电影

d. 他请我看了电影

e. *公司让了他去一趟北京

f. 公司让他去了一趟北京

g. *学校逼了他交学费

h. 学校逼他交了学费

(59a、59b)说明兼语式的 V_1 和 V_2 之后都有出现"了"的可能，不过这种情况不占优势；在多数情况下"了"只能出现在 V_2 之后，不能出现在 V_1 之后，如(59c—h)。据邢欣(2004：22－26)对兼语式中体标记的考察，"了"在"大多数"情况下均出现在 V_2 之后；宋文辉(2010)的考察也表明，兼语式中"了"与 V_1 结合的情况"不占主流"，"了""倾向于和 V_2 结合"。"了"倾向于出现在 V_2 之后，这说明兼语式的整合程度较高，V_1 和 V_2 倾向于被当作一个整体性的事件②，而不是分解为两个事件。"了"标记整体事件的一个极端例子是动结式，动结式如果带有"了"，那么"了"只能出现在 V_2 之后，不能出现在 V_1 之后("打破了"、*"打了破")，这也进一步说明动结式的整合程度相当之高。综合完整体标记"了"在这四类结构中的出现位置以及出现频率来看，动结式的整合程度最高，"了"只能出现在 V_2 之后；兼语式的整合程度低于动结式，"了"通常出现在 V_2 之后，不过有时也会出现在 V_1 之后；"规约目的"类、"动作—目的"类连动式的整合程度最低，"了"只能出现在 V_1 之后，不能出现在 V_2 之后。③

---

① 由此可见，有些学者所声称的"了"不能出现在兼语式的 V_2 之后并不可靠。前文说兼语式的 V_1 是中心动词，不过"了"往往走出现在兼语式的 V_2 之后，我们认为这种情况有其特殊原因，即兼语式的整合程度较高，"了"出现在 V_1 之后会破坏兼语式的整体性解读。

② 宋文辉(2010)亦有此主张，认为"了"等体标记优先与 V_2 结合的事实说明"兼语句小句整合程度较高"。此外，宋文也依据一些其他标准证明了兼语式的整合程度高于连动式，可参看。

③ "动作—目的"类连动式的 V_2 之后也可出现"了"，不过此时是作"方式—动作"解读，参看前文。另可参看 Hwang(2008：148)的解释与说明。

为直观起见，现将上述对几类结构式整合程度的判定过程重新整理为表4-1：

表4-1 动结式、兼语式及两类连动式整合程度的判断标准

	动词相邻	论元结构整合	时空重合	动词不被完整体标记隔开
动结式	+	+	+	+
兼语式	−	−	−	+/−
"规约目的"类连动式	−	−	−	−
"动作—目的"类连动式	−	−	−	−

从表4-1中可以看出，动结式在衡量整合程度的几项指标中均取正值，它的整合程度在这几类结构式中最高；目的类连动式在衡量整合程度的几项指标中均取负值，它们的整合程度在这几类结构式中最低。需要说明的是，从表4-1中还不能看出"规约目的"类连动式和"动作—目的"类连动式在整合程度上有何差别，不过进一步的观察就会发现，"规约目的"类连动式和"动作—目的"类连动式虽然 VP$_2$ 都是表目的的成分，不过前者的整合程度高于后者。这是因为，第一，规约目的不同于一般的目的，它是一种常态化的目的，具有"强制性"和"非反预期性"，因此，相对于一般的目的而言，规约目的与动作之间的语义联系更加紧密，前文的例（4）—（6）就已经说明了这一点；第二，相对于"动作—目的"类连动式而言，"规约目的"类连动式中的两个事件共享了更多的参与者，前者中的两个动词只共享施事论元，而后者中的两个动词不仅共享施事论元而且还共享受事论元。根据 Givón（2001：50），"所指整合"（referential integration）是反映事件整合程度的一项重要指标，两个事件共享越多的参与者，那么这两个事件的整合程度也就越高。从这一点来看，"规约目的"类连动式的整合程度也是高于"动作—目的"类连动式。

综合以上讨论，本章所涉及的四种结构虽然都是前中心，且都代表了一个复合性的整体事件，不过它们的子事件在整合程度上存在差异，整合程度最高的是动结式，其次是兼语式，再者是"规约目的"类连动式，最后是"动作—目的"类连动式。

4.4 补语化连续统

在 4.3 节我们考察了几类前中心结构的整合程度，所得结论可以用下文的连续统来表示。

(60)[①]

"动作—目的"类连动式 < "规约目的"类连动式 < 兼语式 < 动结式

在 4.2 节我们已经做过说明，对于前中心的结构而言，整合程度的高低对应于它们 VP_2 补语化的程度，二者呈正相关，即整合程度越高，后一事件就越会丧失其独立地位，越会在更大程度上充当前一事件的补充性背景。那么，(60) 这个事件整合程度的连续统实际上也就是它们 VP_2 补语化程度的连续统：动结式的整合程度最高，它的 V_2 是最典型的补语；"动作—目的"类连动式的整合程度最低，它的 VP_2 离典型的补语最远；"规约目的"类连动式和兼语式中的 VP_2 则处于这个补语化连续统的中间地带。

上述连续统从结构类型上来看，是一个不断接近动补结构的过程；从语义上来看，则是 VP_2 从目的性成分向结果性成分过渡的过程。"目的"和"结果"这两个概念密切相关，因此，从目的向结果的过渡也很自然。所谓的"目的"其实也就是"想要得到的结果"（中国社科院语言研究所词典编辑室 2005：971）和"预期的效果"（吕叔湘 1944/2002：406），正因为"目的"和"结果"是相通的，所以不少语言都采用同一语法形式来表达这两个临近概念。比如，古代汉语中的连词"以"就既可用来表达客观之结果，又可用来表达主观之目的。

(61) a. 四月，郑人侵卫牧，以报东门之役。（《左传·隐五·四》）
　　 b. 命子封帅车二百乘以伐京。（《左传·隐一》）
　　 c. 十三年春，会于北杏，以平宋乱。（《左传·庄一三·一》）
　　 d. 象有齿以焚其身，贿也。（《左传·襄二四·二》）
　　 e. 今天子不忍小忿以弃郑亲，其若之何？
　　　　　　　　　　　　　　　　　　（《左传·僖二四·二》）

[①] "<"读作"整合程度低于……"。

第四章 从目的性补充到结果性补充

f. 不谷不德而贪，**以**遇大敌，不谷之罪也。

（《左传·宣十二·二》）

(61a—c) 中的"以"引出的是目的性成分，如 b 例中"帅车二百乘"的目的是"伐京"；(61d—f) 中的"以"引出的是结果性的成分，如 d 例中"象有齿"的结果是"焚其身"。将目的和结果看作类似或相近的概念，并用同一个语法形式来表达，实际上是人类语言的一种共性，并非汉语所独有，如英语中的"so that"既可以看作目的连词，又可以看作结果连词。

(62)   Dixon (2011b)

a. He got up early, **so that** he should be able to catch the early train.

b. It rained on Saturday, **so that** we could not hold the planned picnic.

(62a) 中的"so that"引导的是一个表目的的分句："**为了**搭上早班车，他早早起了床"；(62b) 中的"so that"引导的是一个表结果的分句："周六下雨了，**所以**我们没能按计划举行野餐"。

同样的现象在其他语言中也十分常见，如在澳大利亚的土著语言 Yidiñ 语、Martuthunira 语、古代闪米特语（Semitic）中的 Akkadian 语中，也发现目的关系、结果关系由同一个语法形式所表达的情况（Dixon 2011b）。以下是 Yidiñ 语和 Drehu 语中的例子：

(63) Yidiñ 语   Dixon (2011b)

a. ŋayu   bila:-ñ   dugu:-da   wuna:**-na**.

   我   进-PAST   小屋-LOCATIVE   躺下-**PURPOSE**

   "我进入了小屋，以便躺下。"

b. ŋayu   maŋga:-ñ bama:-l   banji:l-da**-na**.

   我   笑-PAST   人们-ERGATIVE 发现-COMING-**RESULT**

   "（我正藏着，希望不被发现，但是）我笑了，结果被人们发现了。"

(63) 中的动词后缀"-na"既能标记目的，也能标记结果。"我进屋"的目的是"躺下"，"我笑"的结果是"被人们发现了"。

(64) Drehu 语   Moyse-Faurie & Lynch (2004:458)

a. Angaatr palahi a hnyima **nge** angeic la a treiji

   他们   一直 PRES 笑   CONJ 他   这 PRES 哭

   "他们一直笑，所以他哭了。"

b. Nyidroti palahi a lapa **nge** nyidroti a mekun la lue.

她 RESP 一直 PRES 留 CONJ 她 RESP PRES 考虑 ART 结婚请求

"她一直留在那儿，以便考虑那个结婚请求。"

（64a）中，"他们一直笑"导致了"他哭"，因此，连词"nge"相当于表结果的"所以"；（64b）中，"她一直留在那儿"为的是"考虑结婚请求"，因此，连词"nge"相当于表目的的"为了"。

例（61）—（64）中，同一个语法形式既能表达"目的"又可表达"结果"，这说明"目的"和"结果"这两个概念密切相关，二者之间不是一种偶发性的联系，而应该是在人类的概念空间之中具有内在的关联性。

"目的"和"结果"相通，但不完全相同。"目的"作为一种"想要得到的结果"具有非现实性，"后果是当作既成事实说的，目的是当作未成事实说的"（吕叔湘 1944/2002：405）。现代汉语中没有专门表达非现实语义的体标记，不过表目的的动词性成分或分句中却也绝不能出现完成体标记，否则就会破坏"目的"解读。处于已然状态下的"目的"往往可以作"结果"解读，试比较下文的例（65）与例（66）。

（65）a. 他努力学习的**目的**是考上名牌大学。

b. *他努力学习的**目的**是考上了名牌大学。

c. 他努力学习的**结果**是考上了名牌大学。

（66）a. 他天天努力学习，**以图**考上名牌大学。

b. *他天天努力学习，**以图**考上了名牌大学。

c. 他天天努力学习，**所以**考上了名牌大学。

例（65）（66）中的"目的"（"考上名牌大学"）一旦实现，就成了"结果"，不能再理解为"目的"。

"目的"的非现实性与它之前的动作行为的现实/非现实无关，无论动作行为是现实的还是非现实的，都要求保证"目的"的非现实性。试看下例：

（67）a. 为了考上名牌大学，他去年拼命学习。

b. *为了考上了名牌大学，他去年拼命学习。

c. 为了后年考上名牌大学，他明年准备拼命学习。

d. *为了后年考上了名牌大学，他明年准备拼命学习。

（67a）中的"拼命学习"是已然的（由"去年"所标示），不过"拼命学习"的"目的"("考上名牌大学")是否已经实现不得而知,"他"通过去年一年的学习,有可能现在已经达到了"考上名牌大学"的目的,也可能没有。不过,尽管存在两种情况(目的已实现和目的未实现),表"目的"的动词之后还是绝不能出现完成体标记"了",如(67b)所示。(67c)中的"拼命学习"是未然的(由"明年"所标示),它的"目的"更不可能已经实现,故还是难以在表"目的"的动词之后加"了",如(67d)所示。

以上讨论说明"目的"和"结果"这两个概念密切相连;"目的"可以理解为未然的"结果";"目的"具有未然性,"结果"具有已然性。下文回到本章所讨论的四类结构,"动作—目的"类连动结构和"规约目的"类连动结构典型地表达了"目的"关系,即:VP_2 是 VP_1 的目的。这也就决定了在这两类结构中,完成体标记"了"只能出现在 V_1 之后,"了"一旦出现在 V_2 之后,就会破坏"目的"解读。前文 4.2 节曾说"动作—目的"类连动结构具有两种理解的可能性:理解为"动作—目的"时,"了"出现在 V_1 之后,理解为"方式—动作"时,"了"出现在 V_2 之后。其根本原因也就在于"目的"成分必须是未然的,若要维持"目的"关系,"了"就不能出现在 V_2 之后。

(68) a. 他借了把杀猪刀杀猪→他借了把杀猪刀[以便]杀猪
　　　b. 他回了趟老家看望父母→他回了趟老家[以便]看望父母
　　　c. 他借把杀猪刀杀了猪→*他借把杀猪刀[以便]杀了猪①
　　　d. 他回老家看望了父母→*他回老家[以便]看望了父母

(68a、68b)中,"了"出现在 V_1 之后,VP_2 作目的解读,可在 VP_2 之前插入"以便"以明确 VP_2 是目的;(68c、68d)中,"了"出现在 V_2 之后,VP_2 便不能再作目的的解读,VP_2 之前插入目的标记"以便"之后,句子变得不合法。可见,以往有些学者(Paul 2008;邓思颖 2010 等)通过"了"的位置来分化"动作—目的"类连动结构的多义性,并进而判定结构中心的做法背后实际上有着更深层次的理据:"目的"成分与已然性相排斥。

接下来再看看兼语式的情况。兼语式的 VP_2 在我们看来也是表示 VP_1 的目的,试看下例(69):

---

① 此句若成立的话,"了"一定是作"掉"理解。

(69) a. 小丽请我看电影

　　b. 我们选他当班长

　　c. 领导逼他做检讨

　　d. 老师催他交作业

(69a) 中"小丽请我"的目的是"让我看电影";(69b) 中"我们选他"的目的是"让他当班长";(69c) 中"领导逼他"的目的是"让他做检讨";(69d) 中"老师催他"的目的是"让他交作业"。与前文讨论的目的类连动式不同的是,连动式的 VP$_2$ 表示希望自己能够怎么样,而兼语式的 VP$_2$ 表示希望别人能够怎么样,不过,本质上二者的 VP$_2$ 都是施事主语的目的。兼语式中的 VP$_2$ 可以理解为目的,"后一个动词是补充前一个动词及其宾语的目的"（马忠 1961）、后一个动词"表示要求、指使的目的"（张志公 1956;史存直 1986）还可以从下文的变换式中看出:

(70) a. 小丽请我看电影→小丽请我是为了让我看电影

　　b. 我们选他当班长→我们选他是为了让他当班长

　　c. 领导逼他做检讨→领导逼他是为了让他做检讨

　　d. 老师催他交作业→老师催他是为了让他交作业

以往不少论著认为兼语式表达的是"原因—结果"关系,如认为:"第二个动词是第一个动词引起的结果"（孟琮等 1987）;"兼语式的 V$_2$ 都是 V$_1$ 所导致的结果"（邢欣 2004:111）;"兼语式在语义上表达的是一种因果关系"（李香玲 2011:48）。其实,准确说来,兼语式的 VP$_2$ 一般表示 VP$_1$ 的"目的",而非"结果"。如例 (69) 中,VP$_2$ 都是未然的"目的",不是已然的"结果",可以对 VP$_2$ 再进行否定:

(71) a. 小丽请我看电影,可是我就是不看

　　b. 我们选他当班长,可是他就是不当

　　c. 领导逼他做检讨,可是他坚决不做

　　d. 老师催他交作业,可是他始终不交

上述例子说明,兼语式的 VP$_2$ 只是"目的",还不是"结果"。

不过,将兼语式的 VP$_2$ 理解为 VP$_1$ 的"结果"也并非毫无根据。由于兼语式的整合程度较高,所以"了"很难插在 V$_1$ 和 V$_2$ 之间,通常只能出现在 V$_2$ 之后（见前文）,也就是说,兼语式整合程度较高所带来的一个附

带后果就是完成体标记"了"通常只能出现在 V_2 之后，而正是这一附带后果进而导致了兼语式的 VP_2 被理解为"结果"。如前文所说，"目的"和"结果"相通，处于已然状态下的"目的"被理解为"结果"是一种正常现象，对于兼语式的 VP_2 来说亦是如此。

(72) a. ＊小丽请我看了电影，可是我没看
    b. ＊我们选他当了班长，可是他没当
    c. ＊领导逼他做了检讨，可是他没做
    d. ＊老师催他交了作业，可是他没交

如（72）所示，兼语式的 V_2 一旦带上"了"，就成了 VP_1 的"结果"，不能再作"目的"理解。

此外，V_1 是虚义致使动词的兼语式，V_2 往往也只能理解为"结果"，不能理解为"目的"。

(73) a. 他的言行让我难受半天
    b. 你的遭遇令我大吃一惊

综合来看，兼语式的 VP_2 整体上表达 VP_1 的"目的"，不过由于 VP_2 经常处于已然状态之下，所以又可以分析为 VP_1 的"结果"，笼统地说兼语式的 VP_2 是"目的"或"结果"都难以圆满解释所有现象，兼语式 VP_2 所表达的语义实际上有双重分析的可能，在不同条件下偏向于不同的理解，可看作"目的"和"结果"之间的过渡状态，不妨记作"目的/结果"。

这样，前文所列出的补语化程度的连续统，在语义上就对应于从"目的"义向"结果"义逐渐过渡的连续统：

目的＜规约目的＜目的/结果＜结果

综合以上讨论，从"动作—目的"类连动式，到"规约目的"类连动式，到兼语式，再到动结式，从整合程度来看，是一个整合程度不断提高的过程：随着整合程度的提高，V_2 的补充性功能也越来越强，V_1 的中心身份也越来越稳固，至动结式时，V_2 大多数由形容词充任，已很难与 V_1 争夺中心资格[①]；从语义类型上来看，是一个 VP_2 由表"目的"向表"结果"过渡的过程；从结构类型来看，是一个不断接近动补结构的过程，

---

① 袁毓林（2000b）指出，述结式的述语绝大多数是动词，极少数是形容词，述结式的整体功能和作述语的动词相当，因而作述语的动词更像是述结式的结构中心。

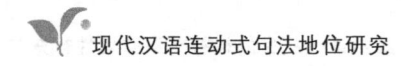

VP_2 越来越接近于典型的补语。以上结论可用图 4-4 表示：

```
"动作—目的"连动式  "规约目的"连动式  兼语式    动结式
————————————————————————————————————————————————→
语义类型：目的                                结果
整合程度：低                                  高
结构类型：连动                                动补
```

图 4-4 两类连动式、兼语式、动结式之间的过渡

以往有学者注意到，表目的的成分难以成为结构的中心，因而称呼它们为"补语"（高名凯 1948；张志公 1953；史存直 1986）或认为它们"等于补语"（王力 1989），不过，目前语法体系之下的"补语"只能包含整合程度较高的结果性成分，不能涵盖住整合程度较低的目的性成分。正是由于"补语""动补"范围的缩小，所以已无法容纳同样是前中心的"动作—目的""规约目的"类连动结构。目前，仍有学者主张将表目的的连动结构归入动补结构（邓思颖 2010 等），甚至有主张将连动结构全部归入动补结构者（杨永忠 2009），这些主张首先面临的一个问题就是如何来理解"补语"。如果把上述两类表目的的连动结构归入动补结构，那么势必会对目前通行意义上的"补语"造成冲击，导致其范围的扩大，而这也必将付出更大的代价，恐怕很难为大多数学者所接受。

相对于 VP_2 表目的的连动式，兼语式的整合程度更高，VP_2 的补充意味更强，更接近于动补结构。有些兼语式甚至可以变换为动结式：

(74) a. 逗她笑→把她逗笑

b. 请他来→把他请来

c. 赶他走→把他赶走

d. 叫他出来→把他叫出来

(74) 还主要是着眼于现代汉语普通话共时平面，从汉语史以及方言材料来看，兼语式和动结式更展现出强烈的相似性。

(75) a. 当打汝口破。　　　　　　　　　　（《太平广记》）

b. 春风复多情，吹我罗裳开。　　（《子夜四时歌·春歌》）

c. 唤江郎觉！　　　　　　　　　　　（《世说新语》）

d. 今当打汝两前齿折。　　　　　　　　　（《贤愚经》）

(75) 这类结构究竟是应当看作"兼语式"/"递系式"（志村良治

1995;宋绍年 1994;吴福祥 1999;梁银峰 2001)还是应当看作"隔开式动补结构"/"分用式动结式"(梅祖麟 1991;蒋绍愚 2005)在汉语史学界人们一直争论不休、难有定论。不过,不管争论的最终结果将会如何,这种经年不衰的争论至少能够说明,兼语式和动结式之间并没有一个泾渭分明的界限,二者之间的相似性导致了一些模糊或两可局面的出现。

从方言材料来看,兼语式在一些方言中至今仍然是作为一种显赫句法结构而存在,挤占并侵吞了共同语中属于动结式的势力范围。比如,在海南屯昌方言中,兼语式就异常发达,共同语中由动结式承担的表达功能,在屯昌话中却只能由兼语式来承担:

(76)　　　　　　　　　　　　　　　　　　　　　　　钱奠香(1997)

a. 伊砍奀丛树仆各(他把树砍倒了)

b. 伊擘奀本册烂各(他把书撕烂了)

c. 我都叫伊落来各(我已经把他喊下来了)

d. 教伊八各(把他教会了)

e. 弄伊啼/笑各(把他逗哭/笑了)

兼语式在一些方言中可以代替共同语中的动结式而使用,这也说明二者在功能上有重叠或相似之处。

正是看到兼语式非常接近于动补结构,主张将兼语式归入动补结构的学者更是前仆后继、络绎不绝(史存直 1954;萧璋 1956;马忠 1961;吕冀平 1979;刘特如 1983;李临定 1986;范晓 1998;邓思颖 2010 等)。吕叔湘(1979:84-85)也认为,如果要取消兼语式,那么一个可行的处理方式就是把它们归入动补结构之中:"'你通知他来开会',<u>他来开会是通知的预期结果</u>,是一种结果补语。"尽管将兼语式归入动补结构的呼声很高,不过,当下意义上的"动补"同样无法容纳兼语式。将兼语式归入动补结构,也势必会对目前语法体系之下的"补语"造成冲击,比如李临定(1986/2011:205)主张兼语式的"动$_2$可以分析为动$_1$的补语",兼语"则是这个'动补'结构的'宾语'"。这种提议一经提出,随即便遭到反对,宋玉柱(1991a:94)针对李临定(1986)的处理方式进行质疑:"这里我们首先要问的是:什么是补语?"

至于兼语式无法归入动补结构的原因,或者说将兼语式纳入动补结构之后可能会带来的后果,杨成凯(1984)已有客观的论述,这里不妨摘录

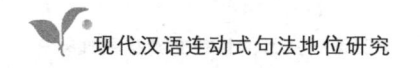

下来以作总结：

> 根据现行的语法系统，谓词短语作动词（或形容词）的补语时，要么带有形式标记"得"，例如"他逗得我们哈哈大笑"、"我批得他哑口无言"；要么紧跟在动词（或形容词）后面，例如"他说完话了"、"你可气死人了"。根本没有"动+宾+补"（其中的"补"指谓词短语）这个格式，例如不能说"他说话完了"和"你可气人死了。"
> ……
> 这些特点表明"兼语式"句跟通常所说的补语不同。如果要把它们归入动补结构，就要扩大补语的范围，并修改补语的定义。那样一来，跟管它们叫"宾语补足语"也不过是名目之争。

可见，尽管"动作—目的"类连动结构、"规约目的"类连动结构以及兼语结构都可看作前中心的结构，与动补结构的确有相似之处，不过目前语法体系之下的"动补结构"已无法再收容它们。承认目前体系下动补结构的定义并采取连续统的观点来看待它和相近结构之间的关系是一种比较稳妥和现实的做法。

4.5 小结

"动作—目的"类连动结构、"规约目的"类连动结构、兼语结构都是以 V_1 为中心，它们和动补结构之间的关系向来不甚明了。本章承接上一章的思路，通过视点反转，构建了另一个事件整合的连续统，而上述四种结构就处在这个连续统之上。从整合的方向来看，这几类结构都是左向整合的结果，即前一事件为主要事件，后一事件充当前一事件的补充性背景；从整合的程度来看，"动作—目的"类连动结构的整合程度最低，而动补结构的整合程度最高；从句法结构类型上来看，这个连续统是一个逐渐接近动补结构的过程；从语义关系来看，这个连续统是一个 VP_2 由表目的向表结果过渡的过程。着眼于结构类型，这个连续统可以叫作补语化连续统，它的构建对于实现"动作—目的"类以及"规约目的"类连动结构的句法定位起到了至关重要的作用。

第五章 从篇章性结构到句法性结构（上）

5.0 前言

篇章或话语（discourse）分析的对象主要是超句单位（陈平 1987；廖秋忠 1991；陈昌来 2002：492-495），不过对于"句"的概念学界尚存在不同理解。徐赳赳（2010：4）认为："从最底层看，两个彼此有关联的小句，就进入了篇章研究的范围。"按照这种看法，"中国传统语法中的复句研究，就是篇章研究的对象"（徐赳赳 2010：4）。我们认同这种主张，本章以及下章所言的篇章性结构指的就是传统意义上的复句结构。

在前面几章我们从整合的角度探讨了连动结构与并列、状中、动补等基本句法结构之间的区别和联系，在本章我们将继续从整合的角度检视连动结构与复句结构之间的关系。刘丹青（2012）认为，由于汉语中不存在明显的限定性和非限定性的对立，再加上主宾语的省略比较自由等因素，"汉语短语和句子的界限比较模糊，连动结构如果中间加了停顿，就转化复句"。齐沪扬、张琬（2013）指出："连动式一方面与复句紧密相连，另一方面与其他更为紧密的句法结构相连，如动补式、状中式等。"高增霞（2020：39）也认为："连动式与复句，尤其是紧缩复句边界很不清晰。"以上论述提醒我们，连动结构不仅与基本句法结构之间存在纠葛，与复句结构之间同样存在剪不断理还乱的纠葛现象。本章我们将继续采用事件整合的视角，尝试说明连动句与复句之间的系统性差异，以及二者之间的模糊、过渡现象。

本章主体包括三个部分：5.1 节简要回顾总结学界以往所提出的区分连动句和复句的各项标准，指明其可能存在的问题，并进而提出，从事件整合出发或许可以发现连动句和复句的本质性差异；5.2 节以事件整合为纲系统地探讨连动句与复句在语音、句法、语义、语用、认知等各个方面的差异及其具体表现，指出连动句与复句各方面的不同都可以在事件整合的框架下得以统摄解释；5.3 节论述连动句和复句之间的纠结现象，推测二者之间可能存在历时上的来源关系，并借此开启下一章的话题。

5.1 连动句与复句的区分

连动句在句子体系中究竟是属于单句还是属于复句，抑或属于单复句"中间环节"和"过渡位置"（宋玉柱 1988；高增霞 2006）上的"中间句"（洪心衡 1980）？这在汉语学界是个有争议的问题。一些早期汉语语法著作并不特别强调连动句与复句的差异，例如：①

(1) a. 车上的人都跳下地来，绕到车后，帮忙推车。　　　张志公（1953：191）

b. 我们完全可以依靠人民民主专政这个武器，团结全国除了反动派以外的一切人，稳步地走到目的地。　　吕叔湘、朱德熙（1952：16）

c. 我们要加强镇压反革命工作，以保障我们的胜利果实。
　　　胡附、文炼（1955：138）

d. 他脱了鞋，走进屋里去。　　　太田辰夫（1987：59）

例（1a）是张志公先生对于"连动式"的举例，在他看来，这个句子既是连动式又是复句；例（1b）是吕叔湘、朱德熙二位先生对于"复杂的谓语"的举例，在他们看来，这种情况和"许多人捧着金碗找饭"一样，都属于"一个谓语里包含两个或更多的动词"的情形；例（1c）是胡附、文炼二位先生的举例，他们用这个例子说明连动式中往往可以分别主要动词和次要动词，"以"就是次要动词的形式标志。胡附、文炼（1955：140－141）还特别强调，(1b)(1c)这种句子只能分析为单句，不能分析为复句。例（1d）是太田辰夫先生对于"连述句"的举例，他认为这种句子如果中间没有停顿，就只能看作单句，如果有了停顿，就"既可看作复句，

---

① 例（1）各句中的着重号与下划线均为原文所带。

也可看作单句"(太田辰夫 1987:52)。

可以看出,连动句和复句的界限在早期语法著作中并不明晰,造成这一问题的根源在于汉语中单句和复句的界限本身就不够明晰,连动句与复句的区分问题本质是单复句区分问题下的一个子问题。不过,恰如杨成凯(2000)后来所总结的那样,"连动式必须跟复句区分开来,否则它就没有独立存在的价值"。后世学者多通过各种各样的办法,试图将连动句限制在单句范围之内,所采取的办法和标准也常常被用来区分单复句,其主要标准可概括如下。

第一,语音停顿标准。即连动句句中没有语音停顿,凡句中出现语音停顿的(书面上用逗号表示),一律归入复句。张静(1977)、蔺璜(1983)、陈天权(1984)、宋玉柱(1984)、吴延枚(1988)、吕冀平(2000)、陈昌来(2000)、刘丹青(2012、2015)等均采用了这一标准。张静(1977)在分析"他不敢再看了,茫然地低下头去"这一句子时指出:"这种结构牵涉到单句和复句的划界问题。为了不致造成句法分析的混乱……凡是两个或几个动词谓语之间有句法上的停顿的,一律划归复句";蔺璜(1983)认为:"连动词组中的几个动词之间不能有语音停顿,一旦有了语音停顿,便成了复句";陈天权(1984)指出:"语音停顿不是人们可以随心所欲的,它是区别单句和复句、复合谓语和分句组合的重要标准之一";吴延枚(1988)认为:"复杂谓语句和某些承接复句的区别就在于一个逗号";吕冀平(2000:336)认为"车上的人都绕到车后帮忙推车"是连动式,而"车上的人都绕到车后,帮忙推车"是复句,二者的区别"关键就在于一个逗号";刘丹青(2015)指出:"VP之间停顿之有无,兹事体大。有停顿,就是并列或顺承复句……无停顿,就是连动式"。

第二,关联词语标准。即连动句中不能出现关联词语(主要是连词和一些起关联作用的副词),否则一律归入复句或者紧缩复句。李子云(1981)、蔺璜(1983)、向若(1984)、宋玉柱(1984、1986、1991a)、倪宝元和张宗正(1986)、陈建民(1986)、吴启主(1990)、高更生(1990)、郑红明(1991)、陈昌来(2000)、吕冀平(2000)、张斌(2010)等均将此作为区别连动句与复句、紧缩复句的重要标准。蔺璜(1983)认为连动词组之间"一旦有了'就、才、也、又'之类起关联作用的副词,就成了紧缩结构";宋玉柱(1986:144)比较了"他拿起铁锹跑到门外"和"学生毕业就参加祖国建设"这两个句子,指出:"有关联词的是紧缩句,没有关联词的是连谓式";吴启主(1990:23)认为:"辨认连动式和紧缩式,我们更要注重关联词语的有无:连用的两个动词结构没有使用关联词语连接的格式,可一律分析为连动式";黄伯荣、廖序东(1991:174-175)指出,"紧缩句与连谓句很像",其主要区别在于"紧缩句内有复句所具有的假设、条件等关系及其关联词语","他一坐下来就看书"是紧缩句,而"他坐下来看书"则是连动句;吕冀平(2000:336)认为连动句与复句的区别在于两点,一是"语音是否有停顿",二是"几个成分间是否有关联词语"。

第三,逻辑关系标准。即连动句的谓词性成分不能具有复句的分句之间的逻辑语义关系,否则就属于复句或者紧缩复句。陈慧英(1978)、宋玉柱(1978、1984、1986、1991a)、沈孟璎(1980)、高更生(1981)、倪宝元和张宗正(1986)、吴启主(1990)、陈昌来(2000)、高增霞(2006)、张斌(2010)等都肯定了这一标准在区分连动句与复句、紧缩复句时的重要性。例如,陈慧英(1978)在分析"恰巧她生病没去"这个句子时指出,"前后两部分因果关系比较明显",应该归入紧缩句,而非连动句;宋玉柱(1978)强调连动式的谓词性成分之间"没有复句中各分句间的那种种逻辑关系";沈孟璎(1980)认为:"紧缩句谓语间存在的假设、条件、因果、转折等意义内容,正是复杂谓语所不能具有的";高更生(1981:165)认为:"紧缩句表达的是复句的内容,即句中有分句之间的连贯、转折、假设、条件、因果等关系;连动式表达的是单句的内容,几个谓语之间没有复句的分句之间的那种关系";宋玉柱(1991b)进一步补充道:"紧缩句中 VP_1 和 VP_2 之间可以有多种逻辑关系,而连动式中除了前后动词之间有目的关系的以外,前后动词间没有逻辑关系";高增霞(2006:108)也明确地指出:"与复句不同,连动式的几个动词结构之间的语义关系类型排除逻辑关系"。

以上三项标准是过去学界区分连动句与复句的主要手段,换言之,它们被认为是连动句与复句的主要区别所在。以往不少语法论著在区分连动句和复句时,都不同程度地依赖上述标准,这从它们对连动式(连动结构、连动句)的定义或者对连动式特点的说明中就可以看出。比如,宋玉柱(1986:79)对连谓词组的定义是:"两个或两个以上的谓词(包括动词和形容词)连用(包括它们的附加成分和连带成分),它们之间没有并列、偏正、动宾、动补、主谓等关系,中间没有语音停顿,没有关联词语,也没有复句中分句

第五章 从篇章性结构到句法性结构（上）

之间的各种逻辑关系；这样的词组叫做连谓词组。"这里所谓的"没有并列、偏正、动宾、动补、主谓等关系"是为了将连动结构与五种基本句法结构区分开来，而"中间没有语音停顿，没有关联词语，也没有复句中分句之间的各种逻辑关系"则显然就是为了将连动结构与复句结构区分开来。不过，分开来看，对于上述三项标准，都有学者对其合理性提出质疑。

针对语音停顿标准，史振晔（1960）就曾指出："现在很多人把其中没有逗号的叫复杂谓语，有逗号的就算复句，这未免夸大了语音停顿对于区分单复句的作用"；张静（1977）对待语音停顿的态度有些犹疑，他一方面强调"凡是两个或几个动词谓语之间有句法上的停顿的，一律划归复句"，另一方面则又认为"语音停顿只是关系意义和结构形式的派生物，只能作参考"；赵淑华（1988）也未采用这一标准，她对连动式的举例，既包括"那时，我和妹妹每天就靠吃母亲讨来的一点儿剩饭活着"这类不包含语音停顿的句子，也包括"它靠吃母鲸的奶，每天长六十斤到一百斤"这类包含语音停顿的句子；宋真喜（2000：42）同样认为，有无语音停顿的句子"结构是相通的，而且意思没有多大变化，只是语气和表达效果有点儿不同"，都应当算作连动句。

针对关联词语标准，沈孟璎（1980）指出，通过关联词语来辨认连谓式和紧缩式"似乎很简便易行，但在实践中却产生一些困难"；陈天权（1984）也认为："连动式、兼语式或紧缩复句，都是多项谓语的组合形式，使不使用关联词语，只是组合手段的不同""复合谓语的界限，不决定于是否使用关联词语"；有些学者对关联词语的作用虽未明确表态，不过，从他们对连动式的举例来看，则是包含了带有关联词语（尤其是关联副词）的情形，比如，"他越睡越困"（赵元任1952：22）、"说干就干，不能大干就小干，能干多少就干多少"（丁声树等1961：116）、"到下午再谈罢"（赵元任1979：171）、"不见棺材不落泪"（李临定1986：129）、"话还没说出来又咽了回去"（范晓1998：72），上述语例虽然含有关联副词，却依然被不同论著处理为连动式。

针对逻辑关系标准，吴延枚（1988）表示："至于用不用关联词语，前后两部分之间是否表示假设、条件、转折、因果等偏正关系，这些可供参考，但都是不十分可靠的。"实际上，相对于语音停顿和关联词这两项形式标准，依靠逻辑关系标准来区别连动句和复句，其可接受性和可操作性要更低。多数论著所列举的连动式语例都是包含逻辑关系的，如朱德熙（1982：19）把"有事不能来""不会做去问老师"等前后动词性成分间有因果、假设关系的结构称作连谓结构；刘海燕（2008）专门从逻辑语义角度对连动句进行分析，在她看来，不但连动句的各个 VP 之间"涉及一定的逻辑语义关系"，而且对连动句进行语义分析也"必须结合复句中单句之间的逻辑语义关系"（刘海燕 2008：125）；各大现代汉语语法教材也基本都把那些包含逻辑关系却不使用关联词语的动词连用结构看作连动结构（参看第二章表 2–1）。更为关键的是，即便是那些明确声称连动句的谓词性成分间不能含有逻辑关系的论著，其主张也往往难以贯彻到底。比如，宋玉柱（1991a：65）坚持"前后动词结构之间存在分句间的逻辑关系，就不是连谓句，而是紧缩句"，但他在给连谓句举例时却包含了"小王听了这个消息很难过"这样的句子（宋玉柱 1991a：70）。陈昌来（2000：169）在描述连动句的特点时指出："连用的动词或动词性短语之间没有关联词语，也没有分句间的逻辑关系，否则是紧缩句"，可是，在"连动句的语义分析"部分，又列举出"VP_1 和 VP_2 表示动作跟其目的的关系""VP_1 和 VP_2 表示动作或事件之间有因果关系"等种种含有逻辑关系的情况。高增霞（2006：108）一方面声称"连动式的几个动词结构之间的语义关系类型排除逻辑关系"，另一方面又认为"汉语的连动式较多地、较典型地用于表达前提—目的关系""现代汉语连动式也可以表示结果关系，如'大家听了很高兴'这样的句子"（高增霞 2006：71）。显然，上文的目的关系、因果关系都不能说不算是逻辑关系。

综上所述，以往学界赖以区分连动句和复句的主要手段以及对这些手段的争论，一方面说明连动句和复句之间确实存在一些区别，另一方面也说明这些区别手段的作用可能相对有限，往往缺乏足够的理据，甚至难以逻辑自洽。这就提醒我们去思考：过去我们对连动句和复句的区分是一种实质性的区分，还是只揭示了一些表面上的差别，并未触及实质？实际上，已有前人做出过这样的反思。吕冀平（2000：336）虽然以语音停顿为标准来区分连动式和复句，不过他也同时承认"看来硬性规定的痕迹未免太明显，而且标点符号的作用也太大"；杨成凯（2000）也指出，辨别连动式和复句时，以关联词语的有无为绝对的形式标准，虽然"也未尝不可"，"只是不能不承认，这样做并没有涉及问题的本质"。那么，问题的本质在哪里？我们认为，连动句和复句种种差别的本质或许还有必要从事件整合的角度来予以解释。事实上，前人学者在探究连动句与复句的差异时，已经陆陆续续流露出过一些相关思想。

吴延枚（1988）认为连谓式复杂谓语句与紧缩复句的差别，"主要在于前者表示了一个行动过程，是一层意思"，而后者表示的是两个行动过程，是两层意思。吴文举例指出，"买了豆浆喝"中"买"与"喝"联系紧密，具有目的关系，共同构成一个行动过程，而"买了豆浆就喝起来"则先后表达了两个行动过程。宋玉柱（1991a：81）比较了兼语句和紧缩句的差别，认为前者虽然在深层上代表"两个判断"，但在表层上只有"一个判断"，后者无论在深层上还是在表层上都是"两个判断"。宋玉柱先生的这一认识虽然是针对兼语句和紧缩句的差别而言的，但对区分连动结构和复句结构也同样具有启发意义。连动句与复句在事件整合的程度上有所不同，这也可以从说话人对二者的选用上看出一些端倪。曾采今（1981）讨论了什么时候宜于采用连谓式表达，什么时候宜于采用复句表达的问题，作者发现当说话人意欲表达"一个整体的意念"时，往往采用连谓式，此时就"不宜断成复句，一断开，意思就不那么完美明确了"；李铁根（1998）主要考察连动式中体标记的使用情况，不过，作者也注意到了一些其他颇有意思的现象。李文指出，说话人有时会采用"V_1 着 V_2 着"的连动式结构，有时会采用"V_1 着、V_2 着"的并列动词短语式结构，或者"V_1 着，V_2 着"的并列分句式结构。李铁根（1998）认为相对于采用连动式，采用后两种表达形式更加强调 V_1、V_2 同时性，是在把两个动作或事件"分开叙述"。说话人对相近格式的选用虽然是个语用问题，但这个语用问题的背后还是很难脱离语义问题——至少在说话人心目中，连动式与相关结构在事件整合的程度上是有明显差异的。

连动句表示"一个行动过程""一个判断"，不进行"分开叙述"，这些观点反映的是一些前辈学者的朴素语感，并没有得到详细阐述。近年来，一些学者开始敏锐地注意到连动句与复句在事件整合程度上的不同，并有意识地从此角度出发，重新认识二者之间的根本性差别。刘丹青（2015）主张，连动式"表示的是单一事件"，在事件表达上区别于各种复句形式。

(2) 刘丹青（2015）

a. 他有时候打球，有时候养花。

b. 他即使吃得很多也还是手脚无力。

刘丹青（2015）指出，(2a) 和 (2b) 这些复句形式都难以表达一个内部整合紧密的宏事件，其中 (2a) 只是说话人把同一施事的两种惯常行为"放到一起说"而已；(2b) 中的"吃得很多"与"手脚无力"也表示两个"无法整合为一"的独立事件，说话人把这两个事件放在一起只是为了"说明两个命题之间的关系"。

(3) 刘丹青（2015）
a. 他今天上山砍柴背回家炖了肉吃。
b. 他今天上了山，（他）砍了柴，（他）背了回家，（他）炖了肉，（他）吃了。
c. 他既上了山也砍了柴。

刘丹青（2015）还从整合的角度对语音停顿和关联词语的作用进行了再思考，刘文认为，(3a) 为表达一个整体事件的连动式，当中的任何一个动词都代表一个无法独立的微事件，这些微事件之间语义联系紧密，具有时间顺序、方式、材料、目的等关系；(3b) 为表达多个事件的复句，事件之间关系松散，不具有连动式中那些必然的语义联系。刘文指出，语音停顿（逗号）的出现会"割断连动式内部的句法关系和语义关系"；(3c) 同样为表达多个事件的复句，尽管这一复句没有语音停顿，但关联词语"既……也"的出现，同样使得"上山"和"砍柴"两个事件割裂开来，"上山处不必为砍柴处，砍柴也不必在上山之后"。

朱庆祥（2019：168－181）比较了连动句和"序列事件句"（连贯/顺承复句）之间的系统性差别，他认为二者表面上看起来相似性很强，"似乎仅仅是一个逗号之差"，但实际上，二者在主语、谓语动词类型、状语和语气情态、宾语特征、前后谓语动词（小句）之间的关系等方面具有系统性的差别。朱文最后得出结论，连动句和序列事件句的差别"并不是一个逗号引发的问题"，二者之间的本质对立是，连动句表达一个"句法语义整合紧密的单一谓语单一事件"，而序列事件句表达的是"句法语义松散的多个小句的复杂事件"。

可见，关于连动句与复句的差异，近年的一些研究已经开始把注意力转移到事件整合的角度上来，并尝试以此为突破口挖掘连动句与复句的本质性区别。我们认可这样的做法，不过，我们认为这一思路下的研究，有三点有必要得到强调。

第五章 从篇章性结构到句法性结构（上）

一是系统性的问题。如果连动句与复句的本质性差别在于事件整合程度上的不同，那么这种本质性的差别一定会有系统性的表现，这一系统性的表现必然体现于语音、句法、语义、语用、认知等诸多方面。传统视野下连动句与复句的区分基本集中在语音停顿、关联词语、逻辑语义关系这三点上，视野过于狭隘，而且由于反映的可能只是一些表面上的区别，所以也未必可靠，不同学者难免各执一词。朱庆祥（2019）在比较连动句和连贯复句时，敏锐地注意到了系统性的问题，认为二者的差别"并不是一个逗号引发的问题"，而是在句法语义上有着诸多不同的体现。我们同意这一认识，但要补充的是，二者在语用和认知等方面也应该会有差别，只有这种多维度的系统性的差别才能反映出连动句和复句本质上的对立。

二是全面性的问题。连动句和复句都有着多种多样的下位类型，它们之间的纠葛绝不只是表现在某一小类的连动句（前文称之为"先后动作"类）与某一小类的复句（连贯复句）之间，实际上不同小类的连动句均有可能与复句产生纠葛（见 5.3 节）。那么，如果事件整合果真反映了连动句和复句的本质不同，则其解释力必然能够覆盖到不同类型的连动句与不同类型的复句之间的差别。从这点来看，以往相当多的研究把讨论的对象集中在表先后动作的连动句与连贯复句之间的相似和差异上，尽管这在一定程度上抓住了矛盾的焦点，但难免顾此失彼，未能照顾到全局。

三是典型性的问题。即便连动句与复句的本质区别在于事件整合程度的不同，但这也绝不意味着，以此为根据就能把连动句与复句彻底区分清楚。前面几章的阐述表明，事件整合本身是一个程度上的问题，这就意味着在完全整合和完全不整合之间存在连续和渐变的过程，因此想要强行在一个整体的宏事件和若干个松散的相对独立的事件之间画出一条截然明确的界线，恐怕既不容易做到，也会与语言事实不符。吕叔湘（1979：10）曾经指出："由于汉语缺少发达的形态，许多语法现象就是渐变而不是顿变，在语法分析上就容易遇到各种'中间状态'……这是客观事实，无法排除，也不必掩盖"；范继淹（1985a）也曾指出："任何分类都很难做到泾渭分明，总是两头清楚，中间模糊，只能求其最大限度地缩小中间的模糊状态"。基于同样的道理，连动句与复句之间恐怕也存在这样的渐变和模糊状态，这是客观语法现象，不以理论视角的变换为转移。因此，把事件整合程度的不同作为连动句与复句之间的本质性区分，尽管可以以此为纲统合二者之间的系统性差异，但不应苛求它能彻底划分清楚连动句和复句之间的界限，这既不现实又会歪曲客观的语言现象。关于连动句与复句之间的模糊纠缠现象我们将在5.3小节再做说明，接下来我们将首先从事件整合的视角集中讨论典型连动句与典型复句之间的系统性差异。

5.2 整合视角下连动句与复句的系统性差异

典型连动句与典型复句都包含两个或两个以上的动词性成分，不过，前者倾向于表达一个相对紧密的整体事件，后者倾向于表达相对松散的多个事件，这在语音、句法、语义、语用、认知等方面均有相应的体现。

5.2.1 无语音停顿 VS 有语音停顿

典型的复句中间存在语音停顿，而连动句一般认为中间没有语音停顿，这是以往区别二者时经常提到的。邢福义（2001：556）指出："两个含核单位之间的明显停顿一被取消，句子的'复句形象'就模糊了起来"，说的也正是语音停顿对于确立典型复句的重要性。语音停顿的出现，实际上是复句的各分句之间相对独立的一种体现，有了停顿，各个VP就容易成为彼此相对独立的表述（张静 1977；杨成凯 2000）。

(4)　　　　　　　　　　　　　　　　　　　　　　　　　蔺璜（1983）

a. 我推门进屋等候。

b. 我推门，进屋，等候。

(5)　　　　　　　　　　　　　　　　　　　　　　　　吕冀平（2000：336）

a. 车上的人都绕到车后帮忙推车。

b. 车上的人都绕到车后，帮忙推车。

上述例（4）（5）两组例句中，a句是连动句，b句是复句，比较可知，a句相对于b句具有很强的"一体感"（杨成凯 2000），a句中的几个动作"浑然一体"，而b句中的几个动作"先后分明"（吕冀平 2000：336）。这种语感上的细微差别，实际上就是因为停顿的出现在一定程度上割裂了几个动作、事件之间的联系，a句中的几个VP是作为一个整体对主语进行陈述，而b句中的几个VP是对同一主语进行分别陈述。语音停顿的这种"分割"（显示有界）作用，王洪君、李榕（2014）也有谈及。

(6) 王洪君、李榕（2014）

a. 张三战战兢兢 de 敲了敲那扇木门。

b. 张三，战战兢兢 de，敲了敲那扇木门。

王洪君、李榕（2014）认为，（6a）表达的是一个"话题—说明"关系，"'战战兢兢'只是作为张三敲门时的伴随状态"；（6b）表达的是两个"话题—说明"关系，"一个是张三处于'战战兢兢'的状态，另一个是张三敲了门"。尽管（6a）这个例句由于"de"的存在，不能看作连动句，不过（6a）与（6b）的对比，所反映出的道理与前面例（4）（5）两组例句是一致的。

可见，语音停顿的有无的确可以造成事件整合程度的差别，或者说它就是几个 VP（事件）整合程度差别的一种形式反映，无停顿，各个事件整合紧密，倾向于作为一个整体对主语进行描述；有停顿，则各个事件整合松散，倾向于作为若干个独立事件分别对主语进行描述。过去，不少学者对语音停顿的作用表示怀疑（见前文介绍），认为停顿的有无并不造成句法语义上的差别。我们认为，这主要是对停顿前后的变化体察不足所致。在我们看来，语音停顿与否是整合程度的一种反映，尽管有时候这种语音停顿所造成的后果相当隐晦、不易察觉，但绝不意味着毫无分别。语音停顿的作用在一些连动语言的研究中早已被注意到，下文是 Stahlke（1970）在描写西非地区 Yoruba 语的连动结构时注意到的现象：

(7) Stahlke（1970）

a. mo mú ìwé wá ilé
   我 拿 书 回 家
   "我拿书回家了"

b. mo mú ìwé ， mo sì wá ilé
   我 拿 书 ， 我 并列连词 回 家
   "我拿了书，回了家"

c. sùgbón mo gbàgbé láti mú wá pèlú
   但是 我 忘记 小品词 拿 回 一起
   "但是我忘记（把书）拿回来了"

Stahlke（1970）认为，在 Yoruba 语中，（7a）是一个连动句，当中没有明显的语音停顿，一旦在"拿书"和"回家"中使用语音停顿，这个句子就变成了并列小句，必须补上并列连词。此外，整个句子的意思也会有明显变化，（7a）不可以（7c）为后续句，否则会造成语义冲突；（7b）可以后续（7c），不至于前后矛盾。Aikhenvald（2018：24）认为，Stahlke（1970）所注意到的这种现象，很好地说明了无语音停顿的连动句倾向于表达一个整合紧密的事件，而有语音停顿的并列复句则倾向于表达"一系列独立的行为事件"。

连动句中没有明显的语音停顿，这是多数学者的语感，Givón通过语音对比实验对这一点予以了证实。Givón（1991a、1991b）是目前仅见的对连动句中的语音停顿进行实验记录和分析的文章，他以默片的方式展示了一个充满连续动作行为的微电影，然后让几种语言（主要是四种巴布亚地区的语言，其中两种存在大量连动结构，另两种不使用连动结构）的母语者分别叙述该电影的内容，并通过仪器记录和分析连动结构以及多小句结构之中的语音停顿。Givón的发现之一就是，连动结构中出现停顿的频率远远低于小句之间的停顿，甚至接近于一个词内部的停顿。他认为这说明连动结构在大脑中是作为一个语块进行整体处理的，整个连动结构类似于一个动词，表达的是一个单一事件。①

有无语音停顿作为事件整合程度的一种形式反映，这在认知语言学中也可以找到理论根据。按照Haiman（1983）的定义，"独立性象似动因"是指"一个表达式在语言形式上的分离性与它所表示的物体或事件在概念上的独立性相对应"，其表现之一就是"一个独立的子句表达一个独立的命题，一个简缩的子句则不大可能如此"（张敏1998：156）。Givón（1990）的研究将这一认识进一步描述为"独立的事件倾向于编码为独立的子句"（张敏1998：157–158）。据此来看，复句中的各个VP都分别实现为了相对独立的小句，其事件整合程度自然较低；连动句具有单句性（monoclausality）（Haspelmath 2016；Aikhenvald 2018：23），其事件整合程度自然较高。此外，赵雅青（2014）对于紧缩复句和"小句结合体"的研究也支持语音停顿的这种事件分割功能，她指出："有停顿的几个谓核结构连用，在概念上倾向于一般被看作是几个分散的事件，形式上一般也看作是几个独立的小句；没有停顿的几个谓核结构连用，那么在概念上倾向于被认为

---

① 详情也可参阅彭国珍（2019：46）的介绍。

是反映一个整体的事件,在结构上则相应地认定为一个句子,而不是多个独立的小句"(赵雅青 2014:180)。

5.2.2 单一语调 VS 复合语调

连动句内部无明显的语音停顿,典型复句的分句间有明显的语音停顿,这种停顿还会造成二者语调模式上的差别。我们知道,复句的各个分句首先要具备"句"的性质,"每个分句都有'句'的性质和地位"(邢福义 2001:5),这就意味着,每个分句都有自己的语调。正因如此,复句才能利用分句的语调变化来表达分句之间不同的关系意义。

(8) 北大现代汉语教研室(1993/2004:126)
 a. 你去↘,他也去↘。(并列关系)
 b. 你去↗,他也去↘。(假设关系)

此外,"语气是语调的功能之一"(冯胜利、王丽娟 2018:54),也正因为复句的前后分句可以有不同的语调,所以它的前后分句才能分别表达不同类型的语气。彭宣维(2000:31-36)将复句的语气组织概括为"一条由多个波动周期构成的震动过程",也就是说,复句的语气结构是由各个分句的语气依次组合而成;邢福义(2001:23-24)主张"一个复句不一定只有一种语气。有时,前分句可以是甲语气,但后分句可以是乙语气",并结合实际语例具体阐释了"问话+陈述""祈使+陈述""陈述+祈使""感叹+陈述""祈使+问话"五种语气组合。复句的各个分句有自己的语气,实际上反映的是各个分句都可以有自己的语调,分别构成相对独立的语调曲拱。①

---

① 汉语句子的语调问题相当复杂,目前的研究尚不充分(参阅沈炯 1992、1994;林焘、王理嘉 1992:184;江海燕 2010:1),专门讨论复句语调问题的研究更是少见(参阅石锋、王萍 2017:318-319)。上述列举的语言事实似乎可以说明复句的各个分句分别有着自己的语调曲拱。不过,这里并非没有疑问,陈昌来(2000:258)认为:"复句只是一个句子,因而复句作为句子有一个统一的语调",邢福义(2001)虽然认为各分句可以有不同的语气,不过他也认为"作为句子,复句跟单句一样,有一个统一全句的语调,句末往往用句号"。如何理解陈、邢二位先生所说的"统一的语调""统一全句的语调"?我们认为这个问题应该辩证地看待,复句的各分句既相对独立又相互依存,在语调问题上的体现就是,各分句有自己相对独立的语调,但又相互影响,可看作一个大的语调曲拱的不同阶段。因此,我们把复句的语调称为复合语调,称各分句有相对独立的语调曲拱。就复句的语调问题我们曾多次与多位语言学博士讨论,这里阐述的是讨论后的意见,如有谬误,文责自负。

由于没有语音停顿，连动句"整句的语调可以贯穿而过"、其"语调特征与单句一致"（刘丹青 2015），表现为单一的语调曲拱。连动句和复句这种单一语调与复合语调的差别，可以解释为何后者的不同分句可以负载不同的语气，而前者的各个 VP 只能有统一的语气。

(9)　　　　　　　　　　　　　　　　　　　　　朱庆祥（2019：173）

a. *他吃完饭<u>了</u>啊砍柴去<u>了</u>。
b. 他吃完饭<u>了</u>啊，砍柴去<u>了</u>。

例（9a）作为连动句，其第一个动词后不能出现语气词"了啊"（"啦"）；例（9b）作为复句，其第一个分句可以出现语气词"啦"，并和语调一起表示不同于后一分句的感叹语气。

冯胜利（2017）曾经论证现代汉语中存在"一句一调"的韵律规则，认为其在现代汉语的"句型构造"和"句型改造"上具有重大的语法效应。根据冯先生的这种理论，"复句一般由两个子句组成，每句携带一个句调"，而连动句只有"一个单一的句调"，这是它能够成立的关键条件。另外，冯胜利（2017）将紧缩句看作是由复句"句调压合的结果"，这一判断或许同样也适用于连动句。①

连动句的语调特征更接近于单句，这也能为跨语言的研究所支持（Kroeger 2004；Bisang 2009；Haspelmath 2016；Aikhenvald 2006、2018、2019 等）。Kroeger（2004）所概括的连动式的跨语言属性就有这样一条——"连动式处于一个单一的语调曲拱之内（a single intonation contour），当中没有语音停顿所隔开"；Bisang（2009）指出连动式的语调特征类似于由单个动词组成的小句（as monoverbal clauses），其间出现语音停顿的概率显著低于

---

① 冯胜利（2017）区分"句调"和"语调"，认为前者是和句子平级的单位，后者是和短语平级的单位。他认为连动句的韵律结构为"VP(语调)VP(语调)…VP(语调)句调"，比如"八戒推门→进屋→看见一个妖怪"这个连动句在句调之外还有两个"语调短语"（"→"表示待续调）。在我们看来，冯先生一方面认为复句和连动句有区别（两个句调 VS 一个句调），但他又认为"连动式中前 VP 动词短语后，都可以有待续调，也可以减少甚至没有这种停顿"，这似乎又说明连动句和复句的界限相当模糊。因为按照传统的看法，复句前一分句的非终结语调实际上也是待续调（参阅范继淹 1985b；胡明扬、劲松 1989），那么连动句中的待续调和复句中的待续调是一回事儿吗？待续调和句中停顿之间又是什么关系？在我们看来，这些问题不容易回答，这也说明单纯从韵律角度说明连动句和复句、流水句之间的差别恐怕不容易做到，韵律可能只是连动句形成过程中的一个触动因素。

其他多动词结构；Haspelmath（2016）对连动式的跨语言概括之一（Generalization 4）也是"所有的连动式读起来都处于一个语调曲拱之内，类似于单动词小句"，他认为据他所见的跨语言材料而言，还没有一种语言中的连动式与此项概括相冲突；Aikhenvald（2006、2018、2019）也始终坚持这一主张，她认为"连动式具有单动词小句的语调特征，不同于由小句组成的序列"（Aikhenvald 2006）、"连动式具有单动词小句的语调和其他韵律特征"（Aikhenvald 2019）。

停顿和语调有直接的内在关联，与停顿一样，语调模式也是事件整合程度的一种形式反映（Bisang 2009）。整合程度高的两个事件可以只使用一个语调曲拱进行包装（intonation packaging），而整合程度低的两个事件则倾向于使用相对独立的两个语调曲拱进行包装，这也是形式与意义之间象似性的一种体现。

5.2.3 动词数量受限 VS 动词数量非受限

连动句与复句的一个显著句法差异就是，在前者之中能够连续出现的动词数量相对有限，而在后者之中能够连续出现的动词数量相对不受限制。

过去我们在对连动句进行句法特征描述时，通常说它由两个或两个以上的动词性成分组成，这很容易让人误以为能出现在其中的动词在数量上是没有上限的，张会娟（2001）就持有这种主张。张会娟（2001）专门研究连谓结构中的动词数量以及排序问题，根据她的看法，"从理论上来说，连谓结构中动词出现的数量是无限多的"（张会娟 2001：33）。她认为造成这一情况的原因主要是"一个语义位置上可以有多个动词共现"（张会娟 2001：34）。

(10)① 张会娟（2001：34）

a. 我站起 转身 抡圆了打了杜梅一个耳光。

b. 他举着烟灰缸 揪着吴建新的前襟 不住地哭着说。

c. 我绕过假山 穿过小树林 来到那幢漂亮的小白楼前等她。

张文认为，(10a) 中接连出现了多个表示身体姿势变化的 VP，(10b)

---

① 本组例句中的空格与下划线均为原文所带。

中接连出现了多个表示方式或状态的 VP，(10c) 中接连出现了多个表示位移的 VP，正是这种表示同样语义关系的动词性成分可以无限重复添加，导致了连动句中动词的数量在理论上趋于无限。①

然而实际情况可能并非如此，连动句中的动词在数量上总会受到相当的限制，不可能无限叠加。近些年来，一些学者开始注意到，连动句中的动词数量实际上是有个限制的，尽管大家对于这个上限的看法还不完全一致。最严格的一种说法来自齐沪扬、张琬（2013），他们认为"连动式只能包含两个动词项"，"连动式只能是两项动词的组合"，"三项以上的谓语组合"相对于"两项谓语"要更为松散，在自然口语中极易产生停顿；最宽松的一种说法来自刘海燕（2008），刘海燕（2008：75-76）认为连动句中的动词数量"没有固定的规律和限制"，通常情况下是两个或三个 VP 连用，"最多是（7±2）个 VP"。

(11)② 刘海燕（2008：73-74）

a. 王强回宿舍 拿水桶 到水房 提水 去 浇花。
  VP_1 VP_2 VP_3 VP_4 VP_5 VP_6

b. 小王上完课 吃了饭 冒雨 回来 拿电话簿 去 打电话 找小李 商量事情。
  VP_1 VP_2 VP_3 VP_4 VP_5 VP_6 VP_7 VP_8 VP_9

刘海燕（2008）认为，(11a) 是 6 个 VP 连用的连动句，(11b) 是 9 个 VP 连用的连动句，她认为这些 VP 本来都是单独的事件，在连动句整体句式意义的作用下，共同组成了一个"完整事件"，"联系得非常紧凑、严密"（刘海燕2008：74）。之所以将连动句中 VP 数量的上限定为"（7±2）个"，刘文认为这是受到人脑短时记忆容量的限制所致；她还援引鲁川等（2002）的观点，认为汉语句子最合适的长度是"（7±2）"个语块，超出这个限制就会出现记后忘前的现象。

相对于齐沪扬、张琬（2013）和刘海燕（2008），有些学者对此问题的看法较为中庸，陈振宇（2016）把连动句看作由若干个小句组合实现而成的复杂句（complex sentence），认为连动式"一般是两个小句，少有三

---

① 张会娟（2001）还提到一个因素，就是"使令动词的循环出现"，这是把兼语结构看作连动结构。
② 该组例句中的下划线、空格、符号均为原文所有，这里转引时保留了原文例句的形式。

小句以上的"（陈振宇 2016：169）；朱庆祥（2019：174）认为连动结构中可以出现三个乃至以上的动词，"但是一般以两个动词为主"。

由上可见，尽管目前大家对连动句中所容纳动词数量的上限认识并不完全一致，甚至还存在相当大的伸缩范围，不过，有一点认识应该还是一致的，即连动句中的动词数量总会有个限制，而且动词数量越多，这个连动句成立的可能性就越小。实际的语料考察也支持这一看法，吴登堂（2004）是为数不多的对连动句中的动词数量进行过真实语料考察的学者之一。根据其对五部文学作品（共约 127 万字，1249 个连动式用例）的考察，"连动式中动词的数量从两个到四个不等"（吴登堂 2004：2）。作者认为尽管理论上"可以造出含 5 个动词的连动式"，但在实际语料中并未发现这样的用例，"语料中以含两项动词的连动式最多，其次是含三项的连动式"（吴登堂 2004：29）。

与连动句形成鲜明对比的是，复句中的动词数量并没有一个明显的限制，试看例（12）：

(12) a. 他就是爱打乒乓球，下了班到处拉人打球，外带能赢不能输，输了一定得再打下去，非赢一盘不罢休。

吕叔湘（1979：75）

b. 他从被窝里爬起来，揉了揉眼睛，穿好了衣服，跳下床来，洗了脸，刷过牙，背上书包，推着车子，走出家门……

蔺璜（1983）

例（12a）是吕叔湘（1979）中的举例，吕先生用这个例子说明单用主语的异同来分辨单、复句不容易做到，"他呀，一天到晚写，写，写""似乎单句说比复句说强"，而（12a）"却又似乎单句说不如复句说"。按照目前学界通行的看法，（12a）应是包含五个分句的复句，值得注意的是，对于这个复句完全可以继续添加分句，很难说到哪里就必须停止；例（12b）是蔺璜（1983）的用例，蔺璜先生用这个例子来说明语音停顿的重要性，有语音停顿就只能算作复句，蔺璜先生认为"一个人的连续动作是可以无限多的"，因此（12b）这个复句也可以一直延续下去，似乎没有一个必然的尽头。

类似的情况绝不限于自造例句，在真实文本中亦很常见，再试看下文例（13）：

(13) a. 秦明上了马，拿着狼牙棒，趁天色大明，离了清风山，取路飞奔青州来。（《水浒传》第三十四回）
b. 大圣收了金箍棒，整肃衣裳，扭捏作个斯文气象，绰下大路，径至门前观看。（《西游记》第六十回）
c. 小水默默地听金狗说着，她完全理解他，同情他，想再为他说些什么，却觉得金狗比她想得更深更开，突然间倒感到金狗是一个极聪明极有心劲的人，他表面上似乎随随便便、漫不经心，其实他把什么都看到了，想到了，是一个真正的男人！

（贾平凹《浮躁》）

例（13a）与（13b）是旧白话小说中的句子，根据今人的标点这些都当算作复句，这些连贯的动作之间很难用句号煞句；例（13c）是当代小说中的句子，小句与小句之间的逻辑关系更为复杂，不过同样是频用逗号，只能算作复句。与例（12）中的句子一样，例（13）中的句子完全可以继续延续下去。关于这种"一逗到底"的现象，王洪君、李榕（2014）认为这对汉语母语者而言，是"十分常见"的情形；沈家煊先生也曾多次提及。沈家煊（2019：35）指出，在小说《繁花》中，最多有65个逗号连用的。他指出频用逗号的流水句（run-on sentence）和频用句号的撬劈句（choppy sentence）在英语中都是不好的，"而在汉语中却是正常的、好的"。

什么是"流水句"？它具有什么样的语音、句法、语义特点？在句子体系中能否纳入或者应否纳入单句或复句的范畴？这些问题学界研究得还不充分，① 而且不同学者间的意见分歧甚大。② 我们这里暂不打算过多讨论"流水句"的问题，我们只想说明，如果按照学界的传统和一般的看法，例（12）、例（13）这些"一逗到底"的句子都应该看作复句，那么显然，这些复句中的动词（分句）在数量上是没有明显的限制的。

另外，值得注意的是，大多数"一逗到底"的复句，都无法去除语音停顿而改写为连动句，即便先不谈那些逻辑语义关系错综的复句〔如例

---

① 沈家煊（2012）曾指出近几十年来，"'流水句'的研究停滞不前"的状况；冯胜利（2017）指出，什么是"流水句"的问题，"至今没有一个统一的结论"，学界存在"诸多有关流水句的不同理解和不同定义"。

② 参阅许立群《从"单复句"到"流水句"》第五章的介绍。

(13c)〕，只看那些叙述同一主语连续动作行为的连贯复句，一旦叙述的动作行为较多，就很难压缩为连动句。试将上文的例（12b）与例（13b）改写为连动句的形式：

(14) a. *他从被窝里爬起来揉了揉眼睛穿好了衣服跳下床来洗了脸刷过牙背上书包推着车子走出家门。

b. *大圣收了金箍棒整肃衣裳扭捏作个斯文气象绰下大路径至门前观看。

按道理，这类连贯复句，其间的语义关系相对单纯，多数时候不需要依靠连词等手段标示逻辑关系，和连动句最为接近，也应该最易变换为连动句。不过，例（14）则显示，连动句中所能容纳的动词数量相对于复句是非常有限的。

连动句难以容纳数量过多的动词，从跨语言的角度来看，情况也是如此。Aikhenvald（2006）曾有论及，尽管不同连动语言对于能出现在其连动式中的动词数量有着不同的限制（language-specific limits），但通常所见到的连动式都是以两个动词的情形为主。这一点从国外学者对不同区域连动式的描写和举例中也能看出，不管是描写西非地区语言中的连动式的材料（Stewart 1963；Givón 1975；Lord 1973；Lawal 1993；Bodomo 1993；Ameka 2005、2006；Lovestrand 2018 等），还是描写东南亚（Goral 1986；Diller 2006；Enfield 2008；Thepkanjana 2008；Jarkey 2010、2015；Unterladstetter 2020 等）、南美洲（Aikhenvald 1999；Valazquez-Castillo 2004；Rose 2009 等）、大洋洲（Crowley 2002；Dixon 2011a；Cleary-Kemp 2015 等）等区域语言中的连动式的材料，不难发现其举例基本都限于两三个动词连用的情形；Aikhenvald（2018）撰写了学界首部对世界范围内的连动式进行跨语言比较以及概括的专著，共涉及 200 多种连动语言，例句 500 余条，但其举例也基本都是两三个动词连用所构成的连动式，超过五个动词构成的连动式非常少见。这些都说明连动式中的动词数量不能过多，以 2~4 个为宜，这至少代表了跨语言最为普遍的情形。

就我们所见的材料而言，动词容量最大的连动式出现在巴布亚新几内亚地区的语言之中（如 Kalam 语）。根据 Pawley 的系列研究（Pawley 1980、1987、1993、2009；Pawley and Lane 1998），Kalam 语中的连动式主要包括两种类型：一是紧密型连动式（Compact SVC），二是叙事型连动式（Narrative SVC)。前者动词之间的关系紧密，通常用多个动词一起表达一个概念；后者动词之间的关系相对松散，通常用多个动词一起表达一个高度复现的日常经历或情景，是一种程序化的表达。Kalam 语中的连动式极其普遍，属于所谓的深连动语言（deep serializing language），这种情形与该语言中动词总量的稀少有密切的关系。Givón（1991a、1991b）认为 Kalam 语中的动词总共在 95 个左右，据 Pawley（2009）的报道，Kalam 语中的动词也不过只有 130 个左右的成员。由于动词总量如此之低，所以 Kalam 语不得不大量借助动词连用形式来表达相对复杂甚至基本的动作行为。

(15)   Pawley（2009）

ag   nŋ-   （say perceive）   "问；请求"

ap   nŋ-   （come perceive） "拜访；看望"

ay   nŋ-   （put perceive）   "穿"

d   nŋ-   （touch perceive） "触摸"

ñB   nŋ-   （consume perceive） "尝"

tag   nŋ-   （travel perceive） "旅行"

ag   ñ-   （say transfer）   "告诉"

d jak   ñ-   （get stand connect） "背靠……站立"

d   ñ-   （get transfer）   "给予"

g   ñ-   （do transfer）   "安装；安放"

d   ap-   （get come）   "拿来"

d   am- （get go）   "拿走"

d ap tan d ap yap-（hold come ascend hold come descend）"拿来拿去"

上述例（15）是 Pawley 所言的 Kalam 语中的"紧密型"连动式，可以看出这些连动式表达的是基本概念，这些概念在英语等印欧语言中往往只需一个动词就能表达，如"say perceive"就是"ask"、"come perceive"就是"visit"；等等。根据 Pawley（2009）的说法，Kalam 语中这种"紧密型"的连动式一般包含两个至四个动词。

这里要注意的是，Kalam 语中的"叙事型"连动式，这种连动式通常表达日常生活中高度复现的情景，比如，在 Kalam 语中一个完整的外出采集/捕猎行为包含五个阶段：

(16) Pawley（2009）

1	2	3	4	5
移动到采集场景	采集	移动到处理场景	处理	结束

这一情景的全部或者若干相邻阶段都可以采用连动式的形式表达，也可采用小句链（clause chains）的形式表达。还可让连动小句充当小句链中的某一小句。比如，下文一个小句链，第一个中间小句（medial clause）[①]就是一个包含四个动词的连动小句，表达完整采集情景的第2至第4阶段。

(17)　　　　　　　　　　　　　　　　　　　　　　Pawley（2009）

Ⅰ. ognap　ksen　nb　tk　d　ap　ad-l,　　（阶段2~4）
　　有时候　新　东西　采摘　拿　来　煮—同主　中间小句

Ⅱ. ñB-L,　　　　　　　　　　　　　　　　　　（阶段4）
　　吃—同主　中间小句

Ⅲ. kn-elgp-al.　　　　　　　　　　　　　　　　（阶段5）
　　睡觉—过去时　惯常体-复数

"有时候，他们会采摘并带来新鲜的东西做，吃，然后睡觉"

在例（17）中，中间小句Ⅰ是个连动小句，当中包含4个动词，Ⅱ、Ⅲ两个小句由单独的动词充当。需要注意的是，在Kalam语中，是只采用连动式的表达方式，还是采用一个动词作为一个小句的小句链形式，抑或是夹杂着连动小句的小句链形式，是有相当的自由性的，比如上文的例（17）也可以把三个小句（共七个动词）压缩进一个连动句。这种相对的自由就使得Kalam语中的连动式具有较大的动词容量。Pawley（2009）指出，Kalam语中的连动式最多可包含九个或十个动词。

上述现象提醒我们至少在Kalam语这样的小句链语言（clause-chaining languages）中，连动句和小句链之间存在密切的关系，前者或许直接来源于后者的压缩，这个问题这里暂不多谈，后文会再次涉及。我们这里想强调的是，即便在Kalam语这种连动句和小句链（可看作复句）具有相当转换自由性的语言中，连动句的动词容量也总是远远低于复句中的动词容

[①] 新几内亚地区存在大量的"小句链"语言和连动语言，而且二者的分布高度重合，这一地区少数语言中不存在"小句链"现象，同样也不存在连动式，这或许也显示了二者的相关性，可参阅Foley（1986：197）。另外，"小句链""中间小句"这些概念可参Payne（1997/2011：321-325）的介绍。

量。Pawley（2009）指出，虽然 Kalam 语的"叙事型"连动句最多可以容纳九个乃至十个动词，但绝大多数情况下它们只包含二至五个动词。然而在 Kalam 语中，一系列小句组成一个小句链的现象十分普遍，小句的数量没有一个明确的限制。① 下文的例（18）是 Kalam 语中一个包含十个小句的小句链：

（18）   Pawley（2009）

Ⅰ. …aps-base = yad   md-elgp-al   won   ok
    爷爷－奶奶＝我的   生活－过去惯常－第三人称复数   时间   那个

Ⅱ. kmn = men   gos   nŋ-l,
    猎物＝后   想   知－同主 中间小句

Ⅲ. am-l,
    去－同主 中间小句

Ⅳ. kmn   tap   nb   ogok   ti   ti   d-l,
    猎物   食物   像   那些   什么 什么   得到－同主 中间小句

Ⅴ. ad   ñB-L,
    煮   吃－同主 中间小句

Ⅵ. kn-l,
    睡－同主 中间小句

Ⅶ. am-l,
    去－同主 中间小句

Ⅷ. ap-l,
    来－同主 中间小句

Ⅸ. g-elgp-al   ak,
    做－过去惯常－第三人称复数   话题

Ⅹ. mñI   AG-NGAB-IN.
    现在   说－将来时－第一人称单数

"我现在要说，在我祖父母的年代，当人们打算狩猎时，他们会外出

---

① Pawley（2009）指出一长串中间小句和一个末尾小句组成小句链的现象在 Kalam 语中十分常见。另外，关于新几内亚地区诸语言中的小句链现象，可详参 Foley（1986：175－198）。

并采集某些植物,并且(和猎物一起)煮它们,吃它们,然后睡觉,每次外出和返回,他们通常都会做这样的事情。"

总之,不管是着眼于汉语自身,还是着眼于跨语言的角度,连动句中的动词数量都是相当有限的,并且总是远低于复句的动词容量。之所以如此,我们认为也是由于连动句和复句的整合程度不同,连动句通常代表一个整体性的事件,整合程度较高,这就意味着它所能容纳的动词数量有限,动词(子事件)之间的语义联系也要相对紧密;而复句通常表达若干个松散的事件,这个松散的形式自然就可以容纳更多的动词,也容许语义联系相对松散的动词(子事件)共同组句。当然,我们这里说事件整合程度(或者说事件整合程度的要求)制约了连动句的动词容量,这并不是否认其他因素有可能在其间发挥作用。事实上我们已经清楚地认识到,韵律因素也在其中发挥了重要作用,由于连动句中间没有语音停顿,而人的发音生理特点又要求必须有一定的顿歇,这就限制了连动句的长度(动词容量)。实际上,当我们回过头来看那些连动句动词容量较大的语言(如 Kalam 语)时,也不难发现,这些语言中动词的音节量是相当短小的,这就意味着这些语言可以在一个呼吸群(a single breath-group)中塞入更多的动词,从而造成较多动词的连动句。Pawley(2009)也指出,Kalam 语中的连动句之所以能够容纳较多动词,其中一个因素就在于这种语言动词音节量的短小,他指出,在 Kalam 语中,"大多数动词都是单音节的,而且有些只包含一个辅音","这就使得八个动词可能只占据的是六个音节量"(Pawley 2009)。我们认为,语言的各个层面并非条分缕析、井然有别的,一种语言现象的出现也往往不是单一因素作用的结果,连动句动词容量的受限也很可能是多种因素联合制约的结果。

5.2.4 论元高度共享 VS 论元低度共享

连动句与复句的另一显著句法差别在于论元共享(argument sharing),论元共享也是连动句普遍的跨语言共性(Foley and Olson 1985;Aikhenvald 2006、2018;Haspelmath 2016)。不过,细究之下,不同学者对"论元共享"的理解不尽相同。Foley and Olson(1985)所说的"共享论元"只限于核心论元(core argument),即只考虑主、宾论元的共享情形,他们认为:"所有的连动式都受到严格的限制,以至于某些核心论元必须被这个动词序列中的所有动词共享（核心论元是一个动词最基本的、概念必需的论元，在词条中所规定）"。Aikhenvald（2006）也区分核心论元（core angument）与外围论元（perpheral argument），她所说的"论元共享"也基本只限于一个动词的某个核心论元是否与另一个动词的某个核心论元共享，不过 Aikhenvald（2006）同时强调连动式具有一套整体的论元结构（an overall argument structure），连动式中的所有核心论元和外围论元都属于整个连动式（belong to the whole construction）。比如"爷爷拿刀切面包"这个句子，Aikhenvald（2006）认为，表面上看来，这个句子有两个不同的宾语，但实际上这里的所有论元都是属于整个连动式的，即这个连动式具有主语（"爷爷"）、宾语（"面包"）、工具（"刀"）三个论元。Haspelmath（2016）根据"论元角色类型"（argument-role types）把连动式分为"施事共享"（agent-sharing）和"受事共享"（patient-sharing）两大类型，然后再分别区分出一些下位类型。他所理解的"共享"更加难以捉摸，比如：

(19)　　　　　　　　　　　　　　　　　　　Haspelmath（2016）

a. White Hmong 语

nws　　xuab　　riam　　txiav　　nqiaj　　qaib
她　　　拿　　　刀　　　切　　　肉　　　鸡

"她拿刀切鸡肉"

b. Guadeloupean Creole 语

l　　pran　　transpò　　désann　　anvil
他　　坐　　　巴士　　　去　　　城镇

"他坐巴士去城镇"

Haspelmath（2016）认为例（19）中的两个连动句不仅共享施事（属于"施事共享"型连动式的下位类型），而且还"额外共享受事和工具"。Haspelmath 似乎是在说"刀"和"巴士"既是 V_1 的受事，又是 V_2 的工具，应该被看作共享论元，可惜的是该文对此语焉不详，缺少进一步的解释。如果是这样理解的话，那么 Haspelmath 所言的论元共享就超出了共享"核心论元"的情形，恐怕难为一般学者所接受。

我们这里所说的连动句中的"论元共享"，其内涵与刘丹青（2015）中的"论元共享"基本一致。刘丹青（2015）认为"论元共享，指连动式几个动词（谓词）拥有共同的论元，该论元只在句中出现一次，即句法上只加于一个动词"。从刘文的举例阐释来看，他只考虑几个动词"主语共享"和"宾语共享"两种情形，我们的做法与此一致。至于"爷爷拿刀切面包"中的"刀"，我们不看作共享论元，"刀"虽然以工具的角色参与了"切面包"这一行为，但我们认为这只是连动式不同子事件之间具有内在语义联系的一种表现（见5.2.8小节）。

连动句和复句在"主语共享"和"宾语共享"上有着不同的表现，近年来，不少汉语文献对此都做过较为深入的探讨（高增霞2006：84-87；刘丹青2015；朱庆祥2019：171-172；高增霞2020：42）。我们这里先择要列出前人的一些观察和发现，然后在此基础上补充我们的意见。

首先来看"主语共享"（subject sharing）。说连动句中的动词主语共享，通常包括了两层含义。一是连动句中的所有动词必须共带同一个主语。过去，汉语文献中常说的连动句"两个或更多的动词属于同一个主语"（吕叔湘1953/2006：66）、"针对同一主语连续使用动词或动词结构"（邢福义1996：133）、"一个主语有不只一个谓语"（吕冀平2000：322）所表达的正是这层意思。就这一点而言，连动句显然不同于复句，复句的各个分句可以分别有不同的主语，这是显而易见的，无须多言。二是这个主语只能在句法表层出现一次，如果两个或多个动词各有自己的主语，即使它们的所指相同，那也谈不上"共享"，因为所谓"共享"必须是一种"多对一"的关系。从这点来看，连动句和复句的表现相似而不相同。

连动句是一种严格的"主语共享"，它当中的各个VP以同一个主语为陈述对象，而且主语只能出现一次，否则，或者造成不合语法或者造成语义改变，对于各个类型的连动句都普遍如此。

(20) a. 他跳下床穿上鞋子 → *他跳下床他穿上鞋子
　　　b. 他垫着脚去挂灯笼 → *他垫着脚他去挂灯笼
　　　c. 他买了一个烧饼吃 → *他买了一个烧饼他吃
　　　d. 他去集市采办年货 → *他去集市他采办年货

当复句的各个分句有着相同所指的主语时，也倾向于"主语共享"，但复句中的"主语共享"没有连动句中的"主语共享"来得严格，试看下文例（21）：

(21) 刘丹青（2015）

a. 福大爷刚唱一句："太保儿推杯大斗"，他就赶紧放下弓子，[ ] 拍了一下巴掌喊："好！"[ ] 喊完赶紧再拾起弓子往下拉。

b. 我在一家店堂明亮温暖的快餐店吃一盘所谓的意大利面条，[ ] 喝了碗所谓的美国汤，然后 [ ] 买了罐真正的中国啤酒坐在靠窗的座位泡时间。

刘丹青（2015）指出，在（21）这样的复句中，当后分句的主语与前分句的主语同指时，后分句的主语一般采取零形回指的形式（用"[ ]"表示），如果一定要在方括号内补上主语（"他"或"我"），就"反而很难受"，刘丹青先生因此认为"主语共享也是复句的常态"。朱庆祥（2019）注意到了同样的现象，看法却有所不同，在谈及连动句与序列事件句在"同一主语同现"上的不同表现时，他认为："连动句不行，序列事件句不好""连动句不允许同一主语都出现……序列事件句是不好，或者从修辞角度看还有积极作用"（朱庆祥 2019：172）。

我们认为，复句的"主语共享"不同于连动句，它是一种不完全的或者说是一种有限度的"主语共享"，连动句违反"主语共享"会造成不合语法或者明显的语义改变，而复句违反"主语共享"（同指主语多次出现），尽管不合常规，有拖沓烦琐之感，但不至于不合语法或者造成语义上的改变。换句话说，复句所表现出的"主语共享"仅仅是为了满足语用修辞上的需求，而来自非复句结构本身的句法、语义要求。我们把复句表现出的"主语共享"看作最低程度的"主语共享"，它在复句中还没有凝固为强制性的句法、语义规则。

再来看"宾语共享"（object sharing）。连动句中的动词必须联系着相同的主语，这是构成连动句的基本要求，汉语文献基本都如此处理。[①] 不过，连动句中的动词完全可以各有自己的宾语，如上文例句"爷爷拿刀切面包"，"拿"和"切"各有自己的宾语。因此，所谓"宾语共享"，相对于"主语共享"减少了第一项要求，即不要求各个动词必须有同指的宾论

[①] 如果两个动词的主语不同，如"我请他看电影"，汉语文献一般处理为兼语句。国外从事类型学研究的学者一般把兼语句看作连动句的下位类型，比如，Aikhenvald（2006、2018）都把兼语式称作是"转换功能连动式"（switch function SVC），这种做法我们不取，我们这里遵从汉语学界的一般看法，所谈的连动句不包括兼语句。

元，保留了第二项要求。即它强调的是，如果两个动词的宾语具有同指关系，那么同指的宾语只能在句法表层保留一个。从"宾语共享"来看，连动句和复句的表现更不相同。

高增霞（2006：84-85）注意到，连动式中"如果两个动词的宾语相同"，必须保留前一动词的宾语，让"后一宾语位置形成空位，即V_1OV_2"，否则就成了复句的紧缩，如"有钱出钱""种瓜得瓜""无话找话"；高增霞（2020：41-42）再次谈及连动式的"论元省略原则"，她对比了同指宾语在连动句、紧缩复句以及并列结构中的省略情况，指出"如果两个动词的宾语所指相同，连动句中第二个动词的宾语承前省略，而并列结构中第一个动词蒙后省略，在紧缩复句中，则是不省略的策略"。

(22) 高增霞（2020：42）

种瓜吃（连动式）

播种养护（瓜苗）（并列结构）

种瓜得瓜，种豆得豆（紧缩复句）

刘丹青（2015）指出，在"宾语共享"方面，连动句与复句表现迥异。"连动句各 VP 的同指宾语只出现一次，由诸 VP 共享"，并且遵循回指规则，只能承前省，而不能蒙后省；而"宾语共享在复句中很受限制"，"同样的宾语在多个分句中反复出现是常态"。

(23) 刘丹青（2015）

a. 今天一整天在家里闲着无聊，本想出去买本杂志看［ ］。

b. 这两天，甄正都是从河里抓些鱼烤了［ ］吃［ ］。

c. 喜欢读书的张爱玲，却不喜欢买书。……她认为，买书，是人生的一种累赘。不仅不喜欢买书，她还"卖书"。

d. 昨晚在梦里我和朋友在河里钓鱼，我钓到了一条鱼，我朋友说这种鱼不能吃，我就把它放到另外一条河里去了。

刘丹青（2015）认为，在（23a、23b）这样的连动句中，同指宾语必须承前删除，复句中则没有这样的限制，如在例（23c）中，"卖书"的"书"虽与"买书"的"书"同指，却不能删除；在例（23d）中，最后两个分句中的"它"和"这种鱼"与其前的"一条鱼"也具有同指关系，但也不宜删除。

对于上述现象进行过细致观察的还有朱庆祥（2019），在比较连动句和序列事件句的差异时，朱庆祥（2019：175）注意到，连动句必须遵循"宾语同指删除"，而这一要求对序列事件句无效，具体表现为，序列事件句中的同指宾语虽然"也容易承前省略"，但"不省略也是可以接受的，并非强制省略"，除此之外，序列事件句的同指宾语还可使用代词的形式，如例（24）所示。

(24) 朱庆祥（2019：176）

a. 他拿起了一个大苹果，三口两口吃光了它。

b. 他拿起了一个大苹果，三口两口把它吃光了。

可以看出，前人对待复句"宾语共享"的看法并不完全一致。刘丹青（2015）强调的是"宾语共享在复句中很受限制""复句各分句的同指宾语以各自显现为常"，朱庆祥侧重的是"不省略也是可以接受的，并非强制省略"。我们认为，与"主语共享"的情形一样，连动句中的"宾语共享"是一种强制性的句法规则，一旦连动句中不同动词的宾语具有同指关系，那么必须承前删除，否则就会造成句法、语义结构的变化（比较"有话说"与"有话说话"）；复句似乎也常常出现"宾语共享"的情况，但复句中的"宾语共享"也只是一种最低程度的"宾语共享"，它满足的也仅仅是语用上的经济、简略需求，不具备强制规定性。换言之，"宾语共享"在复句中也没有凝固为强制性的句法、语义规则。

总之，不管是在"主语共享"方面，还是在"宾语共享"方面，我们认为，连动句和复句都有着明显的差异。"主语共享"和"宾语共享"对于连动句而言是一种强制性的句法、语义规则；对于复句而言，则只是一种语用选择，可随不同的使用环境和修辞动机而进行调整，同指的主、宾语不管是同时出现，还是共享（承前省或蒙后省），都不至于改变复句的结构和语义，至多只会造成语用效果的不同。以上主要是我们基于前人的观察所得出的结论，下文我们将对这个初步结论做进一步的延展和补充，我们这里意欲提醒注意的是以下三点。

首先，"主语共享"和"宾语共享"对于连动句而言，是一种强制性的要求，这一要求不仅制约着汉语连动句，同样也是其他语言连动句通常必须遵守的规则。跨语言的连动式研究发现，"主语共享"是连动式最为普遍的类型。Aikhenvald（2006）认为："主语共享可以看作典型连动式的特征",Aikhenvald(2018:40)也总结道:"我们目前所见到的绝大多数连动式,都至少共享一个论元——句法主语"。Aikhenvald把"主语共享"看作连动式的典型特征,而非必备特征,这是因为她所说的"连动式"包括了"转换功能"(switch-function)(如"他叫我赶紧离开")、"累积主语"(cumulative subject)(如"他陪我去学校")等不共享主语的情形。我们认为,这些非共享主语的"连动式"其身份完全可以再做讨论,不过有一点是可以肯定的,即如果连动式中各个的动词其主语论元具有同指关系,那么这些同指的主语论元在句法表层只能出现一次。一些类型学者在给连动式下跨语言定义时,已经透露出这样的意思,比如,Jansen, Koopman and Muysken(1978)认为连动式"只包含一个显性主语";Sebba(1987:86)认为连动式"只有一个显性表达的(句法)主语";Muysken and Veenstra(1994)认为连动式"只有一个显性的主语"。如果违反这一限制,那就不可能是连动式,而只能是并列复句或者别的格式,或者干脆不合语法。同样,跨语言来看,"宾语共享"对于连动句也是强制性的要求,连动句中的若干动词如果有同指的宾语,那么这些同指宾语只能共享,不能反复出现。下文是西非地区苏里南语(Sranan)的例子:

(25)　　　　　　　　　　　　　　　　　　　　Kroeger(2004)

Sranan 语

a. Kofi　teki　a　swarfu　bron.
　 Kofi　拿　冠词　火柴　点燃
　 "Kofi 点燃了火柴"

b. Kofi　teki　a　swarfu　born　en.
　 Kofi　拿　冠词　火柴　点燃　它
　 "Kofi 拿火柴点燃了它"

上述两例(25a、25b)都是 Sranan 语中的连动句,(25a)中"拿"和"点燃"都以"火柴"为宾语论元,"火柴"在句法表层只出现了一次。(25b)中"拿"和"点燃"各有自己的宾语论元,分别是"火柴"和"它",需要注意的是,如果(25b)要作连动句理解,那么"它"一定不能回指"火柴",反之,当"它"用来回指"火柴"时,(25b)就不再是连动句,而是隐性(不含连词的)并列复句(Sebba 1987;Kroeger 2004),两个 VP 之间通常也要伴有明显的语音停顿。

其次，连动句与复句在"主语共享"和"宾语共享"上的差异，即前者核心论元高度共享而后者核心论元低度共享，实际上反映了二者论元结构的不同整合程度。也就是说，连动句中各个动词论元结构发生了较高程度的整合，而复句中各个动词拥有相对独立的论元结构。借用学界已有的两个术语来说就是，在连动句中，那些没有出现的同指主语、宾语实际上是隐含的，其在句法表层绝对不能显现；在复句中，那些没有出现的同指主语、宾语则是省略的，其在句法表层可以出现，也可以不出现，只受语用因素的制约。

(26) a. 老王ᵢ 买了一条鱼ⱼ [ ]ᵢ 吃 [ ]ⱼ。
　　　b. 老王ᵢ 买了一条鱼ⱼ，[ ]ᵢ 晚上吃 [ ]ⱼ。

如例（26）所示，（26a）是连动句，第二个动词"吃"之前和之后都存在句法空位（"空语类"），这些空语类都属于隐含型，绝对不能补出；（26b）是复句，第二个分句中的动词"吃"之前和之后也都存在空语类，这些空主语、空宾语完全可以在适宜的语用环境中补出。

连动句和复句中，空主语以及空宾语的不同性质，实际上反映的正是两种句式不同的论元整合程度。连动句中各个动词的论元结构已经融合在一起，而复句中各个动词则拥有相对独立的论元结构，各动词的论元结构都保持得相对完整。从这个角度来看，Aikhenvald（2006、2018）认为连动式具有"一套整体的论元结构"（an overall argument structure），这种说法是有道理的。

连动句中各个动词的论元结构发生了较高程度的融合，这可以在形态发达的连动语言中找到一些证据，比如：

(27) Akan 语　　　　　　　　　　　　　　Schachter（1974）
me-de　aburow　mi-gu　nsu-m
我-拿　谷物　我-流　水-里
"我把谷物倒进了水里"

(28) Tariana 语　　　　　　　　　　　　　Aikhenvald（2006）
emite-tiki　　nu-na　　　dihpani　di-adeta-naka
孩子-昵称　我-宾语　他　工作　他-阻止-现在　可见
"那个小男孩正在阻止我工作"

上文的 Akan 语和 Tariana 语都需要通过形态明确标示出每个动词的主语，① 但是我们却看到，(27) 中"流"的逻辑主语②分明应该是"谷物"，但标示的是"我"；(28) 中"工作"的逻辑主语分明应该是"我"，但标示的是"他"。这种情况似乎很难理解，一个可能的并且合理的解释就是，连动式中各个动词的论元结构发生了较高程度的融合，在这一过程中，某个动词的论元结构被迫受到压制，并在形式上表现出来。

最后，在连动句和复句中，动词的论元结构发生了不同程度的融合，这归根到底还是因为连动句表达的是一个相对紧密的事件，而复句表达的是若干个相对松散的事件。通俗来说就是，连动句表达一个相对紧密的事件，各个动词共同构成了一个陈述，因此各个动词的论元结构之间要做出一定的协调，并进而发生融合；复句表达的是若干个相对松散的事件，各个动词分别构成一个陈述，因此各个动词的论元结构才得以保留得较为完整。前文例（26a）中，"吃"的空主语和空宾语不能补出，而例（26b）中，"吃"的空主语和空宾语可以补出，实际上也正是（26a）中的"吃"不能单独构成一个陈述与事件，（26b）中的"吃"可以单独构成一个陈述与事件的具体表现。另外，如果我们认识到了这一点，那么实际上也有利于进一步离析连动句和紧缩复句。我们前文基本是在拿典型的复句与连动句进行比较，下文有必要看一看紧缩复句的问题，并透过它来检验前文的主张。

在汉语语法学中，"紧缩句"也是一个充满争议的问题。"紧缩句"究竟是单句还是复句？不同学者各有主张，黄伯荣、廖序东（1991：175）认为它是"分句间没有语音停顿的特殊复句"；胡裕树（1995：372）认为"这种紧缩了的复句看样子很像单句，但又不同于单句……如果加上适当的关联词语和停顿，就成了一般的复句"；邢福义（2001：18）把紧缩句看作"音距消失、分句凝合的复句异变形式"。这些观点都可看作"复句说"。朱德熙（1956）认为紧缩句是"由复句紧缩成的单句"，这显然是一

---

① 通过词形变化在每个动词身上都标示出其主语或宾语，这种标示方法 Aikhenvald (2006、2018) 称作"和谐加标"（concordant marking），详见 Aikhenvald (2018)。这种重复加标的形式，不同于使用词汇手段来显示每个动词的主、宾语，不算作对"主语共享"或"宾语共享"的违反。

② Aikhenvald（2006）称作"潜主语"（underlying subject）。

种"单句说"。洪心衡（1980：140）把紧缩句定位为"介在单句和复句之间的一种句式"，与连动句一样是"中间句"之一种；宋玉柱（1991b）也明确主张"紧缩句并不属于复句的范围，而是介于单句和复句之间的一种句式"，这些观点可称为"中间类型说"；严戎庚（1980）认为紧缩句"或属特殊复句，或属具有谓语复杂现象的单句等"，总之应该取消，这种看法可归为"取消说"。此外，紧缩句的范围有多大？包含哪些不同类型？如何同连动句做出区分？这些也都是相当棘手的问题，史存直（1982：159）就曾说："什么叫做'紧缩'这个问题不如'省略'那样容易说明……也不易知道紧缩的明确范围，所以只能把常见的几种紧缩句提出来说明一下，以示一斑"。实际上，多数语法论著所采取的就是这种做法，而这又进一步模糊了紧缩句与连动句之间的界限。一个具体的句子究竟是紧缩句还是连动句，不同学者往往各执一词，比如：

(29)

他**越**睡**越**困　　　　　　　　　　　　　　　赵元任（1952：22）

说干**就**干，不能大干**就**小干，能干多少**就**干多少　　丁声树等（1961：116）

我们走**也**走到北京　　　　　　　　　　　　　　吕叔湘（1980：32）

不见棺材**不**落泪　　　　　　　　　　　　　　李临定（1986：129）

话还没说出来**又**咽了下去　　　　　　　　　　　范晓（1998：72）

按照不少学者看法（宋玉柱1984、1991b；倪宝元、张宗正1986；郑红明1991；黄伯荣、廖序东1991等），紧缩句中可以出现关联词语，而连动句中绝不能出现关联词语。比如，黄伯荣、廖序东（1991：175）认为"他坐下来看书"是连谓句，而"他一坐下来就看书"则是紧缩句。根据关联词语的有无这一形式标准来判断紧缩句和连动句，看似清晰简便，不过没有反映出关联词语的实质，而且相当一部分学者对此也并非完全接受，上文例（29）中的句子中虽含有关联副词，不过，上引著作却都把它们处理为连动句。那么，这些含有关联词语的句子究竟是连动句还是紧缩句呢？这或许从我们前面对连动句和复句论元结构融合程度的观察和探讨中可以找到答案。我们认为，例（29）这样的句子都应该属于紧缩句，而非连动句，它们在本质上仍是一种复句，试看例（30）：

(30)

他越睡［他］越困／咱们说干［咱们］就干／咱们不能大干［咱们］

就小干／咱们能干多少［**咱们**］就干多少／我们走［**我们**］也走到北京／他不见棺材［**他**］不落泪／话还没说出来［**我**］又咽了回去／他一坐下来［**他**］就看书／他下了班［**他**］才去／他看了［**他**］还想看／社会不改革［**社会**］不能发展／一个人无私［**他**］才能无畏／老王想睡［**他**］也睡不着／好东西再贵［**它**］也值得买

  上文的例（30）很清楚地显示，这些句子的第二个动词前都可以补出其主语论元，V_2 的主语可以与 V_1 的主语同指，也可以不同指，如果同指的话，通常能用代词进行复指，这些都是复句结构的表现，而非连动结构的表现。V_2 前的空位可以补出有形主语，这实际上就是上文所说的，复句中 V_1 与 V_2 的论元结构融合程度很低、各自相对独立的表现，连动句中 V_1 与 V_2 的论元结构发生了较高程度的融合，其 V_2 前的主语通常难以补出［试对比前文例（20）］，必须与 V_1 进行"主语共享"。

  这样看来，以往有些学者根据关联词语的有无来分辨紧缩句和连动句是有一定合理性的，只是问题在于，以往并没有把关联词语的真正作用揭示出来，片面地依据形式标准必然难以服众。那么，关联词语的真正作用在哪里？为何关联词语的出现会影响句子中动词论元结构的融合？我们认为，说到底还是因为事件整合程度的不同。简而言之，"关联"的实质就是把两个或两个以上相对松散的、无关的事件或命题连接起来，表面上看来，关联词语起到的是连接事件或命题的作用，但实际上它的出现已经预设了这些事件、命题之间的心理距离。关系相对松散、心理距离相对较远的事件或命题才需要连接，一个整体性强的事件不需要也不应该使用关联词语连接，否则只会割裂整体事件内部的联系，起到适得其反的效果。下文再以黄伯荣、廖序东（1991：175）举的一对例句进行说明。

  （31）a. 他坐下来［***他**］看书。

    b. 他一坐下来［**他**］就看书。

  （31a）是连动句，V_2 前不能补出主语论元；（31b）是紧缩复句，V_2 前可以补出主语论元。之所以如此，其底层逻辑在于：（31a）意欲表达一个整体性的事件，"坐下来看书"是作为一个整体来陈述"他"的，这就要求"坐下来"与"看书"的论元结构发生一定程度的融合，表现为二者之间的"主语共享"；（31b）意欲强调"他坐下来"与"他看书"两个事件之间的关系，关联词语"一……就……"的出现预设并明示了这两个事件之间的相对独立,既然如此,句中不同 VP 的论元结构就不必发生融合,理应都可以保持得相对完整。

上文讨论的紧缩句是带有关联副词的,学界还曾论及一种使用成对的疑问代词来连接的紧缩句,即邢福义(2001:19)所言的"准标志紧缩句",如下组例句(32)所示:

(32)

这姑娘谁见谁喜欢/大家可以想到什么写什么/这家伙有多少输多少/我怎么听来的怎么说/你想去哪儿去哪儿

例(32)这样的句子究竟是紧缩句还是连动句学界也有不同意见,李临定(1986)对连动句的举例就包括了"她爱上哪儿上哪儿""他讲到哪里拉到哪里""咱们该做啥做啥吧"这种成对儿使用疑问代词的情形。那么,这种句子究竟是连动句还是紧缩句呢?我们认为,这些也是紧缩句,而非连动句,道理同上,这些句子中的动词也都拥有相对独立而完整的论元结构。观察这些句子不难发现,它们当中的疑问代词必须成对使用,具有同指关系,而且分别充当 V_1 与 V_2 的主语论元或宾语论元,这种形式本身就说明 V_1 与 V_2 的论元结构各自相对独立和完整,哪怕出现同指的主、宾语论元也不能删除其中某一个,这显然不同于必须"论元共享"的连动句。

(33)

这姑娘$_i$谁见[她]$_i$谁喜欢[她]$_i$/大家$_i$可以想到什么$_j$[大家]$_i$写什么$_j$/这家伙$_i$有多少$_j$[他]$_i$输多少$_j$/我$_i$怎么听来的[我]$_i$怎么说/你$_i$想去哪儿$_j$[你]$_i$去哪儿$_j$/她$_i$爱上哪儿$_j$[她]$_i$上哪儿$_j$/他$_i$讲到哪里$_j$[他]$_i$拉到哪里$_j$/咱们$_i$该做啥$_j$[咱们]$_i$做啥$_j$吧

例(33)的分析显示,这些句子中的同指主语和同指宾语,有些必须在句法表层全部保留(由任指疑问代词充当的),有些虽可以省略,但也能在句法表层予以找回,这说明,在这些句子中,各个动词的论元结构相对独立,没有发生较深程度的融合。与前文讨论的使用关联副词的紧缩句一样,这类紧缩句之所以各个动词能够保留相对完整独立的论元结构,究其根源,也在于它们强调的是两个事件之间的关系:一个事件随着另一事件而进行改变,而非把它们当作一个整体性的事件。

5.2.5 语序凝固 VS 语序灵活

连动句与复句相比，另一显著句法差别在于，前者的语序相对凝固，而后者的语序相对灵活。如果把连动句的形式码化为"SVP_1VP_2"，把前后分句相同主语复句的形式码化为"$SVP_1，VP_2$"，那么，这里所说的"凝固"或"灵活"，至少表现在两个方面：其一，在连动句中 VP_1 与 VP_2 通常不能互换位置，而复句中的 VP_1 和 VP_2 则通常可以互换位置；其二，连动句中的主语 S 通常不能在 VP_1 之后 VP_2 之前，而复句中的主语 S 既可出现在 VP_1 之前（作前一分句的主语，后一分句的主语承前省），又可出现在 VP_2 之前（作后一分句的主语，前一分句的主语蒙后省）。下文分别来看二者在这两点上的表现差异。

我们知道，人类语言的结构次序有临摹概念次序的强烈倾向。Greenberg（1966）就曾基于对大量语言的观察提出"语言中成分的次序与物理经验的次序或对事物的认识的次序是平行的"[①]；Haiman（1983）把语言的这一排序机制称为"时间象似性"（tense iconicity）；在汉语语法研究过程中，戴浩一（1988）也提出了"时间顺序原则"（the principle of temporal sequence，简称 PTS），并将这一原则表述为"两个句法单位的相对次序决定于它们所表示的概念领域里的状态的时间顺序"，认为它是一条制约汉语语序的总原则，"管辖着汉语中大多数可以定出的句法范畴的语序表现"。尽管时间顺序原则可以作为一条制约汉语语序的总原则，但是我们也应该看到，它在连动句和复句的语序问题上分别表现出了不同的制约能力。戴浩一（1988）对时间顺序原则的阐释涵盖了复句，并用由"时间连接词"（"再""就""才"等）连接的分句的顺序为例，阐释了这一原则的制约作用。

（34） 戴浩一（1988）

a. 我吃过饭，你再打电话给我。

b. 我们工作一结束，他就来了。

c. 你给他钱，他才给你书。

诚如戴浩一（1988）所言，（34）各例中的第一个分句（戴文称作

[①] 转引自张敏（1998：159）。

"句子")在顺序上只能位于第二个分句之前，两个分句的位序绝不能倒置。不过，这里似乎不容易说清楚究竟是时序原则在对各分句的相对顺序起作用，还是"再""就"等词的词义在起作用。事实上，如果抛开这些词，不难发现大量分句顺序可以颠倒的情形。

(35) a. 带着满腔的热情，他来到了新的工作岗位。
　　　b. 他来到了新的工作岗位，带着满腔的热情。
　　　c. 为了救出群众，他第一个冲进着火的房屋。
　　　d. 他第一个冲进着火的房屋，为了救出群众。
　　　e. 因为受伤严重，他不能参加这次的比赛了。
　　　f. 他不能参加这次的比赛了，因为受伤严重。

上组例句中，35a、35c、35e 与 35b、35d、35f 两种表达方式都是合法的，后一种表达方式相对于前一种表达方式只是增添了追补的意味，除此之外，也不存在别的语义上的变化。因此，很难说时序原则在各分句的语序排列中发挥着决定性的作用，说话人完全可以因为交际意图或者别的语用因素而相对自由地安排分句与分句的相对顺序。

相反，连动句中 VP_1 与 VP_2 的顺序则一般不能颠倒，某些连动句似乎存在 VP_1 与 VP_2 颠倒的可能，如前文第三章所举的例子"穿上鞋走出房间"与"走出房间穿上鞋"，但这种情况下，语义也随之发生了显著的变化。而且更为关键的是，在这种连动句中不管是"VP_1VP_2"的顺序，还是"VP_2VP_1"的顺序，都符合时间顺序原则："穿上鞋走出房间"在说话人和听话人的理解中，一定是"穿上鞋"在先，"走出房间"在后；"走出房间穿上鞋"在说话人和听话人的理解中，一定是"走出房间"在先，"穿上鞋"在后。也就是说，连动句中动词性成分的顺序通常严格遵照时间顺序原则。像例（35）这种语序灵活的情形在连动句中一般不能存在，试对比例（35）与例（36）：

(36) a. 他带着满腔的热情来到了新的工作岗位。
　　　b. *他来到了新的工作岗位带着满腔的热情。
　　　c. *他救出群众第一个冲进着火的房屋。
　　　d. 他第一个冲进着火的房屋救出群众。
　　　e. 他受伤严重不能参加这次的比赛了。
　　　f. *他不能参加这次的比赛了受伤严重。

对比例（35）与例（36）可以看出，复句各分句的顺序相对自由，而连动句各 VP 的顺序则要固定得多。在复句中，可以先说伴随方式状态，后说主要的动作行为，如（35a），也可以先说主要的动作行为，后交代伴随方式状态，如（35b）；可以先说某种目的意图，再说实现这种目的意图的行为，如（35c），也可以先说采取了哪些行为，再补充这一行为的目的意图，如（35d）；可以先交代原因后交代结果，如（35e），也可以预先交代结果，而后再补充上造成这一结果的原因，如（35f）。但是在连动句中，我们可以看到，往往只有一种固定的语序可供选择，通常需要先说明所处的状态后说明这一状态下的行为；先说明采取了某一行为而后说明这种行为所欲达成的目标；先说明某种原因而后交代这一原因所导致的结果。因此，与复句相比，连动句的语序更加固定，对于时序原则的遵守也更加严格。①

张敏（1998）已经注意到了时间顺序原则对于复句和连动句的不同作用力，他通过下面一组例子的对比来说明，复句中的时序含义是可以取消的，而连动句中的时序含义则不能被取消：

(37)　　　　　　　　　　　　　　　　　　　　张敏（1998：161）

a. 他去了（一趟）图书馆，还见了（一个）朋友。

b. 他去图书馆见朋友。

张敏（1998：161 - 162）指出，"两个事件按自然的时间顺序出现的含义"在 a 句中可以被取消，比如，可以通过给 a 句追加后续分句"但他是先见的朋友"来达到此目的；但是，b 句中的顺序含义无论如何也不能被取消，它也无法再追加后续句"但他是先见的朋友"。

张敏、李予湘（2009）通过下面两组例句的对比，又对上述观点做了进一步的补充和阐发：

(38)　　　　　　　　　　　　　　　　　　　　张敏、李予湘（2009）

a. *张三到图书馆拿书，可是他先拿书。

b. *张三拿书到图书馆，可是他先到图书馆。

---

① 某些连动句似乎也没有遵循时序原则，如例（36a），"带着满腔的热情"与"来到了新的工作岗位"应该是同时发生的，而非有先后之别。不过，这可通过时序原则作用的不同层面进行解释，总体上仍是在遵守时序原则，可参阅高增霞（2006：58 - 66）对"先后顺序的三个层面"的解释。

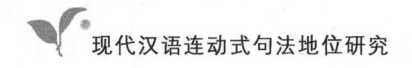

(39) 张敏、李予湘（2009）
a. 玛丽结了婚，生了孩子。／玛丽结了婚，还生了孩子。
b. 玛丽结了婚，生了孩子。／玛丽结了婚，还生了孩子。
——不过她生孩子在先。

张敏、李予湘（2009）认为，（38）中的连动句严格遵守时间顺序，故这种时间顺序义无法通过"取消测试"而被否定；（39）中的并列复句（张、李文称作"并列结构"）并不严格遵守时间顺序，故句中的时间顺序义可以通过"取消"测试而被否定。张敏、李予湘（2009）进而得出结论，认为并列复句中的时间顺序义只是语用意义，并非句法结构赋予的；连动句中的时间顺序义则是一种语法化了的意义，"是被句法强加于人的"。

与张敏先生持有相近主张的还有高增霞（2006）、冯胜利（2017）。高增霞（2006：58）提出"时序原则就不单纯是连动式的认知基础，而是成为一条结构原则"，认为语序已经成了连动式的一种"语法手段"；冯胜利（2017）也主张"连动式次序表现出的是一种'无标记'的自然次序""连动的语义次序实际反映的就是语法结构"。以上观点表述不同，内容也各有侧重，但无不揭示出了一个共同的道理，即连动句一般严格遵循时间顺序，它的时间顺序义已经语法化了，不能轻易被语用因素所干扰，VP之间的排序严格且固定。

其实，连动句对于时间顺序原则的恪守，不仅表现在汉语中，其他连动语言也都基本如此。这一点如李亚非（2007）所言："连动式……在许多语言里都能找到。连动式的最明显的特征，是动词之间的顺序永远对应于相应事件发生的时间次序"；Haspelmath（2016）对连动式所做的十条跨语言概括，其中的第五条概括（Generalization 5）也是"如果连动式表达因果关系或者序列事件，那么这两个动词的顺序是时间象似的"，Haspelmath还特别指出这一顺序已经超越了基本语序的控制，即便是在OV语言中，连动式的语序仍然对应于时间顺序。试比较下文VO语序的Èdò语与OV语序的Misktu语。

(40)
a. Èdò语 Stewart（2001：60）
Òzó lé   èvbàré ré
Oze 做   食物   吃

"Oze 做食物吃"

b. Misktu 语

Omini　　nama　　two　　fi-mi　　　　　　　　Givón（1995：211）
他们　　　肉　　　做　　吃 – 过去时

"他们做肉吃"

另外，根据目前的跨语言发现和报道，在不少连动语言中，连动句 VP 的顺序是固定的，而一连串小句构成的小句序列（a sequence of clause），其顺序则要相对灵活多变。比如，Aikhenvald（2018）就注意到，在 Fongbe 语中，连动句各 VP 的顺序是"严格不变的"（strict），而小句序列的顺序则可以"反转"（reversed）。

(41) Fongbe 语① 　　　　　　　　　　　　　　Aikhenvald（2018：128）

a. Kɔkú　sɔ　àsɔn　ɔ　　　　yì　àxì　mè
　　Koku　拿　螃蟹　那些　　　去　市场　里面
　　"Koku 拿那些螃蟹去市场里"

b. Kɔkú　sɔ　àsɔn　ɔ　　bó　　　yì　àxì mè
　　Koku　拿　螃蟹　那些　并且（他）去　市场　里面
　　"Koku 拿那些螃蟹并且去市场里"

c. Kɔkú　yì　àxì　mè　bó　　　sɔ　àsɔn　ɔ
　　Koku　去　市场　里面　并且（他）拿　螃蟹　那些
　　"Koku 去市场里并且拿那些螃蟹"

上面 Fongbe 语的例句中，(41a) 是连动句，VP_1 和 VP_2 的位置不能互换；(41b) 和 (41c) 是 Fongbe 语中的小句序列（Aikhenvald 2018：128），前后两个 VP 的顺序可以改变，而且意思并无明显变化。

总之，不管就汉语的情况来看，还是从跨语言的角度来看，连动句的语序倾向于固定，其语序是一种句法规则；而复句各分句的语序则要灵活多变，其语序易受语用因素的干扰。那么为何会如此？我们认为这还是因为二者整合程度的不同所导致的。连动句一般用来表达一个紧密性强的事件，这种强紧密性或粘黏性就使得其各个 VP（子事件）的顺序倾向于固定下来，这不难理解，因为我们很难想象可以自由变换位置的组成成分之

---

① 这一组 Fongbe 语的例句原文稍显烦琐，这里在引用时略有删改，以便凸出重点。

间具有多强的紧密性。Aikhenvald（2018：128）在观察例（41）中的现象时也注意到，形式上看起来接近的（41a）和（41b）在所表达的意义上却是有着显著不同的：（41a）采用连动句的形式表达"一个事件"（one event），"拿那些螃蟹"和"去市场里"都是这个整体事件的一部分；而（41b）采用小句序列的形式表达的则是"不同的动作行为"（distinct actions），"拿那些螃蟹"和"去市场里"各自保留着相对的独立性，不共同构成"一个事件"。Aikhenvald 的这一观察与我们的解释相一致，正因为（41b）表达的是多个事件的序列，而非一个内部联系紧密的整体性的事件，所以其各个小句的语序才得以自由得多。另外，我们基于事件整合程度的解释实际上也符合认知语言学中的"独立性象似动因"，张敏（1998：161）在解释造成前文（37a）与（37b）差异的原因时就使用了这种解释，他认为（37a）中"S_1 和 S_2 的独立性较强，在概念上相应被视为代表两个独立的事件"，而（37b）中"VP_1 和 VP_2 本身的独立性较弱，在概念上被视为代表由两个子事件构成的单个事件"。强调各个子事件的整合程度与强调各个 VP 或小句的独立性，侧重点虽有不同，但在本质上是一致的，或者说本来就是问题的一体两面，难以割裂。张敏先生的这种解释与我们的认识在内核上相一致。

此外，前文还提到，复句语序相对于连动句语序更为灵活的另一表现就是，复句各分句的同指主语可以自由地出现在前一分句中或后一分句中，而连动句的主语只能出现在 VP_1 之前，不能出现在 VP_1 与 VP_2 之间。试用下文两组例句略做说明：

(42) a. 他带着满腔的热情，来到了新的工作岗位。

b. 带着满腔的热情，他来到了新的工作岗位。

c. 他为了采买新鲜蔬菜，早早去了农贸市场。

d. 为了采买新鲜蔬菜，他早早去了农贸市场。

（42）中的句子采用复句形式，可以看出，当前后分句的主语同指时，其中一个分句的主语可以省略，既可以承前省略，也可以蒙后省略，共享主语的位置相对自由。

(43) a. 他带着满腔的热情来到了新的工作岗位。

b. *带着满腔的热情他来到了新的工作岗位。

c. 他早早去了农贸市场采买新鲜蔬菜。

d. *早早去了农贸市场他采买新鲜蔬菜。

（43）中的句子采用连动句的形式，可以看出，其共享主语只能出现在句首，一般不能出现在 VP_1 与 VP_2 之间。这一点刘丹青（2015）也有过注意，刘丹青（2015）在脚注中特别注明，连动句的主语很少采取"零形前指"的形式，有些句子似乎是"零形前指"的连动句，如"[ ]吃了饭他在休息呢"，不过"这种主语后移的结构一般不再被视为连动句，连动句著述中见不到这类例句"。我们认同这种主张，不过我们想进一步补充说明的是，连动句的主语之所以难以出现在 VP_1 与 VP_2 之间，主要是因为强制性地把 VP_1 和 VP_2 隔开，实际上是一种事件拆解的手法，即把一个整体性的事件拆分为若干相对独立的事件，表现在形式上就是，当连动句的主语后移时，VP_1 之后也往往要出现停顿，并成为一个相对独立的表述。这种事件拆解的手法显然与连动句表达一个整体事件的意图相违背，故而通常难以接受。

5.2.6 细节隐退 VS 细节凸显

连动句在事件类型上代表一个由若干个子事件组成的整体性宏事件，而复句在事件类型上则代表若干个相对松散的事件序列，前者的事件整合程度高于后者，这是前文从不同角度尝试说明的道理。我们认为，连动句的事件整合程度高于复句，还表现在二者所能提供的细节信息方面。沈家煊（2011：185-190）将语言的整合过程细化为"压缩"和"隐退"两种机制，指出："概念整合的过程中除了压缩之外还有隐退（conceptual recession）。隐退是相对'凸显'而言的。'一隐一退'才形成一个整体"。我们认为，沈先生的这段话对于讨论整合现象具有理论指导意义。连动句相对于复句在事件整合的程度上更高，不应该只体现在前者在形式上的短小和压缩（"单一语调 VS 复合语调""一个小句 VS 多个小句""动词数量受限 VS 动词数量非受限""论元高度共享 VS 论元低度共享"，等等），还应该体现在连动句相对于复句隐退了更多的事件细节信息。其中的道理也不难理解，因为要整合必须要有舍弃，整合的程度越高所需要舍弃的细节也就越多。在下文正式论述之前，有必要先来回顾了解一下沈先生对于"隐退"的举例阐述。

沈家煊（2011：188-189）：

汉语里的把字句就是两个小句整合的结果，整合过程中一个隐退一个突显。

醉把茱萸仔细看。（唐诗）

本来是"醉把茱萸仔细看"——"把"是动词，作"手持"解——和"仔细看茱萸"两个小句，代表两个事件，在整合过程中，先是两个"茱萸"合二为一，形成一个连动结构，这是两个事件整合的开始，前后两个动作还是并重的。然后发生的是前一个事件隐退，动词短语"把茱萸"变成了介词短语，实义动词"把"变成了虚词"把"，同时后一事件得到突显，把字句就诞生了。

……

现代汉语体助词"了"的形成也一样，只不过隐退的是后一个事件：

拜舞既了（近代）→ 已经拜了舞（现代）

"拜舞既了"里的"了"[liǎo]是表示"结束、完成"的动词，前面可以有副词"既"修饰，证明原来是两个事件，一个"拜舞"一个"事了[liǎo]"。然后发生的是后一个事件的隐退，前一个事件的突显，动词"了"虚化为一个附着于动词的体助词"了"[le]。

可以看出，沈家煊（2011）所谈的"隐退"主要涉及实义动词的虚化问题，我们认为这确实是一种"隐退"，不过，已经是"隐退"的末尾阶段，"隐退"实际上可能开始得更早，而且整合的整个过程中都全程、不间歇地伴随着"隐退"。我们下文所说的"隐退"，所关注的也正是早期阶段的"隐退"，看一看从若干个松散的事件（复句）到一个紧密的事件（连动句）究竟"隐退"了什么，又有何表现。

我们认为，与复句相比，连动句所"隐退"的是主要细节信息。据我们所见到的材料，最先明确提出这种说法的是齐沪扬、张琬（2013）。齐沪扬、张琬（2013）认为："若连动式中的两个成分都具有丰富的细节信息时，将会变成两个独立的事件，从而分离为两个相对独立的小句形式；只有至少其中一个成分一定程度的抽象化，两个成分才能发生融合，共同表达一个完整的事件。"齐沪扬、张琬（2013）所论述的细节信息的隐退主要涉及两个方面：一是修饰成分的隐退；二是数量成分的隐退。下文分别予以介绍。

(44)　　　　　　　　　　　　　　　　　　　齐沪扬、张琬（2013）
a. 她犹豫地转过身把门关上了。
b. 他转过身轻轻地把门关上了。
c. 她犹豫地转过身，轻轻地把门关上了。

(45)　　　　　　　　　　　　　　　　　　　齐沪扬、张琬（2013）
a. 我敏捷地躲开障碍向前行驶。
b. 我躲开障碍飞快地向前行驶。
c. 我敏捷地躲开障碍，飞快地向前行驶。

(46)　　　　　　　　　　　　　　　　　　　齐沪扬、张琬（2013）
a. 我去图书馆读了一个小时的报纸。
b. 他爬上树摘下了一个桃子。
c. 我抬头瞪了她一眼。

(47)　　　　　　　　　　　　　　　　　　　齐沪扬、张琬（2013）
a. *我去一趟图书馆读了报纸。
b. *他爬上了一棵树摘下桃子。
c. *我抬一下头瞪了他。

齐沪扬、张琬（2013）用（44）（45）两例说明连动句中不允许多个动词都带描写性状语，否则就会断开而成为复句形式，这说明连动句中至多允许一个动词的修饰成分保留，其他动词的修饰成分则要丢失（"隐退"），我们认为这一观察非常敏锐，下文我们会在此基础上进一步阐述。齐沪扬、张琬（2013）用（46）（47）两例说明"数量成分作为细节信息一般只能附加于后项动词的结构中"，我们认为，数量成分的隐退或许的确存在，但目前的研究对此揭示得并不充分，如果认为连动句前一动词性成分（VP_1）中的数量成分必须隐退，那么很多例句就不好解释，下文对（47）稍做改写：

(48) a. 我去一趟图书馆读报纸。
　　　b. 他爬上了一棵树摘桃子。
　　　c. 我抬了一下头瞪他。

根据我们的语感，（48）各句中的 VP_1 虽都带有数量成分，但都是合法的连动句,因此,我们认为,数量成分的隐退可能不局限于 VP_1 中数量成分的隐退,与连动句修饰成分的隐退一样,数量成分的隐退也可能并不局限于某一个位置的动词,而是只允许 VP_1 和 VP_2 其中之一带有数量成分,另一个 VP 的数量成分则要隐退。

(49) a. 我去一趟图书馆,读一会儿报纸。

b. 他爬上了一棵树,摘了一筐桃子。

c. 我抬了一下头,瞪了他一眼。

比较例(46)(48)(49)可知,连动句一般只允许一个 VP 带有数量成分(无论前后),如果前后两个 VP 都带有数量成分,那么连动句有强烈的倾向被割裂为复句,各分句自成一个相对独立的表述(事件)。因此,我们有理由推测,连动句在事件整合的过程中,所隐匿的不是某一特定子事件的数量信息,而是整个连动句通常只允许表现出一次数量信息。

根据我们的观察,除了数量信息,构成连动句的子事件在整合的过程中,至少还有下文一些细节信息需要隐退。

首先,修饰信息的隐退。这里所说的修饰信息主要指的是动词的描写性状语,所谓修饰信息的隐退,指的是一个连动句通常只允许其中一个动词的描写性状语保留,其余动词的描写性状语都要隐退。齐沪扬、张琬(2013)对此已做了非常细致的观察,我们这里想补充的是三点。

第一,连动句是否只允许一个动词保留修饰信息(描写性状语),其余动词的修饰信息都要隐退?这在不同学者看来或有语感上的差别。比如,刘丹青(2017)在论述连动式与动结式的差异(裂变)时曾指出:"连动的每一个 VP 单项都能自由扩展,带上主语以外的论元和修饰成分",举例如下:

(50) 刘丹青(2017)

a. 你把草药搬到场上匀匀地摊开来好好地晒一天。

b. 她应该多吃水果大量地补充维生素。

c. 他们小心地关上房门悄悄地商量事情。

刘丹青(2017)认为上组例句都是合法的连动句,并且体现了连动式的"单项扩展性"。我们的语感更接近于齐沪扬、张琬(2013),我们认为例(50)这样的句子在自然口语中基本都会出现中间断开的情形(即采取复句的形式),一者,对当中的每一个动词都进行详细的描写修饰,这与连动句突出事件整体性的语义要求不符，突出每一个子事件实际上等于在对整体性的事件做出切割；二者，我们也不容易想象得出如此长的句子可以一口气读得完。不过，似乎也不能绝对排除例（50）这种情况的存在，尤其是在书面语中。因此，我们倾向于认为例（50）这种情形少见，且不是典型的连动句，连动句有排斥"自由扩展"的强烈倾向。

第二，连动句排斥每一个动词都带有修饰信息，这不只是汉语的倾向，在其他连动语言中，也能发现这样的限制，比如下文 Èdò 语的例子。

(51) Èdò 语　　　　　　　　　　　　　　　Stewart（2001：24-30）

a. Òzó　gié!gié　dún!mwún　èmà　khién!né
　　Oze　迅速地　　称量　　　山药　卖.复数
　"Oze 迅速地称山药卖"

b. Òzó　dùn!mwún　èmà　gié!gié　khién
　　Oze　　称量　　　山药　迅速地　　卖
　"Oze 称山药迅速地卖"

c. *Òzó　gié!gié　dún!mwún　èmà　gié!gié　khién
　　Oze　迅速地　　称量　　山药　迅速地　　卖
　"Oze 迅速地称山药迅速地卖"

根据 Stewart（2001：24-30）的介绍，在上文的 Èdò 语中，例（51a）和（51b）都是合法的连动句，前者表示 Oze 迅速地称量山药、迅速地卖掉，后者表示 Oze 称量山药再迅速地卖掉；例（51c）则是不合法的句子，因为它当中的每个动词之前都出现了"方式副词"（manner adverb），Stewart（2001：30-31）指出，在 Èdò 语中，的确也会遇到两个动词都受修饰的情况，但那不是连动结构，而是"隐性并列结构"（covert coordination）：

(52) Èdò 语　　　　　　　　　　　　　　　Stewart（2001：31）

Òzó　gié!gié　gbó!ọ́　ívìn　gté!gié　bó!iló　ókà
Oze　迅速地　　种　　椰子　迅速地　　剥　　稻米
"Oze 迅速地种椰子，迅速地剥稻米"

Stewart（2001：31-34）认为，例（52）这种句子在 Èdò 语中是"由两个独立的事件组成"，在形式上它也表现为"两个小句"，这些都不同于表达一个事件的连动句。

第三，连动句中的两个或多个动词不能同时带上修饰成分，这一方面有来自连动句整体语义要求的限制，另一方面也有来自韵律上的限制，上文已经简单提及，如果每个动词都带上修饰成分，这势必造成连动句音节总量的冗长，也就是说一口气读不完，总要在当中出现顿歇，顿歇的后果就是事件拆解与割裂，不再是要求表达整体事件的连动句。实际上，这种来自韵律因素的制约前人已经有所触及，曾采今（1981）注意到："取用这种连谓式结构，看来是有条件的，即几个连续的谓词性成分以少带附加成分为宜。这样，才能体现其优越性。"曾采今先生的这一发现源自他对下文两个句子的抵触。

(53) a. ? 她们动着两只明亮的眼睛天真地看我们。　　（巴金《家》）
　　　b. ? 他大着胆子坐起来从骆驼的双峰间望过去。

（老舍《骆驼祥子》）

曾采今（1981）认为上文两个句子最好都应该修改，"若改为连贯复句，无疑是比较清爽利落的"。例（53）中的两个句子不存在前面所说的两个描写性状语的问题，但依然难以成立，道理何在？恐怕只能从韵律上找到原因。另外，例（53）这种句子在书面语中也许能够见到，但在自然口语中是不大可能出现的，这种情况类似于前文的例（50）。不管是例（50）还是例（53）都涉及标点符号的使用问题，涉及不同人的语感问题。我们倾向于认为这些句子不是典型的连动句，不过，这些句子的客观存在（至少是在书面语中）以及其与连动句的纠缠，也提醒我们，连动句或许与这些"可断可连""似断还连"的复句（流水句）之间存在历时上的直接的源流关系，这是下章将要涉及的内容，这里暂且不论。我们这里想强调的是，一种语法结构的存在和演化可能不单单是某一因素所导致，我们固然可以强调和突出某一方面因素的作用，但也应该看到除它之外的其他推动力。甚至很多时候，语音、句法、语义、语用这些因素都会纠缠在一起，协同发挥作用，想要绝对地分辨哪个的作用大一些，乃至哪个是哪个，都不那么容易办到，也许这各种因素的纵横交错、水乳交融才代表了语言的真实面貌。

其次，时空信息的隐退。时间和空间都是事件构成的环境成分，任何事件无不发生于一定的时间和空间之中。从理论上来讲，两个或若干个事件都可以表现出各自的时空信息，不过，如果事件的整合达到了一定的程度，成为一个整体性的宏事件，那么在这一过程中必须要舍弃掉多余的时空信息，整个宏事件只能附加一个时空限制，这个过程就是时空信息的隐退。与复句相比，连动句的整合程度高，它只能负载一个时空信息，而复句的各个分句都可负载各自的时空信息。

连动句作为整体只能负载一个时间信息，不能各个 VP 同时负载时间信息，这一点刘丹青（2015）已有论述。刘丹青（2015）注意到，连动句的各个 VP 不能分别受时间词（时间名词、时间副词）的限制，如下例所示：

(54) 刘丹青（2015）
 a. *他昨天在出口处举着牌子今天在等客人。
 b. *他刚才在出口处举着牌子将等客人。
 c. *他刚才在出口处举着牌子刚才在等客人。
 d. 他昨天在出口处举着牌子，今天在等客人。
 e. 他刚才在出口处举着牌子，刚才在等客人。

如刘丹青先生所论，(54a)(54b) 两例说明连动句中的动词不能分别受不同的时间词的限制；例(54c)说明连动句中的动词即使分别受同一时间词的限制也不被允许；(54d)(54e) 两例说明复句的各个分句允许分别添加（相同或不同的）时间限制。刘丹青（2015）指出，造成这一差别的原因在于"一个事件只能在统一的时间中发生"。

我们认同刘丹青先生的上述观察和解释，在此基础之上，我们提出以下几点以做进一步的补充。

第一，连动句表达一个整体性的事件，不仅不能受多个时间成分的限制，也不能受多个处所成分的限制。我们对上引例句略作改动，并以此作为说明：

(55) a. *他在出口处举着牌子在电梯口等客人。
 b. *他在出口处举着牌子在出口处等客人。
 c. 他在出口处举着牌子，在电梯口等客人。
 d. 他在出口处举着牌子，在出口处等客人。

上例(55a)与(55b)说明，连动句中的各个 VP 不能同时添加空间（处所）限制，无论这些空间限制是否一致；例(55c)与(55d)说明，复句中的各个分句可以分别添加各自的空间限制，并且互不干扰。

第二，连动句各个 VP 不能分别添加时间/空间限制，从根本上说都是受制于连动句表达一个整体事件的要求,分别凸显各个子事件发生的时间或空间,很容易造成这个整体事件的拆解,从而被当作各自发生于一定时空背景的独立事件。而且这种"一个事件"与"一个时空背景"间的对应关系,超越具体的语言,其他语言中的连动句也受此规则的限制。下文还是西非地区 Fongbe 语的例子:

(56) Fongbe 语　　　　　　　　　　　　　　Aikhenvald(2018:128)
 a. Kɔkú　ná　sɔ　àsɔn　ɔ　(*ná)　yì　àxì　mè
  Koku 将要 拿 螃蟹 那些 将要 去 市场 里面
  "Koku 将要拿那些螃蟹去市场里"
 b. Kɔkú　ná　sɔ　àsɔn　ɔ　bó　ná　yì　àxì　mè
  Koku 将要 拿 螃蟹 那些 并且 (他) 将要 去 市场里面
  "Koku 将要拿那些螃蟹并且将要去市场里"

例(56)说明 Fongbe 语的连动句不允许两个 VP 都添加时间限制词,而序列小句则允许分别添加时间限制词。这些表现和汉语中的情形相一致。

从理论上来说,连动句中的每个子事件都应该有自己的时空背景,而且各个子事件的时空背景不重合是常情,子事件的时空完全重合的连动句恐怕只有"他骑着马上山"这一种情况,其他类型的连动句其各个 VP 总是有客观时间上的先后之别,也往往伴随着空间位置的变更。刘辉(2009)注意到下面一种现象:

(57)　　　　　　　　　　　　　　　　　　　　　　　　刘辉(2009)
 a. 张三在厨房炒了一盘菜吃。
 b. 张三在古玩店买了一件古董收藏。
 c. 张三在肯德基买了一份外卖吃。

刘辉(2009)注意到,例(57a)中"炒菜"的地点在"厨房",而"吃"的地点不一定在"厨房";例(57b)中"买古董"的地点在"古玩店",而"收藏"所发生的地点不可能在"古玩店";例(57c)中"买外卖"的地点在"肯德基",而既然是"外卖",那"吃"的地点就一定不是在"肯德基"。

我们同意刘辉(2009)的观察,但不赞同他的解释。刘辉(2009)把例(57)这种结构叫作"同宾结构",也即我们前文所谈及的"规约目的"连动式。刘辉认为,这些"同宾结构"中的两个动词可以分别发生于不同的地点,因而"同宾结构中的两个VP表达两个事件……本质上不同于连动结构"。我们想指出的是,连动结构的两个VP发生于不同的时间和空间这是常态,仅从日常经验即可知晓两个连续的动作行为不可能占据相同的时间点,也往往伴随着空间位置上的变化。比如,"买支毛笔写大字","买毛笔"所发生的时间肯定早于"写大字"所发生时间,"买毛笔"所发生的地点也往往不是"写大字"所发生的地点。这些都不足为奇,连动句真正表现"奇特"的地方在于,尽管在事理逻辑上,VP_1和VP_2一般都有各自发生的时间和地点,但连动句强制性地要求整个句子中只能出现一次时间/空间限制成分。换言之,连动句只允许添加一次时间/空间限制成分,其余时空信息,尽管在事理逻辑上存在,但必须隐退。

(58) a. 我在肯德基买了一份外卖吃。

　　　b. 我买了一份外卖在办公室吃。

　　　c. *我在肯德基买了一份外卖在办公室吃。

　　　d. 我在肯德基买了一份外卖,在办公室吃。

(59) a. 我昨天买了一件新短袖穿。

　　　b. 我买了一件新短袖来年夏天穿。

　　　c. *我昨天买了一件新短袖来年夏天穿。

　　　d. 我昨天买了一件新短袖,来年夏天穿。

上面两例很清楚地表明,连动句中的时间或空间限制成分只能出现一次,这个限制成分或出现于VP_1之前,或出现于VP_2之前,但不管如何,至多允许出现一次,否则就将被割裂为复句。

第三,连动句只允许出现一次时间/空间限制成分,这有可能带来一个看似"特别"的后果,即时空限制成分出现在VP_1之前,而其语义却偏偏指向VP_2,不指向VP_1。

(60) 他从北京开会回来。　　　　　　　　　　　　　方绪军(1997)

方绪军(1997)注意到了例(60)这样的现象,例(60)中的"从北京"出现在"开会"之前,但其语义却是指向"回来"的。方文由此提出一个疑问:"既然介宾短语与后边紧邻的动词短语不能组合表义,那么为什么要作这种安排呢?"方文分析认为这主要是为了达到突出介宾短语的效果,我们则倾向于认为这主要是连动句在"一个时/空限制成分"制约下的附带结果。前文已论,连动句中只允许出现一个时/空限制成分,不过,我们还有必要注意到,尽管这个时/空限制成分可以出现在 VP_1 之前或 VP_2 之前,但其实际出现的位置却表现出不对称性——出现在 VP_1 之前的频率要高于出现在 VP_2 之前的频率,这种单次出现的限制,再加上实际出现位置的不对称性,就会造成例(60)这种现象。另外,例(60)及其类似现象的存在,其实也反映了连动句具有较高的整合程度,我们下一小节会对此再做讨论。

总之,尽管在事理逻辑上连动句中的每个 VP 都可以带上数量、修饰、时空等细节信息,但实际上,连动句的成立以大量细节信息的隐退为前提,道理不难理解,因为所谓的这些细节信息,都将大大增加每一个子事件独立的可能,而这正与连动句的整体语义要求相违背,欲强调整体,便不能凸显和丰满每一个个体,这是一种必然要求。

5.2.7 跨越修饰 VS 毗邻修饰

连动句整合程度高于复句的另一个表现是它当中存在"跨越修饰"现象。我们知道,当连动句的 VP_1 前存在状语 ADV,即构成 $ADVVP_1VP_2$ 的表面序列时,其句法分析存在两种可能:一是 VP_1 前的状语只修饰 VP_1,然后再与 VP_2 组成连动结构;二是 VP_1 前的状语修饰 VP_1VP_2 这一整体(这两种情况可详参吴竞存、侯学超 1982:223-225;赵淑华 1988)。不过从语义关系的角度来看,还存在另一种可能,即 VP_1 前的状语,语义上只是修饰(指向)VP_2 的,这种状语 ADV 跨越 VP_1 修饰 VP_2 的现象,我们称为"跨越修饰"现象,前文的例(60)就属于这种情形。需要注意的是,着眼于句法,ADV 不可能跨越 VP_1 去修饰 VP_2,因为 ADV 与 VP_2 不互为直接成分,但着眼于语义,这种现象在连动句中却是切切实实存在的。下文是前人文献中出现过的一些例子:

(61) 徐复岭(1986)

a. 瞎老婆子一面颠颠簸簸靠着白大嫂子走,一面说道……

b. 我来到老郑家门口的时候,他正吃完饭往外走呢。

c. 几个人有滋有味地蹲在路边喝豆腐脑儿。

从语义上来看,上述连动结构前的状语成分只是修饰 VP_2,并不修饰

VP₁，如，例（61a）中的"颠颠簸簸"修饰的只有"走"，而不包括"靠着白大嫂子"；例（61b）中的"正"修饰的只有"往外走"，并不包括"吃完饭"；例（61c）中的"有滋有味地"修饰的只有"喝豆腐脑"，也不包括"蹲在路边"。

(62) 方绪军（1997）

a. 他从北京开会回来。

b. 他却把用血汗挣的钱想着法子捐给国家。

c. 我们把你找个地方供养起来。

d. 住在近处的妇女，把水流拿石头堵了。

e. 林黛玉……被宝玉叉手在门框上拦住。

f. 大个子被匪连长下来踢了两脚。

这组例句也应做上述语义分析，如例（62a）中的"从北京"修饰的只是"回来"，不包括"开会"；例（62b）中的"把用血汗挣的钱"只指向"捐给国家"，而不指向"想着法子"……

上述连动句中的"跨越修饰"现象目前学界很少讨论，徐复岭（1986）在对连动结构前的状语的语义指向进行分析时注意到了这种现象，但只有举例说明并无解释；方绪军（1997）认为这种语序的安排主要是"为了凸显重要信息或使话语连贯"。我们这里不对此现象展开全面讨论，我们想强调的是，这一现象的存在也能够说明连动句的整合程度高于复句。这可以从以下几个角度进行理解：

首先，上述连动句绝不能被停顿隔开而成为复句，试看下组例句：

(63) a. *瞎老婆子颠颠簸簸地靠着白大嫂子，走了二十多里山路。

b. *他正吃完饭，往外走呢。

c. *他把用血汗挣的钱想着法子，捐给了国家。

d. *我们把你找个地方，供养起来。

e. *大个子被匪连长下来，踢了两脚。

例（63）显示，"跨越修饰"的连动句中间不能断开而成为复句形式，道理何在？恐怕是因为例（63）中的状语性成分不能直接与其后的动词性成分搭配组合所致，这说明复句前一分句中的状语主要功能在于修饰其后的 VP₁，其作用范围通常也是以分句为界限，不能将自己的作用域延展到下一分句，复句也不允许这种 VP₁ 前的状语不能与 VP₁ 组合表义，却能与 VP₂ 组合表义的情形出现。这种情况可称为"毗邻修饰"，即复句前一分句的状语一般只能修饰与其毗邻的 VP，通常不能跨小句修饰。

其次，仔细观察例（60）（61）诸例，不难发现 VP₁ 前的状语基本都可以移位至 VP₂ 之前，只有由"被"字短语充任的状语不能回移至 VP₂ 之前。

(64) a. 瞎老婆子靠着白大嫂子颠颠簸簸走了二十多里山路。

b. 他吃完饭正往外走呢。

c. 他想着法子把用血汗挣的钱捐给了国家。

d. 我找个地方把你供养起来。

e. 大个子下来被匪连长踢了两脚。

由"被"字短语充任的状语不能回移至 VP₂ 之前，这是因为这样做会改变原句的意思，如例（62f）中"下来"的施事是"匪连长"，而例（64e）中"下来"的施事成了"大个子"。除开这种情况，上述"跨越修饰"的状语一般都可移位至 VP₂ 之前，这就提醒我们，这些状语成分本来的位置就很可能是在 VP₂ 之前的，它们出现在 VP₁ 之前应该是移位所致。连动句中 VP₂ 前的状语，尽管在语义上不一定能与 VP₁ 搭配，但也能移位至 VP₁ 之前，这也说明连动句中 VP₁VP₂ 的整合程度较高，因为对一个整体事件（VP₁VP₂）的一部分（VP₂）的限制在一定条件下也可以理解为对这个整体性的事件做出限制；相反，如果 VP₁ 与 VP₂ 各自代表一个相对独立的事件，那 VP₂ 前的状语便不可能移位至 VP₁ 前。

最后，如果说这些"跨越修饰"的状语的本来位置是在 VP₂ 之前，那为何要移位至 VP₁ 之前呢？我们认为，这是为了维护 VP₁VP₂ 的整体事件属性而做出的一种调整。尽管从理论上来说，连动句 VP₂ 前可以出现状语，但这些状语夹杂在 VP₁ 与 VP₂ 之间，有可能造成事件与结构关系的松散，至少与 ADVVP₁VP₂ 相比是如此。前文例（64）的 VP₁ 与 VP₂ 之间虽然没有语音停顿，但很容易加上语音停顿，从而断裂为复句，而"跨越修饰"的连动句 VP₁ 与 VP₂ 则不能断开，如例（63）所示。由此可见，这一移位操作的目的很可能就是在于维护 VP₁ 和 VP₂ 的整体性，巩固连动句表达一个整体事件的语义解读，这种对事件整体性的维护，从而也带来了一种"使话语连贯"（方绪军1997）的额外语用效果。

5.2.8 语义强关联 VS 语义弱关联

连动句表达一个整体性的事件，而复句表达若干个松散的事件，这也表现在它们内部组构成分的语义联系上。相较之下，可以看出，连动句的内部成分之间存在更加紧密的语义联系，因此我们称作"语义强关联"，而复句内部的语义联系较为松散，我们称作"语义弱关联"。其实，关于这一点，前人已经有过注意，并做过细致的论述，所以我们这里只做简单的补充说明，点到为止，不再过多讨论。

刘丹青（2015）注意到下面一组句子在表义上是有较大差别的：

(65) 　　　　　　　　　　　　　　　　　　　　刘丹青（2015）

a. 他今天上山砍柴背回家炖了肉吃。

b. 他今天上了山，（他）砍了柴，（他）背了回家，（他）炖了肉，（他）吃了。

刘丹青（2015）指出，例（65a）表达一个单一事件，它是由若干个微事件组成的宏事件，"每个微事件都无法独立作为事件命题存在，其中有行为的时间顺序、方式（以砍柴来炖肉，以炖肉来就餐）、材料（以砍来的柴为炖肉材料）、目的（上山为了砍柴，砍柴背回家为了炖肉，炖肉为了吃）等语义关系。这些关系使得每个VP所表达的微事件都无法脱离其他动词而存在"；而例（65b）则不同，它"其中各VP间的上述关系不再是必然的，另类解读也能接受"，比如，"砍柴"的地方不一定是在"山上"，"背回家"的也不一定是"柴"，用来"炖肉"的"柴"也不一定是今天砍的那些柴，如此等等。

我们赞同刘丹青（2015）的上述观察和分析，同样认为例（65a）是一个整合紧密的单一事件，而例（65b）是由一个个相对独立的事件组成的松散事件序列。刘丹青（2015）对例（65a）内部语义联系紧密，而例（65b）内部语义联系松散的论述实际上包括两个部分：一是不同VP间是否有"时间""方式""目的"等必然的语义联系；二是前一个动词的宾语论元是否参与到后续动作行为之中，充当后续动词的"工具""处所""对象"等论元。我们认为，这两个角度的确能够反映出连动句的事件整合程度高于复句。下文分别说明：

首先，连动句VP之间的语义关联较为紧密，带有一定程度的必然性，通常很难撤销。

  (66) a. 我们吃了饭看电影。　　(67) a. 我们吃了饭，看了电影。
    b. 小明穿着拖鞋进了教室。　　b. 小明穿着拖鞋，进了教室。
    c. 我去了趟朋友家借钱。　　c. 我去了趟朋友家，想借钱。

  例（66）采用连动句的形式，它的两个 VP 之间分别具有"时间限定""方式""目的"等关系，这些关系都不容易被撤销；例（67）采用复句的形式，其 VP 之间的语义联系具有倾向性，但不具有必然性，能够较容易被撤销。比如，例（67a）不一定是先"吃饭"后"看电影"；例（67b）也不一定意味着"小明""进教室"的时候正"穿着拖鞋"，完全可以设想这样一种情形：小明今天一直在"穿着拖鞋"，在"进教室"的前一刻他换下了"拖鞋"；例（67c）也不一定能够保证"我去朋友家"的目的就是为了"借钱"，设想存在这样一种情形：老李在他家门口遇到了"我"，老李问"我"从哪儿来？刚才做了什么？现在要到哪儿去？要干什么？"我"的回答是："我（刚才）去了趟朋友家，（现在）（来你家）想（找你）借钱。"

  其次，连动句前一个动词的宾语常常参与到后一动词所表示的动作行为之中，充当后一动作行为的（外围或核心）论元，而复句则非如此。

  (68) a. 我买了支毛笔写大字。　　(69) a. 我买了支毛笔，写了大字。
    b. 老王去了商店买啤酒。　　b. 老王去了商店，买了啤酒。
    c. 老王煮了点儿面条吃。　　c. 老王煮了面条，吃了。

  例（68）采取连动句的形式，它的前一动词的宾语一般都会参与到后一动作行为中去，如"毛笔"是"写大字"的工具，"商店"是"买东西"的处所，"面条"是"吃"的对象；例（69）采取复句的形式，其前一动词的宾语不一定参与到后续动作行为之中。比如，例（69a）中"写大字"所用的"毛笔"不一定是前面所"买"的"毛笔"；例（69b）中"买啤酒"的处所也不一定是"老王"前面所"去"的"商店"；例（69c）中"吃"的东西也不一定是前面所"煮"的"面条"。

  连动句前一动词的宾语通常会参与到后一动作行为之中，为后一动作行为提供额外的论元，国外学者一般把此看作连动式固有的"增价"（valency-increacing）或"引进论元"（argument-introducing）功能（Comrie 1995；Veenstra and Muysken 2017；Aikhenvald 2006、2018；Jakery 2015；

Lovestrand 2021)。换言之，连动结构这种为后续动词引进论元的作用已可看作是其语法意义的一部分，而非像复句一样实际上依靠的是语用推导才得出类似的含义。

5.2.9　逻辑淡化 VS 逻辑明晰

连动句中到底能不能包含逻辑关系？动词性成分间有逻辑关系的结构式究竟算不算连动式？这是汉语学界争论了几十年的问题，孰是孰非确实难以定夺。前文曾对相关不同意见做过细致介绍，可以看出，不同意见之间截然对立，难以调和。有些论著在对连动式进行界定和分类时并不回避逻辑关系，比如：

(70) a. 有事不能来/不会做去问老师　　　　　　　朱德熙（1982：19）
　　　b. 他疏忽忘记了/说谎话要吃大亏　　　李临定（1986/2011：182）
　　　c. 有病不能来/有话慢慢说　　　　　　　　邵敬敏（2001：197）
　　　d. 病了没来/去了没找着/闻着挺香　　　沈阳、郭锐（2014：256）

上述例句 VP 之间存在因果、假设、转折、条件等逻辑关系，不过以上论著均将这些情形看作连动结构或连谓结构。而很多学者则强烈排斥逻辑关系（陈慧英 1978；宋玉柱 1978、1984、1986、1991b；高更生 1981；倪宝元、张宗正 1986；吴启主 1990；张斌 2010 等），他们认为 VP 之间一旦含有逻辑关系就应该作复句或紧缩复句处理。

(71) a. 有你没我们，有我们没你　　　　　　　　吕冀平（1958：101）
　　　b. 恰巧她生病没去　　　　　　　　　　　　陈慧英（1978）
　　　c. 几次想说话插不上嘴　　　　倪宝元、张宗正（1986：212）
　　　d. 有病没来上课/有话好好说　　　　　　　宋玉柱（1991b）

上组例句的采用者均主张这些属于紧缩结构，而非连动结构，其根据就在于这些结构的 VP 之间存在逻辑关系。

比较之下，上面两种主张各有优缺点，难以分辨对错。如果认为连动句中可以包含逻辑关系，那么连动句和紧缩句怎么区分就会遇到麻烦：紧缩句不一定必须要带上关联词语（吕冀平 1958：101），完全根据关联词语的有无来分别连动句和紧缩句，可能会大大扩大连动句的职权和范围。另外，从连动句内部来看，其内部 VP 之间的语义关系有些是相当紧密的，而假设、因果、转折这些关系则要相对松散，把它们放在一起恐怕会给人留下"大杂烩"（张静1977）的印象，受人诟病；如果认为连动句中一定不能包含逻辑关系，那么，这种主张又杀伤力太强。连贯关系算不算逻辑关系？目的关系算不算逻辑关系？恐怕都不能说不是。因此，那些声称连动句中不能含有逻辑关系的论著，又常常举出自我矛盾的例句。仔细观察主张连动句排除逻辑关系的论著，它们所言的逻辑关系一般是指因果、假设、转折这些关系，而并不排除连贯、目的、补充等逻辑关系，但是，凭什么把这些逻辑关系区别对待，从他们的主张中又找寻不到答案。

我们同意高增霞（2020：39）的判断："连动式与复句，尤其是紧缩复句边界很不清晰"，特别是当我们想只依靠语义标准来区分它们的时候，这种不清晰就会更加凸显出来。连动句和复句、紧缩复句的边界不清晰也许正是一种客观现象，这也就决定了怎么切分都无法边界分明，这正印证了范继淹（1985a）所说的"任何分类都很难做到泾渭分明，总是两头清楚，中间模糊，只能求其最大限度地缩小中间的模糊状态"。我们认为，如果从整合的视角出发，或许会对连动句和复句、紧缩复句的区分起到一定的帮助。我们的观察结果是：连动句的动词性成分间存在逻辑关系，但它不强调逻辑关系，反而有意淡化其间的逻辑关系。所以，逻辑关系之于连动句和复句、紧缩复句，绝不是有和无的问题，而是强和弱、凸显和淡化的问题。由于矛盾的焦点在于因果、假设、转折这些关系之上，所以我们下文的举例说明将尽量以这些逻辑关系为主。

复句（包括紧缩复句）形式以表达逻辑关系为目的，连动句形式不以逻辑关系的表达和强调为目的，甚至是有意淡化逻辑关系，这可以从以下几点看得出来：

首先，复句能够容纳的逻辑关系要远远多于连动句。也就是说，并不是能够通过复句形式表达的逻辑关系就一定能够通过连动句的形式表达。比如：

(72)①

a. 它既有产生的一天，也有衰老死亡的一天。

（《中国儿童百科全书》）

---

① 这组复句例句均转引自郭中（2019），不再一一标注页码。

b. 张大哥不喜欢完全新的东西，更不喜欢完全旧的。

（老舍《离婚》）

c. 这样大的孩子在驾驶室里没个老实劲，不是摸摸变速杆，就是动动仪表盘，要不就瞅着窗外乱喊乱叫。　　（张贤亮《肖尔布拉克》）

例（72a）表达的是并列关系，例（72b）表达的是递进关系，例（72c）表达的是选择关系，它们都属于广义的联合关系。不难看出，这些关系都不适宜用连动句的形式表达，否则或者改变语义，或者不合语法。

(73)

a. *它有产生的一天有衰老死亡的一天。

b. *张大哥不喜欢完全新的东西不喜欢完全旧的。

c. *这样大的孩子在驾驶室里没个老实劲摸摸变速杆动动仪表盘瞅着窗外乱喊乱叫。

例（72）与（73）的对比说明，连动句容纳的逻辑语义关系类型少于复句，至少那些联合性的关系多数不适宜采用连动句的形式表达（连贯关系除外）。

其次，连动句所表达的逻辑关系在精细程度上远远不如复句。上面我们看到，联合性的关系不适宜用连动句表达，相比之下连动句似乎更容易容纳因果、转折、条件、假设、目的等偏正性的逻辑关系。但是，有必要认识到的是，即便连动句可以表达这些偏正性的逻辑关系，但在精细程度上是远不如偏正复句的，比如：

(74)

a. 我去了，但是没找着。

b. 我虽然去了，但是没找着。

c. 我即便去了，也找不着。

d. 我无论去不去，都找不着。

e. 我宁可多去几趟，也不能找不着。

上组例句都属于广义转折复句，但它们所表达的意义是有明显差别的。例（74a）表达的是一般性的转折；例（74b—e）表达的是让步性的转折关系，其中例（74b）是"实让"，例（74c）是"虚让"，例

(74d)是"总让",例(74e)是"忍让"。① 这里我们分明可以看到,即便承认连动句可以表达转折关系,但所表达的转折关系,只能是那种最普通最一般性的转折关系,上文的(74)诸例,只有(74a)能采用连动句的形式表达,各种让步性的转折关系都不能以连动句的形式表达出来。

(75)我去了没找着。

"我去了没找着"只能表达出最一般性的转折关系,它在所表达的转折关系的精细度上是远不如复句的。另外,有些论著从语气轻重的角度区分"轻转"和"重转",二者内部也还有转折轻重之别,比如,胡裕树(1995:368)指出:"仔细分析起来,用'但是'、'可是'一类句子比用'不过'、'只是'的句子转折的语气略重一点"。这些细微的差别,复句都可以通过关联词来表达,而连动句完全无法做出区别。

类似的情形也存在于其他偏正性逻辑语义关系的表达之中,比如,"条件"关系包括"有条件""无条件""排除条件",② 其中至少后两种无法通过连动句的形式表达;"目的"关系既包括"获取性目的",又包括"免除性目的",③ 其中至少"免除性目的"无法通过连动句的形式表达;"因果关系"既包括"说明性因果",也包括"推论性因果",④ 其中至少后者不能采取连动句的形式表达;"假设关系"也有"事前假设"和"事后假设",⑤ 至少后者不能采取连动句的形式表达。如此等等,不一而足。

(75)

a. 你无论怎么做,都不可能让所有人满意。(无条件)

b. 你除非喜欢自己的工作,否则不会从中体会到乐趣。(排除条件)

c. 老年人要提高警惕,以防上当受骗。(免除性目的)

d. 他既然来了,就一定拿好了主意。(推论性因果)

e. 如果他以前吃过亏,就不会像今天这么傲慢了。(事后性假设)

显而易见,例(75)中的种种逻辑语义关系都不能采用连动句的形式

---

① "实让""虚让""总让""忍让"的分别可参阅邢福义(2001:467)。
② 这里采用的是北大现代汉语教研室(1993/2004:369)中的分类。
③ 这里采用的是邢福义(2001:131)中的说法。
④ 这里采用的是邵敬敏(2001:253-254)中的说法。
⑤ 这里采用的是邵敬敏(2001:254)中的说法。

表达，强行更改成连动句的形式，要么不合语法，要么丢失掉原本的逻辑语义关系。可见，复句所能容纳的逻辑语义远不是连动句可以比拟的，在表达逻辑语义关系的多样性和精细度上，二者有显著的差别。另外，上述对复句语义关系的举例，还没有包括各种倒置型的逻辑语义，比如先说结果后说原因、先说目的后说行为、先说结果后说条件或假设，这种种违逆时间先后的逻辑语义，对于复句来说非常自然，而对于连动句来说，则也难以表达。

再次，由于复句以表达逻辑关系为目的，所以它可以通过各种手段强化其间的逻辑关系，而连动句不以表达逻辑关系为目的，其内部的逻辑关系难以得到强化。下文略举一例以做说明：

(76)

a. 王老师生病了，不能来上课了。

b. 王老师因为生病，所以不能来上课了。

c. 王老师正是因为生病了，所以不能来上课了。

d. 王老师生病不能来上课了。

e. ＊王老师正是生病不能来上课了。

上组例句中，(76a) 是因果关系的意合复句，当中没有使用关联词，但完全可以使用关联词语"因为……所以……"对其间隐匿的因果关系进行凸显和强化，这就是邢福义（2001：32-36）所说的关联词语的"显示"和"强化"作用。另外，在关联词语的基础上，还可以通过添加别的词（如例句中的"正是"），来继续强调、强化两个分句之间的因果逻辑关系，正如例（76c）所示。(76d) 是有些学者所说的因果关系的连动句，但是我们可以看到，其间隐匿的因果逻辑关系没有手段使其显示和强化，如果添加关联词语就与连动句的本身构造要求相违背，也不能通过"正是"等词强调其间的因果联系。

最后，正是由于连动句中没有关联词语作为逻辑关系的保障，所以和复句相比，尤其是和含有关联词语的复句相比，它当中的一些逻辑关系（特别是因果和转折关系）存在较大的被撤销的可能，最终还原为时间关系。

(77)

a. 他想了三天没想明白。

b. 他想了三天没想明白，我就说嘛，这么难的问题，没有个一年半载根本不可能想明白。

例（77a）有学者看作转折关系的连动句，这样做未尝不可，但是，应该看到的是，这里的转折关系由于没有关联词语的保障，它是很不稳定的，稍微变换一下语境，就能将其撤销。例（77b）中，"想了三天没想明白"这是"我"意料之中的事，"想了三天"和"没想明白"之间只有时间上的先后关系，不存在转折关系。另外，例（77a）和（77b）中的"三天"也有不同，前者中的"三天"强调时量之长，后者中的"三天"只是客观时量，不存在主观量大的含义。

(78)

a. 老王打球扭了腰。

b. 老王打球扭了腰，都怪他发力不正确。

c. 老王打球扭了腰，都怪球场的地太滑。

d. 老王打球扭了腰，都怪有个骑车的小孩儿突然撞倒了他。

例（78a）有学者看作因果关系的连动句，这样做也未尝不可，但是，也应该看到的是，由于失去了关联词语作为保障，这里的因果关系也不是那么稳固的，比如，例（78b）中，"老王"是因为"发力不正确"才"扭了腰"，我们完全可以说他是因为"打球"才"扭了腰"；例（78c）中，"老王"是因为"球场的地滑"才导致的"扭了腰"，我们也可以勉强承认"扭了腰"的原因是"打球"；例（78d）中，"老王"受伤的原因是"有个骑车的小孩儿突然撞倒了他"，"扭了腰"与"打球"之间并无因果关系，只是在"打球"的期间"扭了腰"而已，"老王"即便当时没有"打球"，而是在"看球"，也同样有可能受伤。可见，原本的因果关系在这里就被还原为了时间关系。

综上所论，我们认为，连动句和复句的语义区分，不在于是否表达逻辑关系，而在于是否以表达逻辑关系为目的。复句以表达逻辑关系为目的，故其所表达的逻辑关系丰富多样、精致细密，也可以得到凸显强化；连动句不以表达逻辑关系为目的，故其所表达的逻辑关系种类相当有限，不够精细而且其间的逻辑关系不能得到显示和强化，甚至不少时候可以被撤销。

那么，连动句和复句这种对于逻辑关系的不同偏重，和事件整合之间是否存在联系呢？我们认为，二者之间存在直接的关系。因为所谓的逻辑关系就是事件（命题）和事件（命题）之间的关系，强调逻辑关系是以事件和事件的分立为前提，越是强调事件 A 和事件 B 之间的逻辑关系，也就越会把 A 和 B 当作两个分开的事件。在我们看来，逻辑关系和关联词一样，表面上都起连接作用，但所谓的连接实际上本身就已经预设了分离。所以，我们也不难理解，为何连动句总是要淡化逻辑关系。当然，逻辑关系和逻辑关系也有所不同，有的逻辑关系可能比较紧密，而有的逻辑关系可能就比较松散；此外，对于同一种逻辑关系，由不同的语言形式所表达，也会表现出紧密度的不同。其中的情况都比较复杂，还需要将来做更深入的研究。

5.2.10 其他方面的差异

上文详细阐述了连动句与复句的种种差别，指出这些差别都可以从二者事件整合程度的不同上得到解释。换言之，这种种差异都是事件整合程度不同的具体反映和表现。那么以上就是连动句和复句之间的全部差别了吗？事件整合只能对上述差异做出解释吗？当然不是！我们之所以将连动句和复句的根本差异归因于事件整合，就是因为它的解释是全局性的、系统性的，实际上，从此角度还能展现和解释连动句与复句在语用、认知等其他方面的差异。不过，限于篇幅因素以及我们目前的认识深度，这里只做简单的设想和陈述，不再详细展开。在我们看来，连动句和复句的差别还至少体现在以下方面，这些方面的差异也都与事件整合有关。

首先，连动句和复句的语用效果不同。连动句相较于复句总是显得简洁明快，这一点前人已有注意。范晓（1998：77）指出："跟具有同样语义结构的非连动句（连贯复句）比较，连动句在表达上显得简洁而精炼"；陈昌来（2000：172）在谈及连动句的语用价值时也指出："连动句显得简洁、精炼、经济、连贯"。我们赞同上述看法，实际上在其他连动语言中，连动句也具有同样的语用效果。Rose（2009）主要尝试说明 Emerillon 语中的连动句的来源，不过作者同时注意到，连动句的表达形式兼顾经济性和详细性，能以相对简洁的形式表达较为丰富的语义内容；Pawley 从 20 世纪 60 年代起就致力于对巴布亚新几内亚地区 Kalam 语的研究，这在前文做过简单的提及。Pawley（2009）进而提出了一个非常值得深思的问题，那就是"为什么说话人要把一个叙事的若干不同阶段塞进一个小句之中"？Pawley 认为这样做的代价（cost）是句子的复杂化，但这样做有利于信息的快速打包。他敏锐地注意到，说话人不选择小句链（clause chain），而选择叙事型连动句（Narrative SVC），主要是因为说话人不想把一个完整叙事的不同阶段拆解开来。在叙事型连动句中，每一个叙事阶段都得以保留，但同时也只不过是以最简省的方式被提及而已。我们认为，Pawley（2009）的这一观察至关重要，应该也适用于其他连动语言。连动句与复句相比，事件整合程度更高，形式上更为简化，内容上有意淡化抛却许多细枝末节的信息，不把一个事件的不同阶段分解、拆分，这样自然也就达到了"简洁、精炼、经济、连贯"的语用效果。

其次，连动句和复句的语体偏好不同。Longacre（1983：3）根据有条件的时间延续性（Contingent Temporal Succession）和"施事导向"（Agent Orientation）两个参数将语篇划分为四种功能语体，分别是"叙事型"（narrative）、"操作型"（procedural）、"行为型"（behavioral）以及"说明型"（expository），其中叙事语体具有［＋时间延续］［＋施事导向］的特征；操作语体具有［＋时间延续］［－施事导向］的特征；行为语体具有［－时间延续］［＋施事导向］的特征；说明语体具有［－时间延续］［－施事导向］的特征。我们比较关心的一个问题是，连动句和复句对上述语体是否有着不同的选择偏好？遗憾的是，这个问题学界过往研究得较为薄弱，很少见到相关讨论。有些学者虽然在连动句的研究过程中提到它的叙事功能，甚至划分出"叙事型连动"的概念（Pawley 2009），但毕竟缺少基于大规模真实语篇的统计。我们的一个推测性看法是，连动句偏好叙事语体，其他语体尤其是行为语体和说明语体则不太适合连动句，因为行为语体（如结婚誓词、竞选演讲词等）和说明语体（如说明书、科技文等）所依赖的不是时序性连接（chronological linkage），而是逻辑性连接（logical linkage），这与强调时间顺序并且刻意淡化逻辑关系的连动句显然是不相符的。至于操作语体（如菜谱、家具打造流程书等），我们也不倾向于认为其会大量使用连动句，因为操作语体不关注施事而关注过程、不强调整体而强调阶段和步骤（参阅 Longacre 1983：1－41），这些都与连动句的核心语义（由同一施事连续做出的两个或两个以上的动作行为所构成的整体性事件）相违背。至于复句，不同的语体类型均可大量使用复句[①]，当然不同类型的复句也可能存在语体偏好，这从李晋霞、刘云（2016）的研究中可以看出一些端倪。李晋霞、刘云（2016）指出，在普通话叙事语篇中存在"顺承＞转折/递进＞并列＞目的/因果/条件/假设"的复句凸显度等级，这实际上说明了强调时间关系的顺承复句在叙事语篇占据主要地位，而强调逻辑关系的其他复句在叙事语篇中相对次要。这与我们所推测的连动句可能主要偏好叙事语体是相一致的。总之，我们认为，连动句主要偏好叙事语体，而复句在总体上并不偏好某一种特定语体，不同类型的复句可能各有语体偏好。当然，这些只是我们根据目前的观察所做出的一种推测，以后还需要进一步的统计验证。

最后，连动句和复句的视点模式不同。高增霞（2020：84-89）讨论了"事件连动化"的问题，所谓的"事件连动化"指的是"生活中实际发生的动作在语言中使用连动式表达出来"（高增霞2020：84-85）。为此，高文特意选择了一段十分钟左右的美食节目视频进行观察。这段节目主要讲述如何制作"捞汁海参"，主要包括两个部分：前一部分是大厨向主持人和观众讲解如何制作；后一部分由一个独白回顾总结这一菜品的做法。高文的观察有两点重要发现。一是"事件连动化受语域的限制"。她发现"制作方法之类的场合，要强调程序性……过程中涉及的动作、事物需要清晰地告知，不能被整合"，因此，讲述美食的制作过程，无论是在演示阶段还是在回顾阶段，都很少用到连动式。高文的这一观察实际上和我们上文所说的操作语体通常不会大量使用连动式的推测是一致的。二是"事件连动化受说话人在时轴位置上的限制"。高文注意到，在演示过程中的"切黄瓜""拿水""切海参""加酱油"等动作一般都是单独占据一个或多个话轮，而在回顾阶段，这些动作开始整合起来，出现了"用辣椒、辣鲜露、蒸鱼豉油、苹果醋、花椒油混合在一起做成捞汁"这样的连动式。高增霞（2020：89）由此认为："连动句的使用其实都是'后发'表述，即当事情发生之后，回顾这个事件的时候，说话人会有所取舍、整合，将一些客观上或者主观上有关联的环节整合在一起，就形成了连动

[①] 朱庆祥（2019：139）："如果从语篇的角度看，其他语体的文章也多数是由复句构成……语篇主要由复句构成，这是篇章的共性特征，而不是议论语体的独立特征。"

式。"我们认为,高增霞(2020)的这一发现非常重要,她虽然未就此展开详细论述,但实际上已经抓住了连动句形成的一个关键因素,我们称之为连动句的"视点模式"。我们认为连动句倒不一定是"后发表述",因为实际上它也有可能是"前发表述",比如"咱们吃了饭去看电影",这显然不是对已经发生的事情做回顾总结。但不管是"前发表述"还是"后发表述",我们认为连动句都倾向于采取"整体表述"。与此相对应,复句通常采用的是"阶段表述"。所谓的"阶段表述"指的是对每一个阶段都进行充分的表述,阶段与阶段之间过渡缓慢、联系松散,每一个阶段都容易被视为相对独立的事件;所谓的"整体表述"是指不对每一个阶段进行充分的表述,常常点到为止、一带而过,阶段与阶段之间过渡紧凑、衔接紧密,每一个阶段都容易被视为一个整体事件的一部分。

在前面几章我们曾通过"视点"(perspective)的概念解释不同小类的连动结构及其与并列结构、状中结构、动补结构之间的认知区别。其实,这一概念也能很好地用来说明连动结构与复句结构之间的差异。在我们看来,连动结构(以及前文讨论的并列、状中、动补结构)所采取的都是相对静止的视点,即说话人站在某一固定角度对事件之间的关系进行观察;复句结构所采取的则是移动视点,即说话人的视点会随着话语的延续而进行移动。下文试用图 5-1 和图 5-2 进行说明:

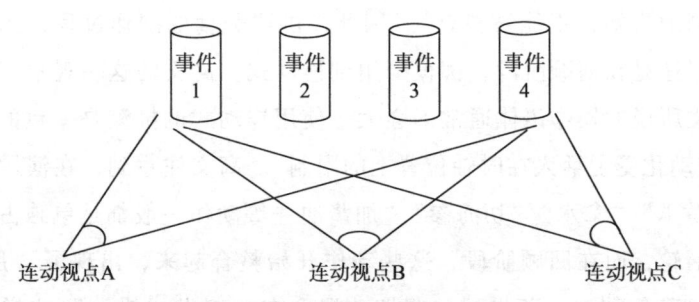

图 5-1 连动结构视点模式示意图

图 5-1 是连动结构的视点模式示意图,在这个图中存在四个事件,连动结构的视点模式是站在某一固定位置(A 或 B 或 C),一次性地对这个四个事件进行总括式的观察,这样观察的结果就是营造出一种"尽收眼底"的效果,所有的四个事件都被认作这个总扩式观察所感知到的事件的一个部分。同时,在这个过程中,每个事件的细节都将有所丢失。打个比

第五章 从篇章性结构到句法性结构（上）

方来说，连动结构的这种视点模式非常类似于摄影时的"镜头拉远"。摄影时我们都有这样的体会，只有把镜头拉远，才能在一个画面中同时容纳更多的物体，所有处于一个画面中的物体，我们都认为它们共同构成了一幅画面，都是这个画面的组成部分；同时，"镜头拉远"的一个附带后果就是细节丢失，我们不可能一边把镜头拉远，使画面容纳更多的物体，一边又指望所有物体的细节都能完整地得以保留。仔细想来，连动结构的视点模式又何尝不是如此？它获得了"镜头拉远"的收益——整体性，也继承了"镜头拉远"的缺憾——丢失细节。

图 5-2　复句结构视点模式示意图

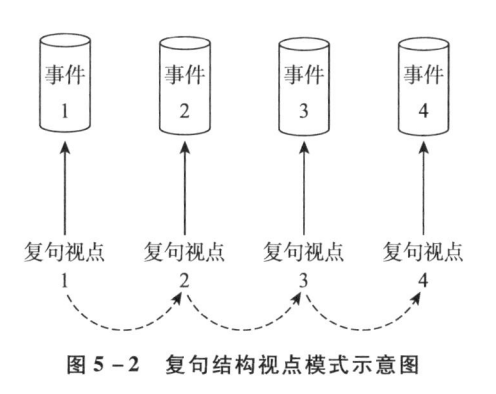

图 5-2 是复句结构的视点模式图，在这个图中存在四个事件，复句结构的视点模式不是停留在某一固定位置进行观察，而是随着语句的延续不断变换观察位置。换言之，复句采取的是移动性的视点。如图 5-2 所示，从视点 1 对事件 1 进行观察，从视点 2 对事件 2 进行观察，以此类推……这一视点模式下所做的每次观察都只容纳一个事件，保障了每个事件都能得到较为充分的观察。这个过程实际上非常类似于摄影中的"镜头拉近"：当我们在摄影时，如果镜头拉近，那么画面中的细节将更加丰富清晰；与此同时，"镜头拉近"也将使得画面的容量缩小，在同一个画面中难以容纳更多的物体，想要摄下别的物体，就不得不再使用下一个镜头。这么看来，复句结构的视点模式与摄影中的"镜头拉近"非常相似，它获得了"镜头拉近"的收益——呈现细节，也继承了"镜头拉近"的缺憾和不足——缺少整体性。

下文我们通过几个例句来说明连动结构所采用的"静止视点"，以及复句所采用的"移动视点"。

(79)

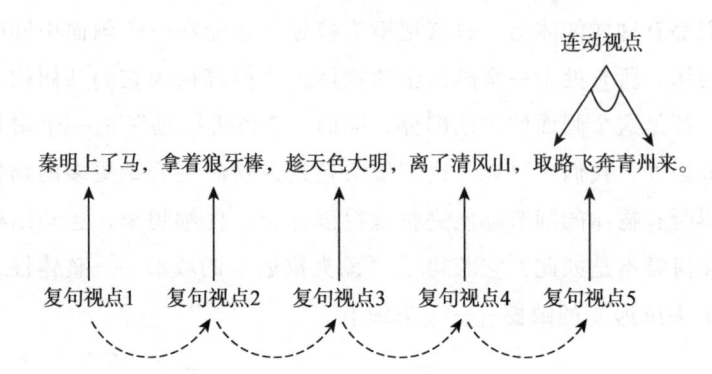

连动视点

秦明上了马，拿着狼牙棒，趁天色大明，离了清风山，取路飞奔青州来。

复句视点1　复句视点2　复句视点3　复句视点4　复句视点5

例（79）这个复句由五个分句组成，每到一个分句，实际上就是说话人转移了一次视点，因此视点是移动的；其中第五个视点位置的观察本身所采取的又是相对静止的连动视点，在这个视点上的观察是将"取路""飞奔青州""来"几个事件一同纳入视域，不在它们之间做明显的跳跃。

(80)

a.大伙见了围住他问这问那。　　b.大伙见了，围住他，问这问那。

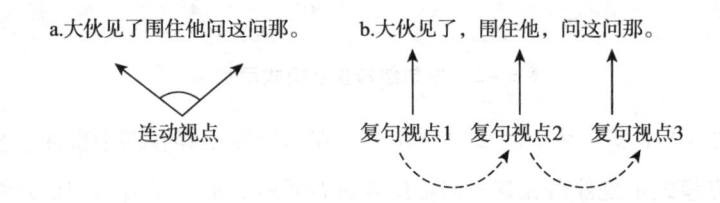

连动视点　　　　　　　　　　复句视点1　复句视点2　复句视点3

例（80a）是连动句，说话人采用的是相对静止的连动视点，说话人将"见了""围住他""问这问那"几个事件一起纳入观察的视域；（80b）是复句，说话人采用的是移动视点，说话人的注意力在每一个事件上都有较长的停留，每个观察结束后，视点将切换到下一个事件，从而造成了视点的移动和跳跃。

请注意，我们说连动句采用静止视点，而复句采用移动视点，这一主张非常类似于认知语言学中的"整体扫描"和"次第扫描"。根据 Talmy（2000：68-76）的说法，说话人可以选择不同的视点模式对先后发生的序列事件进行观察，静止的视点把几个场景当作一个整体进行观察，而运动的视点把几个场景分割开来进行观察。前者对应于视点的"全景模式"（synoptic mode），后者对应于视点的"序列模式"（sequential mode）。这样看来，连动句所占据的是静止的视点，是以"全景模式"做"整体扫描";复句所占据的是移动的视点,是以"序列模式"做"次第扫描"。不过,需要注意的是,所谓的"静止"和"运动"都是相对的,根本不存在绝对的"静止"和绝对的"运动"。因此,我们说连动句采用静止的视点,并非是在说它的视点是完完全全静止的,实际上这是不可能的,因为连动句中的几个事件总是有先有后地出现,说话人的视点往往不可能同时观察到多个事件,总要在这些先后出现的事件之间做出切换。因此,我们说连动句采用静止的视点,做整体式的观察,这只是相对于复句而言,并不意味着说话人的视点没有从一个事件切换到另一个事件,只是连动句的这种视点切换相对于复句而言非常快速、频繁,以致我们不容易察觉到视点的移动和切换,比较起来视点相对静止而已。

如果想要更加精确地描述连动句和复句在认知(视点)模式上的差别,我们认为有个比方比较贴切。如果我们手里有一本连环画,我们以不同的速度翻动这本连环画,那么所看到的景象必然是不一样的:如果这本连环画以非常快的速度进行翻动,那么我们不可能看清楚每一幅图画,很多细节将会丢失,但我们的心目中也会留下一个连贯的、整体性的印象,这实际上就是动画片的由来以及制作原理;相反,如果每一幅画我们都翻得十分缓慢,我们的视点固然可以在每一幅画上都做充分的停留,注意到栩栩如生的细节,甚至思考到上一幅画和下一幅画之间的各种微妙关系,但这样做的结果也就是它们在我们的心目中只是一幅幅相对独立画而已,连贯性和整体性大打折扣。

还有一个比方在我们看来也很是贴切,其道理在本质上和连环画的道理相同。我们知道,早期电影因受制于技术条件而"跳帧慢",其结果就是常常给人以"一卡一顿"的印象。比如,卓别林在电影中常常让人觉得笨手笨脚、动作不协调不连贯,从而成功地营造了一个幽默诙谐、憨憨傻傻的形象。但实际上,这不一定是卓别林有意为之,而主要是当时的电影"跳帧慢"的结果。也就是说,"跳帧慢"带来了卓别林动作行为的不连贯,明明应该是一套简单的动作,看起来却像是若干个动作生硬地拼接在一起。以今天的技术条件,不大可能出现早期电影中的那种效果,现在电影中的人物动作要连贯流畅得多。同样道理,我们会觉得连动句比连贯复句还要流畅、连贯。在我们看来,连动句实际上就是"跳帧快"的新电影,复句实际上就是"跳帧慢"的旧电影;连动句实际上就是快速翻动的连环画,复句实际上就是慢速翻动的连环画。

5.3 连动句与复句的纠葛及其理论蕴含

5.3.1 连动句与复句的纠葛现象

上一节我们对连动句和复句的差异进行了全方位、系统性的观察,并以事件整合为主线将二者在各个方面的所有不同表现全部统摄起来。我们同意 Bisang(2009)的判断——"概念的整体性或者单一事件性是连动式的基本总体属性""连动式的大部分形式和语义特征都是对这一总体属性的反映"。从我们前文对连动句和复句的观察来看,事实的确如此。为明晰起见,下文将上一节的观察结果整理为表 5-1。

表 5-1 连动句与复句的系统性差异

	语音	语音	句法	句法	句法	句法	句法	语义	语义	语用	语用	认知
连动句	无停顿	单一语调	动词数量受限	论元高度共享	语序凝固	细节隐退	跨越修饰	语义强关联	逻辑淡化	简洁明快	偏好叙事语体	视点相对静止
复句	有停顿	复合语调	动词数量非受限	论元低度共享	语序灵活	细节凸显	毗邻修饰	语义弱关联	逻辑明晰	冗长拖沓	不同小类各有偏好	视点移动切换

表 5-1 总结出连动句与复句在语音、句法、语义、语用、认知五大方面的十二点不同,那么,根据如此多的区别特征是否就能将连动句和复句彻底划分清楚呢?我们的回答是:否!上述特征只能帮助我们从总体上认识连动句和复句之间的系统性差异,区分典型连动句和典型复句,并不能在二者之间画出一条截然分明的边界。仔细审视上述区别特征,不难发现,其中有些特征看似特别明晰,具有很强的可操作性,但实际上并不十分容易把握。比如,语音停顿标准看似清晰,但汉语的一个重要特点就是

充满了大量"可断可连""似断还连""藕断丝连"的流水句（吕叔湘1979：23；胡明扬、劲松1989），而且口语中的停顿不一定在书面语中能够得到准确的反映，同一个地方是应断还是应连，不同人往往会有不同的感知。有些标准我们目前认识得并不透彻，可操作性也不强，比如说语调标准，汉语的语调是个非常复杂的问题（参阅沈炯1992、1994；林焘、王理嘉1992；江海燕2010；王洪君、李榕2014），语音学界对此争议颇多，甚至许多基础的概念大家的理解也很不一致，尤其是对于复句的语调问题目前仍未见到系统性的研究（参阅石锋、王萍2017），因此想要准确揭示出连动句和复句在语调上的差别，恐怕也只能依靠将来实验语音学的进展。有些标准本身就存在一个程度性的问题，不是一刀切的，比如，连动句的动词数量受限，这只是一个倾向性，具体的上限在哪里？用了多少个动词就不再是连动句而转成了复句？这个具体的数字难以准确给出。论元高度共享和论元低度共享、语义强关联和语义弱关联、逻辑淡化和逻辑明晰等标准本身也都带有程度问题，它们只体现出连动句和复句各自的倾向，不能保证能够在二者之间干净利落地画出个楚河汉界来。

我们这里不妨举出几个具体的例子来说明连动句和复句之间的这种模糊、纠结现象：

刘丹青（2017）在谈及连动式和动结式的库藏裂变时曾指出，"连动式是一个可扩容的句法结构，这在现代汉语中尤其明显……多项式连动句，理论上没有绝对的限制，很难说到几项为止"，刘文举例如下：

(81) 刘丹青（2017）
a. 他俩骑着车一路谈笑着去郊外野餐。
b. 老王斜躺在那儿一动不动想些好事情宽慰自己。
c. 他穿过走廊走过来握着我的手不放。

我们的疑惑是：这些句子是连动句吗？根据我们前文的研究，连动句的动词数量虽然的确"很难说到几项为止"，但不可能无限制地叠加下去。相对于复句，连动句更像是一个封闭性的结构，它的动词容量相对有限。而且连动句中动词的容量是和每一个动词性成分的音节量有关系的，每个动词性成分的音节量越大，整个连动句所能容纳的动词数量就越少，否则中间很容易出现停顿。那么，(81)这样的句子到底是不是连动句呢？表面上看来，(81)各句没有语音停顿（逗号），似乎应该看作连动句，但是这样的句子在自然口语中基本上都会在中间断开而采用复句的形式。也就是说，说话人实际上是不可能把这么长的句子一气说完的。这时，我们就面临一个左右为难的选择，书面上的逗号能不能作为绝对的标准？我们的看法是，(81) 这种句子可以算作连动句，也可以算作复句，但绝不是典型的连动句。下文试将 (81) 断开为复句的形式，这应该代表了口语中真实的停顿情况：

(82) a. 他俩骑着车，一路谈笑着，去郊外野餐。

　　　b. 老王斜躺在那儿，一动不动，想些好事情宽慰自己。

　　　c. 他穿过走廊，走过来，握着我的手不放。

此外，刘丹青（2017）还指出："连动的每一个 VP 单项都能自由扩展，带上主语以外的论元和修饰成分。"举例如下：

(83) 　　　　　　　　　　　　　　　　　　　刘丹青（2017）

a. 你把草药搬到场上匀匀地摊开来好好地晒一天。

b. 她应该多吃水果大量地补充维生素。

c. 他们小心地关上房门悄悄地商量事情。

根据我们上节的论述，连动句通常不允许每一个动词都带上大量的修饰成分，否则极易断开为复句。可是，(83) 这种句子虽然每个动词都大量使用了修饰成分，但书面上没有标点反映出停顿，那么这种句子究竟是连动句还是复句呢？刘丹青（2017）认为这些句子都是连动句。我们倾向于认为，与 (81) 的情况一样，它们可被看作连动句，也可被看作复句，但至少不是典型的连动句。下文也试将 (83) 断开为更自然的复句形式：

(84) a. 你把草药搬到场上，匀匀地摊开来，好好地晒一天。

　　　b. 她应该多吃水果，大量地补充维生素。

　　　c. 他们小心地关上房门，悄悄地商量事情。

有必要提醒的是，(81) 和 (83) 的句子已经包含了 VP 间的不同语义类型。也就是说，这种模棱两可的情况，可能不只是表示先后动作的那一小类连动句，VP 之间是"动作—目的""方式—动作"等关系连动句，也在书面语中存在这种似断非断的情况，这说明不同语义类别的连动句实际上都有可能与复句存在纠葛。

另外，不同语义类别的连动句可能与复句的纠葛程度不同，有些语义类别的连动句，比如表示转折关系的、表示假设关系的，可能更接近于紧缩复句，说它们是连动句还是紧缩复句似乎也是两可的，无怪乎学界对于它们句法性质和地位长期争执不下（见 5.1 以及 5.2.9 节的介绍）。前文例（70）中的例句不少学者看作连动句，这样处理没有问题，因为这些连动句虽然含有转折、假设这些逻辑关系，但不凸显这些逻辑关系。但是，也应该看到，这些连动句实际上也不完全符合典型连动句的特征。前文 5.2.4 节论证了连动句中的动词其论元倾向于高度共享，而复句（包括紧缩复句）中的动词其论元只能做到低度共享。从论元共享的角度来看，这些表示转折、假设乃至某些因果关系的连动句实际上论元共享程度有限，也就是说它们相当接近紧缩句。

(85) a. 有困难找民警 → [你]ᵢ有困难 [你]ᵢ找民警

b. 我去了没找着 → 我ᵢ去了 [我]ᵢ没找着

c. 老王有事不能来了 → 老王ᵢ有事 [他]ᵢ不能来了。

例（85）曾被有些学者看作表示假设、转折、因果关系的连动句（或连谓结构、连动结构），但是我们可以看到，表示这些语义关系的连动句，其第二个动词往往可以补出主语论元。这就说明，两个动词的主语还只是最低限度的共享，后一动词的主语论元只是被省略了，可以补出，第二个动词的论元结构相对完整，并未与第一个动词的论元结构进行融合（argument fusion）。这种情况也说明，有些句子既具有连动句的性质，又具有紧缩复句的性质，想要给出一个非此即彼的答案，恐怕是不可能的。

5.3.2 纠葛现象的理论蕴含

尽管上节我们详细阐释了连动句和复句之间的系统性差异，但在实际的语言材料（尤其是书面语材料）中，依然存在不少纠葛模糊的现象，这些纠葛模糊现象的存在进一步促使我们思考二者之间是否存在来源关系？换句话说，连动句有没有可能来自复句的整合压缩（紧缩），只是不同连动句被压缩的程度不同而已？压缩程度高的连动句更接近单句，压缩程度低的连动句更接近复句？

这种设想主要是我们基于前文的种种观察所做出的一种思考。有意思的是，这种设想汉语学界的一些前辈学者实际上早就有过，只是语焉不详

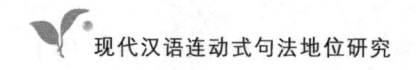

而已。

王力先生在《中国现代语法》中最早流露出这种想法。王力（1943/1985：101）提出了"紧缩式"的概念，认为它的特点在于：

> 一切复合句都有紧缩的可能。所谓紧缩，须具备下列的两种情形：
> （一）念起来只象一个句子形式，中间没有语音的停顿；
> （二）不用联结词"而且""以便""因为"之类，只把两个意思粘在一起。

王力（1943）所说的"紧缩式"内容比较庞杂，主要包括以下类别：
(86)① 王力（1943/1985：101-107）

a. 平儿忙进来服侍。（"积累式的紧缩"）
b. 大家吟诗做东道。（"积累式的紧缩"）
c. 把那孩子拉过来我瞧瞧皮肉儿。（"目的式的紧缩"）
d. 宝玉因和他借香炉烧香。（"目的式的紧缩"）
e. 说的林黛玉扑嗤的一声笑了。（"结果式的紧缩"）
f. 身子更要保重才好。（"申说式的紧缩"）
g. 留他不便，不留又不好。（"条件式的紧缩"）
h. 去了也是白去的。（"容许式的紧缩"）
i. 放下饭便走。（"时间限制的紧缩"）

王力（1943/1985：101-107）将"紧缩式"分为七种类型，其中有些大类之下又分出了两个小类，分别来看：例（86a）是"后一种行为，是要待前一种行为完成之后，才能实现的""积累式的紧缩"，这种紧缩式实际上就属于后来学者所说的连动式；例（86b）是"后一种行为并非要待前一种行为完成之后，才能实现的""积累式的紧缩"，它的"次序不妨颠倒"，这种紧缩式实际上就是我们今天所说的并列动词短语作谓语的句子；例（86c）是"次系另有主语"的"目的式的紧缩"，今天一般归入紧缩句；例（86d）是"次系没有主语"的"目的式的紧缩"，今天一般

---

① 该组例句中的着重号均为原文所带。

看作连动句；例（86e）是带有助词"得/的"的"结果式的紧缩"，今天一般看作组合式述补结构；例（86f）中有关联副词"才"，今天一般看作紧缩句；例（86g）中"留他不便"今天有学者看作连动句，有学者看作紧缩句，"不留又不好"一般看作带有关联副词的紧缩句；例（86h）和（86i）当中都有关联副词，今天也一般看作紧缩句。

列举上述例句并做出解释，是为了说明王力（1943）提出的"紧缩式"并不是后来狭隘意义上的"紧缩句"，至少在王力先生看来，某些我们后来称作连动式的一些句子实际上也不过是一种"紧缩式"。换言之，"紧缩式"包含"连动式"，"连动式"只是"紧缩式"中的一种，是由"复合句紧缩起来"造成的。

较早明确提出连动句来自复句的压缩的还有朱德熙（1956）。朱德熙（1956）讨论了"单句、复句、复句的紧缩"问题，其中一些观点至今仍值得注意：一是朱先生认为后一分句省略主语的复句"跟用联合结构或动词连用结构（复杂的谓语）做谓语的单句在形式上很相似，二者之间没有绝对的界限"；二是朱先生明确指出"用动词连用结构构成的句子里，有些也可以看作是由复句紧缩成的单句"；三是朱先生认为那些"用副词造成的固定的格式"（"越……越……""非……不……"等），"是一种用单句的形式表示复句的意思的句子，我们认为是由复句紧缩成的单句"。朱德熙（1956）的论述比较简略，但从中仍然可以看出，他认为紧缩句、并列动词短语谓语句、连动句（至少一部分）都是来自复句的紧缩，因而也"没有绝对的界限"。

李临定（1987）也明确持有这种主张，李临定（1987：16）指出"语句采用综合形式和紧缩形式"是现代汉语语法的一大特点，所谓的紧缩形式"往往只是把相应的复句形式减去了一些词及停顿而形成的"（李临定1987：22）。他认为句子的紧缩也有程度上的不同。比如，"你愿意去就去吧"一般分析为紧缩句，但句中仍含有关联词，而如果把关联词也紧缩掉，那就是紧缩程度更深的连动句。李临定（1987：25）更是指出："从紧缩的观点来看，它们却是相同的，它们都是由相应的复句减去一些词语及停顿而来的。"他认为，下文的两组例句A组是完整的复句，B组是由复句紧缩而成的连动句。

(87) 李临定（1987：23-24）

A 组	B 组
因为我疏忽，所以我忘记了。	我疏忽忘记了。
因为他不小心，所以他把碗摔碎了。	他不小心把碗摔碎了。
他如果说谎话，他要吃大亏。	他说谎话要吃大亏。
母亲如果患感冒，母亲要戴口罩。	母亲患感冒要戴口罩。

李临定（1987：77-83）还指出现代汉语语法具有"类与类渐变的特点"。在谈及单句和复句的界限问题时，他举了这样一组例句：

(88) 李临定（1987：78）

a. 因为我不小心，所以我丢了。（完整的复句）

b. 因为我不小心，所以丢了。（省去后一分句的主语）

c. 因为我不小心，丢了。（又省去了连词"所以"）

d. 我不小心，丢了。（又省去了连词"因为"）

e. 我不小心丢了。（又省去了停顿）

李临定（1987：78）认为从（88a）到（88e）是由复句到单句（连动句）的过程，中间存在一些渐变区域。从李临定先生这里的举例论述来看，他也是主张连动句由复句紧缩而来。不过需要注意的是，李临定（1987）的举例只涉及了含有因果关系和假设关系的连动句，这两种连动句的确与复句有着密切的关联，那么其他语义类别的连动句是否也都来自复句的紧缩呢？李临定先生并未明确表态，也未举例说明。

也有学者明确否定复句和连动句的来源关系的。刘丹青（2015）主张："连动式无论在句法上还是语义上都是一种迥异于复句的独立结构，绝不是顺承复句（属于广义的并列复句即联合复句）的压缩形式。"我们完全同意刘丹青（2015）所要树立的这样一种观点——连动式是现代汉语中的一种独立的句法库藏手段，有别于复句结构以及词组平面的并列、主从结构（状中、中补）。但是，我们认为，连动句、复句间的句法、语义差别与它们间的来源关系应当是两个不同性质的问题，连动句和复句的确有许多方面的差别，但似乎不能以此来否定二者之间的历时来源关系，因为从一种形式到另一种形式的发展，总要伴随着句法、语义乃至语用、认知特征的变化。

总之，基于本章对连动句和复句的系统性比较，特别是对二者过渡模糊现象的观察,我们有理由推测二者之间可能存在历时来源关系。一种形式的产生并不意味着旧的形式的消亡,连动句和复句同时存在于现代汉语之中,它们各有自己的功能和用途,作为两种相近而不相同的形式,人们在表达时可以根据语义、语用需求在二者之间做出最贴切的选择。在我们看来,连动句和复句之间的来源关系,也不应只限于李临定(1987)所描写的 VP 之间有因果和假设关系的类型,其他连动句或许同样有可能来自复句的压缩。

(89) 吕叔湘(1944/2002:404-406)

a. 夫卜者多言夸严以得人情,虚高人禄命以悦人志,擅言祸灾以伤人心,矫言鬼神以尽人财,厚求拜谢以私于己。

(《史记·日者列传》)

b. 打开窗户透透空气。

上面两个例句转引自吕叔湘(1944),吕先生用(89a)说明"目的也有专用的表示法。文言里最普通的是用'以'字"(吕叔湘 1944/2002:404);吕先生用(89b)说明"白话里头没有和'以'字相当的连系词,通常就把表目的的词结紧接在主要动词之后,不分开来自成小句"(吕叔湘 1944/2002:406)。我们认为,(89a)中连词的脱落和弃用有可能导致(89b)这种表目的关系连动句的产生。

(90)

a. 如阵前厮杀,擂着鼓,只是向前去,有死无二。

(《朱子语类辑略》)

b. 士兵们擂着鼓向前去。

(90a)中的"擂着鼓"自成分句,是一个描述状态的事件,它完全有可能和其后的事件整合起来,从而产生(90b)这样的表方式关系的连动句。

有时,单单看现代汉语共时平面的材料,也有理由支持这种推测:

(91)

a. 这时候的孩子们已抱着满怀的红杜鹃花,跑了上来。(冰心《我的学生》)

b. S 补着袜子,P 同我抽着柳州烟,喝着胜利红茶谈话。(冰心《我的学生》)

c. 已是阳光卫视老板的杨澜,如今还在世界各地跑着,追踪经济和文化领域的要人……
(杨澜《李敖对话录》)

d. 我们就在会议室相对而坐。他笑着,问候我,我笑着,问候他。
(成杰《史玉柱传奇》)

上组例句中,(91a)和(91b)出自冰心的同一部作品,(91a)中的"V着"自成分句,(91b)中前一个"V着"自成分句,后一个"V着"与其后的动词共同组成连动分句。可以看出,不少时候"V着"后停顿与不停顿间的转换是比较自由的;(91c)和(91d)中的"V着"也都自成分句,但若想和后面连起来也不是什么难事——"杨澜跑着追踪经济和文化领域的要人""他笑着问候我""我笑着问候他"。以上句子"V着"后停顿不停顿,会不会带来句法、语义、语用上的变化?当然有变化,但这种变化不影响我们对它们之间的来源关系做出推测。这些同时存在于现代汉语共时平面上的相近而又互有差异的格式,反倒使我们有理由推测其间存在来源的关系,即当中存在一个"句法化"(syntacticization)的过程。

我们对连动句和复句之间的来源(语法化)关系的推测还有一个根据。前文5.2.9节我们注意到,并非所有的复句都能压缩为连动句,连动句VP之间的语义类型要远远少于复句分句间的语义类型。这一方面说明,复句的压缩是有限制的,并非所有语义关系的复句都适合压缩,可能只有那些具有比较紧密的语义关系的复句才能进一步压缩,语义关系越紧密,句法上的可压缩程度也就越高;另一方面也提示,二者之间可能有来源关系,否则我们将很难解释为什么不能产生表"让步转折""无条件""排除条件""免除性目的""推论性因果""事后假设"等语义关系的连动句。另外,从理论上来说,既有可能是复句压缩为连动句,也有可能是连动句扩充为复句。但我们认为,如果是着眼于来源关系,而不是做共时平面上的句式选择和变换,那么后一种情况的可能性很小。这从两个方面能够看得出来。一是认为复句来自连动句的扩展。这不能解释为何从语义类型较少的连动句能够产生出语义类型繁杂的复句,刚刚提到的那些表示"让步转折"等关系的复句显然不可能来自本就不存在这些语义关系的连动句。二是压缩的难度要低于扩展。我们前面看到,很多复句不能压缩为连动句,但是更应该看到,更多的连动句不能"扩展"为复句,比如5.2.7节提到的存在"跨越修饰"现象的连动句,"他正吃完饭往外走呢"，中间怎么断开也不能成为复句。压缩的难度要远低于扩展，这从生活常识就能看得出来，一团蓬松的棉花，使劲儿压总能压得更小，但想要把它从紧密变得蓬松就是一件很困难的事，否则过去也不可能有个专门的职业——弹棉花。可见，压缩的处理难度要低于扩展，如果语法的演变也有偏好的话，我们相信它更可能偏好处理难度较低的压缩。另外，有人可能会因为连动句不能"扩展""还原"为复句而否认二者之间的来源关系，我们认为这一意见有待商榷。史存直先生有一段谈紧缩句和复句关系的话很是切中要害。史存直（1982：161）认为："紧缩句都是由于高度省略而成的，也许有人会反驳说，有些紧缩句根本不能还原，怎能证明所有的紧缩句都是由于高度省略而成的呢？其实这一反驳是不值得争论的。紧缩句正因为省略太多，所以不容易还原。"我们认为史存直先生的这段话也适合甚至更适合描述连动句还原不成复句的现象。

总之，基于我们已有的观察，我们认为连动句可能来自复句。我们认为复句更像是篇章性的结构，从复句到连动句的过程实际上就是一个句法结构产生的句法化过程。下一章我们将尝试从历时角度探讨和验证这一设想的可能性。但是有必要预先指出的是，古代汉语中涉及连动的话题更有争议，很多时候想做出判断也无所凭据，我们只能在前人研究的基础上略加分析，提出自己不成熟的看法。此外，在下一章中，我们也将借鉴其他连动语言的研究成果，看一看在其他语言中连动句来自何处。

5.4　小结

连动结构不仅和并列、状中、动补这些基本句法结构之间存在过渡、模糊的现象，与复句结构之间也存在剪不断、理还乱的关系。5.1 节首先总结回顾了以往学界对于连动句和复句的区分标准，指出既往标准可能并未反映出连动句和复句之间的本质性差异。接下来的 5.2 节以事件整合为主线，统合了连动句与复句在语音、句法、语义、语用、认知五大方面、十二个小方面的差异，这些差异具体表现为："无语音停顿 VS 有语音停顿""单一语调 VS 复合语调""动词数量受限 VS 动词数量非受限""论元高度共享 VS 论元低度共享""语序凝固 VS 语序灵活""细节隐退 VS 细节凸显""跨越修饰 VS 毗邻修饰""语义强关联 VS 语义弱关联""逻辑淡化

VS 逻辑明晰""简洁明快 VS 冗长拖沓""偏好叙事语体 VS 不同小类各有偏好""视点相对静止 VS 视点移动切换"。可见,连动句与复句之间存在系统性的差异,而事件整合恰恰可以统摄这些系统性的差异,这说明事件整合程度的不同应是连动句和复句的本质差异所在。最后,5.3 节指出虽然连动句和复句之间存在系统性的差别,但想要把二者彻底分别清楚依然难以做到,因为客观语言现象本身就是如此。从连动句和复句之间的千丝万缕的纠葛现象出发,我们提出一种理论设想:连动句很可能来自复句的整合压缩。换言之,从复句到连动句有可能存在一个语法化(句法化)的过程,从复句到连动句的事件整合也正对应了从前者到后者的句法化。

第六章 从篇章性结构到句法性结构（下）

6.0 前言

上一章的最后我们做出了这样一种推测：连动结构可能来自复句结构的压缩。这种推测主要是基于我们对二者在现代汉语共时平面上模糊、纠葛现象的观察所做出的。本章我们将尝试性地验证这一推测。本章内容主要包括三个部分：6.1 节尝试说明现代汉语连动结构的历时来源，由于汉语史学界甚少就这一问题展开专门研究，而且也确实存在不少难以说清的问题，所以我们这一节只能根据有限的材料，在前人观点的基础上略加整理、分析，提出自己不成熟的看法；6.2 节借鉴其他语言的相关研究指出，从跨语言来看，由两个或多个前后相继的小句整合为单小句的连动结构，或是一种带有普遍意义的句法创新模式，诸多连动语言中的连动结构都由此而生；6.3 节进一步指出，从篇章性结构到句法性结构的句法化过程，不仅仅体现在连动结构身上，这一过程在现代汉语其他句法结构的形成中亦发挥了重要作用。

6.1 汉语连动结构的历时来源

连动结构有着怎样的历时来源？汉语史学界对此尚未展开充分的讨论。有些古代汉语论著认为早在甲骨文和金文的时代，连动式便已经出现。比如：管燮初（1953：11）认为下面一组例句是甲骨文中的连动式，"谓语中有两个或两个以上的动词，表达同一个主语的连续行动"。

(1)① 　　　　　　　　　　　　　　　　　　　　管燮初（1953：11）
a. 辛丑卜贞：帝若？　贞：帝若王？
b. 辛未卜，亘贞：往逐豕，隻。

管燮初（1981）认为金文中存在三种连动式："偏正关系的连动式""补充关系的连动式""三连（四连）连动式"，下面分别各举一例：

(2)② 　　　　　　　　　　　　　　　　　　　　管燮初（1981：26－33）
a. 王命夫君曰：償求乃友。
b. 成王归自奄。
c. 王乘于身为大豐。

除管燮初先生外，郑继娥（1996）、张玉金（2001）、王栋（2017）等都曾对甲骨文中的连动式做过论述。张玉金（2004）、王依娜（2018）等也曾对西周金文中的连动式做过研究。如果早在殷商、西周时代连动式便已形成，那么其形成过程似乎无从稽考。不过，这一看法并非没有疑问，Peyraube（1991）推测"连动式实际上直到战国末期甚至汉代初期才可以见到"。张敏、李予湘（2009）也推测"甲骨文和金文里的连动式用例……在甲骨金文里多半是独立的小句"，他们认为："若是由甲骨文、金文里的紧密格式（不带连接成分者）演化为先秦诸子里的松散格式（带连接成分的并列或主从结构），其本质是一种'去语法化'（degrammaticalization）"，而这将违反语法化的单向性原则，"的确令人费解"。梅广（2018：185－187）认为："上古汉语前期没有'而'这样的一个通用连词连接两个并列分句，然而并列分句肯定是存在的"，分句与分句的连接靠的是语调和停顿这种"隐性连词"，因此，上古汉语前期材料中的动词连用"必须假定中间有停顿"。我们同意上述认识，因为甲骨文、金文中的连动式不能排除是多个独立小句连用的可能，可能只是在文字形式上看不出来而已。当然，也不能彻底排除甲骨文与金文中已经存在连动式的可能，不过即便如此，此时的"连动式"恐怕也相当不发达，能出现在其中的动词其种类是较为受限的，动词间的语义关系也不丰富。根据郑继娥（1996）和张玉金（2001：229）的说法，甲骨文中的连动句主要包括三种语义类型：表"先

---

① 本组例句在转引时不再标注甲骨文出处，加点词语表示连续动作。
② 本组例句在转引时不再标注金文的出处，略去了注解，加点词语表示连续动作。

第六章 从篇章性结构到句法性结构（下）

后发生的动作的"（"王往次于虎？"）、表"后一个动作是前一个动作的目的的"（"贞：我共人伐巴方？"）以及"前一个动作表示后一动作的方式"的（"丁王亦占曰：'其亦雨'。"）。王栋（2017）对甲骨文连动结构的考察也表明，能够进入这些"连动结构"中的动词，主要是"军事类"（如"征""伐"）、"运动类"（如"往""出"）、"言语类"（如"曰""告"）、"动作类"（如"立""求"）、"田牧类"（如"获""田"）、"取予类"（如"入""以"），种类和数量都相当有限。

如果不考虑早期上古汉语（殷商、西周）的材料，而从连词得以较为普遍运用的晚期上古汉语（东周）开始考察的话，① 那么连动结构的产生似乎便有了稽考的可能。

梁银峰（2006：37-64）在论述"春秋战国秦时期的连动结构"时，认为主要有下面几种类型："V t1 + X + V t2／Vi - t2 + O""V t1 + V t2／Vi - t2 + O""Vt／Vi + X + Vi""V_1 不 V_2"。下各举两例。

(3) 　　　　　　　　　　　　　　　　梁银峰（2006：37-64）

a. 遇仇牧于门，批而杀之。（《左传·庄公十二年》）

b. 鲜虞推而下之。（《左传·襄公二十五年》）

c. 则不可，因而刺杀之。（《战国策·燕策三》）

d. 初，燕将攻下聊城，人或诮之。（《战国策·齐策六》）

e. 灵王饿而死乾溪之上。（《韩非子·十过》）

f. 与齐人战而死，卒不得魏。（《战国策·宋卫策》）

g. 君非姬氏，居不安，食不饱。（《左传·僖公四年》）

h. 吏追不得。（《韩非子·外储说左下》）

春秋战国时期，连词的使用较前一时期丰富频繁得多，动词之间常有"而""以"等连接，不带连词者通常也可补上。梁银峰（2006）所说的"春秋战国秦时期的连动结构"恐非真正的连动结构。按照连动结构在现代汉语和类型学中的定义，它是绝不能带连词的。从连词在这一时期的普遍运用来看，春秋战国时期至少未提供连动式成立的典型环境。

---

① 魏兆惠（2008：68）："春秋时期连词的数量较商周时期增加了很多"，详见魏兆惠（2008）第三章第一、二节。梅广（2018：导言）："上古前期并没有显性的并列连词，中期以后连词'而'得到充分的发展"，详见梅广（2018）第五章。

这方面我们同意张敏、李予湘（2009）的意见："以《左传》等传世文献为代表的先秦汉语不是，或至少不是典型的连动型语言。""以《左传》等传世文献为代表的先秦语言里的动词连用结构多数带连词（主要是'而'，也有'以'），不带连词者，其格式大多数也允许将连词还原而不影响意义。这一格局和世界上几乎所有连动型语言（包括现代汉语）都不同。"

鉴于连词的有无在判定连动结构时具有关键作用，不少学者将连动结构的产生与连词（"而""以"等）的衰落或弃用联系起来。

赵长才（2000）区分"广义连动式"与"狭义连动式"，前者的动词之间有连词或者停顿，后者的动词紧密相连，也没有其他成分插入。赵长才（2000:20）认为"狭义连动式"主要有两种产生途径：一是由"广义连动式"删除"而"产生；二是通过删除前一分句的重复宾语而产生（"击秦军于宜安，大破秦军"→"李牧击破秦军"）。①

石毓智（2003）认为动词并列连词"而"从春秋战国时期开始经历一个"由强制性变成选择性"的过程（石毓智2003:56），"动词连接词'而'在中古汉语的消失，使得一组动词短语能够紧邻出现，因而就出现了汉语的连动式"（石毓智2003:169）。石毓智（2003）认为这些连动式，其中有一种是表示因果关系的，因为语义上的密切关联，其间的"而"最先消失，并"与普通的连动式分道扬镳"（石毓智2003:153），最终融合为动补结构。石毓智（2003）的上述看法可大致表述如下：

V_1V_2（普通连动式）

V_1 而 V_2（动词并列结构）→

V_1V_2（可分离式动补组合）→V_1V_2（动补结构）

石毓智（2003）认为现代汉语中的动补结构来源于"可分离式动补组合"，而"可分离式动补组合""实际上是连动式（Serial verb construction）的一个小类"（石毓智2003:152）。

---

① "击破秦军"这种"双动共宾"结构究竟是不是连动结构，我们认为是存疑的，尽管不少汉语史学者将其看作连动结构，并认为这是动补结构的直接来源，不过，从共享宾语是"承前省略"还是"蒙后省略"的角度来看，我们更倾向于认为这是动词并列带宾语，而非连动结构。

石毓智（2003）提到的"而""由强制性变成选择性"的过程，不少学者也论及。魏培泉（2003）将"V 而 V"的衰落视作上古汉语到中古汉语语法上的一大变化；魏兆惠（2008）对《左传》和《史记》连动式的统计表明，在《左传》中有连词的连动式占连动式总数的 79%，而在《史记》中无连词的连动式已占连动式总数的 87.7%；储泽祥、智红霞（2012）也认为"从春秋到两汉，连动结构的发展经历了由有连词连接为主向无连词连接为主的发展变化"；Li（2014：197-199）对比了《左传》和《史记》描述同一情景的句子，发现前者动词多由"而""以"连接，而后者通常动词直接相连，试比较：

(4) Li（2014：197-199）

《左传》	《史记》
夹水而陈	楚亦发兵拒吴，夹水陈
醉而杀之	襄公之醉杀鲁桓公
追而得之	逐得
向师而哭曰……	向三人哭曰……
二人因之以作乱	因公孙无知谋作乱

例（4）很好地说明了真正的连动结构很可能是以"而"为代表的连词的衰落所导致的。换言之，连动结构的主要来源当是带连词"而"的格式。① 不过，接下来面临的问题是：那些作为连动式主要来源的带"而"的格式其语法性质究竟如何？袁本良（2016）说："连词连接的动词结构式是不是连动式，是复句还是单句，学界有不同意见。"事实的确如袁本良先生所言，这些问题分歧甚大。多数古汉语论著将"V 而 V"称作"连动结构"或"广义连动结构""有标连动结构"，这种观点我们不取，不再多说，问题的关键是，它们是单句结构还是复句结构？因为这个问题关系到连动结构是来自并列动词短语还是来自（并列）复句？

梅广（2003）认为："历史上汉语句法的整个发展趋势就是从并列到主从。上古汉语是一种以并列为结构主体的语言；中古以降，汉语变

---

① 之所以称"主要来源"，是因为并不能完全排除春秋战国甚至更早之前，部分连动结构（如含趋向动词的）已经产生的可能，详参张敏、李予湘（2009）、Li（2014：216-217）。

成一种以主从为结构主体的语言。上古汉语发展出一个 semantically unmarked 的并列连词'而',很可以用来说明以并列为结构主体的语言的特质。"梅广先生的这一说法影响甚大,不过对于这一判断或存在不同理解。

刘丹青(2012)在"动词短语层面"比较了连动结构、并列结构和主从结构,认为:"上古汉语在动词短语方面确实是并列型语言,上古连动式不发达……中古以后的汉语应以连动为特征……汉语史上真正的类型演变是并列式由盛而衰、连动式由弱而强。"从刘丹青(2012)的论述及举例来看,他所说的"并列结构"应是动词短语并列,连动结构取代的也是动词短语并列。刘丹青(2015)又指出:"连动式无论在句法上还是语义上都是一种迥异于复句的独立结构,绝不是顺承复句(属于广义的并列复句即联合复句)的压缩形式。"结合刘丹青先生的种种论述,我们的理解是,他或是认为连动结构来自动词短语并列,而非小句并列。

张敏、李予湘(2009)认为:"先秦汉语里被一般的古汉语语法论著归为连动式而含有连词'而''以'的例子,均非连动式。它们多为并列结构(并列小句或并列动词短语),有些或可分析为主从结构。"张敏、李予湘(2009)明确注明他们所说的"并列结构"包括"并列小句"和"并列动词短语",那作为连动结构来源的"并列结构"到底是"并列小句"还是"并列动词短语"呢?从后文的阐述来看,他们也认为连动结构是来自动词短语并列,而非小句并列。张敏、李予湘(2009)在论述连动式和兼语式的不同来源时指出:"兼语式和一般连动式的语法化来源可能有异:前者因两个动词的主语不同,故不可能是由一个小句里的并列动词短语演化而来,而有很大可能来自复句的紧缩。"这段话清楚地表明了张敏、李予湘(2009)更倾向于认为连动结构源自"V而V"并列动词短语。

其实,前文提到的石毓智(2003)也是这种主张。石毓智(2003:153)把"而"叫作"动词连接词",认为"这个'而'的消失,也使得多个并列的动词短语可以紧邻出现而没有任何语法标记连接,也就使普通语言学中所谓的'连动式'在汉语中的出现成为了可能"。从石毓智先生的论述来看,他也是主张连动结构来自并列动词短语。

高增霞（2020）也多次提及"并列结构"，如她认为"连动式是与并列结构更相似或者关系更近的一种句法结构"（高增霞2020：23）、"连动的底层是并列结构"（高增霞2020：24）、"连动式其实非常接近并列结构"（高增霞2020：38）。从她的举例来看，她所说的"并列结构"也是动词短语并列。另外在描述连动式的历时发展时，她也多次将连动结构和并列结构放在一起论述，如她认为"尽管先秦汉语动词连用结构是并列结构的性质，但是我们仍然赞成使用'连动结构'或'连动式'这样的名称来称呼这种语言现象"（高增霞2020：142）、"先秦出现的动词连用其本质是并列结构"（高增霞2020：152）。从高文的种种论述来看，她也倾向于认为先秦汉语由"而"连接的是并列动词短语。

上文之所以一一检视各文献中的"并列结构"，一方面是因为这一问题关系到对连动结构来源的看法，另一方面是因为不同学者所说的"并列结构"，可能具有不同的内涵，因此有必要厘清。不同学者所说的"并列结构"可能不同，这正如彭国珍（2019：76-77）所言：

> 汉语学界比较认可的一点是汉语中的连动结构和并列结构不同。但是不同学者所指的并列结构并不相同。仔细梳理前人的研究可以发现，当大家指出并列结构不是连动结构的时候，其所指的并列结构其实有三种……第一种并列其实是并列动词短语，第二种是隐性的并列复合句，第三种是有明显并列标记的显性并列复合句。我们可以发现，第二种、第三种结构与连动结构的区别，和第一种结构与连动结构之间的区别，完全不是一种性质的区别。

我们同意彭国珍（2019）的上述观察，因此认为有必要对各家所说的"并列结构"一一检视。根据我们的理解，石毓智（2003）、张敏和李予湘（2009）、刘丹青（2012）、高增霞（2020）所说的"并列结构"都是指动词短语并列，相应地，他们也或明或暗地指出，连动结构应是来源于这种动词短语并列，当原结构中的"而"不再出现时，相应的连动结构即产生。

我们不完全同意上述看法，因为上古汉语中的"而"除了可以连接谓语位置上的两个动词短语，还可以连接两个分句。在我们看来，作为连动结构来源的"V 而 V"更可能是两个分句的连接。①

杨伯峻、何乐士（1992：588－589）区分"并列式"和"连动式"，并对二者的差别做了细致说明，认为"并列式的动 1 动 2 是平等、并列的，一般都可以逆转的；而连动式的动 1 与动 2 则有先后或主次之分，是不可逆转的"。杨伯峻、何乐士先生还认为"连动式包含的语义关系多样"，如"表时间先后""表原因（或条件）与结果（或程度）""表手段与目的""表目的与动作（或结果）""动 1 表动 2 进行时的状态"等，而"并列式包含的语义关系则比较单纯"，"主要就是同义并列、配合并列、反义并列三种"。从形式上看，二者亦有显著的差别，"并列式用连词虽不算少，尤其是反义并列大多用连词，但仍不如连动式多"。根据杨伯峻、何乐士先生的统计，"仅以《左传》为例，'而'用于连动式约占其总数的 60%，用于并列式约占 30%；'以'用于连动式占 90%，并列式 10%"。

我们赞同杨伯峻、何乐士（1992）对"并列式"和"连动式"的区分，而且从二位先生的描述可知，无论从语义上来看，还是从形式上来看，"并列式"是不大可能发展出"连动式"的。从语义上来看，很难设

---

① "'而'字的并列结构在汉语语法理论中也是一个非常复杂的问题"（梅广 2018：171），问题的复杂，我们认为至少来自两个方面：一是"而"所表示的是不是并列关系无法确定；二是"而"所连接的是词语还是分句无法确定。向熹（2010：182）认为："上古汉语连词'而'的用法极为灵活，可以连接并列、承接、转折、偏正、假设等不同关系的词语或分句。"按照这种意见，"而"所表示的不只是并列关系。梅广（2003）认为："在上古汉语，这些连词所表达的各种语义都可以交由上下文决定，'而'只负责连接两个并列的子句或谓语。"梅广（2018：173）又认为："作为一个连词，'而'字结构又称为并列或联合结构（coordinate construction）。"按照这种意见，"而"只表并列关系；张耿光（1981）对连动结构中的"而"进行了专门考察，根据他的分析，"连动结构里的'而'字，其作用只是连接，丝毫没有显示什么特殊的结构手段""只起连接作用，并不起结构手段的作用"。薛凤生（1991）认为"而"的语法功能在于"连接子句以构成复句"，语义功能在于表示前一个子句为副，后一个子句为主。按照这种看法"而"所连接的都是前偏后正的分句。陈宝勤（1994）认为："连词'而'的语法功能就是对两个谓语成分或两个句子起连接作用。"裘燮君（2005）认为"而"的基本语法功能是表示"平联"，是一种"无情的联系"，可以连接两个谓词构成连谓短语，也可以连接两个分句构成复句。杨荣祥（2010a）提出一种看法，认为"而"是"两度陈述标记"，"所谓标志'两度陈述'，就是说，'而'作为连词所连接的，一定是两个陈述性成分，这两个陈述性成分可以分为两个分句，一个分句自然构成一个陈述；也可以合并在一个句子里，'而'连接的两个陈述性成分构成一个复杂的谓词性结构，这个复杂的谓词性结构包含两个陈述"。杨荣祥（2010a）认为，"而"的各种功能都可通过"两度陈述"得以解释。

想从"同义并列"("专心致志")、"配合并列"("苦身焦思")、"反义并列"("无谋而多猜忌")可以发展出连动式中多种多样的语义关系;从形式上来看,也无法解释不常用"而"的并列式,为何能够发展出常用"而"的连动式。我们认为最合理的推测应当是,连动结构由复句结构而来,而非由并列动词短语而来,复句结构可以容纳连动结构中的所有语义关系,而且当复句结构中的"而"不再出现时,真正的连动结构也随即产生。这一过程可以表示如下:

①SV_1,V_2→②SV_1(,)而V_2→③SV_1而V_2→④SV_1V_2

第①阶段是复句起始阶段,后一分句的主语与前一分句的主语相同,因而省略。第②阶段是连词"而"的初期使用阶段,连词"而"最初的作用可能只是用来标记停顿。杨荣祥(2010b)推测"连词'而'可能就是一个'原生'的记音词";梅广(2018:175)认为"连词的产生跟书写的流行有关,因为文字不能表现语调等语音性质,必须用一个语词记号来标明分句的连接",表达的也正是这种意思,在这个阶段 V_1 与 V_2 的联系可以相当松散,因此同一个句子往往既可用标点隔开,又可不用标点隔开,如下文(5)中的两个例句都转引自蒲立本(2006)。

(5) 蒲立本(2006:49、167)

a. 滕文公为世子,将之楚,过宋,而见孟子。

b. 滕文公为世子,将之楚,过宋而见孟子。

第③阶段是融合阶段,"而"的记音作用开始弱化,而连接作用开始凸显。梅广(2018:203)所说的"'而'字能把两件事并为一件事",所反映的应当就是这一阶段,表现为 V_1 与 V_2 的语义联系密切,不过在这一阶段"而"的本质仍然"相当于一个语气停顿",是在标记"两度陈述"(杨荣祥2010a、2010b)。第④阶段是"而"的脱落阶段,"而"的消失我们倾向于认为是其功能泛化以及 V_1V_2 高度融合的结果,这一阶段真正的连动句才得以形成,V_1V_2 作为一个整体对主语进行陈述。

梅广(2018:199-213)区分"连谓"和"连动",认为"而"前有停顿的是"连谓","而"前无停顿的是"连动","连动是单句,连谓则是(并列)复句"。按照梅先生的这种看法,上述第②阶段属于"连谓"阶段,第③阶段当属"连动"阶段。我们则倾向于认为,真正的连动要到第④阶段才是真正实现,第③阶段似处于单复句之间,但仍未彻底脱离复句性质（参阅薛凤生1991）。

综上所论，"而"字的语法功能是古汉语学界争论极大的一个问题，梅广先生也说"连动、连谓，一是单句，一是复句，二者必须分开，然而分析起来则难度甚大"（梅广2018：213）。以上我们只是尝试性地提供自己的认识，很多地方尚需进一步地研究。就我们目前的认识而言，我们倾向于认为连动结构来自复句的压缩，复句中连词（"而""以"等）的脱落导致了连动结构的产生，连动结构不大可能来自动词短语的并列。

6.2 其他语言连动结构的来源

据我们所掌握的材料，国外学者探讨连动结构者众，但极少涉及连动结构的历时来源问题。正如Rose（2009）所言，"在历时层面，许多研究将注意力集中在连动结构的进一步语法化和再压缩上，可是，很少有学者有兴趣讨论连动结构的历时来源"。这种局面非常类似于汉语学界，汉语史学者多是在论及动补结构的产生过程时，才附带性地论及连动结构，至于连动结构是如何产生的，甚少看到专门的论述。前文介绍的赵长才（2000）、石毓智（2003）、梁银峰（2006）等，其目的也只是论述动补结构的产生历程，虽然提及连动结构，但毕竟不是专门性的研究。这一点谢卫菊（2016）亦有指出，"在述补结构的来源这一问题上，学者们都将出发点集中在了连谓结构上，仅论证了连谓结构和现代汉语述补宾结构之间的历史发展关系，并未更深入地对连谓结构的来源，即连谓结构的前身及其发展演变事实做出相关论述"。

仅就我们所见到的材料来说，在国外学者对其他语言连动结构来源的零星论述中，基本将其归于双（多）小句结构。具体而言，主要有以下两种情况。

第一，连动结构来源于主从小句，当从属小句中的连接成分功能弱化或者脱落时，可能产生连动结构。

Delancey（1991）研究了现代拉萨藏语连动结构的来源问题。他认为藏缅语普遍倾向于使用小句链（clause-chaining）结构，通常情况下，只有最后一个小句中的动词可以带上时体成分，而非终结小句都要带上非终结标记；不过，在某些动词身上这些非终结标记可带可不带，甚至不能带。Delancey（1991）认为这导致了现代拉萨藏语连动结构的产生。

（6）拉萨藏语　　　　　　　　　　　　　　　　　　DeLancey（1991）

a. khos　　kha = lags　zas-byas　phyin-pa　red
　 他　　　饭　　　　吃 – NF　　去　　　　完成体
　 "他吃完饭去了"

b. kho　　bros（-byas）　yongs-pa　red
　 他　　　跑（NF）　　　来　　　　完成体
　 "他跑来了"

c. kho　　bros（-byas）　phyin-pa　red
　 他　　　逃（NF）　　　走　　　　完成体
　 "他逃走了"

DeLancey（1991）认为，拉萨藏语中，非终结小句的动词通常要带上非终结标记（non-final，NF），这个非终结标记一方面起连接前后小句的作用，另一方面也指示它所出现的小句在时间上要先于后面的小句发生，如例（6a）表示"他先吃饭，然后去"。不过，这一非终结标记在某些动词身上是选择性出现的，甚至倾向于不出现，如（6b、6c）所示。之所以如此，DeLancey认为是因为"跑来""逃走"都代表一个结合紧密的事件，不存在先后之别。如一个人只可能"边跑边来"，而不可能"先跑后来"，这时再在"跑""逃"后面加上含有时间先后义的连接语素（非终结标记）就是难以理解的。DeLancey（1991）认为正是由于这种语义上的原因，导致拉萨藏语中的非终结标记开始在某些动词身上丢失，并进而导致了连动结构的形成。他认为，拉萨藏语中的连动表达最先发生于某些趋向动词之上，而后逐渐扩散、类推至其他语义类别的动词。

Aikhenvald（2018：196 – 201）也认为"随着语言的演化，一些双小句的多动词结构可能丢失从属标记，从而演变为单小句的连动结构"。她以Tupi-Guarani语族的四种语言为例，说明了这些语言中的连动结构是由伴随动词结构（converbal construction）丢失伴随动词标记（converbal marker）而来。Aikhenvald（2018：199）认为，这些语言的连动结构经历了如下的产生过程：

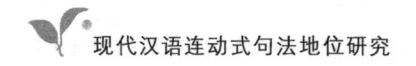

双小句结构，其中的从属小句带有伴随动词标记
↓
单小句结构，其中一个动词带有伴随动词标记
↓（伴随动词标记丢失）
连动结构

Aikhenvald（2018）还谈及另一种情形，即从属标记不一定丢失，但可能失去语义内容而成为一个傀儡性的连接成分（a dummy linker），此时也会产生连动结构：

（7）Khwe 语　　　　　　　　　　　　　Aikhenvald（2018：200）
xàmà　　　tέ-έ　　‖ gàrà-ħa-tè　　　　　thám　á
他　　　　站 – 连接语素1　写 – 连接语素2 – 现在时　信　宾语
"他站着写信"

Aikhenvald（2008：199）认为，在 Khwe 语中例（7）的连接成分已经完全丢失语义内容，而且不显示并列或从属关系，可以看作一种非典型的连动结构，甚至可以把连接标记分析为连动标记，这种带有傀儡标记的连动结构反过来也说明连动结构可能来自双小句结构。

第二，连动结构来源于并列或连贯小句，当并列小句中的连接成分脱落时，可能产生连动结构。

有此主张的学者更为多见，不过也多限于推测。Stewart（1963）认为连动结构可能来源于并列小句，当后一小句中的同指主语和连接词删除时，连动结构随之而生。Hyman（1971）认为连动结构来源于连贯小句（consecutivisation）。Noonan（1985）基于无连词的并列小句和连动结构的相似性，也推测二者之间可能存在历时来源关系。Croft（2001：353）提到一种情况，在有些语言中并列连词是可选的，他认为当这些语言中的并列连词彻底消失时，连动结构随之产生，如 Mooré 语。

（8）Mooré 语　　　　　　　　　　　　　Croft（2001：353）
　a　iku　suugā　　n　　wāg　nemdā
　他　拿　刀　　连词　切　　肉

Croft（2001：353）因而主张，在有连词的并列结构和连动结构之间，可能存在无连词并列结构这个中间阶段。Croft et al.（2010）坚持这一主张，不过他们并未做详细说明。Croft et al.（2010）认为："连动结构很可能是通过无连词的并列结构的语法化而产生"。

Syea（2013）探讨了两种克里奥尔语（Maurtian 与 Seychelles）中连动结构的来源。根据其研究，这两种语言中的连动结构和连贯小句具有一系列的共性，如都要求主宾语共享、否定词的辖域也相同。作者认为二者之间的一系列共性绝不是一种偶然现象，而是意味着它们历时上的联系。作者的角度比较特殊，他认为连贯小句最先是在祈使语气下演变为连动结构的，而后才扩散开来。根据 Syea 的看法，语言接触的最初阶段离不开面对面的交流，也要求指令的清晰，而这就为连动结构的形成创造了有利条件。作者还援引英语、法语等印欧语的情况来说明祈使语气对连动结构形成的影响，英语和法语中也有少量的连动结构，这些连动结构也都是在祈使语气之下才出现的。Syea（2013）通过例（9）与例（10）分别说明英语和法语中连动结构的形成过程。①

（9）英语　　　　　　　　　　　　　　　　Syea（2013）

a. Come, tell us the news!　　　＞　　Come tell us the news.

b. Go, get some wine!　　　　＞　　Go get some wine.

（10）法语

a. Allez, lavez les mains!　　＞　　Allez laver les mains!
　　去　　洗　　DET　手　　　　　　去　　洗　　DET　手
　　"去，洗你的手！"　　　　　　　　　"去洗你的手！"

b. Venez, mangez!　　　　　＞　　Venez mangez!
　　来，　吃　　　　　　　　　　　　来　　吃
　　"来，吃饭！"　　　　　　　　　　　"来吃饭！"

以上介绍的是国外学者对连动结构来源的看法。在这些为数不多的讨论中，有些学者聚焦于某一具体语言中连动结构的来源，有些学者则是从总体上设想连动结构的来源。总体来看，这些为数不多的研究，或认为连动结构来源于主从小句，或认为连动结构来源于并列小句，或认为两种来源都有可能（Bowern 2008）。这些主张的共同点是，都倾向于认为连动结构来源于多小句结构，而且都看到了连接成分的省略在其中发挥了重要作用。这一主张或许也能与类型学的一些调查相契合。Crowley（2002：260）

---

① 为表达明晰，援引例句时顺序重做安排。

对大洋洲诸多连动语言的考察表明，连动结构越发达的语言中，小句间的并列或从属连接词就越不发达。Ross et al.（2015）的调查也表明，拥有像英语"and"这样的泛化连词（generalized conjunction）的语言中，59%者具有连动结构，而不使用泛化连词的语言中，这一比例则要上升到81%。

在主张连动结构来源于多小句的压缩的国外学者中，最旗帜鲜明者当属Givón，他在一系列论著中（Givón 1995、1997、2001、2009a、2009b、2015）都表达了这样一种观点："连动小句来自于小句链的压缩"。Givón把"小句融合"（clause union）定义为这样一个历时过程："原本各自具有一套语法关系的两个小句融合为单一小句，这个单一小句中所有的论元共同承担起一套语法关系"（Givón 1997）。Givón（2009a）主张"小句融合"在人类语言中是普遍存在的，所不同者在于融合的方式和程度不同，有些语言主要以小句嵌入（clause-embedding）的方式融合，这种语言小句融合的程度较强；有些语言主要以压缩小句链的方式融合，这种语言小句融合程度较弱，只达到了部分程度的融合（partial clause union），其结果就是普遍使用连动结构。Givón（2009a）认为主要有两种因素导致了"连动型语言"的小句融合程度低于"嵌入型语言"：一是连动语言中的动词经常被宾语等成分隔开；二是连动语言普遍缺乏限定和非限定的形态区分。Givón（2009a）进一步补充道，连动结构的小句融合程度相当弱，它和小句链的唯一句法区别就是它们使用不同的语调包装。Givón（2009a）认为连动语言最惯常使用的标示小句融合的手段，也只有语调——多个动词的连动小句处于同一语调曲拱之内，没有停顿也没有连词。Givón在其一系列论著中都维持上述观点。他似乎始终对连动结构的融合程度不抱乐观的态度，这与国外有些学者的看法截然相反（参阅Payne1997：Chap 11）。不过，不管如何，Givón的观点是清晰的：连动结构来自小句链的压缩/融合。

6.3 从篇章到句法

在前两小节，我们分别尝试探索汉语及其他语言连动结构的历时来源。可以看出，不管是在国内还是在国外，连动结构的历时来源问题，研究者都甚少涉及，相关讨论还不充分，很多主张也只能限于理论推测，尚

第六章 从篇章性结构到句法性结构（下）

难以得到准确验证。这种情况也是可以理解的，汉语虽然有着悠久的文字记录历史，为我们探索连动结构的起源提供了方便和可能，不过，由于诸多因素的限制（标点问题、语感问题、句法测试手段难以运用的问题、对当时的语法系统和语法规则了解得还不充分的问题），我们在很多时候连判断一个连用动词串究竟是不是连动结构都异常困难；至于非洲、大洋洲、南美洲、东南亚等区域的连动语言，要探索它们连动结构的起源问题则更加困难，因为很多连动语言的文字记录历史可能只有一两百年甚至几十年，而在此之前连动结构早已在这些语言中存在，至于这些语言中的连动结构最初是怎样的面貌，如何产生，又如何发展，今天已难以判断，至多是结合其亲属语言的一些不同表现或者根据共时类型学上的倾向性做出大致的历时推测。

不过，就目前的水平而言，一番考察之后，我们还是倾向于认为连动结构主要来源于多个小句（复句）的压缩，尽管这一观点在国内和国外都受到一些质疑和反对。Foley and Olson（1985）认为连动结构在意义上总是有别于多个小句的并列，因此前者不可能来源于后者。我们承认二者在意义乃至许多方面都有差别（详见上一章），但我们认为共时平面上的差别和历时来源是两个不同的问题，不应在二者之间建立起必然的联系。多个小句正是因为经过了整合和压缩，才表现出一系列的差别。在这方面我们的认识与 Bril（2004）、Aikhenvald（2011、2018）一致。比如，Aikhenvald（2018：23-27）认为连动结构具有单小句性（monoclausality），通常不能拆解为多个小句进行理解，但她在论及连动结构的历时来源时，还是认为"随着语言的演化，一些双小句的多动词结构可能丢失从属标记，从而演变为单小句的连动结构"（Aikhenvald 2018：196-197）。何以如此？恐怕正是因为二者是两个不同层面的问题，它们不相冲突。

如果说连动结构来源于复句或多小句的压缩，那么这个过程在我们看来就是一个由篇章结构到句法结构的句法化（syntacticization）过程。句法化是新的句法结构产生的重要途径，在所有语言中都存在，只是不同语言句法化的方式有所不同，同一语言中不同句法结构的句法化程度也有所不同。Givón（1979：208）对"句法化"的定义是"松散的、并列性的、'语用性的'篇章结构发展为紧密的、语法性的句法结构"，并列举了由话题到主语、由松散的连接到紧密的主从等多种句法化的情形。这里仅列举

一例:

(11) Givón (1979:215)

He pulled the door, and (it) opened. → He pulled the door open.

"拉门开"在英语中一般叫作"次级谓语结构",这种结构就是由松散的、扁平的、并列性的篇章结构发展而来。

对于这种句法化的过程,不少学者都从小句融合的角度进行过说明(Hopper and Traugott 1993; Harris and Campbell 1995; Heine and Kuteva 2007), Hopper and Traugott (1993: Chapter 7) 称其为"跨小句的语法化"。Heine and Kuteva (2007) 举例如下:

(12) Heine and Kuteva (2007:258-259)

a. Mary is driving to New York. She wants to visit her daughter.

b. Mary is driving to New York in order to visit her daughter.

c. I have a sister. She likes music a lot.

d. I have a sister who likes music a lot.

Heine and Kuteva (2007) 认为 (12b、12d) 是由 (12a、12c) 发展而来,这个过程也就是句法化的过程。

这里有两点有必要稍做说明。一是汉语中的复句在我们看来句法化的程度相当有限,虽然称为"句",但基本上可归入篇章结构的范畴,这方面我们同意徐赳赳 (2010) 的意见。二是 Givón (1979) 强调句法化的"并列性/并置性"源头,这与我们说汉语连动结构来源于复句(包括并列复句和偏正复句)并不冲突,因为在汉语中想要准确分辨偏正复句和并列复句本身就不是一件容易的事(参阅邢福义 2001:52-55; 刘丹青 2012),何容与刘复早就意识到汉语中不存在独立于并列复句的偏正复句 [参阅 (许立群 2018) 第二章的介绍],也就是说,偏正复句本身就带有一定的并列性。

汉语中的连动结构是句法化的结果,不同小类的连动结构可能句法化的程度有别:有些类别的句法化程度更高,更接近于单句层面的基本句法结构;而有些类别的句法化程度更低,接近于复句结构。另外,句法化也不只体现在连动结构身上,实际上,汉语中的不少结构都经历了这样一个过程,只是程度有别而已。比如,江蓝生 (2007) 论述过三字格"爱怎怎""爱谁谁"以及反复问句"VP 不 VP"格式的由来,认为它们都是由

"同谓双小句"紧缩而来,这些格式的形成实际上就是句法化的结果。再比如,汉语史上所说的"新兼语式"或"隔开式述补结构"("打汝口破")实际上也是来自复句的紧缩(魏培泉 2000;梁银峰 2006:71-73)。

6.4 小结

本章尝试性地对汉语以及其他语言连动结构的历时来源做出梳理、求证。连动结构来源于何处?无论是汉语连动结构的研究还是国外其他语言连动结构的研究都甚少涉及这一话题。本章只是在前人研究的基础上略加整理分析,提出自己的一些不成熟的看法,并不能给出一个肯定性的结论。我们认为这种思考和探讨是有益的,更是必要的,至于一些目前说不清楚的问题,只能有赖于将来的进一步研究。从本章的梳理和论述中我们也可以看出,连动结构无论在共时层面还是在历时层面都相当复杂,许多问题不是一人一文之力所能彻底解决。尽管面临难以证实的问题,不过一番探索之后,我们仍然倾向于维持之前的设想:连动结构主要来源于复句的压缩,这个过程就是从篇章结构到句法结构的句法化过程,它在汉语中也有多种表现。

第七章 现代汉语连动式的句法地位

7.0 前言

在前文第三章和第四章我们分别构建了状语化连续统和补语化连续统,指出一部分连动结构分别处于这两个连续统之上;在第五章和第六章我们又对连动结构和复句结构做了系统性的对比,并猜测和初步验证了二者之间的历时来源关系。我们认为,这几章的论述已经基本能够呈现现代汉语连动结构的句法地位。本章将在前几章的基础上,进一步统合、延展,以便更加准确全面地反映现代汉语连动结构的句法地位。另外,本章也将尝试从自组织的理论视角对现代汉语连动结构的句法地位乃至现代汉语句法系统的总体布局进行一定的观察和解释。自组织理论是现代系统科学的重要基石,现代系统科学的一系列进展已经表明,任何复杂系统的形成和演化都离不开系统的自组织,句法系统也例外。7.1节论述状语化连续统和陈述化连续统的交叉,并设想陈述化连续统存在的可能。这几个连续统的交叉与组合实际上构建出了一幅现代汉语句法结构的势力分布地图。这幅地图直观清晰地反映了不同句法结构(包括连动结构及其小类)所占据的具体位置,以及不同句法结构之间的亲疏远近。7.2节借助系统科学的自组织理论,从总体上观察汉语句法系统的调适和演变,尤其是对连动式的历时发展以及共时面貌做出一些尝试性的解释,论述现代汉语句法系统的形成以及连动式的发展趋势。

第七章 现代汉语连动式的句法地位

7.1 现代汉语句法结构势力地图

7.1.1 状语化连续统与补语化连续统的交叉

前文第三章和第四章分别构建了状语化连续统和补语化连续统,并分别将部分连动结构定位于这两个连续统之上。为直观起见,现将这两个连续统重新整理摘录如下:

状语化连续统:

并列结构　"先后动作"连动　"时间限定"连动　"方式—动作"连动　状中结构　→

图 7-1　状语化连续统

前文已述,这个连续统是一个事件整合的连续统,从并列结构到状中结构,事件之间的整合程度不断提升;这个连续统也是一个视点转移的连续统,以前一事件为背景来衬托后一事件,前一事件的背景化程度不断得到加强;这个连续统还是一个语义偏移和结构类型转化的连续统,前项动词的动作义逐渐消退,而方式义不断凸显,结构类型也从并列逐渐过渡到状中。

补语化连续统:

"动作—目的"连动　"规约目的"连动　兼语式　动结式　→

图 7-2　补语化连续统

前文已述,这个连续统同样是一个事件整合的连续统,从"动作—目的"类连动式到动结式,事件整合程度不断得到强化;也是一个视点转移的连续统,以后一事件作为背景来补充前一事件,后一事件背景化的程度越来越高;还是一个语义偏移和结构类型转化的连续统,后一动词由表目的向表结果偏移,整个句法结构也不断接近于典型的动补结构。

上述两个连续统在我们看来绝非渺不相关的,而是具有内在的联系,具体表现为这两个连续统存在交叉的情形。关键的交叉点正在于"动作—目的"类连动结构。对于"动作—目的"类连动结构前文 4.1 节已做过说明,它具有多种理解的可能性,既可以理解为"动作—目的",又可以理解为"方式—动作"(另详参唐启运 1958;吕冀平 1958:8;王福庭 1960;Li & Thompson 1981:597;李临定 1986:135;Paul 2008)。这种多种理解的可能性实际上意味着"动作—目的"类连动结构既占据着补语化连续统上的一个节点,也占据着状语化连续统上的一个节点,两个连续统在它身上实现了交会。见图7-3。

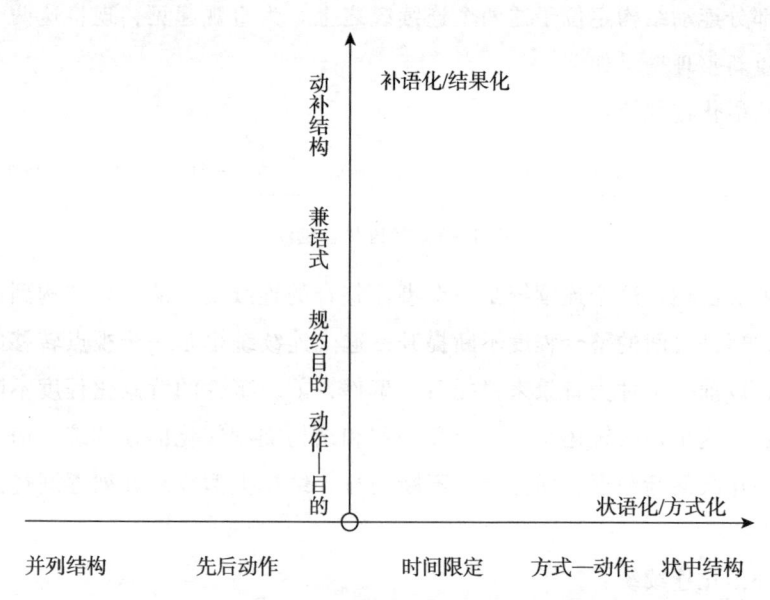

图 7-3　状语化连续统与补语化连续统的交叉

关于图7-3,以下两点有必要做出说明。首先,站在状语化连续统上来看,"动作—目的"类连动结构紧随"先后动作"类连动结构。这样的安排是有考虑的,因为两类连动结构具有相当强的关联性:同一施事先后发出的动作行为,常常被理解为后一行为代表前一行为的目的。试看前文第三章对"先后动作"类连动结构的举例:

(1) a. 穿上鞋走出房间
　　 b. 抬起头看我一眼
　　 c. 脱下棉衣换上单衣
　　 d. 放下报纸打开电视

例(1)中各句均属于"先后动作"类连动结构,不过它们也可理解为"动作—目的"关系。比如:"穿上鞋"就是为了"走出房间";"抬起头"就是为了"看我一眼";"脱下棉衣"就是为了"换上单衣";"放下报纸"就是为了"打开电视"。将同一施事先后发出的动作行为理解为具有"目的"和"意图"上的关联,应该是人类的普遍认知推导机制,这在其他语言中也常有反映,比如,英语中由"and"连接的两个相继的动作行为,也常常被理解为后一行为是前一行为的目的,用 Croft(2001:352)的话来说就是:"一个典型的序列动作链在语用上隐含着后一动作是前一动作的目的"[另详参(Stassen 1985)的举例说明]。可见,"先后动作"与"动作—目的"之间并没有一个不可逾越的界线,相反,二者很容易相通,具有概念上的邻接性。这也说明,我们将"动作—目的"类连动结构安排在"先后动作"类连动结构之后,让状语化连续统和补语化连续统在此实现交会,并非无理可据。

其次,图7-3实际上也有助于我们直观地理解一些过去人们不太注意或者说不太清楚的问题,比如:

Q1:"动作—目的"类连动结构和"规约目的"类连动结构是应该合并为一类,还是分为两类?

以往不少语法论著(如胡裕树1995等)对二者不做细致的分别,统称为表目的关系的连动式。实际上二者有不小的区别,"动作—目的"类连动结构由于同时占据着状语化连续统上的一个节点,所以它的 VP_1 有理解为方式的可能;"规约目的"类连动结构只占据补语化连续统上的节点,不在状语化连续统之上,所以它的 VP_1 很难理解为 V_2 的方式(参看第四章例<24>、<25>),二者宜分开处理。

Q2:兼语式和动结式能否分析为状中结构?

以往有些学者主张将兼语式或动结式分析为状中结构,比如,李临定(1984)曾经提出"动补格"中究竟是哪一个补哪一个的问题,李先生认为:"'动补'格里的'补'是'正',而'动'则是'偏'。这和第3节讨论的定名结构、状动结构的情况完全相同""应该把'补'分析为'正',把'动'分析为'偏'。"按照李临定先生的这种意见,动补结构实质上就是一种状中结构。这种主张直到当下依然存在,比如王占华先生认为:"'听懂'也好,'吃饱'也好,'学会'也好,就是刚才说的,我都认为它是一种偏正。如果我们利用现有的框架分析的话,'听'就是'懂'的方式,或者说是'懂'的途径。这种结构还是和偏正最接近。"① 其实，从图7-3可以直观地看到，动结式、兼语式只占据补语化连续统，与状语化连续统并无交叉，它们距离状中结构是有不小距离的，过分强调兼语式和动结式 V_1 的方式义，恐怕会面临一些不好解释的情形（见第四章例<26>—<28>）。

Q3：兼语式究竟属不属于连动式？

按照汉语学界的传统意见，兼语式和连动式应该分开处理，不过自从朱德熙（1982、1985）提出质疑以来，这似乎成了一个说不清楚的问题。朱德熙（1985：57）明确指出："把兼语式看成是跟连动式对立的结构是不妥当的。连动式可以按照其中的 N 和 V_2 之间的不同关系分成若干小类，兼语式只是其中的一类，即 N 是 V_2 的施事的那一类。"不过，目前学界的主流看法依然是将二者分别对待。我们在这一问题上的看法是，二者可分，也可不分，这只涉及研究的颗粒度和概括性，无关乎对错。从图7-3中我们可以看到，兼语式和部分连动式（"规约目的"类）相当接近，②如果我们想给予连动式更大的职权，那么把兼语式并入连动式也未尝不可；相反，如果我们想限制连动式的职权，那么把二者分别对待也是有据可依的。前一种做法是一种颗粒度较粗的做法，但具有较强的概括性；后一种做法是一种颗粒度较细的做法，但可能面临着缺乏概括性的风险。两种做法在我们看来各有利弊，无所谓对错。不过，我们更倾向于传统的看法，即将兼语式从连动式中独立出去，因为二者的差别非常大，即便把兼语式强行划归为连动式，在为连动式划分小类时首先还是要把它单列出来。这从类型学的一些研究中我们也能得到参考。类型学上所说的"连动式"（Serial Verb Construction）通常包含汉语学界所说的"兼语式"，不过类型学上在给 SVC 划分小类时，先分出了"同主连动式"（Same Subject SVC）和"变主连动式"（Switch Subject SVC）两大类别（参阅 Foley and Olson 1985；Sebba 1987；Crowley 2002；Aikhenvald 2006、2011、2018 等）。也就是说，在给 SVC 分类时，首先还是要把兼语式给分

---

① 详见《汉语的补语和补语教学——2013"汉语与汉语教学研究座谈会"》，《汉语和汉语教学研究》2013 年第 4 号。
② 北大现代汉语教研室主编的《现代汉语》（2004）将"规约目的"类连动结构归入"递系结构"（兼语结构），以和普通的连谓结构区分开来。这从一个侧面也说明，兼语式和"规约目的"类连动式是有不少相似之处的。

离出去。可见，即便是把兼语式划归为连动式，分类的工作依然还要继续进行，至于是叫作"兼语式"还是叫作"变主连动式"，那也不过是名目之争罢了。

7.1.2 陈述化连续统的设想与并入

状语化连续统和补语化连续统的构建和交叉，实际上起到了给部分连动结构进行句法定位的作用，不过这只是对学界通常所提及的连动式进行了定位，并没有涵盖连动式的全部类型。在本节，我们将再介绍两类连动式，并尝试对它们进行句法定位。需要预先说明的是，本节所涉及的两类结构究竟能否算作"连动式"，是存在相当大的争议的。不过，既然有学者主张将其看作连动式，那么还是有必要做出一番探讨和交代，给出我们的意见。

7.1.2.1 "时间范围"类

(2) a. 上课睡觉

　　b. 开会玩手机

　　c. 听课不做笔记

　　d. 吃饭不用筷子

这类连动结构的 VP_1 表示 VP_2 所发生的时间范围，因此，可以称作"时间范围"类连动结构。"时间范围"类连动结构与前文所讲的"时间限定"类连动结构虽然在语义上有相似之处（都与时间有关），但并不完全相同。后者的两个 VP 存在时间上的先后关系，VP_1 先发生，VP_2 后发生，而前者的 VP_2 是在 VP_1 所占据的时间段内发生，这种差别可以通过不同的变换式得以体现：

(3) a. 上课睡觉　　→　上课的时候睡觉

　　b. 开会玩手机　→　开会的时候玩手机

　　c. 吃了饭看电影 →　吃饭之后看电影

　　d. 下了课打篮球 →　下课之后打篮球

上组例句中的 a、b 两例为"时间范围"类连动结构，c、d 两例为"时间限定"类连动结构，它们分别对应着不同的变换形式。

例（2）这类结构学界不常讨论，偶尔提及的时候一般也是看作连动结构，如下引论著均把它们当作连动结构处理：

(4) a. 上课说话/吃饭看电视　　　　　　沈阳、郭锐（2014：256）
　　b. 南方的人过冬不穿棉衣　　　　　　胡裕树（1995：331）
　　c. 他经常出门不带钥匙，自找苦吃　　宋玉柱（1991a：69）
　　d. 你出去要记着锁门　　　　　　　　李临定（1987：84）
　　e. 叫你歇晌看着鸡　　　　　　　　　李临定（1986/2011：177）
　　f. 这个食堂吃饭排队排得很长　　　　高更生（1990：70）
　　g. 你冬里回北京把我引上行不？　　　吴启主（1990：27）
　　h. 我喜欢看电影吃爆米花　　　　　　张琬（2013：41）
　　i. 路过这里顺便告诉大家　　　　　　张斌（2010：331）
　　j. 李先生路过这里顺便给大家说了　　刘海燕（2008：129）

　　李临定（1986/2011：177）指出这类连动结构的"动$_1$"表示"动$_2$"所发生的时间，"动$_1$"可以放入框架"在____的时候"理解，"动$_2$"可以是肯定形式，也可以是否定形式。吴启主（1990：27）认为"冬里回北京"表示"把我引上"的时间，在"冬里回北京"之后可以加上"时"，构成表时间的名词性短语作状语。刘海燕（2008：129-130）认为这类连动结构"前一个 VP 表示的意义交代了后一个 VP 发生的时间范围，后一个 VP 是在前一个 VP 所表示的时间范围内发生的"。张斌（2010：331）也认为这类连动结构的 VP$_1$ 可以放入框架"在……的时候"，表示 VP$_2$ 所发生的时间。

　　也有学者不认为上类结构属于连动结构。孙德金（2000）对现代汉语中动词作状语的功能进行了考察，他所认为的作状语的动词，其中就包括"时间+动作"这种情形，这类状中结构"指的是某一动作在某一时间进行的。可以用'……的时候'这一表述框架"。孙德金（2000）的举例有"这件衣服结婚穿""你出去关门啊""你下班买点儿菜啊"。按照他的这种看法，这里所说的"时间范围"类连动结构应当属于状中结构。

　　除了将上述结构看作状中结构，似乎还可以看作主谓结构。我们知道，在汉语语法学中，时间性成分的句法功能一直是个未决的问题，最典型的就是"下午开会"这类结构究竟是状中结构还是主谓结构？不同学者往往有不同的认识。朱德熙（1982：98-99；1985：34）认为"下午开会""明天种树"在变换形式上与主谓结构是平行的,因而属于主谓结构。不过,朱德熙(1985：35)还指出,"明天去"既可能是状中结构,也可能是主谓结构,前一种情况下重音落在"明天"上,后一种情况下重音落在"去"上。朱先生的这一论述很有影响,但也未能彻底平息争论,不少学者还是更加强调时间成分的状语功能。比如,邢福义(2002：26-27)一方面承认"人物、方所、时间三种词语可以分别成为主语",但另一方面又强调"时间词语的主语性最差",凡是在人物主语出现或者可以补出的情况下,时间词语都应该分析为状语。张斌(2010：471)也把"下午我们开会"中的"下午"处理为状语,并认为这不是主谓谓语句。"时间范围"类连动结构同样面临这种局面,这类结构中的 VP_1 虽然表示一个动作行为,但在这一结构中它体现的主要是时间义,是在用动作本身"转指动作发生的时间"(张琬 2013：40),因此,和"下午开会"中的"下午"一样,本质上也属于时间性的成分,只不过这个时间性成分在词性上属于谓词性的罢了。如果参照"下午开会"的情况来看,那么"上课睡觉"这类结构的性质也是难以确定的,这或许也正是不少学者着眼于形式上的动词连用而将其看作连动结构的原因所在。

7.1.2.2 "条件—性状"类

(5) a. 闻着挺香

b. 看着别扭

c. 看上去很年轻

d. 摸起来很光滑

这类连动结构通常表示主语在 VP_1 的条件下会呈现出 VP_2 的性状或结果,我们可以称之为"条件—性状"类连动结构。"条件—性状"类连动结构的主语通常是 VP_1 的受事,近年来有学者专门把此类结构叫作"中动结构"或者"中动句"。

"条件—性状"类连动结构在形式上也很有特点,它的前一个动词之后通常必须带有"着""上去""起来",且不能省略。当这类连动结构的 V_1 之后带有"着"时,可能会与前文所讲的"方式—动作"类连动结构相混淆,不过,无论从语义表达上还是从形式变换上来看,它们都有不小

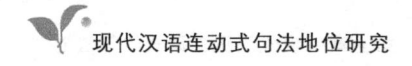

的差别。

(6) a. 闻着挺香 → *怎么样挺香？
    b. 看着别扭 → *怎么样别扭？
    c. 哭着诉说 → 怎么样诉说？
    d. 笑着招手 → 怎么样招手？

上组例句中的（6a）（6b）两例为"条件—性状"类连动结构，VP$_1$ 表示 VP$_2$ 的条件（闻的话会觉得香，不闻的话不会觉得香），不可以针对 VP$_1$ 用"怎么样"来提问；（6c）（6d）两例为"方式—动作"类连动结构，VP$_1$ 表示 VP$_2$ 的方式（用哭的方式来诉说），可以针对它的 VP$_1$ 用"怎么样"来提问。另外，这两类连动结构在词类构成上也有不同，"条件—性状"类连动结构的 VP$_2$ 一般都是形容词性的，而"方式—动作"类连动结构的 VP$_2$ 都是动词性的，属于真正意义上的"动词连用"。

与"时间范围"类连动结构一样，"条件—性状"类连动结构的句法性质也存在不小的模糊性，一些语法论著在对连动结构举例时，会包含这类结构，例如：

(7) a. 吃着有味儿　　　　　　　　　　马忠（1961）
    b. 这把锄头用起来很得劲　　　　　陆俭明（1980）
    c. 闻起来臭，吃起来香　　　　　　吴竞存、侯学超（1982：222）
    d. 这种工作，干着有味儿　　　　　吕冀平（1958/1985：31）
    e. 粥吃起来十分香甜　　　　　　　吴延枚（1988）
    f. 这话听着别扭　　　　　　　　　吴启主（1990：43）
    g. 这种苹果闻着挺香　　北大现代汉语教研室（1993/2004：350）
    h. 箱子提着挺沉的　　　　　　　　沈阳、章欣（2003）
    i. 闻着挺香/说起来气人　　　　　沈阳、郭锐（2014：256）
    j. 新买的鞋穿着有点儿紧　　　　　李临定（2019：277）

上引论著在提及这类结构时，都把它们看作连动结构。此外，也有学者主张将它们处理为状中结构，如宋玉柱（1980）、邓守信（1990）、曹宏（2004、2005）、袁毓林和曹宏（2021）。宋玉柱（1980）把"闻起来臭，吃起来香"中的"起来"看作时态助词，认为它表示"当……的时候"的意义，宋玉柱先生认为带这种"起来"（宋文称为"起来$_5$"）的结构只能分析为状中结构，而不能分析为连动结构。邓守信（1990）

把"他看起来很善良"叫作"双谓句",并认为这里的"起来"可以看作"起始体",而"动作动词加上体后当状语,这在传统分析中也是成立的",比如"他站着看电影"中的"看"就带有进行体标记而又同时作状语。曹宏(2004)将中动句里的"VP+AP"看作状中结构,不过从表述来看,曹文对"VP+AP"是状中结构的观点并不十分肯定:"权衡上面讨论的结构和意义的几个方面,我们暂且认为:中动句中的中动短语是状语,后面的成分是谓语核心。"曹宏(2005)坚持之前的观点,认为中动句的句法层次构造是"NP｜(VP+AP)",其中第一层次上的NP与VP+AP之间是主谓关系,第二层次上的VP与AP之间是状中关系。不过,曹宏(2005)同时注意到,从语用上来说,中动句可以看作一种套叠式的话题结构,其中NP是大话题,它的说明部分由一个小话题(VP)及其说明部分组成(AP)。袁毓林、曹宏(2021)坚持之前状中结构的观点,同时还有限地承认中动句中的VP在话语功能上具有一定的话题性。如果承认中动句中的VP具有一定的话题性,那么这种结构似乎也可以做主谓结构分析。事实上也的确有学者将其看作主谓结构,吕叔湘(1986)、张斌(2010)对于主谓谓语句的举例就包括了"这椅子坐着很不舒服"这种情形,这表明他们认为"坐着"和"很不舒服"之间是主谓关系。

综合来看,本节所讨论的"时间范围"和"条件—性状"两类结构性质相当模糊,不少学者称之为连动结构,但也有学者倾向于认为它们属于状中结构或者主谓结构。问题的症结恐怕不在"连动"身上,而是在于我们至今还没有可靠的形式标准来区分状中和主谓这两种基本句法结构。陆俭明(1986)说:"怎样从形式上来区分'主谓'和'状中'?这还有待于我们去进一步探索。"吴为章(1990:91)说:"从句法角度研究主语的历史虽然比较长了,但是直到现在,什么是主语和怎样确定汉语句子的主语,仍然是语法教学和分析中一个'老大难'问题。"沈家煊(2016:43)也曾指出:"汉语里主语和状语很难作出明确的区分,绝大多数状语都可以分析为主语(话题)。"由此来看,我们无论是把这两种结构分析为状中还是主谓,恐怕都难以窥见它们的全部结构性质。这也提醒我们,在为上述两类结构进行句法定位时,仍有必要采取一种柔性的眼光。

7.1.2.3 陈述化连续统

综合前文的介绍和讨论,我们认为"时间范围"和"条件—性状"两类结构可以称为连动结构。不过我们需要认识到的是,这两类结构都有接近主谓结构之处。我们可以沿袭前文的思路,再构建一个陈述化连续统,将二者纳入其上。也就是说,我们认为,从"时间范围"类连动结构,到"条件—性状"类连动结构,再到陈述性主语结构("成天坐着不好""大一点儿好看"),是一个不断接近主谓结构的过程。"时间范围"和"条件—性状"类连动结构虽然不完全属于主谓结构,却具备了主谓结构的一些典型特征。试比较:

主谓结构:

(8) a. 大一点儿好看 → 大一点儿呢好看

　　　　　　　　　　大一点儿是不是好看?

　　b. 成天坐着不好 → 成天坐着呢不好

　　　　　　　　　　成天坐着是不是不好?

"时间范围"类连动结构:

(9) a. 上课睡觉 → ?上课呢睡觉

　　　　　　　　?上课是不是睡觉?

　　b. 吃饭看电视 → ?吃饭呢看电视

　　　　　　　　　?吃饭是不是看电视?

"条件—性状"类连动结构:

(10) a. 闻着挺香 → 闻着呢挺香

　　　　　　　　闻着是不是挺香?

　　b. 看着别扭 → 看着呢别扭

　　　　　　　　看着是不是别扭?

例(8)—(10)的对比说明,"时间范围"类连动结构、"条件—性状"类连动结构都在一定程度上具备了主谓结构的性质,尤其是"条件—性状"类连动结构要更加接近于主谓结构。袁毓林、曹宏(2021)论证了中动句"NP+V-起来/上去/着+AP"的结构核心以及结构性质问题,作者认为这一句式的核心只可能是 AP,而不可能是 VP,并给出了两点证据:一是中动句中的 AP 可以采用正反问的形式(A 不 A),如下文的例（11a、11b）所示；二是当中动句中的 AP 为性质形容词时，与单独做谓语的性质形容词表现一致，都含有比较、对照的意味，如例（11c、11d）所示。

(11)　　　　　　　　　　　　　　　　　　　　　袁毓林、曹宏（2021）

a. 这件衣服洗起来容易不容易？

b. 咖啡闻起来香不香？

c. 这件衣服洗起来容易，烫起来麻烦。

d. 咖啡闻起来香，喝起来苦。

我们想说的是，袁毓林、曹宏（2021）这两条用来确定中动句式中心的依据恰恰更像是主谓结构的特点（"咖啡苦不苦？""咖啡苦，牛奶甜"；"大一点儿好看不好看？""大一点儿好看，小一点儿不好看"）。另外，袁毓林、曹宏（2021）还敏锐地注意到了一个不利于把中动句的 VP 看作状语的现象，即 VP 和 AP 之间往往可以插入语气词以及"是不是"，如例（12）所示。

(12)　　　　　　　　　　　　　　　　　　　　　袁毓林、曹宏（2021）

a. 烂肉面做起来（呢/的确/是不是）很快当

b. 这种柴火烧起来（呢/是不是）烟雾腾腾的

而能够插入语气词和"是不是"，恰恰又符合主谓结构的通常表现（朱德熙 1985：38-39）。因此，"条件—性状"类连动结构与其说更接近于状中结构，倒不如说更接近于主谓结构。基于这种认识，我们不妨参考前文的状语化连续统和补语化连续统，再设立一个陈述化连续统，而"时间范围""条件—性状"类连动结构都处于该连续统之上，这个连续统不断接近于主谓（陈述性主语）结构。下文试用图 7-4 予以表示：

陈述化连续统：

| "时间范围"连动 | "条件—性状"连动 | 主谓结构 |

→

语义类型：时间　　　　　　　　　　　　　　　条件

整合程度：低　　　　　　　　　　　　　　　　高

结构类型：连动　　　　　　　　　　　　　　　主谓

图 7-4　陈述化连续统

从语义上来看，陈述化连续统是 VP_1 由时间义逐渐向条件义偏移的连续统；从整合程度来看，这是一个整合程度逐步提升的连续统；从结构类型上来说，这是一个由连动结构不断向主谓结构靠拢的连续统。

需要注意的是，所谓的"陈述性主语"其实也就是一种条件性的话题（吉田泰谦2007），并且，相对于"条件—性状"类连动结构而言，"陈述性主语"的条件义要更加显豁：

陈述性主语结构：

（13）a. 大一点儿好看 → 大一点儿的话好看；如果大一点儿，那么好看

b. 成天坐着不好 → 成天坐着的话不好；如果成天坐着，那么不好

"条件—性状"类连动结构：

（14）a. 闻着挺香 → *闻着的话很香；*如果闻着，那么很香

b. 摸着舒服 → *摸着的话舒服；*如果摸着，那么舒服

例（13）中的主谓结构，其 VP_1 与 VP_2 之间很容易插入表示条件的关联词语，而例（14）中的"条件—性状"类连动结构虽然在一定程度上带有条件义，不过其直接成分之间往往不能插入条件连词，这说明陈述性主语结构中的条件义更加显著和稳固。

另外，即便我们说"条件—性状"类连动结构有接近陈述性主语结构之处，也不意味着它就完全属于主谓结构，因为陈述性主语结构一般可以通过"的是"把第一个动词性成分提取出来，"条件—性状"类连动结构则不行。试比较：

陈述性主语结构：

（15）a. 大一点儿好看 → 好看的是大一点儿

b. 先别告诉他比较好 → 比较好的是先别告诉他

c. 成天坐着不好 → 不好的是成天坐着

"条件—性状"类连动结构：

（16）a. 闻着挺香 → *挺香的是闻着

b. 看着别扭 → *别扭的是看着

c. 做起来不容易 → *不容易的是做起来

总之，以上论述说明，陈述化连续统的确可能是存在的，尽管对于这

样一个连续统，还有不少细节需要充实、完善。如果陈述化连续统果真存在的话，那么它的设立可以更加准确、全面地反映出连动式的句法地位。下文用图7-5来表示：

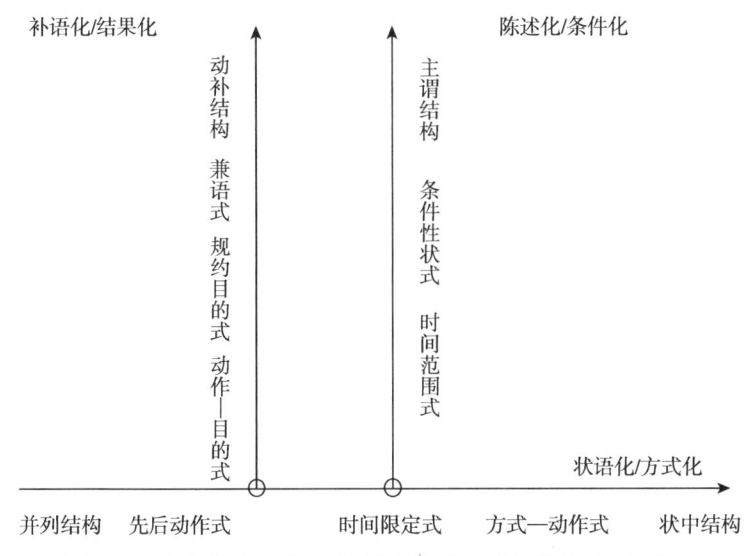

图7-5 状语化连续统、补语化连续统、陈述化连续统的交叉

关于图7-5有必要说明的是，我们认为状语化连续统和陈述化连续统存在交叉，而交叉点就在于"时间限定"类连动结构。前文第三章曾经论证了该类连动结构处在状语化连续统之上，其实，"时间限定"类连动结构也占据着陈述化连续统，这类连动结构同时也具有主谓结构的某些性质，比如，VP_1和VP_2之间可以插入语气词以及"是不是"，VP_2也可以采用正反问的形式：

(17) a. 吃了饭去公园→

    吃了饭呢，去公园

    吃了饭是不是去公园？

    吃了饭去不去公园？

 b. 干完了活休息→

    干完了活呢，休息

    干完了活是不是休息？

    干完了活休息不休息？

7.1.3 进一步的补充

过去学界对于连动结构性质的争论，长期围绕着它能不能并入状中结构或动补结构，主张取消连动式的学者也多是认为它可以归入状中结构和动补结构。比如，邓思颖（2010：184）主张："'连动结构'事实上是不存在的，形式上也没有任何的特点，而连动句的一些功能也都可以从偏正结构或述补结构推导出来。"正是由于主张将连动结构归入状中或动补结构者众，所以我们前文第三、四章才会花大气力设立两个连续统，以期说明部分连动结构与状中、动补结构之间的微妙关系。事实证明，状语化连续统和补语化连续统的设立很有必要，且意义重大，因为通过这两个连续统的设立和交叉，就基本上可以说明大部分连动结构的句法地位；更为关键的是，这两个连续统的设立和交叉（即图7-3）就已经搭建出了汉语句法结构势力地图的基本框架，至于一些其他类型的结构（连动或非连动），可以在这个框架的基础上不断填充，上一小节陈述化连续统的构拟与并入已经说明了这一点（即图7-5）。

事实上，我们还可以在这个骨架上继续增加它的血肉、丰满它的关节，比如说，学界曾经提到过的"正反说明"类连动结构（"站着不动"）、"转折"类连动结构（"去了没找着"）也可添加进这幅地图。这两类连动结构我们认为都有接近并列结构的一面。过去，张寿康（1978）把"正反说明"类连动结构看作是谓词性的"复指结构"，马清华（2004：28）把"正反说明"类连动结构看作是具有"正反并列"关系的联合短语，都是看到它接近并列结构的地方。因此，在把"正反说明"类连动结构放到该图上时，我们认为应该把它安排到靠近并列的一端；"转折"类连动结构也是如此，它同样有接近并列之处，也可尝试着把它定位在并列结构周边。

另外，前文第四、五章的研究表明，连动结构和复句结构之间虽然存在较大的差别，不过，二者之间亦存在模糊地带，并且很可能存在历时上的来源关系。尽管我们还不能确凿无疑地对二者之间的历时来源关系予以证明，不过，这样的推测在我们看来至少不存在明显不利的否定性证据。如果承认连动结构来源于复句结构的整合压缩，把复句问题也考虑进来的话，那么图7-5可以进一步完善为图7-6。

第七章 现代汉语连动式的句法地位

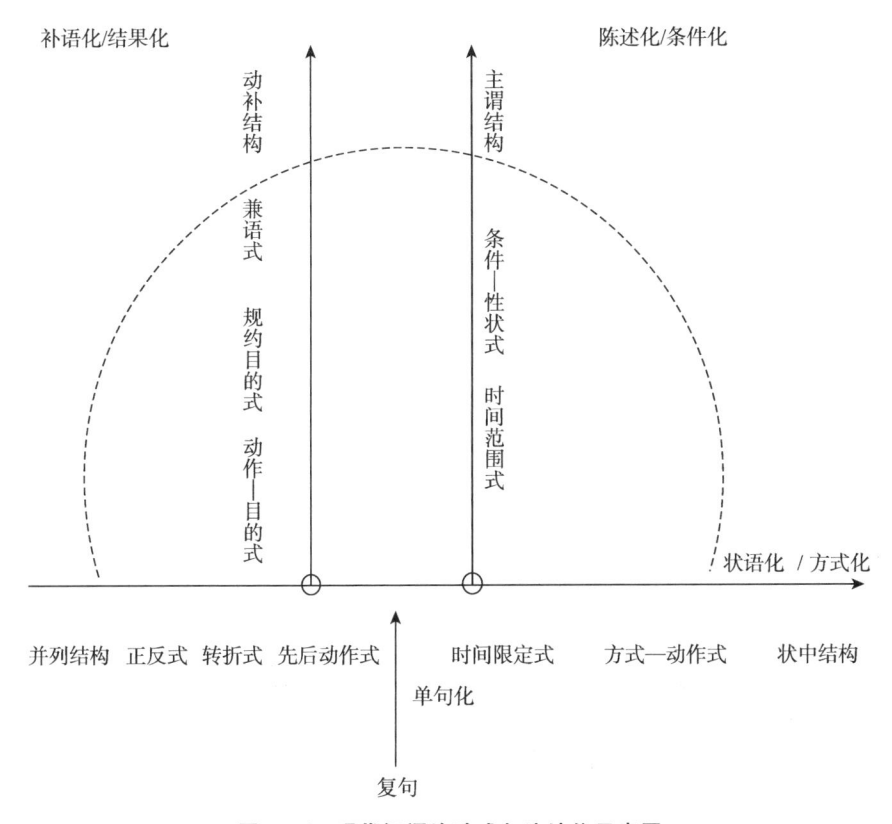

图 7-6 现代汉语连动式句法地位示意图

图 7-6 已基本涵盖学界所说的"连动式"的全部类型，图中虚线以内的结构就是学界所说的"连动式"，它在现代汉语句法系统中所占据的位置在这幅图上能够直观地得到反映。为明晰起见，下文再对图 7-6 予以补充说明。

首先，连动式来源于复句，这能够解释为什么连动式中的语法关系是不明确的。因为复句具有两套组织中心，分句和分句之间本来就不存在语法关系（结构关系），只有逻辑关系。连动式的形成过程就是逻辑关系逐渐蜕化而语法关系逐渐形成的过程。

其次，图 7-6 中的箭头代表整合程度的强化，比如，从复句结构到连动结构是一个整合程度加强的过程；从并列结构到状中结构（状语化连续统）、从"动作—目的"类连动结构到动补结构（补语化连续统）、从"时间范围"类连动结构到主谓结构（陈述化连续统）亦是如此。如果我们把对箭头的理解调整为"接近于",那么不难发现,连动式的不同小类分别沿着不同的方向接近不同的句法结构,这个过程实际上也可以看作连动式正在沿着不同的方向获得不同的语法关系,有些连动关系接近并列,有些接近状中,有些接近主谓,有些则接近动补。从起源于复句,到逐渐接近不同性质的句法结构,这个过程也就是句法化的过程。

最后,连动式的句法化程度有多高?是否已经完全脱离了话语结构?学界对此问题的认识至今仍有很大分歧。比如,高增霞(2006:139)认为:"连动式是处于话语组织和句法结构的中间环节……是一个句法化程度较低的句法结构。"刘丹青(2015)则认为高增霞对连动式的句法地位多少有所保留,"连动式有很明确的句法规定性,有别于其他几种主要结构""可以归入语法化程度高的手段"。后来高增霞(2020:37-39)的态度发生了明显变化,她一方面承认"连动式与复句,尤其是紧缩复句边界很不清晰",另一方面又认为连动式"是与并列结构、偏正结构、述宾结构、述补结构、主谓结构相并列的一种基本结构类型",这实际上就是充分肯定了连动式的句法化程度,放弃了她早年的主张。我们的认识与上述几种意见都不相同,我们认为连动式达到了较高的句法化程度,这表现为它的不同小类分别接近不同的基本句法结构;同时,连动式还不是一种稳固的句法结构,这表现为它内部的语法关系往往是不明确的,只能说有些接近(或者说是"像")某些语法关系,而且很多连动式只要在中间加入停顿或者增加整个结构的音节量,就能比较容易地转化为复句结构,这说明连动式身上依然未彻底脱离话语结构的属性。关于连动式可以转化为复句以及二者之间的模糊现象,前文第五章已多有举例,这里不再重复罗列,我们这里只举一个前文未详细说明的"正反说明"类连动结构的例子。

(18) a. 他闭口不说。
　　　b. 他闭着嘴巴不说话。
　　　c. 他紧紧闭着嘴巴,坚决不说话。

例(18a)中的"闭口不说",不少学者都看作"正反说明"类连动结构,它已经十分接近并列结构,这也是我们说连动式达到相当高句法化程度的原因;但是,随着前后动词性成分音节量的增加以及整个句子的拉长,这种"正反说明"的连动结构中间总是要出现停顿,从而断开为复句。例（18c）是典型的复句，例（18b）一般也看作连动式单句，不过例（18b）的"断"和"不断"也尚在两可之间。例（18b）这类现象的存在是我们说连动式依然未彻底脱离话语属性的重要原因和主要根据。其实，这种"断""连"两可的情形古已有之，白居易《长恨歌》曰："此恨绵绵无绝期"，既可以读作"此恨绵绵无绝期"，也可以读作"此恨绵绵，无绝期"，按照前一种读法这是一个连动句，按照后一种读法则是一个复句。所以，在我们看来，一些连动式可以说达到了相当高的句法化程度，另一些连动式依然未彻底摆脱复句结构的性质。连动式作为一个整体，将其定位在基本句法结构层和复句层之间或许才是更为稳妥的做法。打个比方来说，一个班级中有几个学生考试考得很好，包揽了学校的前几名，我们固然可以说这个班级的成绩好，可是也不能忘了，这个班级还有许多成绩普通的学生，况且这几个考得好的学生也不是每次考试都考得好，常常因为一些主客观上的原因而出现成绩不稳定的情况。

7.2 汉语句法系统的自组织

上一节我们以连动式为核心，初步搭建了现代汉语句法结构的势力分布图，现代汉语中的多数句法结构在这个图上都能找到相应的位置。尽管该图还有待进一步完善，但已经能够大体上反映出现代汉语句法系统的总体布局。本节我们将借助系统科学的自组织理论，来从总体上观察汉语句法系统的调适和演变，尤其是对连动式的历时发展以及共时面貌做出一些尝试性的解释。7.2.1节首先介绍自组织理论，7.2.2节借助自组织理论中的一些概念和原理来解释说明一些相关句法现象。

7.2.1 自组织理论及其相关启示

介绍自组织理论之前，我们有必要先明确几个基本概念：组织、自组织、他组织。组织是现代科学各个领域中都广泛使用的一个概念，尤其是在系统科学中，它更是少数几个最为基本的概念之一（苗东升 2010：167）。在系统科学中，名词用法的组织（organization）指的是"某种现存事物的有序存在方式，即事物内部按照一定结构和功能关系构成的存在方式"（吴彤 2001：6），这个意义上的组织意味着事物内部具有一定的结构、构成了一个系统。动词用法的组织（organize）指的是"事物朝向空间、时间或功能上的有序结构的演化过程"（吴彤2001：6），这个意义上的组织意味着系统的形成或者系统在结构上的优化以及秩序上的加强。可以看出，在系统科学中，组织是与系统紧密相关的概念，如果不特别强调名词用法的组织和动词用法的组织之间的差别，并借助系统的概念来定义组织，那么组织可以宽泛地定义如下："一个系统内部各个子系统（要素）互相联系形成的一定秩序的结构称为组织。"（沈小峰2008：128）根据系统科学，系统的形成和优化必定是受到某种力量组织的结果。如果这种导致系统运动的力量（组织力）主要来自系统的内部，那么我们就称之为系统的自组织；如果这种组织的力量（组织力）主要来自系统的外部，那么我们就称之为系统的他组织或者系统的被组织。钱学森等（1982：242）所说的"系统自己走向有序结构就可以称为系统自组织"、苗东升（2010：168）所说的"组织力来自系统内部的是自组织，组织力来自系统外部的是他组织"，表达的正是这样的意思。吴彤（1996、2001）通过一系列形象的例子很好地阐释了自组织和他（被）组织之间的差别，他认为："包办婚姻是'他组织'，而自由恋爱则是'自组织'；工人在工头的命令下劳动是'他组织'，工人自愿结合地劳动则是'自组织'。"（吴彤1996：2）"市场经济主要是'自组织'，而计划经济则主要是'被组织'。"（吴彤2001：3）

系统的运动和演化究竟是系统自我组织的结果，还是受到系统外部特定指令的干预而产生的结果？这历来是西方科学及哲学界所争论的重大问题。最早期的古希腊哲学家把宇宙中的物质看作"某种自身活着的东西"[①]，如同生命有机体一样始终处于不停歇的演化之中，这反映了最早期古希腊哲学家们朴素的自组织思想（魏宏森、曾国屏1995：265；曾国屏1996：33）。随后的柏拉图、亚里士多德则开始强调外部力量是物质世界变化的根源。柏拉图区分"现象世界"和"理念世界"，他认为千姿百态、瞬息万变的"现象世界"由一个永恒不变并且普遍绝对的"理念世界"所

[①] 文德尔班（1989：50）："米利都学派的学者们从来也没有想到去探索这个物质宇宙永不停息的变化原因或根源，反而假定这是一种自明的事实（当然之事），正如他们认为万变与生成是自明之理一样……在他们那里，宇宙物质被认为是某种自身活着的东西，他们认为它生气勃勃，正如特殊的有机体一样。"

创造和支配，而所谓的"理念世界"实际上就是创世的"神"，按照曾国屏（1996：40）对柏拉图"理念世界"的解读就是，"神是最高的善，他愿意使一切东西尽可能和他相像，所以就把无序无规的运动世界造成有序的……水、火、土、气只是实体的性质状态，它们本身不能说明世界是怎么开始有秩序的，必须认为是神用理念和数来形成的"。古希腊哲学的集大成者亚里士多德继承和发展了其师柏拉图"理念世界"的世界观，尝试寻找"第一推动"——"神圣天堂推动平凡尘世"（曾国屏 1996：44），实际上继续强化并突出了外部力量的作用。自柏拉图和亚里士多德之后，这种物质世界是被外部力量组织起来的思想占据了西方思想界的主流，直到近代，唯心主义辩证法大师黑格尔仍然拿"绝对精神""作为系统演化的外部特定指令"[①]，这种影响也渗透进西方近代自然科学之中。[②] 比如，牛顿经典力学认为，在任何情况下，一切不受外力作用的物体，总是保持静止或匀速直线运动状态（牛顿第一运动定律），这不仅强调了外力的作用，而且也似乎更"科学"地证明了外力作用观的绝对正确。对于一些无法很好解释的现象（比如天体运动），牛顿则不得不再次把"神"这个外力请回，他认为"行星现有的运动不能单单出之于某一自然原因，而是由一个全智的主宰在推动"[③]。总体而言，"近代自然科学仍然笼罩在静态的被组织的宇宙观中"（曾国屏 1996：47），"无论如何，世界从根本上是被组织起来的，而不是自我运动、自发的组织起来的"（魏宏森、曾国屏 1995：266）。

尽管这种被组织的思想在近代西方思想界和科学界依然占据主导地位，不过一些自组织思想的萌芽已经破土而出。在天文学领域，康德和拉普拉斯的"星云演化假说"将宇宙看作一个从混沌到有序、从无组织到有组织的自发演化过程；在生物学领域，达尔文的进化论揭示了物种的形成和进化并非出自上帝的意旨，而是来自物种对环境的适应；在经济学领域，亚当·斯密"无形的手"的理论论述了经济系统内部的自发调节；在

---

① 沈小峰、吴彤、曾国屏（1993a）。关于黑格尔的"绝对精神"另可参看曾国屏（1996：54-55）的解释。
② 这里不对此展开，详细情况可参阅曾国屏（1996：46-51）、魏宏森和曾国屏（1995：266）。
③ 塞耶编（1974：56）。

社会学领域，马克思关于五种社会形态演进的理论阐释了人类社会系统的"自然历史过程"①。可以说，以上近代西方的思想和理论已经包含了一些自组织的观念，其具体表现就是，它们不再把系统的发展和演化简单地归为外力的作用，而是看到了来自系统内部的力量。苗东升（2010：141）认为"第一批自组织理论出现于19世纪中叶""达尔文的进化论是生物学的自组织理论""马克思的五种社会形态演进理论是关于社会历史的自组织理论"，这种评论比较客观地反映了至少在19世纪中叶，西方的一些学者已经冲破了柏拉图和亚里士多德留下的藩篱，开始从内部寻找系统运动和发展的根据。不过，这些西方的近代自组织思想并未能够在科学界登堂入室，一则是因为这些思想都限于某个特定的领域，并没有抽象出一般性的自组织理论，系统内部的相互作用如何导致了系统的发展？内源性的驱动受到何种外在条件的制约，又将采取什么样的形式？类似于这样的问题没有得到专门的研究。二则是因为这些早期思想所出现的领域主要是经济学、社会学、哲学等领域，而不是物理、化学这些自然科学领域，其"科学性"在当时难免受到质疑。生物学虽然属于自然科学，不过在当时看来，生物学相对于其他自然科学属于某种异类，"生物学层次从属于一个与当时的自然科学完全不同的新领域"（王铁招2006：33），生命系统和非生命系统似乎也遵循着截然相反的演化规律。根据热力学第二定律（"熵增定律"），一个孤立的系统总是自发地朝向均匀、简单、同质的方向发展，即趋向于平衡和无序，② 生命系统的演化则总是由低级向高级、由简单到复杂、由无序到有序、由平衡到非平衡。③ "两类系统之间的这种矛盾现象，长时间内得不到理论解释"（钱学森2001：209）。这形成了以克劳修斯为代表的"退化

---

① 苗东升（2010：141）："马克思的五种社会形态演进理论是关于社会历史的自组织理论，生产力决定生产关系、经济基础决定上层建筑的原理是对社会历史系统自组织机制的一种理论阐述。"沈筱峰、吴彤、于金龙（2013）也指出："马克思的五种社会形态演进的理论是关于社会历史的自组织理论。"

② 比如，将一滴墨水滴入一杯清水之中，墨水颗粒将自动扩散并最终均匀地分布在水杯之中；将一个温度高的物体和一个温度低的物体放在一起，热量将自动由高温度的物体向低温度的物体传导，直到二者的温度相同为止。上述过程具有不可逆性，相反的过程不会自动发生。从系统的角度来看，这是系统结构瓦解的过程；从分子或原子的运动状态来看，这是从有序到无序的过程。详见哈肯（1984：2）的解释。

③ 比如，从无机物到有机物，由单细胞生物到多细胞生物，从低级生物到高级生物，从未分化的器官到高度分化的器官。

观"和以达尔文为代表的"进化观"之间的根本矛盾,① 由此也给西方近代科学"带来了自然观中的一个巨大间隙"(曾国屏 1996:59)。这种间隙也限于当时人们对于科学的认知水平,生物学领域的某些自组织思想也就不可能得到吸收、借鉴和推广。

20 世纪中叶以后,系统演化的外力决定观开始得到根本性的扭转,现代自然科学前沿出现了一大批旨在揭示复杂系统自组织规律的理论和学科,这些理论和学科汇聚并形成了一种新的科学研究进路,即"自组织科学进路"(沈筱峰、吴彤、于金龙 2013)。这种情形的出现有其科学背景。一是系统的行为开始成为专门的研究对象。17~19 世纪形成的经典科学范式建立在还原论的分析方法之上,进入 20 世纪后,还原论的局限日益凸显,不管是在宇观领域(如天体领域)还是在微观领域(如粒子领域),乃至我们所生活的宏观领域,还原论的方法都表现出很大的局限性,② 取而代之的是,整体论的方法开始得到重视。在此基础上,贝塔朗菲引风气之先,于 40 年代提出了"一般系统论",旨在建立一个适用于所有系统(物理的、化学的、生物的、社会科学的)的原理性学说,自贝塔朗菲之后,系统开始正式成为科学研究的对象。③ 二是随着科学研究的进展,人们观测到越来越多的自组织现象,不管是在有机界还是在无机界,在宏观层次还是在微观层次,自组织性几乎是所有复杂系统的固有性质。④ 自组织现象在生物学领域极为普遍,这是达尔文就曾注意到的现象,他所提倡的"自然选择"和"进化论"本质上就是一种"生物学的自组织理论"(苗东升 2010:141;沈筱峰、吴彤、于金龙 2013)。比如,达尔文在《物种起源》中所注意到的"所有的植物和动物都有依照几何比率增加的倾

---

① 克劳修斯将热力学第二定律推广到整个宇宙,按照这种看法,整个宇宙系统都处于一个熵增的过程,并将最终走向"热寂"。这实际上描绘了一幅退化的自然图景。达尔文则相反,其理论描绘的是一个蓬勃向上的进化自然图景。
② 参看钱学森(2001:182-184)、于景元等(2002)的介绍。
③ 不管是在东方还是在西方,人类有关"系统"的思想由来已久,参看魏宏森、曾国屏(1995)第一篇"系统思想溯源"。不过,真正使系统成为科学研究对象的还要从贝塔朗菲算起。出现于 20 世纪 40 年代末期的"一般系统论""信息论""控制论"也被看作第一代系统科学。
④ 吴彤(1996:1):"自组织系统不仅极为普遍,而且与人类关系密切。"吴彤(2001:18-19):"经过长期研究,科学家们已经认同自组织是复杂性的特性之一,因为通过'组织'特别是自组织方式演化,体系才能发展出原来没有的特性、结构和功能,这意味着复杂性的增长。"另外,关于自组织现象的普遍性,可详参沈小峰、吴彤、曾国屏(1993b:150-246)。

向"(达尔文 2013:54)"自然界地位相距极远的植物和动物……被一张复杂的关系网罗织在一起"①(达尔文 2013:60),这些实际上反映了生态系统由于内部元素的相互作用而产生的自我调节。达尔文还注意到另外一些有趣的现象,比如蜂巢的建造。达尔文(2013:179)这样说:

> 从数学家们那里,我们听说蜜蜂实际上已解决了一个深奥的问题,它们已建造了适当形状的蜂房,以达到在建造中只耗用最少量的贵重蜂蜡,却能容纳最大可能容量的蜂蜜。曾有人指出,一个熟练的工人,即令有合适的工具和规格尺寸,也很难造出真正形式的蜡质蜂巢来,然而一群蜜蜂却能在黑暗的蜂巢内圆满完成。

蜜蜂群体不具备人类群体的智能,人类群体进行集体劳作,可以在劳作之前便规划好蓝图,可以在劳作之中有工头的统一调度和指挥,这些条件在蜜蜂群体中都不具备。事实上,每个蜜蜂只负责了自己所建造的某一小片蜂巢,完全按照自己的"意志"行事,然而就是在这种没有中央控制的情况下,整个蜜蜂群体却能建造出形式高度统一(每个蜂室都是近乎标准的六边形)、功能高度优化的蜂巢。这种令人们"非常不可思议"(达尔文 2013:179)的蜜蜂群体建造蜂巢的过程实际上也是一种自组织过程,而蜂巢也正是这一自组织过程涌现而出的结果。

20 世纪之后,尤其是 20 世纪中期之后,类似蜜蜂群体建造蜂巢的现象在生物学领域得到了更为广泛的注意,这种现象既存在于生物群体的集体行为之中,也存在于生物个体的发育和构成之中。前者如蚁群的行为,"单只行军蚁是已知的行为最简单的生物"(Franks 1989),而"如果将上百万只放在一起,群体就会组成一个整体,形成具有所谓'集体智能'(collective intelligence)的'超生物(superorganism)'"(米歇尔 2011:4)。也就是说,单个蚂蚁的行为是极其简单的,蚁群的系统行为则是复杂

---

① 达尔文举了英国地区三叶草、野蜂、田鼠、猫之间数量关系的例子。从表面上来看,除了猫与田鼠之间的数量关系显而易见外,其他物种之间的数量关系相当隐晦。然而,根据达尔文的观察,通过一个区域猫的数量的增加,可以预测这个区域三叶草的丰盛。以今天系统论的眼光来看,这四种生物构成了一个小的系统("数学同构性系统",参看闵家胤 2011),这个系统是具有自我调节能力的。

和有序的,是"在宏观上呈现出高度结构化的集体行为"(沈筱峰、吴彤、于金龙2013);后者如生物体内部的神经系统、免疫系统,其运作本质上也都是依照自组织的方式进行的(米歇尔2011:3-10)。

更为关键的是,传统科学领域内的新进展也在不断证实,自组织不仅是发生在生命系统中的特有现象,即便是在非生命系统中,自组织现象也广泛存在。哈肯(1984)指出:"物理系统和化学系统中存在大量的例子:具有充分组织性的空间结构、时序结构或时空结构从混沌状态产生出来……与为了具有特定结构和功能而设计出来的人造机器不同,这些结构是自发地发展起来的,它们是自组织的。"① 尼科里斯、普利高津(1986:29)也提醒:"现在可以确信,普通的物理化学系统可以表现出复杂性能,它们具有许多往往属于生物的特性……物理化学自组织现象同生物秩序之间的联系特别引人注意。"物理系统和化学系统中的自组织现象已被广泛报道,下文举一些典型例子并略做说明。

贝纳德(Benárd)流体实验。实验过程如下:取一薄层流体(比如樟脑油等),上下各置一块金属平板,静置片刻,整个流体将趋于均匀的平衡状态。此时观察该流体的任何一部分,其状态都与其他部分的状态相同,流体内任何一部分的分子都在做杂乱无章的随机运动。接下来,对该流体从底部进行加热,随着温度的增加,流体将逐渐远离平衡状态。当流体的上下温差达到一定阈值时,大量流体分子开始自发地进行有规律的定向运动,并从宏观上使流体呈现出规则的运动花样——"贝纳德花样",从正面看如同一个个的六边形,从侧面看则是一个个上下对流、周而复始运动着的圆环(见图7-7)。

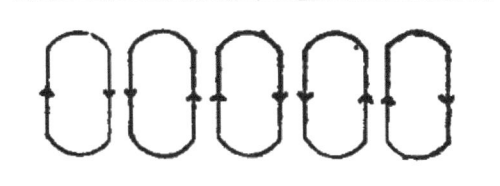

图7-7 流体系统的自组织:贝纳德花样②

---

① 见哈肯(1984)《第一版 序》。
② 转引自魏宏森、宋永华等编著(1991:219)。关于该实验过程的更详细介绍可参阅哈肯(1984:9-10)、尼科里斯、普利高津(1986:5-10)。

贝纳德流体实验是物理系统（流体系统）实现自组织的一个典型例证，它表明在一定的条件下（加热达到阈值），流体系统会自发地由空间无序状态（流体分子做随机运动）过渡到空间有序状态（流体分子做规则运动），并在宏观上表现出空间结构（"贝纳德花样"）。

激光形成实验。激光是人类在20世纪60年代的发明，它的发明建立在人类对光子系统自组织性的充分认识和利用之上。激光的形成过程可以粗略地用图7-8表示：

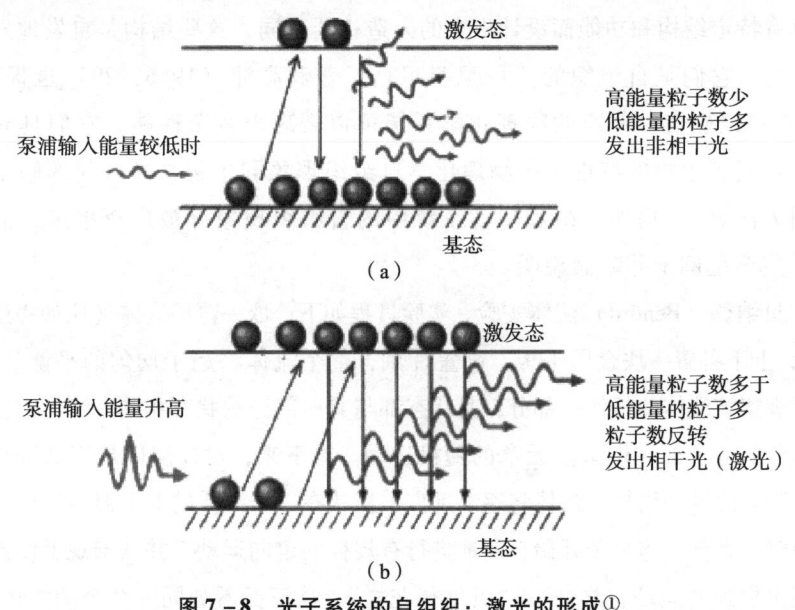

图7-8 光子系统的自组织：激光的形成[①]

如图7-8所示，外界通过泵浦向激光器中注入能量，当输入的能量功率较低时，激光器中的光子呈杂乱无章的分布，它们的频率、位相、偏振方向也都各不相同，此时激光器发出的是微弱的自然光；当输入的能量达到一定的阈值时，激光器中的光子会在频率、位相、偏振方向上趋向一致，此时激光器发出的就是高度有序的激光。激光的形成是物理系统（光子系统）自组织的又一例证，它说明在一定条件下（外界输入的能量达到一定阈值），光子系统可以自发地由时间无序走向时间有序，"激光就是一

[①] 该图转引自张天蓉（2013：145）。关于激光器的原理以及光子系统的自组织现象，可进一步参阅张彦和林德宏（1990：33）、魏宏森和宋永华等（1991：221-223）、哈肯（1984：5-7）、苗东升（2010：159-160）。

种时间有序的自组织现象"(张天蓉 2013:145)。

贝洛索夫—扎布金斯基(B-Z)化学振荡反应。这是一种有机酸(丙二酸)在溴化钾的催化作用下进行的氧化反应,在该反应过程中也能观测到因系统的自组织而产生的有序结构。由于化学反应相对于物理作用更为复杂,所以其产生的有序结构也更为复杂。在不同的实验条件下,可以产生不同类型的有序结构。如果反应在试管中进行并且反应物得到了充分的搅拌,那么我们会观测到溶液以固定的时间间隔交替呈现出红、蓝两色(红→蓝→红→蓝……,见图7-9a),此时该溶液就产生了时间有序结构(即"化学钟");如果反应在试管中进行并且反应物未得到充分的搅拌,那么我们就会观测到红蓝相间的空间层状结构(见图7-9b),此时溶液就形成了空间有序结构(即"化学纹");如果反应是在未经搅拌过的浅状容器(如培养皿)内发生,那么我们就会观测到随时间而发生形变的螺旋状波纹(见图7-9c),此时溶液就出现了时空有序的结构(即"化学波")。

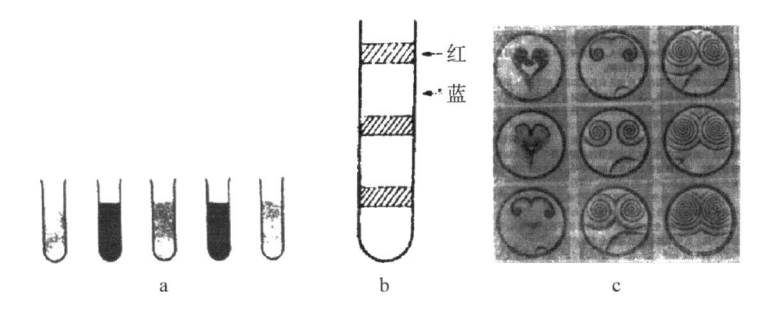

图7-9 化学系统的自组织:化学钟、化学纹、化学波[①]

B-Z振荡反应是化学系统实现自组织的一个例证,它说明化学系统可以通过内部元素的复杂相互作用而自发生成有序结构。需要注意的是,与上述物理系统的自组织一样,化学系统的自组织也需要依赖一定的外在条件。比如,在缺少外界因素干预的情况下图7-9a的过程一般只能维持数分钟,若想让这一过程持续下去,则需要不断地添加反应物、抽取化合物,以使反应物的浓度保持在一定的阈值。

[①] 图7-9a、7-9b、7-9c分别转引自哈肯(2013:56)、哈肯(1984:13)、普里戈金(1986:111)。关于该实验过程的更详细介绍,可参阅上述书目。

物理、化学系统中也广泛存在自组织现象，这给科学界带来了深刻的思想变革：一方面，这种现象的存在对于经典科学范式下的"还原论"、"机械论"以及"决定论"造成了严重冲击，① 使得人们不得不重新反思经典科学范式的弊端；另一方面，系统的"复杂性"和"自组织"开始得到格外重视，② 系统是如何通过自组织而从无序走向有序、从简单走向复杂的？自组织现象的背后是否存在某些规律？这些成了科学界备感兴趣且又必须回答的问题。

在此背景下，20 世纪七八十年代，西方现代科学前沿诞生了一大批旨在探索复杂系统运作和演化规律（即自组织规律）的理论——"自组织理论"。③ 根据国内系统科学以及系统哲学界的一般看法（沈小峰、吴彤、曾国屏 1993；魏宏森、曾国屏 1995：267；吴彤 2001：19；黄欣荣 2005：45 - 46；苗东升 2010：142；沈小峰 2008：134），自组织理论主要包括：比利时物理化学家普利高津（Ilya Prigogine）提出的"耗散结构理论"（Dissipative Structure Theory）、德国理论物理学家哈肯（Hermenn Haken）提出的"协同学"（Synergetics）、德国生物物理化学家艾根（Manfred Eigen）提出的"超循环论"（Hypercycle Theory）、法国数学家托姆（René Thom）提出的"突变论"（Morphogensis）、法国数学家曼德尔布罗特（Benoit Mandelbrort）提出的"分形论"（Fractal Theory）、美国气象学家洛伦兹（Edward Lorenz）等人提出和发展的"混沌理论"（Chaotic Theory）。这些自组织理

---

① 经典（传统）科学范式以牛顿力学为代表。在这种科学体系下，整体等于部分之和，通过把事物拆解为部分，从而达到对事物整体的认识，因此，在方法论上是"还原论"；认为整个宇宙及其子系统可以看作一部巨大的钟表或机器，所有的运动形式本质上都是机械运动，因此，在认识论上是"机械论"；认为"钟表"的运行是简单的、精确的、受少数规律支配的，因此，在认识论上还是"决定论"的。

② 何谓"复杂性"？当代"复杂性科学""复杂性研究"对此提供了多种多样的解释，可参阅黄欣荣（2005：17 - 26）以及米歇尔（2013：3 - 16）的相关介绍。按照钱学森的看法，"凡现在不能用还原论方法处理的，或不宜用还原论方法处理的问题，而要用或宜用新的科学方法处理的问题，都是复杂性问题"（转引自钱学森 <2001> 《编辑说明》）。"复杂性"和"自组织"有何关系？相关研究显示，系统的"自组织"造就了系统的"复杂性"，前者是因，后者是果。根据吴彤（2001：10）的说法，自组织的过程除了包含"由非组织到组织的过程""由组织程度低到组织程度高的过程"，还包括"在相同组织层次上由简单到复杂的过程"。

③ 吴彤（2001：2）："自组织理论是研究自组织现象、规律的学说的一种集合，它还没有成为一种一个一体的统一理论，而是一个理论群。"

论最初分别孕育自不同学科（主要是物理学、化学、生物学、气象学等自然科学领域），带有各自鲜明的学科背景。不过，很快人们便意识到，这些原本来自不同学科的理论，却共同指向一个根本性的问题，即非线性复杂系统的自组织形成和演化，而且，尽管不同学科所具体面对的复杂系统形形色色、各有不同，但它们同时也具有强烈的共性和相似性，遵循一些一般性的规律。[①] 在这种认识之上，各个自组织理论开始打破自然学科之间壁垒，并向人文社会学科扩散，最终汇聚为一种旨在探索有关复杂系统形成和演化的一般规律的跨学科的综合性理论。[②]

各个自组织理论都以复杂系统的自组织过程为研究对象，共同构成了"自组织理论群"，但分开来看，它们又各有侧重和分工，即各个自组织理论分别从不同角度描绘了非线性复杂系统自组织过程中的某个侧面。比如，耗散结构理论主要解决的是自组织现象出现的环境和条件问题；协同学主要解决的是自组织现象的动力学问题；超循环论试图说明的是自组织演化的形式问题；突变论主要是从数学角度说明自组织的途径问题；分形理论和混沌理论则主要是从时间序和空间序的角度说明自组织的复杂性以及发展图景问题。

以上主要介绍的是自组织理论的哲学背景、基本思想、发展脉络以及内部流派。由于自组织理论的内容相当庞杂，所以它的一些具体内容我们暂不展开介绍。关于这些内容，下节我们将结合对汉语句法系统的观察结

---

① 系统在构成和行为上具有相似性，这是各种系统理论的基本立场，正如魏宏森、曾国屏（1995：276）所言，"系统的相似性是系统的一个基本特征……如果没有系统的相似性，就没有具有普遍性的系统理论"。以贝塔朗菲"一般系统论"为代表的第一代系统科学，便已经树立了追寻系统间共性的宏远目标，不过限于当时的认识水平，"一般系统论"对于系统共性的揭示是有限的（参阅黄欣荣 2005：42 - 45），这种情形到了第二代系统科学（自组织理论）时期，开始有了质的变化。

② 不少自组织理论虽然带有鲜明的学科背景，不过它们的提出一开始就是建立在对不同领域内的复杂系统的广泛观察之上，其目标也在于说明不同领域复杂系统自组织演化的共同规律。比如，协同学的创始人哈肯就多次表示："当大量的这类系统从无序状态变为有序状态时，它们的行为显示出引人注目的相似性。这一点有力地表明，这类系统的功能作用遵循同样的基本原理。"（见哈肯 1984《第一版 序》）"协同学就是为了寻找这些支配着极不相同的系统的结构的形成的普适规律的……它旨在寻找那些千百年来在各个不同学科中分别加以研究的各种系统的普适规律，从而在横向上将自然科学的各分支甚或社会科学连接起来。"（见哈肯 1988《译者序》）。类似的理念也常见于普利高津等其他自组织理论代表人物的论述中。

果逐步引入。现代系统科学的进展表明，自组织是任何复杂系统形成和演化的运作方式，那么，汉语的句法系统自然也不例外，也应该符合系统自组织的一般规律。因此，以汉语句法系统的自组织形成和演化为视角，应该能对一些句法系统中的复杂现象做出解释。接下来我们将尝试从此角度进行一些观察和探索。有必要预先说明的是，自组织理论至今仍在发展之中，它本身尚存在许多模糊、不完善之处，内容也相当庞杂、零散，因此我们的观察和解释也必然只是初步的、带有探索性质，不可能面面俱到，也难以做到深入细致。

7.2.2 自组织理论视角下连动式的动态演化与静态存在

7.2.2.1 开放

自组织理论认为，自组织只发生在开放系统之中，封闭系统不可能发生自组织。系统的开放与否意味着，系统是否有机会与外界进行物质、能量、信息上的交流，而系统的自组织正是以消耗外界的物质、能量、信息为必要条件，这是普利高津耗散结构理论的基本内容，也是他把自组织系统叫作"耗散结构"的原因所在。热力学第二定律（"熵增定律"）表明，系统总是会自发地趋于平衡和无序，相反的过程则不会自动发生。而普利高津看到这一定律只适用于封闭系统，对于开放系统而言，可以通过与外界的交流（引进"负熵"）而走向复杂和有序（参阅尼科里斯、普利高津1986：63－75；普里戈金、斯唐热1987：224－256）。开放性原理说明自组织理论所说的"自组织"否定的只是系统演化的"外力唯一观"和"外力决定观"，而非是对外力作用的全然否定。在生命系统中，细胞的分化、器官的形成、个体的发育离不开外界能量的供给；在生态系统中，生态结构的形成与调适也不可能独立于气候、地理等自然环境；在物理和化学系统中，"贝纳德花样""激光""化学钟、化学纹、化学波"的出现也无不依赖外界能量的持续输入。一旦切断外界能量的供给，使系统趋向于封闭，那么整个系统的组织结构必然难以维持，终将如热力学第二定律所预言的那样，朝向平衡、简单、无序的方向发展。比如，社会系统就是一个很好的例证，"对外开放"造就的是社会的繁荣与进步，而"闭关锁国"只可能导致社会的衰落和倒退，这是被历史所充分证明了的。

第七章 现代汉语连动式的句法地位

人类的语言同样是一个自组织系统（徐通锵1997：78；王士元2013：221），这个系统以及其内部的各个子系统（语音、词汇、句法等）的存在和演化都以开放为前提。以句法系统来说，它在形成和发展的过程中必须始终保持对外开放，否则便不可能有变化和发展。事实也的确如此，句法系统不仅对语言的其他子系统保持开放，而且也受到语言之外的认知、社会、文化乃至自然规律等多种因素的影响。比如，连动式的结构方式普遍临摹时间顺序，这就是句法系统与外界连通、保持开放的一个表现。如果句法系统和句法规则一开始就作为一套固定不变的装置内嵌于人脑，那么我们将很难设想连动式的这种时间象似性来自何处。李亚非（2006、2007）认为："语时对应现象无论如何都不可能完全从形式语法中推导出来""形式语法对这个现象没有合理的处理方法"，这实际上说明只着眼于句法系统本身，很多现象是不可能得到解释的，句法系统必然是一个开放的系统。

7.2.2.2 协同

自组织理论认为，系统的发展往往是多种力量协同作用的结果，系统在开放的前提下与系统之外的力量发生协同，系统内部的各个子系统以及元素之间也要发生协同，协同是一个系统从简单走向复杂的必然方式。实际上，我们看连动式的形成和发展亦是如此。连动式的出现绝不是句法这个单一因素所能造成的结果，我们在前文第五章可以很清楚地看到，连动式的很多特点，如无语音停顿、动词数量有限、不能带过多的修饰成分等，这些都与语音乃至人们的发音生理特点相关。类型学上的一些观察也发现，连动式偏爱动词音节短小的语言（Foley and Olson 1985；Pawley 2009），这实际上也说明了连动式的形成受到语音因素的协同作用。另外，前文第五章的考察还表明，连动式的出现与"信息包装""事件整合"等语义因素相关，当人们要囫囵吞枣式地快速传递思想并且刻意忽略许多事件细节信息时才会把多个事件整合起来使用连动式；与"表达特点""语体分布"等语用因素相关，只有在某种语境之下、为了营造某种语用效果，人们才会偏向于使用连动式；还与"视点相对静止"这种认知因素相关，人们只有将视点在多个事件之间进行快速切换、对多个事件做整体扫描时，才会使用连动式，否则就会采用复句形式进行表达。可见，连动式是多种力量协同作用的结果。连动式"功能强大""小类繁多"（刘丹青2015），是汉语句法系统的重要组成部分，它的产生和使用受到方方面面因素的影响，这实际上也正是汉语句法系统的演化受到了多种力量协同作用的一个重要体现。汉语句法系统从古至今的发展演变，绝不可能只是单纯句法规则操控下的结果，它必然受到语音、语义、语用、认知、词汇乃至文字和书写习惯的影响。概而言之，汉语句法系统是多种力量协同作用下的结果。

7.2.2.3 混沌

系统的自组织演化往往要经历混沌态，这也是系统走向成熟稳定的必经阶段。彼时，系统内部的各个子系统和元素并未形成明确的分工，边界模糊，组织化程度不高，功能也不够清晰。这在汉语句法系统以及连动式的身上也有体现。连动式主要从复句发展而来，但在早期阶段它用来承担什么功能？和其他句法结构的边界在哪里？表达什么样的语法意义？这些问题都无明确的答案。古代汉语中常常若干个动词连用，但某一个动词串究竟是并列结构还是状中结构？是动补结构还是连动结构？是复句还是单句？我们今天很难说得清楚，甚至本来就是说不清楚的问题。汉语史学界过去围绕着动补结构的形成展开了长达几十年的研究，不过至今结论依然不甚明晰。至于更早期的连动式，它在历史上是何时出现的？从何种结构发展而来？更是难以考证的问题。这些情况反映了语言的早期面貌。我们认为，且不说追溯到中古汉语、上古汉语，即便在现代汉语中，连动式身上依然保留着混沌性。比如说，一个具体的连动式"上街买菜"，有人说它强调的是方式，有人说它强调的是目的，那么它到底想表达什么意义呢？或许这种争论永远不可能取得一致意见，因为这就是连动式身上的混沌性，是它还未摆脱的属性。类似的情况不胜枚举，比如"他做生意赚了几个钱"，这个连动式不同的人也会有不同的理解：有人会理解为"他通过做生意的方式赚了几个钱"，这是把前一个动词性成分理解为方式；有人会理解为"他做生意的结果是赚了几个钱"，这是把后一个动词性成分理解为结果。不同的人会产生不同的理解恰恰说明连动式本身就带有混沌性和不确定性，谁也不可能给出一个说一不二的判断，否则就是反自然的。其他语言中的连动式亦是如此，Bril（2004）对大洋洲诸多语言连动式的考察也表明，连动式普遍具有表义的模糊性。不过，有必要注意的是，混沌也有它的价值和作用，绝非一无是处，自组织理论充分肯定混沌的作用，认为它是有序之源，具有高度的可塑性。在混沌的临界状态下，即便一次微小的"涨落"，都有可能诱发系统的相变，并带来一系列的连锁反应。汉语的连动式又何尝不是如此？汉语连动式本身具有一定的混沌性，这同时也意味着它具有强烈的可塑性和创造性。从古至今汉语语法系统在连动式身上已经生发出了"把"字句、"被"字句、介词结构、动补结构、体标记等诸多语法结构和虚词，这就说明混沌的存在具有重要的价值。另外，上文说到，连动式这种句法形式在表义上具有模糊性，但模糊性本身也不一定是坏事，语言表达在很多时候恰恰需要一定的模糊，不必时时刻刻精确到位。

7.2.2.4　从混沌到清晰

混沌固然有其价值，但系统的演化必不会停留在混沌的阶段。自组织理论认为，系统的演变带有目的性，系统演变的结果就是高度组织化和清晰化。汉语句法系统以及连动式的演变亦是如此，很多早期的句法形式没有固定的意义和功能与之相联系，同样的功能和意义也往往可以由多种句法形式来表达。但汉语句法系统的整个发展趋势是由专门的句法形式来表达专门的意义和功能，句法形式变得多样化、功能和意义变得精细化。汉语句法系统的这个总的历时发展脉络是明确的。

从混沌到清晰的趋势，在连动式的身上也有表现。连动式的不同小类正在分别朝着不同的方向获得不同的语法关系，所说的也正是这样的意思。连动式主要从复句发展而来，在相当长的一段时期内，它的多个 VP 之间可能并没有形成稳固的语法关系——既没有状中关系，也没有动补关系或者别的语法关系，而是类似分句和分句间关系的逻辑语义关系。不过，随着语言的使用和连动式的发展，它的某些小类已经获得了稳固而明确的语法关系，并从连动式这个大家族中分化出去。比如"介词 + NP + VP"已经成了稳固的状中关系，"VP + 介词 + NP"已经成了稳固的动补关系，"吃饱""看懂""打破"这些动结式也已经形成了稳固的动补关系。这些稳定的语法关系的形成，也意味着这些句法形式已经完全脱离其母体而"裂变"出去。当然，更多的连动式还未彻底脱离其母体、摆脱混沌性、获得稳固的语法关系，但是，整个发展趋势依然是明显的，连动式的有些小类正在获得状中关系，有些小类正在获得动补关系，有些小类正在获得主谓关系，只不过这些连动式发展得没有那么快，还没有到达目的地。用这样的眼光来看，现代汉语连动式的语法地位是相当明确的，连动式如同一个个参加马拉松的运动员，有着自己的目标和方向（获得稳固的语法关系），只不过还处在"跑步"阶段，尚未到达赛道的终点。连动式的清晰化还表现在它的不同小类具有不同的分工，有些连动式的小类（比如"V着V"）通常用来描述方式和状态，有些连动式的小类（比如"V+了+N+V"）通常用来描述事件发生的时间背景；有些连动式的小类（比如"V+/着/起来/上去+AP"）通常用来描述一个事物在某一条件下会展现出某种性质。连动式这些不同小类的"专职化"过程实际上也正是一个由混沌到清晰的过程。总之，汉语句法系统的演化以及连动式（实际上可以看作一个小系统）的发展，都是一个由混沌到清晰的过程，这个过程也就是系统的自组织过程。

语言的变化往往会有得有失（参阅 Givón 1979、2015），系统从混沌走向清晰时也是如此，它总是要获得一些收益并付出一定的代价。连动式在从混沌走向清晰的过程中，究竟付出了什么？又收获了什么？这是非常值得今后继续探讨的问题。

7.2.2.5 从无序到有序

系统从混沌走向清晰的过程也就是系统获得秩序的过程。前文我们对现代汉语句法结构势力图的构建，其初衷就是为了说明现代汉语的句法系统应该达到了一种有序的状态。过去我们在讲汉语句法系统和句法结构时，常常逐个罗列，这种做法实际上没有反映出汉语句法系统的有序状态。我们认为，现代汉语的句法系统尽管还存在不少混沌和模糊之处，这种结构和那种结构之间的界限常常不是很明晰，但总体上现代汉语句法系统处于一种有序的状态，五种基本句法结构各有自己典型的势力范围，连动式、兼语式这些特殊句法结构也在朝向获得稳固语法关系的方向发展。

需要注意的是，有序并不意味着一成不变，并不意味着难以撼动。汉语的句法系统具有相当强的开放性，极易受到系统之外因素的影响。比如，语境因素就对汉语句法结构的分析和理解具有相当强的影响，"上街买菜"放在不同语境下就可能分别偏向于状中结构或动补结构。这反映了汉语句法系统的控制力还不够强大,句法结构的性质并未被彻底"固定"和"锁死"。我们认为汉语的句法系统像一张蹦床,对这个蹦床施加不同方向的外力,那么蹦床上的某个点就会向某个特定的方向偏移。试把图7-6想象为一张蹦床,图7-6上的句法结构的确常常会因为外部作用力的影响而发生位置的偏移,甚至连那些基本句法结构也不例外[参阅太田辰夫(1987)对汉语并列结构"不稳定性"的讨论]。这种情形反映的是汉语句法结构的弹性和灵活性,以及句法控制力的有限性,并不能说明汉语不存在句法,或者汉语句法系统还是一片混沌、没有分化进阶为有序状态。给蹦床上的某个点施加不同方向的外力,这个点会偏向于蹦床的不同方向,但不管它偏向于哪里,它总是偏向于蹦床上的某个方向,这就是蹦床的"序"。给连动式施加不同的作用力,它也会发生位置上的偏移,但无论怎么偏移,无非就是偏向状中或动补,或者并列、主谓,这也就是它的"序"。杨成凯先生充分肯定了"汉语句子的理解依赖于语境"(杨成凯2018:122),也注意到了一个连动式可能被分析为修饰关系或者附加关系(杨成凯2018:123)。不过,杨成凯(2018:158)还指出:"而当我们试图把直接成分之间的关系归纳起来时,却会发现算来算去也不外乎传统语法所鉴定的这几种语法关系而已,并没有发现什么新的语法关系。"杨成凯先生所指出的"传统语法所鉴定的这几种语法关系"我们认为就是汉语句法系统的"序"。

"序"在自组织理论中还被看作一个引导变化的向量,这从连动式的历时发展中也能看出来。连动式的小类再怎么演化,也无非就是朝着那几个方向变化。现代汉语句法系统是有"序"的,连动式的发展也是朝向一定的"序"的。

7.2.2.6 对称性的破缺

从汉语句法系统的演化以及连动式的历时发展中,我们还可以明显地看出这是一个"对称性破缺"(symmetry breaking)的过程。

长久以来,人类在审美上总是偏爱对称性,而回避、厌恶非对称性。在科学的探索过程中同样如此,"对称性思想近乎神话般奇迹,以至于人们沉迷于对称性的发现"(李润珍、武杰、程守华2008),人们更愿意相信

"内在的对称与和谐是宇宙设计的最基本原则"（桂起权2007）。比如在物理学领域，"对称性意味着守恒律。而我们关于相互作用的全部理论都建立在对称性假设的基础之上"（李政道2000：70）。不过，20世纪中期以来的一系列的科学进展却宣告了非对称的普遍性和重要性。比如，在物理学领域，1956年杨振宁与李政道首次发现了弱作用下粒子的宇称（左右）对称性是破缺的，提出了"宇称不守恒"；1964年人们又发现宇称和电荷共轭联合也是破缺的，这意味着时间反演的不守恒；2008年诺贝尔物理学奖颁给了南部阳一郎、小林诚、益川敏英三位日本科学家，以表彰他们对量子世界对称性自发破缺机制的揭示。生物学和生命科学领域的不对称性则更为常见，也更为人们所熟知。比如，人和动物的身体虽然外观看起来是对称的，但内部器官大多是不对称的；如果深入分子层次以下，不对称性就更加突出：自然界中的氨基酸有L型和D型，但组成蛋白质的氨基酸几乎全是L型，天然糖也有D型和L型，而DNA与RNA中的核糖全是D型，这就是生命科学界著名的"生物分子手性均一性"，这是"生命科学中的长期未解之谜"（王文清1997、1999）。

20世纪中叶以来各个领域的科学进展还共同表明，对称性破缺不仅是一种广泛的静态存在，更是一种普遍的动态演化机制。不管是宇宙的形成、地球的变迁，还是物质的构成、生命的进化，乃至社会的发展都"可以说是一个从完全对称到对称性逐步丧失、非对称性逐步形成的过程"（李润珍、武杰、程守华2008）。人们逐渐意识到"对称性破缺才是自然进化之源"（丛大川、刘月生、刘永振1991）、"对称性破缺是自然界的基本规律……是生命起源的必需"（王文清1999）、"对称性破缺是自然界演化发展的一条基本原理"（武杰、李润珍、程守华2008）、"宇宙的形成，包括生命的形成和演化，是一个对称性破缺的过程"（鲍健强、林炳煌2010）。

对称性破缺在自组织理论中同样占据重要位置（详参普里戈金1986：126-129；尼科里斯、普利高津1986：75-78、147-159；普里戈金、斯唐热1987：205-212、312-313；哈肯1988：23-29）。自组织理论从系统的角度看待问题。在自组织理论看来，系统的对称性和秩序性紧密相关，对称即意味着无序。比如，完全对称的系统因为具有无穷多个对称元素，所以这里的一切对称操作都被允许、反演不变，这实际上恰恰反映了系统还未形成任何结构与秩序,还处于混沌、均匀和平衡态。自组织理论认为,任何系统只有经历不断的对称性破缺,才能打破旧有的平衡态,向组织化和复杂化的方向发展,才能从无序走向有序、从低级有序走向高级有序。换言之,对称性破缺促成了系统的变异、进化以及多样性发展。

汉语句法系统以及连动式的发展同样经历一次次的对称性破缺。比如,汉语中的复句可能本来只是两个小句并列放置,但由于受到种种因素的作用,这种并列放置总是会朝向一头重一头轻的方向发展,尽管这个发展不一定是彻底的,但趋势是存在的,所谓的偏正复句实际上就是已经破缺了的并列复句而已。连动式主要从复句压缩整合而来,连动式的发展同样要再经历一次次的对称性破缺,我们前文观察到的其内部的不同小类分别朝向不同的方向发展,其实也就是在说明连动式在朝向不同的方向进行破缺,尽管这种破缺仍然不算彻底。连动式对称性的彻底破缺也就意味着新的语法结构和词类的产生,前文所说的状中结构、动补结构、介词、体助词等都是连动式的对称性高度破缺所带来的结果。对称性破缺作为"自然进化之源",存在于一切自然系统的演化之中,离开了对称性破缺,系统不可能走向层次化、复杂化、有序化。

7.3 小结

本章在前几章的基础上进一步统合、延展,发现状语化连续统和补语化连续统存在交叉的情形,通过二者交叉实际上构建了一幅初始版的现代汉语句法结构的势力分布图。在此基础上,本章又进一步设想了陈述化连续统的存在,并且将更多小类的连动结构置于这幅图之上,使之更加完善、丰满。我们认为,通过完善这幅图基本上可以反映出现代汉语连动式的句法地位。连动式总体上处于复句层和基本句法结构层之间,它的某些成员可能达到了较高的句法化程度,但仍有相当多的成员没有彻底摆脱复句结构的性质。连动式并未获得稳固而明确的语法关系,不过它的不同小类正在分别沿着不同方向获得语法关系。连动式的历时发展以及共时面貌可以放在汉语句法系统演化的大背景下进行观察,本章的观察结果显示,连动式是句法系统内外因素协同作用的结果,连动式是一种带有混沌性质的结构,表现为模糊性和不稳定性。但连动式的发展也正在经历一个由混沌到清晰、由无序到有序的过程,这一过程伴随着对称性破缺。总体而言,连动式的历时发展和共时面貌都符合复杂系统自组织演化的一般规律,这样看来,连动式并不神秘,它身上不少难以解释的谜团放在系统自组织演化的视角下是可以得到解释的。

第八章 结语

8.1 主要观点和成果

8.1.1 已有研究的全面梳理

任何研究的深入进行，都有赖于对已有成果的掌握和认识。本书以现代汉语连动式为研究对象，我们在文章最初就对有关现代汉语连动式的研究成果做了全面的梳理。可以说，对已有研究成果的掌握程度，在一定意义上就已经决定了我们看待问题的宽度和深度。基于这样的认识，我们格外重视文献的收集与整理工作，尝试最大限度地归纳以往研究成果、吸收以往研究的精华。汉语学界有关连动式的研究成果汗牛充栋，不过能对以往研究进行全面梳理的并不多见，从这个角度来说，本书之初的文献整理工作本身就有其意义与价值。我们对于连动式研究成果的整理，一方面在时间上跨度大，从汉语语法学开山之作《马氏文通》开始，一直追溯到当下；另一方面在范围上覆盖面广，我们虽以现代汉语中的连动式为研究对象，不过我们的视野却不限于此，不少古代汉语和类型学上的重要研究资料本书也有介绍。总体而言，本书在对前人研究成果的整理上投入了相当大的精力，做得也较为扎实，这既是我们自己研究的出发点和立足点，也便于以后的学者开展相关问题的研究。

8.1.2 明确连动式句法地位

连动式的句法地位问题是连动式研究过程中最为核心的问题，然而对于这个最核心性的问题，过去的理解和认识一直比较模糊，本书正以尝试解决这个问题为最终目标。任何句法结构都存在于其所属的句法系统之中，任何句法结构得以存在的理由和价值也就体现在它和其他句法结构之间的关系上。基于这样的认识，本书将连动式与并列结构、状中结构、动补结构、兼语式、复句结构、主谓结构进行了全面系统的比较，先后构建了状语化连续统、补语化连续统、陈述化连续统，将连动式的不同小类分别定位在这些连续统之上。通过多个连续统的构建和交叉，我们大致组构出了现代汉语句法结构的势力分布图，在这幅图之上，连动式的句法地位可以得到较为直观而准确的反映。本书认为，连动式总体上处于复句层和基本句法结构层之间，虽然连动式中的某些成员达到了较高的句法化程度，可以看作进入了基本句法结构层，但连动式的很多成员仍未彻底与复句结构划清界限。另外，连动式虽然总体上还未形成稳固而明确的语法关系，但它的不同小类可以看作正在朝不同的方向获得语法关系，只是这个过程尚未完成，仍在进行之中。以往研究未能给予连动式一个较为合理的句法定位，本书在一定程度上解决了这一问题。现代汉语连动式句法地位的明确有助于解决连动式身上的其他问题，对跨语言的连动式研究也有一定的启示意义。

8.1.3　基于整合的统一解释

以往连动式研究所面临的困境，不少是由方法上的不得当所导致的，学界为解决连动式问题虽尝试过多种多样的方法，不过收到的效果并不显著。客观来看，连动式在现代汉语语法体系之中一方面是孤立的，另一方面又是零散的，说它孤立是因为以往没有给连动式提供一个准确的句法定位，说不清连动式与其他句法结构之间的关系究竟如何；说它零散是因为，以往的研究只注重给连动式划分小类，至于这些小类之间有何关联则没能引起足够的重视。总的来看，以往的连动式研究既没有在整体句法布局中把握连动式，让连动式成为一个孤立的类别，另外又不注重连动式中小类与小类之间的关联，让连动式中的各小类成了一盘散沙。我们的研究则寻找到了一条贯穿始终的主线，即事件整合。这条主线既能把连动式与其他句法结构联系起来，起到给连动式句法定位的作用，又能把连动式中的各小类串联起来，起到把连动式中的各小类捆扎绑定的作用。连动式与其他句法结构之间的差别可以从整合的角度来解释，连动式内部各小类之间的差别也能从整合的角度予以解释。整合的分析不仅适用于现代汉语共时平面，从历时上来看，整合也导致了结构的分化与演变。基于整合的统一解释能把这些看似无关的众多语法现象联系起来，这是我们重要的理论创新，也为以后的连动式研究提供了一个具有参考价值的线索。此外，为形象、直观地说明整合现象，我们又引入了视点转移这一认知凭据，关于视点转移国外文献曾有过粗略的介绍，本书对这一认知策略又有了进一步的发展与阐释，这也属于本书的一项理论创新。

8.1.4　隐秘句法手段的发掘

以往连动式研究过程中，用以探测连动式结构性质的句法手段并不丰富，其结果就是，很多朴素的语感不能得到形式上的验证。可以说，缺乏足够的句法手段和形式证据是连动式研究过程中的一个长期性的、顽固性的掣肘因素，这也直接导致了大家只能在语义上争论不休、谁也说服不了谁。连动式研究要想深入进行、打破僵局，就必须调动更多的句法手段、挖掘更多的形式证据，只有这样才能避免陷入语义的泥沼和漩涡之中。本书在挖掘形式证据上做了一些有意义的探索，力争做到形式与意义的互相结合与验证。比如，在检测连动式的中心时，我们就运用到了多种比较隐蔽的句法手段，一方面我们参照并发挥了郭锐先生通过时间参照来判定结构中心的思想，另一方面我们也摸索出了一些其他句法手段，这些手段的综合运用为我们解决相关问题提供了有力的保障。当然，在提供形式证明的问题上，本书并未做到尽善尽美，面对这么一个长期性的掣肘因素，不是一人一书之力所能为，它的全面解决还有赖于更深入的研究。

8.1.5　绝对中心思想的破除

本书的研究显示，所谓的"中心"其实是一个程度问题，连动式并非就像以往研究所说的那样找不出中心，其实，连动式也能找得到中心，只不过它的中心并非像状中结构或动补结构那么明显罢了，而且单就连动式本身而言，不同小类的连动式，其中心的显豁程度也不相同，有些连动式的中心比较明显，有些连动式的中心则不那么明显，需要通过更多的句法手段来检测证实。换言之，几个动词连用，在语法地位上也总是能够分得出主要或次要,印欧语中的限定动词与非限定动词之别在汉语中也同样存在,只不过,汉语中的限定动词与非限定动词没有形态上的区分标识,需要用一种连续的、柔性的眼光来看待它们之间的差别,从所谓的"中心动词"到所谓的"非中心动词"其实存在一个连续过渡的过程,即"限定动词"与"非限定动词"的区别与对立也只是一个程度上问题。

8.1.6 句法系统的全局观念

在本书的研究过程中,自始至终都贯穿着现代汉语句法系统的全局观。连动式的性质和地位需要放到整个句法系统中才能准确认识。因此,本书对于连动式的研究不是只局限于连动式本身,而是把它和尽可能多的结构进行比较,通过这种多维度的比较,最终实现对连动式的定位。另外,在我们看来,句法系统是一个整体,对它任何部分的调整都是有代价的,因此,过去虽然不少学者主张取消连动式,但这样的主张恐怕很难落实,因为对于连动式的任何调整,必然会牵涉到其他句法结构,连动式"牵一发而动全身"。几十年来,连动式的否定者恰恰是忽略了这一点,单就连动式本身进行发难,而没有把它放入整个句法系统之中来考虑,其结果也只能是,不管取消连动式的声音有多高,"连动式"这一概念依然难以否定。树立了句法系统的全局观,我们自然不会再采用一些过激的主张,而是会用更加柔性的眼光来看待连动式的问题。此外,本书对于现代汉语句法结构势力地图的构建也反映出了我们的全局观念,这一地图的构建也使得现代汉语句法系统的整体布局更加明朗直观,尽管我们目前的认识可能还比较粗糙,还有很多细节问题需要再思考和验证,但科学研究总是要一步步地摸索着前进。

8.1.7 疑难问题的初步回答

除了以上价值,本书的价值还体现在能够初步回答一些长期困扰汉语学界的疑难问题,比如说,兼语式(递系式)到底属不属于连动式?"动作—目的"类、"规约目的"类连动式究竟算是连动式还是算是兼语式(递系式)?这些问题学界一直处于争论的状态,始终难以达成一致的认识。本书构建的句法结构势力分布地图实际上可以起到回答以往疑难问题的作用,从连续统交叉后所形成的句法结构势力分布图(即图7-6)来看，所谓的"连动式"和"兼语式"其实都是处于多种结构之间的模糊地带，对它们合并还是拆分并不存在对错之别，可以看作是语法研究在细致程度和分类颗粒度上的差别。这些一直困扰汉语语法学界的问题，在我们看来，都不牵涉到实质性的问题，即重要的不是谁属于谁这些名目之争，而是认识到它们在句法系统中所占据的具体位置。

8.1.8　系统演化规律的探索

本书虽然研究的是连动式，但眼光不局限在连动式，实际上已着眼于整个句法系统；本书虽然主要关注现代汉语共时层面，但同样将历时发展纳入考虑的范围。在我们看来，要想深刻理解连动式在现代汉语句法系统中的地位，必须要树立系统的动态演化观，连动式的历时发展和共时面貌只是整个汉语句法系统演化过程的一个部分和缩影。因此，着眼于系统的演化，本书借鉴了系统科学中的自组织理论，这一理论视角的引入使得我们能够从总体上理解连动式所发生的变化，以及连动式在共时状态下所呈现出的一些"纠结"面貌。本书的观察表明，连动式的历时发展和共时面貌都符合复杂系统自组织演化的一般规律，它身上既有不确定性的一面，也有确定性的一面，这实际上正是整个句法系统由混沌走向清晰、由无序走向有序的一个体现。

8.2　有待进一步研究的问题

本书也存在许多尚未解释清楚的问题。比如：第一，连动式的历时来源问题。本书基于连动式和复句在现代汉语共时平面上的种种模糊和纠葛现象，推测二者之间可能存在历时上的来源关系。为了印证这一设想，我们专门进行了历时考察，但考察的结果并不足以确凿无疑地证明连动式来源于复句。以我们目前的汉语史研究能力尚不足以应对和解决这一问题，只能留待以后积累相关知识、再做更深入的探讨，这也是本书最大的遗憾。第二，事件整合是贯穿本书的一条理论主线，而事件整合理论本身尚有许多不完善和不清晰的地方，不同学者也往往会有不同的理解，本书尝试借鉴吸收这一思想的精髓，并希望能在具体的研究过程中，根据汉语的实际情况对其加以改造、充实和完善，不过，我们这方面的探索还是远远不够的，比如说，事件整合只是背景化的问题吗？什么样的事件更容易整合、什么样的事件不容易整合？同样是具有某种语义联系的事件之间，为什么有些整合的程度就更深而有些整合的程度就更浅呢？总之，在理论探索和建设方面本书做得也不够细致，也有待于今后做更深入的研究。第三，本书尝试对连动式的不同小类进行分门别类的研究，但限于时间、精力、能力等因素，目前也只做到了有详有略，并没有对所有小类的连动式都进行同等细致的考察，这也是本书的不足，也是我们今后要努力的方向。

参考文献

鲍健强、林炳煌,2010,《物质世界演化机制:从对称性到对称性破缺》,《浙江社会科学》第2期。

北大现代汉语教研室,1986,《语法修辞》,商务印书馆。

北大现代汉语教研室,2004,《现代汉语》(重排本),商务印书馆。

〔美〕布龙菲尔德,1980,《语言论》,袁家骅等译,商务印书馆。

曹宏,2004,《论中动句的层次结构和语法关系》,《语言教学与研究》第5期。

曹宏,2005,《中动句的语用特点及教学建议》,《汉语学习》第5期。

陈宝勤,1994,《先秦连词"而"语法语义考察》,《古汉语研究》第1期。

陈波,2014,《特征结构及其汉语语义资源建设》,武汉大学出版社。

陈昌来,2000,《现代汉语句子》,华东师范大学出版社。

陈昌来,2002,《二十世纪的汉语语法学》,书海出版社。

陈慧英,1978,《"连动式"和"兼语式"是否应该取消?》《安徽大学学报》(哲学社会科学版)第4期。

陈建民,1986,《现代汉语句型论》,语文出版社。

陈平,1987,《话语分析说略》,《语言教学与研究》第3期。

陈滔,2011,《论汉语连动结构的英译》,湖南师范大学硕士学位论文。

陈天权,1984,《试论现代汉语的复合谓语》,《云南民族学院学报》第1期。

陈振宇,2016,《汉语的小句和句子》,复旦大学出版社。

陈忠,2007,《现代汉语连动式研究的一部力作——读高增霞〈现代汉语连动式的语法化视角〉》,《学术探索》第3期。

储泽祥、曹跃香，2005，《固化的"用来"及其相关的句法格式》，《世界汉语教学》第2期。

储泽祥、智红霞，2012，《动词双音化及其造成的语法后果——以"战胜"的词汇化过程为例》，《汉语学习》第2期。

丛大川、刘月生、刘永振，1991，《论对称性与对称性破缺的本体论和认识论意义》，《求索》第3期。

〔英〕达尔文，2013，《物种起源》，苗德岁译，译林出版社。

〔美〕戴浩一，1988，《时间顺序和汉语的语序》，黄河译，《国外语言学》第1期。

戴耀晶，2004，《汉语否定句的语义确定性》，《世界汉语教学》第1期。

邓福南，1980，《汉语语法专题十讲》，湖南人民出版社。

邓守信，1990，《汉语双谓句的结构》，第三届国际汉语教学讨论会会议论文。

邓思颖，2009，《阶段式的句法推导》，《当代语言学》第3期。

邓思颖，2010，《形式汉语句法学》，上海教育出版社。

丁健，2012，《汉语目的范畴及其表达手段》，上海师范大学硕士学位论文。

丁声树等，1961，《现代汉语语法讲话》，商务印书馆。

范继淹，1985a，《无定NP主语句》，《中国语文》第5期。

范继淹，1985b，《汉语句段结构》，《中国语文》第1期。

范晓，1991，《汉语的短语》，商务印书馆。

范晓，1998，《汉语的句子类型》，书海出版社。

方梅，2000，《从"V着"看汉语不完全体的功能特征》，《语法研究与探索》第九辑，商务印书馆。

方绪军，1997，《前有介词短语的二项连动结构的结构关系的依据》，《汉语学习》第5期。

冯胜利，2017，《汉语句法、重音、语调相互作用的语法效应》，《语言教学与研究》第3期。

傅子东，1957，《语法理论》，陕西人民出版社。

〔日〕冈田文之助，1989，《连动式的教学处理》，《世界汉语教学》第3期。

高更生，1981，《汉语语法问题试说》，山东人民出版社。

高更生，1990，《复杂单句》，人民教育出版社。

高名凯，1948，《汉语语法论》，开明书店。

高名凯，1986，《汉语语法论》，商务印书馆。

高瑞林，2008，《连动式的句法语义及其认知解读》，四川师范大学硕士学位论文。

高增霞，2003，《连动式研究述评》，《聊城大学学报》（社会科学版）第6期。

高增霞，2006，《现代汉语连动式的语法化视角》，中国档案出版社。

高增霞，2020，《类型学视野下的汉语连动式研究》，社会科学文献出版社。

龚千炎，1982，《句子分析》，安徽教育出版社。

管燮初，1953，《殷墟甲骨刻辞的语法研究》，中国科学院出版。

管燮初，1981，《西周金文语法研究》，商务印书馆。

管燮初，1994，《〈左传〉句法研究》，安徽教育出版社。

桂起权，2007，《对称性破缺与宇宙设计》，《自然辩证法研究》第1期。

郭锐，1996，《汉语中的两种时间参照和连谓结构的中心》，第九次现代汉语语法讨论会论文。

郭锐，1997，《过程和非过程——汉语谓词性成分的两种外在时间类型》，《中国语文》第3期。

郭锐，2015，《汉语谓词性成分的时间参照及其句法后果》，《世界汉语教学》第4期。

郭绍虞，1979，《汉语语法修辞新探》，商务印书馆。

郭中，2019，《现代汉语复句关联标记模式的类别研究》，社会科学文献出版社。

〔德〕哈肯，1984，《协同学引论》，徐锡申等译，原子能出版社。

〔德〕哈肯，1988，《协同学——自然成功的奥秘》，戴鸣钟译，上海科学普及出版社。

〔德〕哈肯，2013，《协同学——大自然构成的奥秘》，凌复华译，上海译文出版社。

韩明珠，2016，《现代汉语目的范畴的认知研究》，上海师范大学博士学位论文。

何乐士，2005，《〈史记〉语法特点研究》，商务印书馆。

洪心衡，1980，《汉语词法句法阐要》，吉林人民出版社。
侯友兰，1992，《V$_1$NV$_2$式连动结构》，《绍兴师专学报》第1期。
胡波，2010，《空主语PRO和现代汉语控制结构》，《语言学论丛》第四十二辑，商务印书馆。
胡附、文炼，1955，《现代汉语语法探索》，东方书店。
胡建刚，2007，《复谓结构和汉语动态语义格的句法实现》，暨南大学博士学位论文。
胡明杨、劲松，1989，《流水句初探》，《语言教学与研究》第4期。
胡裕树，1995，《现代汉语》，上海教育出版社。
黄伯荣、李炜，2012，《现代汉语》，北京大学出版社。
黄伯荣、廖序东，1991，《现代汉语》，高等教育出版社。
黄欣荣，2005，《复杂性科学的方法论研究》，清华大学博士学位论文。
惠湛源，1954，《对"连动式"的意见》，《中国语文》3月号。
〔日〕吉田泰谦，2007，《现代汉语谓词性主语句研究——指称性主语与陈述性主语的句法语义差别探析》，北京大学博士学位论文。
江海燕，2010，《汉语语调问题的实验研究》，首都师范大学出版社。
江蓝生，2002，《时间词"时"和"後"的语法化》，《中国语文》第4期。
江蓝生，2007，《同谓双小句的省缩与句法创新》，《中国语文》第6期。
蒋平，1982，《关于"笑着说"一类格式的处理》，载张志公主编《语文论坛（一）》，知识出版社。
蒋绍愚，2004，《近代汉语研究概要》，北京大学出版社。
金立鑫，2009，《解决汉语补语问题的一个可行性方案》，《中国语文》第5期。
金立鑫，2011，《从普通语言学和语言类型学角度看汉语补语问题》，《世界汉语教学》第4期。
金兆梓，1938，《炒冷饭》，《语文周刊》第19期。
孔令达，1994，《影响汉语句子自足的语言形式》，《中国语文》第6期。
兰宾汉、邢向东，2006，《现代汉语》，中华书局。
李富华，2006，《现代汉语连动短语语义结构研究》，福建师范大学硕士学位论文。
李福利，2005，《自然科学四大基本问题的交叉与统一》，载李喜先主编

《21世纪100个交叉科学难题》，科学出版社。

黎锦熙，1924，《新著国语文法》，商务印书馆。

黎锦熙，1992，《新著国语文法》，商务印书馆。

李晋霞、刘云，2016，《普通话叙事语篇中复句的凸显度》，《全球华语》第2期。

李京廉、刘娟，2005，《汉语的限定与非限定研究》，《汉语学习》第1期。

李临定，1984，《究竟哪个"补"哪个？——"动补"格关系再议》，《汉语学习》第2期。

李临定，1986，《现代汉语句型》，商务印书馆。

李临定，1987，《现代汉语语法的特点》，人民教育出版社。

李临定，1995，《汉语造句方式》，《中国语文》第4期。

李临定，2011，《现代汉语句型》（增订本），商务印书馆。

李临定，2019，《汉语基础语法》，商务印书馆。

李临定、范方莲，1961，《语法研究应该依据意义和形式相结合的原则》，《中国语文》5月号。

李润珍、武杰、程守华，2008，《突现，分层与对称性破缺》，《系统科学学报》第2期。

李铁根，1998，《连动式中"了、着、过"的单用和连用》，《汉语学习》第2期。

李香玲，2011，《汉语兼语式的语义重合与话语功能的认知语法研究》，河南大学博士学位论文。

李亚非，2006，《论语言学研究中的分析与综合》，《中国语文》第3期。

李亚非，2007，《论连动式中的语序—时序对应》，《语言科学》第6期。

李政道，2000，《对称与不对称》，清华大学出版社。

〔韩〕李周殷，2014，《现代汉语连动句的认知解析》，《中国文化研究》第24辑。

李子云，1981，《长句结构分析》，上海教育出版社。

李子云，1991，《汉语句法规则》，安徽教育出版社。

李佐丰，2004，《古代汉语语法学》，商务印书馆。

梁银峰，2001，《先秦汉语的新兼语式——兼论结果补语的起源》，《中国语文》第4期。

梁银峰，2006，《汉语动补结构的产生与演变》，学林出版社。

廖秋忠，1991，《篇章与语用和句法研究》，《语言教学与研究》第4期。

蔺璜，1983，《连动式的特点与范围》，《山西师院学报》（社会科学版）第3期。

林焘、王理嘉，1992，《语音学教程》，北京大学出版社。

刘丹青，2005，《从所谓"补语"谈古代汉语语法学体系的参照系》，《汉语史学报》第5期。

刘丹青，2011，《语言库藏类型学构想》，《当代语言学》第4期。

刘丹青，2012，《汉语的若干显赫范畴：语言库藏类型学视角》，《世界汉语教学》第3期。

刘丹青，2013，《古今汉语的句法类型演变：跨方言的库藏类型学视角》，载郑秋豫主编《语言资讯和语言类型（第四届国际汉学会议论文集）》，台湾中研院。

刘丹青，2015，《汉语及亲邻语言连动式的句法地位和显赫度》，《民族语文》第3期。

刘丹青，2017，《汉语动补式和连动式的库藏裂变》，《语言教学与研究》第2期。

刘海燕，2008，《现代汉语连动句的逻辑语义分析》，四川人民出版社。

刘辉，2005，《从生成语法看汉语动词同宾结构的句法归属》，华东师范大学硕士学位论文。

刘辉，2009，《汉语"同宾结构"的句法地位》，《中国语文》第3期。

刘街生，2020，《双"了"连动句》，《当代语言学》第4期。

刘宁生，1995，《汉语偏正结构的认知基础及其在语序类型学上的意义》，《中国语文》第2期。

刘特如，1983，《关于汉语语法中的连谓式和兼语式的问题》，《淮南师专学报》（社会科学版）第1期。

刘勋宁，1988，《现代汉语词尾"了"的语法意义》，《中国语文》第5期。

刘一之，2000，《北京话中的"着（·zhe）"字新探》，北京大学出版社。

陆丙甫，2010，《汉语的认知心理研究》，商务印书馆。

鲁川等，2002，《汉语句子语块序列的认知研究和交际研究》，《汉语学习》第2期。

卢大艳，2007，《论动作行为的方式范畴》，吉林大学硕士学位论文。

陆俭明，1980，《汉语口语句法里的易位现象》，《中国语文》第1期。

陆俭明，1986，《周遍性主语句及其他》，《中国语文》第3期。

陆俭明，1992，《现代汉语补语研究资料·序》，载北京语言学院语言教学研究所选编《现代汉语补语研究资料》，北京语言学院出版社。

陆俭明，2012，《现代汉语》，北京师范大学出版社。

陆志韦，1961，《试谈汉语语法学上的"形式与意义相结合"》，《中国语文》6月号。

吕冀平，1958，《复杂谓语》，新知识出版社。

吕冀平，1979，《两个平面，两种性质：词组和句子的分析》，《学习与探索》第4期。

吕冀平，1985，《复杂谓语》，上海教育出版社。

吕冀平，2000，《汉语语法基础》，商务印书馆。

吕叔湘，1944，《中国文法要略》，收于《吕叔湘全集》，辽宁教育出版社，2002年版。

吕叔湘，1953，《语法学习》，中国青年出版社。

吕叔湘，1979，《汉语语法分析问题》，商务印书馆。

吕叔湘，1980，《现代汉语八百词》，商务印书馆。

吕叔湘，2006，《语法学习》，复旦大学出版社。

吕叔湘、朱德熙，1952，《语法修辞讲话》，中国青年出版社，1979年版。

马建忠，1898，《马氏文通》，商务印书馆。

马建忠，1983，《马氏文通》，商务印书馆。

马清华，2004，《并列结构的自组织研究》，华东师范大学博士学位论文。

马庆株，2010，《现代汉语》，中国社会科学出版社。

马真，2004，《现代汉语虚词研究方法论》，商务印书馆。

马忠，1961，《试论复杂谓语》，《中国语文》7月号。

梅广，2003，《迎接一个考证学和语言学结合的汉语语法史研究新局面》，载何大安主编《古今通塞：汉语的历史与发展（第三届国际汉学会议论文集）》，台湾中研院。

梅广，2018，《上古汉语语法纲要》，上海教育出版社。

梅祖麟，1991，《从汉代的"动、杀"、"动、死"来看动补结构的发展——

兼论中古时期起词的施受关系的中立化》,《语言学论丛》第十六辑,商务印书馆。

孟琮等,1987,《动词用法词典》,上海辞书出版社。

〔美〕米歇尔,2011,《复杂》,唐璐译,湖南科学技术出版社。

苗东升,2010,《系统科学精要》(第3版),中国人民大学出版社。

闵家胤,2011,《系统和系统科学》,《系统科学学报》第4期。

缪锦安,1990,《汉语的语义结构和补语形式》,上海外语教育出版社。

倪宝元、张宗正,1986,《实用汉语语法》,福建人民出版社。

〔比〕尼科里斯、〔比〕普利高津,1986,《探索复杂性》,罗久里、陈奎宁译,四川教育出版社。

〔比〕尼科利斯、〔比〕普里戈京,1986,《非平衡系统的自组织》,徐锡坤等译,科学出版社。

牛顺心,2004,《汉语中致使范畴的结构类型研究》,上海师范大学博士学位论文。

潘磊磊,2009,《现代汉语"V_1+N+V_2"共宾连动句研究》,上海师范大学硕士学位论文。

彭国珍,2010,《宾语共享类连动式的句法研究》,《语言学论丛》第四十二辑,商务印书馆。

彭国珍,2019,《跨语言对比视角下汉藏语连动结构研究》,中国社会科学出版社。

彭宣维,2000,《英汉语篇综合对比》,上海外语教育出版社。

〔加〕蒲立本,2006,《古汉语语法纲要》,孙景涛译,语文出版社。

〔比〕普里戈金,1986,《自然科学中的时间及复杂性》,曾庆宏等译,上海科学技术出版社。

〔比〕普里戈金、〔法〕斯唐热,1987,《从混沌到有序——人与自然的新对话》,曾庆宏、沈小峰译,上海译文出版社。

齐沪扬,2000,《现代汉语短语》,华东师范大学出版社。

齐沪扬、张琬,2013,《现代汉语连动式的形成基础及条件》,《汉语与汉语教学研究》4月号。

钱奠香,1997,《屯昌方言的处置式》,载李如龙、张双庆主编《动词谓语句》,暨南大学出版社。

钱乃荣，2001，《现代汉语》，江西教育出版社。

钱学森，2001，《创建系统学》，山西科学技术出版社。

钱学森等，1982，《论系统工程》，湖南科学技术出版社。

裘燮君，2005，《连词"而"语法功能试析》，《广西师范学院学报》（哲学社会科学版）第 3 期。

屈承熹，2009，《篇章语法：理论与方法》，《对外汉语研究》第 3 期。

〔美〕塞耶，1974，《牛顿自然哲学著作选》，上海人民出版社。

尚新，2009，《时体、事件与汉语连动结构》，《外语教学》第 6 期。

邵菁、金立鑫，2011，《补语和 Complement》，《外语教学与研究》第 1 期。

邵敬敏，2001，《现代汉语通论》，上海教育出版社。

沈家煊，2010，《如何解决补语问题》，《世界汉语教学》第 4 期。

沈家煊，2011，《语法六讲》，商务印书馆。

沈家煊，2012，《"零句"和"流水句"——为赵元任先生诞辰 120 周年而作》，《中国语文》第 5 期。

沈家煊，2016，《名词和动词》，商务印书馆。

沈家煊，2019，《超越主谓结构——对言语法和对言格式》，商务印书馆。

沈家煊，2020，《汉语大语法五论》，学林出版社。

沈炯，1992，《汉语语调模型刍议》，《语文研究》第 4 期。

沈炯，1994，《汉语语调构造和语调类型》，《方言》第 3 期。

沈开木，1986，《连动及其归属》，《汉语学习》第 5 期。

沈孟璎，1980，《复杂谓语与紧缩句的区别》，《南充师院学报》（哲学社会科学版）第 2 期。

沈双胜，2003，《汉语中的连动谓语及其汉英对应表达》，《太原师范学院学报》（社会科学版）第 4 期。

沈小峰，2008，《混沌初开：自组织理论的哲学探索》，北京师范大学出版社。

沈筱峰、吴彤、于金龙，2013，《从无组织到有组织，从被组织到自组织》，《自然辩证法研究》第 8 期。

沈小峰、吴彤、曾国屏，1993a，《论系统的自组织演化》，《北京师范大学学报》（社会科学版）第 3 期。

沈小峰、吴彤、曾国屏，1993b，《自组织的哲学——一种新的自然观和科学观》，中共中央党校出版社。

申小龙，1996，《文化语言学论纲》，广西教育出版社。

沈阳、郭锐，2014，《现代汉语》，高等教育出版社。

沈阳、章欣，2003，《"V 着 A"结构分化的语法条件》，《语法研究和探索》第十二辑，商务印书馆。

施春宏，2008，《汉语动结式的句法语义研究》，北京语言大学出版社。

史存直，1954，《论递系式和兼语式》，《中国语文》3 月号。

史存直，1982，《语法新编》，华东师范大学出版社。

史存直，1986，《句本位语法论集》，上海教育出版社。

石锋、王萍，2017，《汉语功能语调研究》，北京语言大学出版社。

石毓智，1995，《时间的一维性对介词衍生的影响》，《中国语文》第 1 期。

石毓智，2001，《汉语的限定动词和非限定动词之别》，《世界汉语教学》第 2 期。

石毓智，2003，《现代汉语语法系统的建立——动补结构的产生及其影响》，北京语言大学出版社。

石毓智，2010，《汉语语法》，商务印书馆。

史振晔，1960，《谈"连动式"》，《中国语文》1 月号。

宋绍年，1994，《汉语结果补语式的起源再探讨》，《古汉语研究》第 2 期。

宋卫华，1994，《对连动式的再认识》，《青海师专学报》第 4 期。

宋文辉，2010，《兼语句的小句整合程度与兼语的属性》，《语法研究与探索》第十五辑，商务印书馆。

宋玉柱，1978，《也谈"连动式"和"兼语式"——和张静同志商榷》，《郑州大学学报》（哲学社会科学版）第 2 期。

宋玉柱，1980，《说"起来"及与之有关的一种句式》，《语言教学与研究》第 1 期。

宋玉柱，1984，《连谓式及其连贯复句、紧缩句之间的区别》，《逻辑与语言学习》第 1 期。

宋玉柱，1986，《现代汉语语法十讲》，南开大学出版社。

宋玉柱，1988，《浅谈语法分类中的"中间环节"》，《世界汉语教学》第 2 期。

宋玉柱，1991a，《现代汉语特殊句式》，山西教育出版社。

宋玉柱，1991b，《谈谈紧缩句》，《逻辑与语言学习》第 5 期。

〔韩〕宋真喜，2000，《现代汉语连动句研究》，复旦大学博士学位论文。

孙德金，2000，《现代汉语动词做状语考察》，《语法研究与探索》第九辑，商务印书馆。

孙文统，2013，《现代汉语连动结构的动态生成——侧向移位与左向附加》，《山东理工大学学报》（社会科学版）第 1 期。

孙云，1979，《谈谈连动句谓语和主语的关系》，《天津师院学报》第 3 期。

〔日〕太田辰夫，1987，《中国语历史文法》，蒋绍愚、徐昌华译，北京大学出版社。

唐启运，1958，《关于连动式和兼语式的取消论》，《中国语文》2 月号。

汤廷池，2000，《汉语的"限定子句"与"非限定子句"》，《语言暨语言学》第 1 期。

田启林、单伟龙，2015，《也谈汉语同宾结构的句法地位及相关问题》，《解放军外国语学院学报》第 6 期。

王栋，2017，《甲骨卜辞连动结构研究》，西南大学硕士学位论文。

王凤兰，2008，《现代汉语目的范畴研究》，暨南大学博士学位论文。

王福庭，1960，《"连动式"还是"连谓式"》，《中国语文》6 月号、10 月号。

王洪君、李榕，2014，《论汉语语篇的基本单位和流水句的成因》，《语言学论丛》第四十九辑，商务印书馆。

王力，1943，《中国现代语法》，商务印书馆。

王力，1957，《汉语语法纲要》，上海教育出版社。

王力，1985，《中国现代语法》，商务印书馆。

王力，1989，《汉语语法史》，商务印书馆。

王力，2013，《汉语语法史》，商务印书馆。

王丽彩，2008，《现代汉语方式范畴研究》，暨南大学博士学位论文。

王士元，2013，《演化语言学论集》，商务印书馆。

王铁招，2006，《自组织进化图景——用自组织进化的观点看世界》，河北科学技术出版社。

王文清，1997，《生命起源中的对称性破缺》，《北京大学学报》（自然科学版）第 2 期。

王文清，1999，《对称性破缺与生命起源》，《生物物理学报》第2期。
王依娜，2018，《西周金文连动式研究》，《殷都学刊》第5期。
王占华、杨光俊、张黎、石村广，2013，《汉语的补语与补语教学——2013"汉语与汉语教学研究座谈会"》，《汉语与汉语教学研究》4月号。
魏宏森、宋永华等，1991，《开创复杂性研究的新学科——系统科学纵览》，四川教育出版社。
魏宏森、曾国屏，1995，《系统论——系统科学哲学》，清华大学出版社。
魏培泉，2000，《说中古汉语的使成结构》，《中研院历史语言研究所集刊》第71本第4分。
魏培泉，2003，《上古汉语到中古汉语语法的重要发展》，载何大安主编《古今通塞：汉语的历史与发展（第三届国际汉学会议论文集）》，台湾中研院。
魏兆惠，2008，《上古汉语连动式研究》，三联书店。
〔德〕文德尔班，1989，《哲学史教程》，罗达仁译，商务印书馆。
吴登堂，2004，《汉语连动式的动词及其语义关联》，北京语言大学硕士学位论文。
吴福祥，1999，《试论现代汉语动补结构的来源》，载江蓝生、侯精一主编《汉语的现状与历史研究》，中国社会科学出版社。
吴竞存、侯学超，1982，《现代汉语句法分析》，北京大学出版社。
吴竞存、梁伯枢，1992，《现代汉语句法结构与分析》，北京大学出版社。
吴启主，1990，《连动句·兼语句》，人民教育出版社。
吴彤，1996，《生长的旋律——自组织演化的科学》，山东教育出版社。
吴彤，2001，《自组织方法论研究》，清华大学出版社。
吴为章，1990，《主谓短语·主谓句》，人民教育出版社。
吴延枚，1988，《关于复杂谓语的几个问题》，《语言教学与研究》第2期。
夏婧，2007，《现代汉语连谓句研究》，四川大学硕士学位论文。
向若，1984，《紧缩句》，上海教育出版社。
向熹，2010，《简明汉语史（下）》（修订本），商务印书馆。
萧璋，1956，《论连动式和兼语式》，《北京师范大学学报》（社会科学版）第1期。
谢卫菊，2016，《从连谓结构的存在条件看其来源与发展》，《中国言语研究》第 67 辑。

辛永芬，2003，《论能够做结果补语的动词》，《河南大学学报》（社会科学版）第 1 期。

邢福义，1993，《现代汉语》（修订版），高等教育出版社。

邢福义，1996，《汉语语法学》，东北师范大学出版社。

邢福义，2001，《汉语复句研究》，商务印书馆。

邢福义，2002，《汉语语法三百问》，商务印书馆。

邢公畹，1992，《现代汉语教程》，南开大学出版社。

邢欣 1987，《简述连动式的结构特点及分析》，《新疆大学学报》（哲学社会科学版）第 1 期。

邢欣，2004，《现代汉语兼语式》，北京广播学院出版社。

徐复岭，1986，《连动短语前状语的语义指向》，《汉语学习》第 3 期。

徐赳赳，2010，《现代汉语篇章语言学》，商务印书馆。

许立群，2018，《从"单复句"到"流水句"》，学林出版社。

徐通锵，1997，《语言论——语义型语言的结构原理和研究方法》，东北师范大学出版社。

徐通锵，2008，《汉语字本位语法导论》，山东教育出版社。

薛凤生，1991，《试论连词"而"字的语意与语法功能》，《语言研究》第 1 期。

严戎庚，1980，《试论单句和复句的划界》，《新疆大学学报》（哲学社会科学版）第 3 期。

杨伯峻、何乐士，1992，《古汉语语法及其发展》，语文出版社。

杨东华，1996，《连动式的时态研究》，上海师范大学硕士学位论文。

杨成凯，1984，《"兼语式"存废之争》，《学习与思考》第 1 期。

杨成凯，2000，《连动式研究》，《语法研究和探索》第九辑，商务印书馆。

杨成凯，2018，《汉语语法理论研究》，中华书局。

杨荣祥，2010a，《"两度陈述"标记：论上古汉语"而"的基本功能》，载北京大学中文系编《北大中文学刊》，北京大学出版社。

杨荣祥，2010b，《"而"在上古汉语语法系统中的重要地位》，《汉语史学报》第十辑。

杨文全，2010，《现代汉语》，重庆大学出版社。

杨亦鸣、蔡冰，2011，《汉语动词的屈折机制与限定性问题》，《世界汉语教学》第 2 期。

杨永忠，2009，《再论连动式中的语序—时序对应》，《天津外国语学院学报》第 5 期。

杨月蓉，1992，《连动句和兼语句中的语义关系——兼论连动式与兼语式的区别》，《西南师范大学学报》（人文社会科学版）第 4 期。

易朝晖，2003，《泰汉连动结构比较研究》，《解放军外国语学院学报》第 3 期。

殷焕先，1954，《谈"连动式"》，《文史哲》第 3 期。

印辉，2012，《以认知理论进行汉语连动式结构的研究》，厦门大学出版社。

余东涛，2004，《从汉语连动句的英译看英汉句子结构的差异》，《长沙电力学院学报》（社会科学版）第 2 期。

于景元、刘毅、马昌超，2002，《关于复杂性研究》，《系统仿真学报》第 11 期。

袁本良，2016，《〈三国志〉连动式研究·序》，见马立春著《〈三国志〉连动式研究》，中国社会科学出版社。

袁毓林，1999，《并列结构的否定表达》，《语言文字应用》第 3 期。

袁毓林，2000a，《连谓结构的否定表达》，载陆俭明主编《面临新世纪挑战的现代汉语语法研究》，山东教育出版社。

袁毓林，2000b，《述结式的结构和意义的不平衡性——从表达功能和历史来源的角度看》，《现代中国语研究》第 1 期。

袁毓林，2001，《述结式配价的控制——还原分析》，《中国语文》第 5 期。

袁毓林，2009，《怎样判定语法结构的类型》，《对外汉语研究》第 00 期。

袁毓林，2019，《近代中西文化激荡背景下的汉语语法研究 70 年》，《常熟理工学院学报》第 4 期。

袁毓林、曹宏，2021，《从中动句看主语名词的物性结构的句型投射》，《语言科学》第 5 期。

曾采今，1981，《连谓式浅说》，《汉语学习》第 5 期。

曾国屏，1996，《自组织的自然观》，北京大学出版社。

詹卫东，2013，《复合事件的语义结构与现代汉语述结式的成立条件分析》,《对外汉语研究》第 1 期。

张斌,2002,《现代汉语》,复旦大学出版社。

张斌,2010,《现代汉语描写语法》,商务印书馆。

张伯江,2000,《汉语连动式的及物性解释》,《语法研究和探索》第九辑,商务印书馆。

张伯江,2009,《激进构式语法——类型学视角的句法理论·导读》,见 William Croft《激进构式语法——类型学视角的句法理论》,世界图书出版社。

张耿光,1981,《连动结构与连词"而"》,《语文学习》第 9 期。

张会娟,2001,《连谓结构中动词的数量及其排列顺序研究》,山东师范大学硕士学位论文。

张静,1955,《语法比较》,湖北人民出版社。

张静,1977,《"连动式"和"兼语式"应该取消》,《郑州大学学报》(哲学社会科学版)第 4 期。

张静,1980,《从对应性特点看汉语句法结构分析问题》,《岳阳师专学报》第 4 期。

张静,1986,《新编现代汉语》(修订本),上海教育出版社。

张静,1987,《汉语语法问题》,中国社会科学出版社。

张黎,2017,《汉语意合语法学导论——汉语型语法范式的理论建构》,北京语言大学出版社。

张敏,1998,《认知语言学与汉语名词短语》,中国社会科学出版社。

张敏、李予湘,2009,《先秦两汉汉语趋向动词结构的类型学地位及其变迁》,汉语"趋向词"之历史与方言类型研讨会暨第六届海峡两岸汉语史研讨会会议论文。

张寿康,1978,《说"结构"》,《中国语文》第 4 期。

张天蓉,2013,《蝴蝶效应之谜——走进分形与混沌》,清华大学出版社。

张琬,2013,《连动式到状中式的连续统研究》,上海师范大学硕士学位论文。

张彦、林德宏,1990,《系统自组织概论》,南京大学出版社。

张玉金,2001,《甲骨文语法学》,学林出版社。

张玉金,2004,《西周汉语语法研究》,商务印书馆。

张志公，1953，《汉语语法常识》，中国青年出版社。

张志公，1956，《语法和语法教学——介绍"暂拟汉语教学语法系统"》，人民教育出版社。

张志公，1959，《汉语知识》，人民教育出版社。

赵安民，2001，《也谈"连动式"——现代汉语语法教学札记》，《周口师范高等专科学校学报》第4期。

赵长才，2000，《汉语述补结构的历时研究》，中国社会科学院博士学位论文。

赵金铭，1994，《教外国人汉语语法的一些原则问题》，《语言教学与研究》第4期。

赵荣普，1958，《从动谓句的动词重复谈起》，《中国语文》2月号。

赵淑华，1988，《连动式中状语的位置及语义关系》，《世界汉语教学》第3期。

赵雅青，2014，《历时视角下的汉语有标紧缩句及其紧缩机制》，华中师范大学博士学位论文。

赵元任，1952，《北京口语语法》，李荣编译，商务印书馆。

赵元任，1979，《汉语口语语法》，吕叔湘译，商务印书馆。

郑崇仁，1991，《试论动词作状语及连动式的界定》，《川北教育学院学报》第2期。

郑红明，1991，《谈〈提要〉中"紧缩句"和"连动句"的划界》，《镇江师专学报》（社会科学版）第2期。

郑继娥，1996，《甲骨文中的连动句和兼语句》，《古汉语研究》第2期。

〔日〕志村良治，1995，《中国中世语法史研究》，江蓝生、白维国译，中华书局。

中国科学院语言研究所语法小组，1953，《语法讲话（十）》，《中国语文》4月号。

中国社科院语言研究所词典编辑室编，2005，《现代汉语词典》，商务印书馆。

周法高，1982，《中国古代语法·造句篇（上）》，中华书局。

周国光，1985，《现代汉语里几种特殊的连动句式》，《安徽师大学报》（哲学社会科学版）第3期。

周国光，1998，《儿童语言中的连谓结构和相关的句法问题》，《中国语文》第3期。

周建设，2001，《现代汉语》，人民教育出版社。

周韧，2017，《从供用句到功用句——"一锅饭吃十个人"的物性结构解读》，《世界汉语教学》第2期。

朱德熙，1956，《单句、复句、复句的紧缩》，载张志公主编《语法和语法教学——介绍"暂拟汉语教学语法系统"》，人民教育出版社。

朱德熙，1978，《"的"字结构和判断句》，《中国语文》第1~2期。

朱德熙，1982，《语法讲义》，商务印书馆。

朱德熙，1985，《语法答问》，商务印书馆。

朱冬生，2011，《"连动式"中的"不定式"》，《中国科教创新导刊》第14期。

朱庆祥，2012，《现代汉语小句的依存性与关联性——基于分语体语料库的研究》，中国社科院博士学位论文。

朱庆祥，2019，《语体视角下的现代汉语小句依存性研究》，上海人民出版社。

邹韶华，1996，《"连动式"应该归入偏正式》，《世界汉语教学》第2期。

邹韶华、张俊萍，2000，《试论动词连用的中心》，《语法研究和探索》第九辑，商务印书馆。

祖生利，2002，《元代白话碑文中助词的特殊用法》，《中国语文》第5期。

Aboh, E. 2009. Clause Structure and Verb Series. *Linguistic Inquiry*, 40 (1).

Aikhenvald, A. Y. 1999. Serial constructions and verb compounding: Evidence from Tariana (North Arawark). *Studies in Lauguage*, 23 (3).

Aikhenvald, A. Y. 2006. Serial verb constructions in typological perspective. In A. Y. Aikhenvald & R. W. Dixon (eds.) *Serial Verbs Constructions: A Cross-linguistic Typology*. Oxford: OUP.

Aikhenvald, A. Y. 2011. Multi-verb constructions: Setting the scene. In A. Y. Aikhenvald & P. Muysken (eds.) *Multi-verb Constructions: A View from the Americas*. Leiden: Brill.

Aikhenvald, A. Y. 2018. *Serial Verbs*. Oxford: OUP.

Ameka, F. K. 2005. Multiverb constructions in a West African areal typological perspective. In Vulchanova and Åfarli (eds.) *Grammar and Beyond: Essays in honour of Lars Hellan*. Oslo: Novus Press.

Ameka, F. K. 2006. Ewe Serial Verb Constructions in Their Grammatical Context. In Aikhenvald & Dixon (eds.) *Serial Verb Constructions: A Cross-Linguistic Typology*. Oxford: OUP.

Anderson, G. 2005. *Auxiliary Verb Constructions*. Oxford: OUP.

Awobuluyi, O. 1973. The modifying serial construction: a critique. *Studies in African Linguistics*, 4 (1).

Baker, M. C. 1989. Object sharing and projection in serial verb construction. *Linguistic Inquiry*, 20 (4).

Baker, M. C. 1991. On the Relation of Serialization to Verb Extensions. In Lefebvre (ed.) *Serial verbs, Grammatical, Comparative and Cognitive Approaches*. Amsterdam: John Benjamins.

Bamgbose, A. 1974. On serial verbs and verbal status. *Journal of West African Languages*, 9 (1).

Barbara, Lewandowska-Tomaszczyk. 2007. *Asymmetric Events*. Amsterdam: John Benjamins.

Bickerton, D. 1981. *Roots of language*. Berlin: Language Science Press.

Bisang, W. 2009. Serial verb constructions. *Language and Linguistics Compass*, 3 (3).

Bodomo, A. 1993. Complex predicate and event structure: an integrated analysis of serial verb constructions in the Mabia languages of West Africa. Ph. D. Dissertation, University of Trondheim.

Bowden, J. 2001. *Taba: description of a South Halmahera Language*. Canberra: Pacific Linguistics.

Bowern, C. 2008. The diachrony of complex predicates. *Diachronica*, 25 (2).

Bril, I. 2004. Complex nuclei in Oceanic languages: contribution to an areal typology. In Bril and Francoise (eds.) *Complex Predicates in Oceanic Languages: Studies in the Dynamics of Binding and Boundness*. Berlin: Mouton de Gruyter.

Bril, I. 2007. Nexus and Juncture Types of Complex Predicates in Oceanic Languages: Functions and Semantics. *Language and Linguistic*, 8 (1).

Chan, A. Y. 1998. Formal criteria for interpreting Chinese serial verb constructions. *Communications of COLIPS*, 8 (1).

Chu, Chauncey. C. 1987. The semantics, syntax and pragmatics of the verbal suffix-zhe. *Journal of Chinese Language Teachers Association*, 22 (1).

Cleary-Kemp, J. 2015. Serial Verb Constructions Revisited: A Case Study from Koro. Ph. D. Dissertation, University of California.

Collins, C. 1997. Argument sharing in serial verb constructions. *Linguistics*, 28 (3).

Comrie, B. 1995. Serial Verbs in Haruai (Papua New Guinea) and Their Theoretical Implications. In Bouscaren. J, Franckel. J, and Rovert. S. (eds.) *Langues et langage: Problèm et raisonnement en linguistique, mélanges offerts à Antoine Culioli*. Paris: University Presses of France.

Creissels, D. 2000. Typology. In Heine and Nurse (eds.) *African languages: An introduction*. Cambridge: CUP.

Cristofaro, S. 1998. Subordination strategies: a typological study. Ph. D. Dissertation, University of Pavia.

Croft, W. 1991. *Syntactic Categories and Grammatical Relations: The Cognitive Organization of Information*. Chicago: University of Chicago Press.

Croft, W. 2001. *Radical Construction Grammar: Syntactic Theory in Typology Perspective*. Oxford: OUP.

Croft, W. 2012. *Verbs: Aspect and Causal Structure*. Oxford: OUP.

Croft, W. et al. 2010. Revising Talmy's typology classification of complex event constructions. In Boas (ed.) *Contrastive studies in construction grammar*. Amsterdam: John Benjamins.

Crowley, T. 2002. *Serial verbs in Oceanic: A Descriptive Typology*. Oxford: OUP.

Defina, R. 2016. Do Serial Verb Constructions Describe Single Events? A Study of Co-speech Gestures in Avatime. *Language*, 92 (4).

DeLancey, S. 1991. The origins of verb serialization in modern Tibetan. *Studies in Language*, 15 (1).

Diller, A. V. N. 2006. Thai serial verbs: cohesion and culture. In A. Y. Aikhenvald & R. W. Dixon (eds.) *Serial Verbs Constructions: A Cross-linguistic Typology*. Oxford: OUP.

Dixon, R. W. 2011a. Serial verb Construction in Dyirbal. *Anthrooological Linguistics*, 53 (3).

Dixon, R. W. 2011b. The Semantics of Clause Linking in Typological Perspective. In Dixon and Aikhenvald (eds.) *The Semantics of Clause Linking: A Cross-linguistic Typology*. Oxford: OUP.

Durie, M. 1997. Grammatical structures in verb serialization. In Alex Alsina, Joan Bresnan and Peter Sells (eds.) *Complex Predicates*. Stanford: CSLL.

Enfield, N. J. 2008. Verbs and multi-verb constructions in Lao. In Diller, Edmondson and Luo (eds.) *The Tai-Kadai languages*. London: Routledge.

Foley, W. 1986. *The Papuan languages of New Guinea*. Cambridge: CUP.

Foley, W. 2010. Events and serial verb constructions. In Mengistu Amberber, Brett Baker and Mark Harvey (eds.) *Complex Predicates: Cross-linguistic Perspectives on Event Structure*. Cambridge: CUP.

Foley and Olson. 1985. Clausehood and verb serilization. In Nichols and Anthony (eds.) *Grammar Inside and Outside the Clause: Some Approaches to Theory from the Field*. Cambridge: CUP.

Franks, N. R. 1989. Army ants: A collective intelligence. *American Scientist*, 77 (2).

Givón, T. 1975. Serial verbs and syntactic change: Niger-Congo. In C. Li (ed.) *Word order and word order change*. Austin: University of Texas Press.

Givón, T. 1979. *On Understanding Grammar*. Orlando: Academic Press.

Givón, T. 1990. *Syntax: A Functional-Typological Introduction* (Vol II). Amsterdam: John Benjamins.

Givón, T. 1991a. Serial verbs and the mental reality of "event": grammatical vs. cognitive packaging. In Traugott and Heine (eds.) *Approaches to Grammaticalization* (Vol I). Amsterdam: John Benjamins.

Givón, T. 1991b. Some substantive issues concerning verb serialization: grammatical vs. cognitive packaging. In Lefebvre (ed.) *Serial Verbs: Grammati-*

cal, *Comparative and Cognitive Approaches*. Amsterdam: John Benjamins.

Givón, T. 1995. *Functionalism and Grammar*. Amsterdam: John Benjamins.

Givón, T. 1997. Grammatical Relations: An Introduction. In T. Givón (ed.) *Grammatical Relations: A Functionalist Perspective*. Amsterdam: John Benjamins.

Givón, T. 2001. *Syntax (Vol Ⅱ)*. Amsterdam: John Benjamins.

Givón, T. 2009a. Multiple routes to clause union: The diachrony of complex verb phrase. In T. Givón and Masayoshi Shibatani (eds.) *Syntax Complexity: Diachrony, acquisition, neuro-cognition, evolution*. Amsterdam: John Benjamins.

Givón, T. 2009b. *The Genesis of Syntactic Complexity: Diachrony, ontogeny, neuro-cognition, evolution*. Amsterdam: John Benjamins.

Givón, T. 2015. *The Diachrony of Grammar (Vol Ⅱ)*. Amsterdam: John Benjamins.

Goral, D. 1986. Verb Concatenation in Southeast Asian Language: A Cross-linguistic Study. Ph. D. Dissertation, University of California.

Greenberg, J. H. 1966. *Universals of Language*. Cambridge: MIT Press.

Haboud, M. 1997. Grammaticalization, Clause Union and Grammatical Relations in Ecuadorian Highland Spanish. In T. Givón (ed.) *Grammatical Relations: A Functionalist Perspective*. Amsterdam: John Benjamins.

Haiman, J. 1983. Iconic and economic motivation. *Language*, 59 (4).

Haiman and Thompson. 1984. 'Subordination' in universal grammar. Proceedings of the Tenth Annual Meeting of the Berkeley Linguistic Society.

Hansell, M. 1993. Serial verbs and complement constructions in Mandarin: A clause linkage analysis. In R. D. Van Valin (ed.) *Advances in Role and Reference Grammar*. Amsterdam: John Benjamins.

Harris and Campbell. 1995. *Historical syntax in cross-linguistic perspective*. Cambridge: CUP.

Haspelmath, M. 2016. The serial verb construction: comparative concept and cross-linguistic generalizations. *Language and Linguistics*, 17 (3).

Heine and Kuteva. 2002. *Word Lexicon of Grammaticalization*. Cambridge: CUP.

Heine and Kuteva. 2007. *The Genesis of Grammar: A Reconstruction*. Oxford: OUP.

Hopper and Thompson. 1980. Transitivity in grammar and discourse. *Language*, 56 (2).

Hopper and Traugott. 1993. *Grammaticalization*. Cambridge: CUP.

Huang, C-T. James. 1982. Logical Relations in Chinese and the Theory of Grammar. Ph. D. Dissertation, MIT.

Hwang, Huihua. 2008. Serial verb constructions in Chinese. Ph. D. Dissertation, University of Hawaii.

Hyman, L. M. 1971. Consecutivisation in Fe'fe'. *Journal of African Languages*, 10 (2).

Jansen, Koopman and Muysken. 1978. Serial verbs in the Creole Languages. In Muysken and Smith (eds.) *Amsterdam Creole Studies* II. Amsterdam: Institut voor Allgemene Taalwetenschap.

Jarkey, N. 2010. Cotemporal serial verb constructions in White Hmong. In Mengistu Amberber, Brett Baker and Mark Harver (eds.) *Complex Predicats: Cross-linguistic Perspective on Event Structure*. Cambridge: CUP.

Jarkey, N. 2015. *Serial Verbs in White Hmong*. Leiden: BRILL.

Kroeger, P. 2004. Serial verbs and related issues. In Kroeger (ed.) *Analyzing Syntax: A Lexical Functional Approach*. Cambridge: CUP.

Langacker, R. W. 1991. *Foundations of Cognitive Grammar*. Stanford: Stanford University Press.

Larson, R. K. 1991. Some Issues in Verb Serialization. In Lefebvre (ed.) *Serial verbs: Grammatical, Comparative and Cognitive Approach*. Amsterdam: John Benjamins.

Law, P. 1996. A note on the serial verb construction in Chinese. *Cahiers de Linguistique-Asie Orientale*, 25 (2).

Lawal, N. S. 1993. The Yoruba serial verb construction: a complex or simple sentence. In Mufwene and Moshi (eds.) *Topics in African Linguistics*. Amsterdam: John Benjamins.

Lefebvre, C. 1991. Take Serial Verb Constructions in Fon. In Lefebvre (ed.) *Seri-

al verbs, Grammatical, Comparative and Cognitive Approaches. Amsterdam: John Benjamins.

Lehmann, C. 1988. Toward a typology of clause linkage. In Haiman and Thompson (eds.) *Clause Combining in Grammar and Discourse*. Amsterdam: John Benjamins.

Li, Yafei. 1991. On deriving serial verb construction. In Claire lefebvre (ed.) *Serial Verbs: Grammatical Comparative and Cognitive Approaches*. Amsterdam: John Benjamins.

Li, Yafei. 1993. Structural head and aspectuality. *Language*, 69 (3).

Li, Yenhui. 1985. Abstract Case in Chinese. Ph. D. Dissertation, University of Southern California.

Li, Yenhui. 1990. *Order and Constituency in Mandarin Chinese*. Dordrecht: Kluwer.

Li, Yuxiang. 2014. Serial Verb Constructions in Late Archaic Chinese. Ph. D. Dissertation, The Hong Kong University of Science and Technology.

Li and Thompson. 1981. *Mandarin Chinese: A Functional Reference Grammar*. California: University of California Press.

Lin, Jingxia et al. 2012. The headedness of Mandarin Chinese serial verb constructions: a corpus-based study. 26th Pacific Asia Conference on Language, Information and Computation.

Longacre, R. E. 1983. *The Grammar of Discourse*. New York: Plenum Press.

Lord, C. 1973. Serial verbs in transition. *Studies in African Linguistics*, 4 (3).

Lord, C. 1974. Causative Constructions in Yoruba. *Study in African Linguistics*, Supplement, 5.

Lord, C. 1975. Igbo verb compounds and the lexicon. *Studies in African Linguistics*, 6 (1).

Lord, C. 1993. *Historical Change in Serial Verb Constructions*. Amsterdam: John Benjamins.

Lovestrand, J. 2018. Serial verb constructions in Barayin: Typology, description and Lexical-Functional Grammar. Ph. D. Dissertation, University of Oxford.

Lovestrand, J. 2021. Serial Verb Constructions. *Annual Review of Linguistics*, 7.

Ma, Jingheng. 1985. A study of the Mandarin suffix—Zhe. *JCLTA*, 20 (3).

Matisoff, J. A. 1969. Verb concatenation in Lahu: The syntax and semantics of 'simple' juxtaposition. *International Journal of Linguistics*, 12 (1).

Matisoff, J. A. 1974. Verb concatenation in Kachin. *Linguistics of the Tibeto-Burman Area*, 1 (1).

Moyse-Faurie and Lynch. 2004 Coordination in Oceanic Languages and Proto Oceanic. In Martin Haspelmath (ed.) *Coordinating Constructions*. Amsterdam: John Benjamins.

Muysken, P. and Veenstra, T. 1994. Serial verbs. In Muysken and Smith (eds.) *Pidgins and Creoles*. Amsterdam: John Benjamins.

Newman, J & Rice, S. 2007. Asymmetry in English multi-verb sequences: A corpus-based approach. In Barbara (ed.) *Asymmetric Events*. John Benjamins.

Newmeyer, F. J. 2004. Some thoughts on the serial verb construction. *Atelier du*, 9.

Noonan, M. 1985. Complementation. In Shopen (ed.) *Language Typology and Syntactic Description (Vollume II)*. Cambridge: CUP.

Nylander, D. K. 1997. Some myths about serial verbs. *South African Journal of African Languages*, 17 (3).

Ohori, T. 1992. Diachrony in Clause Linkage and Related Issues. PhD. Dissertation, University of California at Berkeley.

Paul, W. 2008. The serial verb construction in Chinese: A tenacious myth and a Gordian knot. *The Linguistic Review*, 25 (3 -4).

Pawley, A. 1980. On meeting a language that defies description by ordinary means. Paper presented to Kivung Congress of Linguistic Society of Papua New Guinea.

Pawley, A. 1987. Encoding events in Kalam and English: different logics for reporting experience. In Tomlin (ed.) *Coherence and Grounding in Discourse*. Amsterdam: John Benjamins.

Pawley, A. 1993. A language which defies description by ordinary means. In William A. Foley (ed.) *The Role of Theory in Language Description*. New York:

Mouton de Gruyter.

Pawley, A. 2009. On the origins of serial verb constructions in Kalam. In T. Givón and Masayoshi Shibatani (eds.) *Syntax Complexity: Diachrony, acquisition, neuro-cognition, evolution*. Amsterdam: John Benjamins.

Pawley, Andrew and Jonathan Lane. 1998. From event sequence to grammar: Serial verb constructions in Kalam. In Siewierska and Song (eds.) *Case, Typology and Grammar*. Amsterdam: John Benjamins.

Payne, T. E. 1997. *Describing Morphosyntax: A Guide for Field Linguist*. Cambridge: CUP.

Peyraube, A. 1991. Syntactic change in Chinese: on grammaticalization. *Bulletin of the Institute of History and Philology of the Academia Sinica*, 59 (3).

Post, M. 2004. Assamese verb serialization in functional, areal-typological and diachronic perspective. *Annual Meeting of the Berkeley Linguistics Society*, 30 (1).

Rose, F. 2009. The origin of serialization: the case of Emerillon. *Studies in language*, 33 (3).

Ross, D. et al. 2015. Serial verb constructions: a distributional and typological perspective. *Lllinois Language and Linguistics Society*, 7.

Ross, J. R. 1967. Constrains on Variables in Syntax. Ph. D. Dissertation, MIT.

Schachter, P. 1974. A non-transformational account of serial constructions. *Studies in African Linguistics*, Supplement, 5.

Schiller, E. 1990. On the definition and distribution of serial verb constructions. In Joseph and Zwicky (eds.) *When verbs collides: papers from the 1990 Ohio state mini-conference on serial verbs*. Ohio: The Ohio State University.

Sebba, M. 1987. *The Syntax of Serial Verbs: An Investigation into Serialization in Sranan and Other Languages*. Amsterdam: John Benjamins.

Sebba, M. 1999. Serial Verbs. In Keith Brown and Jim Miller (eds.) *Concise encyclopedia of grammatical categories*. Amsterdam: ELSEVIER.

Senft, G. 2004. What do we really know about serial verb constructions in Austronesian and Pupuan languages? In Bril and Francoise (eds.) *Complex

Predicates in Oceanic Languages: *Studies in the Dynamics of Binding and Boundness*. Berlin: Mouton de Gruyter.

Senft, G. 2008. Introduction. In Senft (ed.) *Serial verb constructions in Austronesian and Papuan languages*. Canberra: Pacific Linguistics.

Seuren, P. 1990. The definition of serial verbs. In Joseph and Zwicky (eds.) *When verbs collides*: *papers from the 1990 Ohio state mini-conference on serial verbs*. Ohio: The Ohio State University.

Shibatani, M. 2009. On the form of complex predicate: toward demystifying serial verbs. In Baker, Siewierska and Helmbrecht (eds.) *Form and Function in Language Research*: *Papers in Honor of Christian Lehmann*. Berlin: De Gruyter Mouton.

Stahlke, H. 1970. Serial verbs. *Studies in African Linguistics*, 1 (1).

Stassen, L. 1985. *Comparison and Universal Grammar*. Oxford: Basil Blackwell.

Stewart, J. M. 1963. Some restrictions on objects in Twi. *Journal of African Languages*, 2 (2).

Stewart, T. 2001. *The Serial Verb Construction Parameter*. New York: Garland Pub.

Syea, A. 2013. Serial verb constructions in Indian Ocean French Creoles (IOCs). *Journal of Pidgin and Creole Languages*, 28 (1).

Talmy, L. 2000. *Toward a Cognitive Semantics* (Vol II). Cambridge: The MIT Press.

Thepkanjana, K. 2008. Verb serialization as a means of expressing complex Events in Thai. In Barbara Lewandowska-Tomaszczyk (ed.) *Asymmetric Events*. Amsterdam: John Benjamins.

Tomlin, R. 1985. Foreground-background information and the syntax of subordination. *Text-Interdisciplinary Journal for the Study of Discourse*, 5 (1-2).

Unterladstetter, V. 2020. *Multi-verb constructions in Eastern Indonesia*. Berlin: Language Science Press.

Valazquez-Castillo, M. 2004. Serial verb constructions in Paraguayan Guarani. International *Journal of American Linguistics*, 70 (2).

Van Staden and Ger Reesink. 2008. Serial verb constructions in a linguistic area.

In Senft (ed.) *Serial verb constructions in Austronesian and Papuan languages*. Canberra: Pacific Linguistics.

Van Valin and Lapplla. 2002. *Syntax: Structure, Meaning and Function*. Cambridge: CUP.

Veenstra, T. and Muysken, P. 2017. Serial verb constructions. In Martin Everaert and Henk C. van Riemsdijk (eds.) *The Wiley Blackwell Companion to Syntax*. 2nd edition. New York: John Wiley & Sons, Inc.

Whaley, L. J. 1997. *Introduction to Typology: The Unity and Diversity Of Language*. Thoundsand Oaks: Sage Publications.

Winford, D. 1990. Serial verb constructions and motion events in Caribbean English Creoles. In Joseph and Zwicky (eds.) *When verbs collides: papers from the 1990 Ohio state mini-conference on serial verbs*. Ohio: The Ohio State University.

Wu, Daoping. 1992. On Serial Verb Constructions. Ph. D. Dissertation, University Of Maryland.

Yin, Hui. 2001. Event integration and serial verb constructions in Mandarin Chinese. Paper presented at the 7th International Cognitive Linguistics Conference. University of California, Santa Barbara.

Yin, Hui. 2007. Serial verb constructions in English and Chinese. Proceedings of the 2007 annual conference of the Canadian Linguistic Association.

Yin, Hui. 2010. A Cognitive Approach to Multi-Verb Constructions in Mandarin Chinese. PhD. Dissertation, University of Alberta.

Zhang, Bin. 1991. Serial Verb Construction or Verb Compound? A Prototype Approach to Resultative Verb Constructions in Mandarin Chinese. Ph. D. Dissertation, Ball State University.

Zwicky, A. 1990. What are we talking about when we talk about serial verbs? In Joseph and Zwicky (eds.) *When verbs collides: papers from the 1990 Ohio state mini-conference on serial verbs*. Ohio: The Ohio State University.

致 谢

该书是在我的博士论文的基础上修改增补而成的，值此付梓之际，我要感谢在我求学和工作过程中给予过帮助的师友亲朋，没有他们的指导与点拨、鼓励和支持，就不会有该书的顺利问世。

感谢我的博士生导师郭锐教授以及其他北大中文系的老师们。郭锐老师是我的授业恩师，给予我很多学业上的指导。记得刚进入北大读博时，我还没有确定未来的研究方向，是郭老师鼓励我进行连动式的研究，从那以后我才逐渐明确了自己博士论文的选题以及以后的研究领域。在跟随郭老师学习的日子里，我不仅学到了很多语法研究的理论和方法，更重要的是，从郭老师的身上，我感受到了从事语法研究所应具备的一些优秀品质。北大中文系的袁毓林、董秀芳、胡敕瑞、詹卫东、周韧等老师参与过我博士论文开题、预答辩、答辩等环节，为我提供过宝贵的意见，在此我也要向这些老师们表示感谢。2018年，袁毓林老师莅临华侨大学，给我们分享了许多治学经验。对我来说，这是一种警醒和激励。

感谢我的硕士生导师池昌海教授以及其他浙大人文学院的老师们。池老师主要从事修辞学研究，可是当时的我却对语法学更感兴趣。池老师在了解我的想法后，不仅没有反对，反而鼓励我追随自己的兴趣开展学术探索，这份包容令我非常感动。求学浙大的两年，池老师给予了我许多关心。记得入学那时，自己在生活上有些拮据。为了帮助我，池老师给我安排过助教工作，介绍过我去周边学院讲课，多次推荐我去阅卷，还赠与我购书卡，鼓励我多看书。我在读硕期间，也承蒙方一新、王云路、汪维辉、黄笑山、彭利贞、黄华新、王小潮等老师的教导。通过他们的课程，我直观地感受到了语言研究的广阔天地和奥妙无穷。

致　谢

　　我也想借此机会表达对华侨大学华文学院领导们的感谢。该书的出版得到了华侨大学华文学院的资助，感谢推动出版事宜的胡培安院长和胡建刚副院长，感谢关心我生活的纪秀生教授和陈旋波教授。

　　厦门大学的李无未教授也曾指点过我，提醒我不要松懈。李无未教授学术视野宽广，眼光独到，我每次聆听李老师的教诲都受益匪浅。

　　感谢很多帮助过我的同学，张迎宝、姜黎黎、李新良、朴珍玉、孙天琦、王文颖、孙文访等，这里无法一一列出，但所有人我都记在心里。感谢他们的帮助和陪伴。

　　感谢社会科学文献出版社的张建中老师，如果不是他的辛劳付出，该书也不能尽早问世。

　　感谢我的家人。这些年来我和妻子都比较忙碌，疏于对双方老人的照顾，也没能给予他们足够的陪伴，这让我们常常心怀愧疚，感谢父母、岳父母的理解和包容。我的妻子也给予了我很多支持，该书的出版也有她的一份功劳。2021年，我主持的国家社科基金青年项目到了申请结项的最后期限，但我还有一些内容没有完成。那段时间，她承担起家中所有家务，每天陪我散步、聊天，缓解了我的焦虑，书稿才得以按时完成。

　　还想向很多人致谢，但暂时只能搁笔。由衷地感谢遇到的所有人，感谢相遇。路漫漫而修远，吾将继续求索。

赵　旭
2024年5月
于华侨大学

图书在版编目(CIP)数据

现代汉语连动式句法地位研究 / 赵旭著. -- 北京：社会科学文献出版社，2024.5（2025.9 重印）
ISBN 978 - 7 - 5228 - 3618 - 8

Ⅰ.①现… Ⅱ.①赵… Ⅲ.①现代汉语 - 连动式 - 句法 - 研究 Ⅳ.①H146

中国国家版本馆 CIP 数据核字(2024)第 091002 号

现代汉语连动式句法地位研究

著　者 / 赵　旭

出 版 人 / 冀祥德
责任编辑 / 张建中
责任印制 / 岳　阳

出　　版 / 社会科学文献出版社
　　　　　　地址：北京市北三环中路甲 29 号院华龙大厦　邮编：100029
　　　　　　网址：www.ssap.com.cn
发　　行 / 社会科学文献出版社（010）59367028
印　　装 / 北京盛通印刷股份有限公司

规　　格 / 开　本：787mm × 1092mm　1/16
　　　　　　印　张：21.5　字　数：353 千字
版　　次 / 2024 年 5 月第 1 版　2025 年 9 月第 2 次印刷
书　　号 / ISBN 978 - 7 - 5228 - 3618 - 8
定　　价 / 149.00 元

读者服务电话：4008918866

版权所有 翻印必究